《21世纪国际经贸精品教材》编委会

GUOJI MAOYI
LILUN YU
ZHENGCE

21世纪国际经贸精品教材
21SHIJI GUOJI JINGMAO JINGPIN JIAOCAI

国际贸易
——理论与政策

主　编　范爱军　陈晓文
副主编　贾继花　孙建民　马晓燕
　　　　郭　蕊

山东人民出版社

图书在版编目(CIP)数据

国际贸易：理论与政策/范爱军，陈晓文主编．—济南：山东人民出版社，2009.8（2018.1重印）
ISBN 978-7-209-04881-1

Ⅰ.①国… Ⅱ.①范…②陈… Ⅲ.①国际贸易 Ⅳ.F74

中国版本图书馆CIP数据核字(2009)第118232号

责任编辑:周云龙
封面设计:祝玉华

国际贸易——理论与政策
范爱军　陈晓文　主编

山东出版传媒股份有限公司
山东人民出版社出版发行
社　址:济南市英雄山路165号　邮　编:250002
网　址:http://www.sd-book.com.cn
市场部:(0531)82098027　82098028
新华书店经销
山东华立印务有限公司印装
规　格　16开(170mm×240mm)
印　张　24.25
字　数　390千字　插页2
版　次　2009年8月第1版
印　次　2018年1月第7次
ISBN 978-7-209-04881-1
定　价　35.00元

如有质量问题,请与印刷厂调换。　电话:(0634)6216033

总 序

“21世纪国际经贸精品教材”是山东人民出版社精心打造的大学经济类学生的系列教科书。出版社的想法是，“这套教材既要成为大学本科和高职院校经济类学生的精品教材，又要成为其他各类人员自学国际经济与贸易的通俗读物”。这一要求看似简单，其实是很高的目标。

山东人民出版社的同志委托我牵头组织教材的编撰事宜，是对我的信任和重托，我十分感谢他们。但是，说实话，一开始对是否接受这一任务，我还是颇为踌躇的。一是因为现在市面上这类教材，虽然质量上良莠不齐，但数量上可谓汗牛充栋，再组织一套这类教材到底有无必要。二是因为要编写出一本理论性、实践性、前沿性、通俗性等等特质皆具的教材是一件十分困难的事情，何况还是一套系列教材。三是按目前各高校比较通行的人才评价体系，似乎编写教材是一件“机会成本”很高的事情，能否组织起一支优秀的学者队伍未可知。

中国世界经济学会山东省的三位常务理事卢新德教授、范爱军教授、李平教授及山东省各本科院校经济贸易类院、系诸位院长、系主任的积极加盟，使我树立了信心；特别是近几年国际经济理论的不断发展和国际经济实践的规则、程序等发生了很多变化，使我深深感到，把这些最新的理论和实践纳入教科书，系统的介绍给广大的莘莘学子，也是我们这些学人的责任。

人类社会在经历了一个多世纪的战争、危机、和平与发展之后，进入了以经济全球化日益发展和国际经贸活动日益深化为重要特征的新的时期。一是国际贸易成为国际交往中最活跃的活动之一，全球国际贸易的增长速度超过了世界生产的增长速度。虽然受到金融危机的影响，2008年全球商品出口仍然增长了15%达15.78万亿美元，服务出口亦增长11%达3.73万亿美元。国际贸易推动着市场的国际化，成为各国经济发展和世界经济增长的重要引擎；二是国际直接投资的迅速增长。国际直接投资是生产资本国际化的实现形式，体现了资本循环突破国界不断扩展的趋势。进入21

世纪以来，国际直接投资从2004年至2007年步入高速增长期，2007年国际直接投资达到了15.4万亿美元；三是国际金融成为国际交往的重要组成部分，促成了金融的国际化。随着资本全球化的进一步深化和国际资本市场的逐步完善，国际间接投资总体规模持续扩大，资金流动速度也越来越快。总之，经济全球化加速了商品、资本、人员、服务和技术等要素在全球范围内的自由流动和优化配置，有效地提高了经济效率和全人类整体的福利水平。伴随着经济全球化，虽然也出现了许多新的经济问题，例如最近几年来的全球经济失衡问题和美国次贷危机引发的全球性金融危机问题等等，但是作为人类社会迄今最先进的生产方式，经济全球化将继续呈现出加速发展的趋势。

国际经济学是对国际经济活动实践的总结，国际经济学的研究对象随着国际经济活动的扩展而不断发展。通常学者们把国际经济学分为三个构成部分，即国际贸易理论、国际金融理论和国际直接投资理论。最早的国际经济学主要是国际贸易理论，这是因为当时国际贸易活动是最主要的国际经济交往。随着国际金融活动在国际经济活动中的地位不断增强，国际金融理论占据了国际经济学的一个重要位置。20世纪70年代以后，国际直接投资的规模和跨国公司的影响越来越大，国际直接投资理论成了国际经济学中不可或缺的一部分。在这三部分理论中，理论也是随着实践的发展而深化的。例如，在国际贸易理论中，李嘉图的比较优势理论从技术差异入手解释了当时大多数的国际贸易活动，但不能解释技术上相同、资源禀赋存在差异的两个国家之间的贸易；赫克谢尔与俄林从要素禀赋差异出发，解释了这种国际贸易；随着国际贸易活动中产业内贸易的增多，传统的国际贸易理论受到了挑战，占世界贸易额相当大比重的一部分贸易并不是因为比较成本的差异或者资源禀赋的差异而发生的。20世纪70年代末80年代初，以克鲁格曼为代表的一批经济学家提出了新贸易理论，该理论打破了传统贸易理论中“完全竞争”和“规模报酬不变”这两个关键假设后，为解释贸易动因与贸易基础开辟了新的视角。面向未来不断发展和变化的国际经济现象，国际经济学中的一些目前占据统治地位的理论和观点将会修正和发展，一些理论前提和假设将被摒弃，新的视角将产生。国际经济学理论的发展将会进一步推动国际经济实践的发展。

中国的发展离不开世界，世界的繁荣稳定也离不开中国。改革开放30年来，中国社会的各个方面都发生了前所未有的变化。一个13亿人口的大国，持续30年保持了年均近10%的增长速度，不能说不是个奇迹。2008

年，中国经济总量跃居世界第三位，并有望于2009年超越日本居第二位。中国经济发展的成就，已经得到全世界的公认。在全球经济一体化日益发展的今天，中国经济必将进一步融入世界经济体系中，这一使命的完成需要大批熟悉市场经济规律和国际经贸规则的企业家、经济学家和管理人才。培养高水平的人才需要有高水准教材。我想这也是我的同仁们不计精力和经济“投入产出”比，而全力投入这一工作的根本动力所在。

这套教材即将付梓了，周云龙同志要我写个总序，我依命行事便写了以上这些话，聊以为序。至于这套系列教材的内在质量和特色，按照写序的常规是应该自夸一番的，但我想还是留给使用这一教材的教师和学生们去评判吧，因为他们是最有发言权的。最后我还要郑重说明，我只是为该系列教材做了些“牵头”的事情，真正为该书付出心血的是各本教材的主编、参编的各位学者和山东人民出版社的周云龙编辑，特向他们表示敬意！

范跃进

2009年8月

前言

本教材主要讲解国际贸易的基本理论和基本政策。当代的国际贸易理论与国际贸易政策发生了若干的新变化，以适应快速增长的国际贸易实践活动。这其中自由贸易一直是当代的主流思潮，特别是在世界贸易组织的大力推动下，正在冲垮一道又一道的保护壁垒，打破一个又一个的国家疆界，努力推动着全球经济资源的最佳配置。然而，保护贸易思想并未被人们所放弃，不仅经济落后国家依靠其保护着民族经济的成长，而且发达国家一旦遇到经济危机与动荡也会求助于保护贸易政策。

本教材的内容全面反映了经济发展的这种特点与规律，既吸纳了国际贸易的经典理论，也综述了各国贸易政策的最新变化，以满足人们学习国际贸易知识的兴趣与需求。本书内容充实，深入浅出，每章都附有参考书和复习思考题，既可作为大专院校教材，又可供从事经济工作的人员自学和参考，也适合各类经理培训班和干部培训班作为参考书使用。

参加本书的写作人员全部是高校的国际贸易专业一线教师。各章初稿执笔人：贾继花（第一章）、程鹏（第二章）、乔颖（第三章）、范爱军（第四章、第五章、第六章）、郭蕊（第七章）、訾淑华（第八章）、孙建民（第九章）、李丽丽（第十章）、马晓燕（第十一章）、陈晓文（第十二章）、于峰（第十三章）、冯冠军（第十四章）、陈晓文（第十五章）。本书写作大纲由范爱军总体设计，各章完成后由范爱军、陈晓文统一修改、定稿。

受作者水平所限，书中难免有不足之处，敬请广大读者批评指正。

作　者

2009 年 7 月

目 录

第一章　国际贸易概述

世界经济正在日益联为一个整体,这其中国际贸易的推动作用功不可没。本章主要介绍国际贸易的一些基本概念、国际贸易的产生与发展、国际贸易的分类与特点以及国际贸易与经济发展的关系等内容。

【本章学习目标】

1. 熟练掌握国际贸易的一些基本概念:对外贸易与国际贸易、对外贸易额与对外贸易量、对外贸易差额、外贸依存度等。
2. 熟悉并了解国际贸易产生与发展的历史。
3. 熟练掌握国际贸易的分类与特点。
4. 了解国际贸易与经济发展之间的关系。

第一节　国际贸易的基本概念

一、国际贸易学

国际贸易学是研究国际商品与劳务交换过程中的生产关系及有关上层建筑的发展规律的科学。作为一门学科,它的任务是要研究国际贸易产生与发展的原因和贸易利益在各国间进行分配的制约因素,并要揭示其中的特点与规律。

国际贸易学的研究对象,既包括国际贸易的基本理论,也包括国际贸易政策以及国际贸易发展的历史与现状。一般认为,国际贸易学的研究对象包括以下四个方面:(1)各个历史发展阶段,特别是当代国际贸易发展的一般规律;(2)不同国家对外贸易发展的特殊规律;(3)国际贸易理论与学说;(4)对外贸易政策与措施。

二、对外贸易与国际贸易

对外贸易(Foreign Trade)是指一国或地区同另一国家或地区进行商品和劳务(或货物、知识和服务)交换的活动。从一个国家看这种商品交换活动,称为对外贸易。从国际范围来看这种商品和劳务的交换活动，就称为国际贸易(International Trade)或世界贸易。海岛国家如英国、日本等，也常用“海外贸易”表示对外贸易。

三、贸易额与贸易量

(一)贸易额

贸易额(Value of Trade)是以货币表示的一国的对外贸易值。一定时期内一国从国外进口的商品和劳务的全部价值，称为进口贸易总额或进口总额；一定时期内一国向国外出口的商品和劳务的全部价值，称为出口贸易总额或出口总额。两者相加为进出口贸易总额或进出口总额，是反映一国对外贸易规模的重要指标之一，一般都用本国货币表示。为了便于国际比较，许多国家又通行用美元计算。联合国编制和发表的世界各国贸易额的资料，是以美元表示的。

把世界上的所有国家的出口总额按同一货币单位换算后加在一起，即得国际贸易额。由于一国的出口就是另一国的进口，因此，从世界范围来看，所有国家进口的合计理应等于所有国家出口的合计。但是，由于各国一般都是按离岸价值(FOB，即启运港船上交货价，其中不包括保险费和运费)计算出口额，按到岸价值(CIF，即成本加保险费、运费)计算进口额，因此世界出口总额总是小于世界进口总额。

与一个国家的进出口总额不同，世界进出口总额没有任何独立的经济意义，因为它经过了重复计算。

(二)贸易量

贸易量(Quantum of Trade)是剔除了价格变动影响的对外贸易额。以货币表示的对外贸易额经常受到价格变动的影响，因而不能确切地反映一国对外贸易的实际规模。所以在实际工作中，往往要以固定年份为基期计算的进口或出口价格指数去除当时的进口额或出口额，得到相当于按不变价格计算的进口额或出口额，单纯反映对外贸易的量。

其计算公式为：进(出)口贸易量＝进(出)口额÷进(出)口价格指数×100

四、贸易差额

贸易差额(Balance of Trade)指一定时期内一国出口贸易总额与进口贸易总额之间的差额。对外贸易差额用以表明一国对外贸易的收支状况，当出口总额超过进口总额时，称为对外贸易顺差，我国也称它为出超；当进口总额超过出口总额时，称为对外贸易逆差，我国也称为入超。通常对外贸易顺差以正数表示，对外贸易逆差以负数表示。如出口总额与进口总额相等，则称为对外贸易平衡。

五、对外贸易商品结构与国际贸易商品结构

(一)对外贸易商品结构

对外贸易商品结构(Composition of Foreign Trade)指一定时期内各类商品在一国对外贸易中所占的比重或地位,即各类商品进出口贸易额与整个进出口贸易额之比。例如,某国2008年出口贸易额为1000亿美元,其中初级产品出口500亿美元,制成品出口500亿美元,则该国的出口商品结构是初级产品占50%,制成品占50%。

(二)国际贸易商品结构

国际贸易商品结构(Composition of International Trade)指一定时期内各类商品在整个国际贸易中所占的比重或地位,即各类商品贸易额与国际贸易额之比。

国际贸易商品结构可以反映出整个世界的经济发展水平、产业结构状况和科技发展水平;一国的对外贸易商品结构则可以反映出该国的经济发展水平、产业结构状况、自然资源状况、科技发展水平、劳动力就业状况等,是一国制定产业结构调整规划的主要依据之一。

为便于分析比较,世界各国和联合国均以联合国《国际贸易商品标准分类》(SITC)公布国际贸易和对外贸易商品结构。

六、自由贸易和保护贸易

(一)自由贸易

自由贸易(Free Trade)是指主张放松乃至取消国家间的贸易限制,以使商品和劳务在各国市场上自由流动的一种理论或政策。就一个国家而言,自由贸易是指政府对企业经营对外贸易业务不多加干预,没有明显的限制或鼓励措施,任其自由地参与国际市场竞争;同时,对来自国外的进口商品也不过多地进行限制。

(二)保护贸易

保护贸易(Protective Trade)是指主张由国家采取措施来管理和干预进出口贸易的一种理论或政策。资本主义发展初期的保护贸易措施,主要是国家借助于关税壁垒的作用来阻挡外国商品的进口,并给本国出口商提供各种优惠与补贴,鼓励他们把更多的产品打入国外市场。近些年,保护贸易的措施形式越来越多样化,逐渐由经济手段向行政手段发展,具体表现在各种非关税壁垒措施的大量出现,如配额制、进口许可证制等。

七、国际贸易地理方向与对外贸易地理方向

(一)国际贸易地理方向

国际贸易地理方向(International Trade by Region)又称国际贸易地区分布，用以表明世界各洲、各国或各个国家集团在国际贸易中所占的地位。通常以它们的进口总额或出口总额占世界进口总额或出口总额的比重来表示。由于国际经济形式不断发生变化，各国的经济实力对比经常出现变动，国际贸易地理方向也不断发生变更。

(二)对外贸易地理方向

对外贸易地理方向(Direction of International Trade)又称对外贸易地区分布或国别结构，指一定时期内各个国家或国家集团在一国对外贸易中所占有的地位，通常以它们在该国进口总额、出口总额或进出口总额中的比重来表示。对外贸易地理方向表明一国出口商品的去向和进口商品的来源，反映一国与其他国家或国家集团之间经济贸易联系的程度。一国的对外贸易地理方向通常受经济互补性、国际分工的形式与贸易政策的影响。

对一国而言，如果商品的进出口集中在某一个国家或几个国家，我们就说该国的对外贸易地理方向比较集中；反之，就说该国的对外贸易地理方向比较分散。对外贸易地理方向集中与分散各有利弊。以出口为例，对外贸易地理方向集中有利于出口厂商的信息交流，交易成本比较低。但出口过于集中往往会带来国内各厂商之间为了争夺客户，互相压价，进而形成恶性竞争。而无论是出口还是进口，一国对外贸易地理方向过于集中，都会使得该国容易受制于人，从而在对外贸易中处于不利的境地。对外贸易地理方向的分散则可以降低一国所面临的政治与经济风险，避免进出口厂商之间的恶性竞争，但交易成本较高。

八、贸易条件

贸易条件(Terms of Trade)一般是指一国在一定时期内的出口商品价格与进口商品价格之间的比率，所以贸易条件又被称为“进出口交换比价”，或简称“交换比价”。

由于一个国家的进出口商品种类繁多，较难直接用进出口商品的价格进行比较，因此，人们通常用一国在一定时期(如一年)里的出口商品价格指数同进口商品价格指数对比进行计算。其计算公式如下：

贸易条件指数＝出口价格指数÷进口价格指数×100

由此计算出的贸易条件指数如果大于100，则表明贸易条件改善了；反之，则是恶化了。贸易条件的恶化是指对外贸易中的交换比价下降，即用相同数量的出

口商品换回的进口商品数量比以前少了;如果出现相反的情况,则视为贸易条件改善。

九、对外贸易依存度

对外贸易依存度也称对外贸易系数,是指一国在一定时期内的对外贸易总额(出口额与进口额之和)在该国国民生产总值(或国内生产总值)中所占的比重。一国的外贸依存度越大,表明该国的对外开放程度越高,同时也表明对外贸易在该国国民经济发展中的地位越重要。

外贸依存度可以细分为出口贸易依存度和进口贸易依存度。出口贸易依存度是指一国在一定时期内的出口贸易额占国民生产总值(或国内生产总值)的比重;进口贸易依存度是指一国在一定时期内的进口贸易额占国民生产总值(或国内生产总值)的比重。据中国对外经济贸易统计学会公布的数据,我国的出口贸易依存度 1985 年时只有 9%,1995 年达到 20.1%,2005 年达到 34.2%,2006 年达到 36.9%,2007 年达到 37.1%;我国的进口贸易依存度 1985 年是 13.8%,1995 年达到 18.4%,2005 年达到 29.7%,2006 年达到 30.1%,2007 年达到 29.1%。由此可见,我国的外贸依存度 1985 年是 22.8%,1995 年达到 38.5%,2005 年达到 63.9%,2006 年达到 67%,2007 年达到 66.2%。(见表 1-1)

我国对外贸易依存度偏高,所以世界性金融危机的爆发使我国外贸出口企业受到的影响很大,许多出口企业因此而破产倒闭。

表 1-1　　1985～2007 年中国对外贸易依存度表

年　份	进出口贸易依存度(%)	出口贸易依存度(%)	进口贸易依存度(%)
1985	22.8	9.0	13.8
1995	38.6	20.4	18.1
2000	39.6	20.8	18.8
2001	38.5	20.1	18.4
2002	42.7	22.4	20.3
2003	51.9	26.7	25.2
2004	59.8	30.7	29.1
2005	63.9	34.2	29.7
2006	67.0	36.9	30.1
2007	66.2	37.1	29.1

注:1993 年以后数据按照调整后的 GDP 数据计算。

数据来源:中国对外经济贸易统计学会 2008 年 8 月统计数据。

第二节　国际贸易的产生与发展

一、国际贸易的产生

国际贸易是在人类社会生产力发展到一定的阶段才产生和发展起来的，它是社会生产发展的必然结果。国际贸易的产生必须具备两个条件：一是有剩余的产品可以作为商品进行交换；二是商品交换要在各自为政的社会实体之间进行。

原始社会中后期，随着社会分工的出现，部落之间出现商品交换。伴随着社会的发展，人类进入了奴隶社会，部分产品作为商品在国与国之间进行交换，产生了国际商品交换的萌芽。

二、国际贸易的发展

（一）国际贸易的早期发展

1. 奴隶社会和封建社会时期

奴隶社会由于生产力水平发展缓慢，社会分工不发达，商品交换只是个别的、局部的现象。到了封建社会，这种商品交换有所发展。但自然经济依旧占据统治地位，国家之间的商品交换很少，因此，对外贸易发展缓慢。当时还不存在真正的世界市场，更不存在名副其实的国际贸易。

2. 资本主义早期

14、15 世纪，在西欧，资本主义生产关系出现了萌芽。意大利北部的威尼斯、热那亚、佛罗伦萨等城市，以及波罗的海和北海沿岸城市，都已成为欧洲的贸易中心。15 世纪末 16 世初，随着资本主义生产关系的发展，地理上的大发现，以及海外殖民地的开拓，欧洲贸易中心从地中海区域扩展到大西洋沿岸。葡萄牙的里斯本、西班牙的塞维尔、荷兰的安特卫普、英国的伦敦等，先后成为繁华的国际贸易港口，其贸易范围遍及亚洲、非洲和美洲。对外贸易的发展，国际交换的扩大，逐渐形成了区域性的国际商品市场。

3. 产业革命时期

18 世纪 60 年代到 19 世纪 60 年代，以蒸汽机为代表的科学技术获得了快速的发展。英国及其他欧洲先进国家以及美国，相继完成了产业革命。资本主义生产从工场手工业过渡到机器大工业，使工农业生产和交通运输得到空前的大发展。这场产业革命直接推动着社会关系和国际关系的深刻变革，标志着资本主义生产方式在全世界的胜利。

产业革命发生后，资本主义国际分工体系的形成，加上大工业提供了现代化的交通通讯工具，把世界联结成为一个整体，形成了世界市场。在世界市场上各国的劳动通过国际交换而成为全世界社会劳动的一部分，世界市场的形成，大大促进了国际交换的发展。随着国际贸易和国外投资的发展，逐步形成了适应资本主义生产方式的国际货币体系，最后，形成了资本主义经济体系和相应的经济秩序，为国际贸易的发展奠定了基础。

表 1-2 说明了国际贸易的迅速发展。正如马克思指出的，"对外贸易的扩大，虽然在资本主义生产方式的发展中，由于这种生产方式的内在必然性，由于这种生产方式要求不断扩大市场，它成为这种方式本身的产物。"

表1-2　　1720～1948 年世界工业和世界贸易年均增长率

年　份	世界工业年均增长率(%)	世界贸易年均增长率(%)
1720～1780	1.5(1705～1785)	1.10
1780～1820	2.6	1.37
1820～1840	2.9	2.81
1840～1860	3.5	4.84
1860～1870	2.9	5.53
1870～1900	3.7	3.24
1900～1913	4.2	3.75
1913～1929	2.7	0.72
1929～1938	2.0	−1.15
1938～1948	4.1	0.00

资料来源：W. W. Rostow, The World Economy: History & Prospect, University of Texas Press, 1978, P67. 转引自赵春明《国际贸易学》P1

(二)第二次世界大战后国际贸易发展迅速

第二次世界大战后，随着社会化大生产的发展和生产国际化的加深，各国之间相互依赖与相互竞争的程度也日益加深。为了保持和提高在国际市场上的竞争力，世界许多国家积极努力寻求与其他国家合作，通过优惠贸易安排、自由贸易区、关税同盟、共同市场等不同方式，组建区域经济贸易集团，实现区域内商品、资本、劳动力和服务等的自由流动。同时，跨国公司也有了迅猛的发展。这一切推动了国际贸易的迅速发展，使国际贸易的规模、结构、范围、内容和方式等都发生了巨大的变化。

战后，国际商品贸易发展的最大特点就是增长迅速，世界出口贸易额从 1950 年的 607 亿美元跃到 1980 年的 19986 亿美元，1994 年进一步增长到 40900 亿美元，2005 年世界货物出口总额为 103931 亿美元，突破了 10 万亿大关。世界贸易的增长速度超过世界生产的增长速度(见表 1-3)。

表 1-3　第二次世界大战后各阶段世界生产和贸易量年均增长率

	第一阶段	第二阶段	第三阶段		第四阶段
	1950～1973	1974～1982	1985～1990	1990～1995	2000～2004
世界生产年均增长率(%)	5.0	2.7	3	1.5	2
世界货物出口量年均增长率(%)	9.1	2.4	6	10	4

数据来源:世界贸易组织发布的《2005 年世界贸易报告》。

第二次世界大战以后,国际贸易的发展大致分为两个阶段。第一阶段为 1948～1973 年,这一时期国际贸易发展迅速。1948～1973 年,世界货物出口量年均增长率达 7.8%,大大超过 1913～1947 年世界货物出口量年均增长率 0.5%的水平,而且超过同期世界工业生产 6.1%的年均增长率。第二阶段是从 20 世纪 80 年代至今,从 70 年代初开始,主要资本主义国家进入了长达十多年的经济"滞胀"阶段,到 80 年代初,出现了严重的经济衰退。从 1973～1981 年,国际贸易平均增长率较第一阶段下降了一半多,只有 3.6%。1981 年国际贸易陷入零增长,1982 年国际贸易出现负增长,1983 年后,随着西方国家经济的回升,国际贸易平均增长率有较大提高,从 1983～1989 年,国际贸易年均增长率提高到 6.2%。进入 90 年代后,国际贸易的增长速度加快,从 1990～1995 年,国际贸易年均增长率提高到 10%左右。但 1996 年降至 6.7%,1997 年再降为 3.5%,1998 年受亚洲金融危机的影响,国际贸易再度出现负增长,国际贸易额由 1997 年的 69027 亿美元降为 68401 亿美元。1999 年,亚洲国家经济复苏,国际贸易又缓慢回升。2000 年,世界商品出口贸易额比 1999 年增长了 12.9%,突破了 6 万亿美元。但由于受到信息技术产业急剧降温及美国"9·11"恐怖事件的影响,2001 年世界商品出口额比 2000 年减少了 4%。2002 年开始,国际贸易出现上升势头,2002 年、2003 年、2004 年世界商品出口额分别比上一年增长 5%、17%和 21%。由此可见,自 20 世纪 80 年代初至今,国际贸易的发展处于动荡不稳状态。

同时,国际贸易内容发生了变化,制成品所占比重超过初级产品;有形商品贸易与无形商品贸易密切结合;各种类型国家的对外贸易都得到了发展;世界贸易和各国贸易依存度都在提高。继大西洋地区之后,太平洋地区正在成为新的世界贸易中心。国际贸易已成为各类国家对外关系的重要基础和纽带。

第三节　国际贸易的分类与特点

一、国际贸易的分类

国际贸易活动在现实中的表现形式多种多样，依照不同的划分标准，可以有不同的贸易分类。

（一）按商品形态分

1. 货物贸易

货物贸易（Commodity Trade）通常是指有形贸易（Tangible Trade），即围绕有形商品来开展的国际贸易。为了便于统计，联合国曾把有形商品分为10大类、63章、233组、786个分组和1924个基本项目。后来，在各国的进一步协商下，海关合作理事会于1983年通过了《协调商品名称和编码制度公约》及其附件《协调商品名称和编码制度》（Harmonized Commodity Description and Coding System—HS），并于1988年1月1日正式生效。现已批准正式使用HS编码的国家和地区约有100个，我国海关也于1992年1月1日起开始实施以HS编码为基础编制的《中华人民共和国进出口税则》。HS将商品分为21类、97章、1241个税目及5019个子目，从而使商品分类更加细致和科学。如第一类为“活动物；动物产品”，其中第二章为“肉及食用杂碎”（02），其中第二项税目编号02.02为冻牛肉，再进一步细分：02.02.10冻整头及半头牛肉；02.02.20冻带骨牛肉；02.02.30冻去骨牛肉。

2. 服务贸易

服务贸易（Service Trade）按世界贸易组织《服务贸易总协定》的规定，国际服务贸易具体包括四种方式：（1）跨境交付（Cross-border Supply）；（2）境外消费（Consumption Abroad）；（3）商业存在（Commercial Presence）；（4）自然人流动（Movement of Natural Persons）。《服务贸易总协定》列出服务行业包括以下12个部门：商业、通讯、建筑、销售、教育、环境、金融、卫生、旅游、娱乐、运输、其他，具体分为160多个分部门。

服务贸易提供与消费同时进行，服务贸易额也是一国国际收支的重要构成部分，但由于其无须经过海关办理手续，所以一般不显示在海关的统计表上，只在各国国际收支平衡表上体现。

3. 技术贸易

技术贸易（Technology Trade）的内容包括专利权、商标权、专有技术权、计算机软件等著作权的所有权的有偿转让或使用权的许可使用以及技术咨询、技术服务和技术开发。同服务贸易额一样，国际技术贸易额也不在各国海关统计中，只在各国国际收支平衡表上体现。

在上述按照商品形态划分的三类贸易中，服务贸易和技术贸易也统称无形贸易（Intangible Trade），指买卖一切不具备物质自然属性的商品的活动。有形贸易和无形贸易的主要区别在于前者均需办理海关手续，其贸易额总是列入海关的贸易统计；而无形贸易尽管也是一国国际收支的组成部分，但由于它无须经过海关手续，因而一般不反映在海关统计资料上，但显示在一国国际收支平衡表上。

（二）按商品流向划分

1. 出口贸易

出口贸易（Export Trade）又称输出贸易，是指一国将自己生产或加工的商品输往国外市场销售。

2. 进口贸易

进口贸易（Import Trade）又称输入贸易，是指一国从国外市场购入用以生产或消费的商品。

3. 过境贸易

过境贸易（Transit Trade）指别国出口货物通过本国国境，未经加工改制，在保持原来形状下运往另一国的贸易活动。其中又可分为直接过境和间接过境两种。前者是指在海运的情况下，外国货物到达港口后，在海关监管下，从一个港口通过国内航线装运到另一港口，或在同一港口内从一艘船上转装到另一艘船上，然后离开国境；或不经卸货转船，仍由原船运出，这种行为完全是为了转运而通过国境，与该国对外贸易无关。后者则指外国货物到达国境后，先存入海关保税仓库，然后未经加工改制，又从海关保税仓库提出并运出国境。这种贸易对本国来说既不是进口，也不是出口，仅仅是商品过境而已。

4. 复出口

复出口（Re-Export Trade）是指将外国商品输入本国后未经加工而再向国外输出的贸易活动，由两部分组成，一是从本国自由贸易区或海关保税仓库再出口；二是经过海关结关手续后的本国化商品再出口。

5. 复进口

复进口（Re-Import Trade）指将本国商品输往国外后未经加工而又重新运回国内。复进口一般是由于商品在国外未能售出或由于损坏或质量不合格等原因所造成，因而具有比较偶然的性质。

（三）按贸易有无第三国参加划分

1. 直接贸易

直接贸易（Direct Trade）是生产国与消费国不通过第三国而进行商品交换的

行为。在这种方式下，贸易双方直接谈判，直接结算，货物直接运输。商品从生产国直接卖给消费国，对生产国而言，是直接出口；对消费国而言，是直接进口。

2. 间接贸易

间接贸易（Indirect Trade）是指由于本国销售渠道不畅、信息不灵或某些政治原因，而借助第三国或其他中间环节，把商品从生产国运输到消费国的贸易活动。商品通过第三国进行买卖，对生产国是间接出口，对消费国是间接进口。

3. 转口贸易

转口贸易（Entrepot Trade）是指货物生产国与消费国之间经由第三国贸易商分别签订进口合同和出口合同所进行的贸易。从第三国角度来看，即是转口贸易，又称中转贸易。被转口的商品一般不做加工或只做简单加工。从事转口贸易的国家或地区一般都具有地理和港口等方面的优势。

（四）按国境和关境划分

1. 总贸易

总贸易（General Trade）是指以国境为标准划分和统计的进出口贸易。凡进入国境的商品一律列为进口；凡离开国境的商品一律列为出口。在总出口中又包括本国产品的出口和未经加工的进口商品的出口。总进口额加总出口额就是一国的总贸易额。美国、日本、英国、加拿大、澳大利亚、中国、东欧等 90 个国家和地区采用这种划分标准。

2. 专门贸易

专门贸易（Special Trade）是"总贸易"的对称，指以关境为标准划分和统计的进出口贸易。只有从外国进入关境的商品以及从保税仓库存提出进入关境的商品才列为专门进口。当外国商品进入国境后，暂时存放在保税仓库，未进入关境，不列为专门进口。从国内运出关境的本国产品以及进口后经加工又运出关境的商品，则列为专门出口。专门进口额加专门出口额称为专门贸易额。德国、意大利、法国等 83 个国家和地区采用这种划分标准。

3. 边境贸易

边境贸易（Frontier Trade）是指两个毗邻国家通过协议，在两国的边境接壤地区（一般为边境两边各 15 公里内）准许当地居民在指定的集市和边境口岸上，按照规定的金额、品种进行生活必需品和生产资料的小额贸易。

（五）按经济发展水平划分

1. 水平贸易

水平贸易（Horizontal Trade）是指经济发展水平比较接近的国家之间开展的贸易活动。例如，各个发达国家之间以及各个发展中国家之间所进行的贸易。

2. 垂直贸易

垂直贸易(Vertical Trade)是指经济发展水平不同的国家之间开展的贸易活动。发达国家与发展中国家之间所进行的贸易,大多属于这种类型。发达国家从发展中国家进口农产品和原材料,并向其出口工业制成品。这主要是由生产力发展水平上的差距造成的。

(六)按清偿工具划分

1. 自由结汇贸易

自由结汇贸易(Free-Liquidation Trade)又称现汇贸易,即以货币作为清偿工作的国际贸易。现汇贸易是国际贸易中最普遍的贸易形式,其结算方式以信用证为主,此外还有托收和汇付等方式。

2. 易货贸易

易货贸易(Barter Trade)指以货物经过计价作为清偿工具的国际贸易。这实际上是一种记账贸易,即根据两国政府达成的贸易协定或贸易支付协定,按照记账结算方法来进行清偿的贸易。其特点是双方有进有出,互换货物不是用现汇逐笔结算,而是通过指定的银行账户来相互冲销。这种贸易方式的特点是进口与出口相结合,贸易双方均有进有出,这样既可以节省外汇,又可以保持双方的贸易平衡。

(七)按照货物运送方式划分

1. 陆路贸易

陆路贸易(Trade by Roadway)指采用陆路运送货物的贸易,其运输工具通常为火车、汽车等。

2. 海路贸易

海路贸易(Trade by Seaway)指通过海上运输货物的贸易,运输工具主要是各种船舶,这是国际贸易最主要的运送方式。

3. 空运贸易

空运贸易(Trade by Airway)指采用航空方式运货的贸易,这种贸易通常适用于贵重或数量小或时间性强的商品的贸易。

4. 邮购贸易

邮购贸易(Trade by Mail Order)指采用邮政包裹方式寄送货物的贸易。对数量不多的商品贸易,可采用邮购贸易。

(八)按交易手段划分

1. 单证贸易

单证贸易(Trade With Documents)指以纸面单证为基本手段的贸易,是一种传统的交易方式,是目前常用的交易方式。

2. 无纸贸易

无纸贸易(Trade Without Documents)指以电子数据交换为内容的贸易,即贸易伙伴之间按协定通过电子计算机通讯网络传递规范化和格式化的商贸数据和信息而进行交易。这是一种现代化的交易手段,代表了国际贸易交易方式和手段的发展趋势。

二、国际贸易的特点

国际贸易的特点是与国内贸易相比较而言的。它们作为社会生产与社会消费之间的一个不可缺少的中间环节,具有很多共同之处:都是商品和劳务的交换;商品都是从生产者向消费者转移;交易过程大同小异;经营的目的都是取得利润或经济效益。

但是由于国际贸易活动所处的环境与所接触的对象与国内贸易活动不尽相同,从而使国际贸易又表现出了一些不同之处。

(一)语言与风俗习惯不同

1. 语言不同

这是从事国际贸易活动首先遇到的障碍。世界各国的语言文字十分复杂,据统计,目前世界上超过 5000 万人使用的文字有 13 种之多。其中英语所使用的范围最广,有 30 多个国家将其作为官方语言,英语也是当今国际贸易活动中各国最通行的商业语言。如果不能克服语言上的障碍,国际贸易活动将很难开展,即使制定出宏伟的对外贸易规划,也只能是纸上谈兵,得不到较好的贯彻和落实。

2. 风俗习惯不同

各个国家和民族的风俗习惯、宗教信仰和价值观念都有很大差别,这也会对国际贸易活动产生一定程度的影响。比如,各国对于商品外形、商品包装和商标所显示出的颜色、数字及复杂的图形有着非常不同的好恶,这使得在甲国非常畅销的商品,到了乙国就可能由于颜色等原因而滞销。

(二)文化背景不同

文化背景包括政治、经济、法律因素等。国际贸易中双方所处的政治、经济、法律环境对国际贸易也会产生重要影响。

1. 各国的政治制度与经济体制差异很大,会对国际贸易活动产生一定的影响

如有的国家政府只对外贸活动进行适当的宏观调控,与这种国家进行贸易,所受到的限制就比较少;而有的国家政府对外贸活动的控制和参与过深,与其打交道就困难重重。

2. 法律制度的影响亦是如此

有些国家法制比较健全,只要依据法律从事正常的外贸活动,外商的利益就会

受到保护。而有些国家的法制很不完善，即便正式制定和公布了很多法律条文，其贯彻和执行也很不严格，使外商在正常的业务活动中没有安全感。特别是当外贸活动中出现商标侵权、专利纠纷、倾销裁决等贸易的摩擦时，健全完善的商业法规就显得尤为重要。

文化背景差异在国际贸易中已成为一个令人瞩目的问题，尤其在发达国家与发展中国家之间进行国际贸易时，文化背景差异带来很多问题。

(三)各国的货币制度不同

在国际市场上买卖商品，一般要使用为各国所普遍接受的货币作为支付手段，如美元、日元、马克、英镑等。在国际贸易活动中，各国的货币制度、国际金融市场的动荡和所使用的货币汇率的波动，都会对贸易当事人的经济利益带来冲击和影响。可能仅仅会由于一种货币对另一种货币的汇率大幅升值，使某些从事外贸的企业瞬间暴富，同时也将另一些企业推向了破产的边缘。

(四)海关制度与贸易法规不同

各国都设有海关，对于货物的进出口都有许多规定。货物出口，不但要在输出国家办出口报关手续，而且出口货物的种类、品质、规格、包装和商标也要符合输入国家的各种规定，进出口报关手续相当复杂。以商品进入一国海关为例，一般要向海关提交进口许可证、产地证明书、卫生检疫证书、海运提货单、进口报单、商业发票等。

从事国际贸易活动不仅要熟悉和掌握国际贸易领域中的各种国际条约和通行的国际贸易惯例，而且要了解对方国家的各种贸易规定，以便减少贸易纠纷。在当今的国际贸易领域，既存在若干多边签署的国际商务规则和约定俗成的国际贸易惯例，也存在各自国家制定和实施的贸易法规。外贸人员只有熟悉和了解贸易伙伴国的各种法规，才能保证外贸业务的正常开展。

(五)国际贸易面临的风险较大

由于从事国际贸易活动面对的是一种相对陌生且多变的经营环境，因而其面临的风险也较大。这主要表现在：

1.信用风险

在国际贸易中，自买卖双方接洽开始，经过报价、还价、确认订约，直到履约，在此期间，买卖双方的财务经营可能发生变化，有时危及履约，出现信用风险。由于资信调查上的困难和间接性，交易一方可能会由于另一方的违约而遭受重大损失。

2.价格风险

国际市场价格变幻莫测，一项买卖合同已经签署，价格仍可能会在合同执行中出现大的变化。如果商品的市场价格比合同价格大幅度下跌，合同的买方就会遭受损失；反之，合同的卖方则会遭受损失。

3. 汇兑风险

在国际贸易中，交易双方必有一方要以外币计价。但外汇汇率不断变化，信息不灵，就会出现汇兑风险，势必增加经营国际贸易的风险程度。

4. 运输风险

国际贸易商品需要长途运输，因各种原因引起风险的概率相当大。

5. 商业风险

在国际贸易中，因货样不符、交货期延误、单证不符等，使进口商和出口商的贸易活动不能正常进行。

6. 政治风险

某些国家的政权更迭、民族纠纷、军事政变，以及国际社会对某些国家实行的经济封锁和经济制裁，都会使国际贸易活动受到影响，给贸易当事人造成意想不到的损失。

（六）对业务人员的素质要求较高

国际贸易面临的不确定性因素太多，经营对外贸易的人员应该具备如下的条件：远大的眼光，良好的商业信誉；熟练的外语，各种专业理论与知识；灵通的商业情报；雄厚的资金和完备的组织机构等。

第四节　国际贸易与经济发展的关系

一、国际贸易与经济发展的关系

随着经济全球化的深入发展、科学技术的进步、产业结构的调整、跨国公司的大发展和世界贸易体制的进一步完善，近年来世界贸易的发展速度不断加快。世界贸易组织的成立，使国际贸易体制发生了重大变化，极大地促进了国际贸易关系的深入发展与世界经济的可持续发展。

（一）国际贸易能够促进经济的发展

1. 利用国际分工，节约社会劳动，生产更多的使用价值

一个国家无论大小，总有其具有比较优势的产品，因此从提高社会经济效益的角度考虑，不应试图去生产本国所需要的一切产品，而应集中国内的生产资源努力生产本国最具优势的产品，去与别国交换那些在国内生产不具优势的产品，来满足本国居民多样化消费的需求。这样做的结果是在资本、土地和劳动力等生产要素不变的情况下，能通过节约劳动时间来增加生产总量，提高社会生产力，使参加国际分工的各国都能得到更多的使用价值。

2.利用国际市场,使商品的价值得以实现

随着现代社会化大生产的发展,人类的劳动生产率在飞速提高,产品源源不断地生产出来,这些产品要在市场中寻找消费者以实现其惊险一跃。然而,资本主义大生产的发展,使生产和消费的矛盾日益尖锐化,出现了大批过剩产品,不得不依靠国外市场来保障国内再生产的顺利进行。

3.有利于生产要素的充分利用

进行生产离不开生产要素。生产要素主要包括劳动、土地、矿产资源、资本、技术等。不同的生产要素在各个国家的供给比例是很不相同的,现实生活中普遍存在着某类生产要素在A国比较丰裕而得不到充分利用,在B国则十分稀缺以致抑制了经济发展的现象。通过开展国际贸易,可以在较大程度上解决这一问题。人们通过生产过程,将各种不同的生产要素转化为商品,然后在国与国之间进行商品交换,出口生产要素充裕的商品,进口生产要素稀缺的商品。这样做的结果,是使各国的各不相同的生产要素都得到了充分开发和利用。

经济发达国家的生产要素优势是资本和技术,所以它们往往更多地生产和出口资本密集型产品及技术密集型产品;很多发展中国家的生产要素优势是劳动力和矿产资源,所以它们通常更多地生产和出口劳动密集型产品和资源密集型产品。这种国际贸易和国际分工格局尽管有若干不尽合理之处,但它在充分利用各种生产要素方面却起着十分积极的促进作用。

4.有利于发挥规模效益

现代化生产企业越来越讲究生产的规模效益,努力使生产产量达到规模效益的最佳点,才能使产品的生产投入最小、产出最大、成本最低、竞争力最强。规模经济生产方式会使机器设备得到充分利用,使劳动力得到合理分工,使生产组织得到合理配置与协作,使产量最大化。在国内市场容量有限的情况下,要借助于国际市场,使生产摆脱国内市场的局限,极大地刺激各国出口产业的发展,使生产能够获得规模效益,有力地促进劳动生产率的提高。

5.有利于解决劳动力就业问题

随着人口的增加和劳动生产率的提高,解决过剩人口的劳动就业问题已经成为世界各国政府必须优先考虑和解决的重大问题。各国政府所制定的种种鼓励出口和限制进口的政策与措施,在很大程度上是为了解决本国劳动力的就业问题。对外贸易的发展,为产品找到了新的市场与销路,因而能为各行各业带来大量新的劳动就业机会。

6.国际贸易是世界经济兴衰的重要传递渠道

国家间的进出口贸易,把世界各国的经济紧紧地联为了一体。于是,世界性的经济繁荣或经济衰退便沿着进出口贸易的渠道传向了各个国家。当然,其影响程度会由于各国对外开放程度的不同而有所不同。

这种传递渠道的运行过程是：当世界经济呈现普遍的繁荣时，国际市场上各类商品普遍好销，且价格看涨，利润率上涨。这种状况首先对一国的出口产业部门产生刺激和带动作用，使这些部门增加投资，扩大招工，提高生产量。出口产业部门的繁荣能够将与其密切相关的部门的生产带动起来，进而又会把全社会各行各业的部门相继带动起来，使它们走向繁荣。这样，该国经济的发展，在传递渠道的作用下，便与世界经济的发展协调了起来。同理，世界性的经济衰退也会沿着这一传递渠道传向参与国际贸易的各个国家。衰退引起的世界市场物价下跌和产品滞销，会对一国的出口产业部门的生产产生抑制作用，其产品不得不“出口转内销”，这又会引起国内同行业产品的滞销与积压，进而会引起全社会性的产品“过剩”和经济恐慌。

当然，这种经济传导机制的作用和影响程度在各国是很不相同的。影响程度大小的主要制约因素是一个国家的对外开放程度。

(二)经济发展水平反过来又影响国际贸易的发展

从前面的分析中可以看出，参与国际贸易会对本国的经济发展产生较为积极的推动作用。那么，一国的经济发展又会对国际贸易产生什么影响呢？这主要可以从以下几个方面进行分析：

1. 经济发展水平影响着一国在国际贸易中的地位

经济发展水平较高的发达国家在国际贸易格局中处于较有利的地位，而经济落后的发展中国家则处于较不利的地位。尽管参与国际贸易会使参加国都能从中受益，都可获得比较利益，但所获利益的多少是很不均衡的。发展中国家由于经济发展水平较低，尤其是工业发展水平远远落后于发达国家，在国际贸易中多是以农矿产品与发达国家的工业制成品相交换。在国际市场上，工业制成品价格较高，而农矿产品价格相对较低，使国际贸易的利益分配更多地偏向于发达国家。

自20世纪60年代末期以来，尤其是20世纪80年代初期以后，国际经济领域开展的“南北对话”和“南南合作”，使发展中国家在国际贸易中的地位有所改善。但是，这些改善很快便被汹涌澎湃的科技革命浪潮所吞噬。因为，一方面，发源于发达国家的科技革命把一批又一批的新技术产品推向了市场，这些产品销路较好，附加值也很高，而且其价格中往往包含较大成分的技术垄断性因素。另一方面，科技革命的发展使新材料、新能源不断涌现，各种初级产品逐渐有了替代品（如化纤对棉麻的替代等），发达国家对发展中国家初级产品的依赖程度开始下降，国际市场上初级产品的价格呈现出长期下跌的趋势。上述两个方面，使经济落后的发展中国家在进口工业制成品时要多支付外汇，而出口农矿产品时却又少收进外汇，其在国际贸易中的地位呈现出了明显的下降趋势。与此相反，经济发展水平较高的发达国家，在国际贸易中的地位则呈现出了上升的势头。

2.经济发展水平影响着一国进出口贸易的商品结构

一国的经济发展水平制约着国民的消费结构，而消费结构又对进出口贸易的商品结构起着重要的影响作用。发达国家的工业加工水平较高，国民的消费水平也较高，因此，其进口商品是以初级产品和生活消费品为主，而且进口的消费品中还包括相当数量的高档消费品；其出口产品则是以工业制成品为主。发展中国家的工业水平落后，国民的消费水平也较低，因此，其进口商品是以生产资料和普通生活消费品为主；其出口产品则是以初级产品及轻纺产品为主。

3.经济发展水平影响着一国对外贸易政策的制定

国际贸易利益的分配是不均等的，发达国家依靠其劳动生产率优势往往会获得比发展中国家更多的利益。再加上保护国内幼稚工业的因素和保护劳动就业的因素等，就使得经济发展水平不同的国家在对外贸易政策的制定上存在着很大的差异。一般的说，经济发展水平较高的国家往往推行自由贸易政策，而经济发展水平较低的国家则往往推行保护贸易政策。但这也不是一成不变的，一个国家的政府常常会调整自己的外贸政策。例如，美国，依靠自己的经济实力，长期推行自由贸易政策，力主各国拆除各种贸易壁垒。但由于 2007 年 3 月金融危机爆发，美国转而制订了购买“美国货”的救市措施，改变了美国多年来倡导的自由贸易政策。

4.经济发展水平影响着一国国际贸易发展的深度和广度

一国的经济发展水平决定着其基础设施建设，如运输、通讯等条件。在一个经济发展水平十分落后的国家里，没有高等级公路，没有深水码头，没有现代化通讯设施，大量的商品运不进来也输不出去，市场信息的取得既不方便又不及时，在此种环境中，进出口贸易的开展是很困难的，会直接影响到这个国家国际贸易业务发展的深度与广度。

(三)国际贸易对发展中国家经济发展的特殊意义

对于发展中国家而言，国际贸易对其经济发展的影响有着更特殊的作用，中国改革开放 30 年的发展过程，充分体现了国际贸易的巨大的促进作用。

1.国际贸易是获得外国先进技术的主要渠道

技术落后，是制约发展中国家经济成长的一大障碍。在国际市场竞争中，由于技术落后，发展中国家的产品很难与发达国家的产品相抗衡，只有依靠价格优势去争得一席之地。邓小平说过，“科学技术是第一生产力”，哪个国家在科学技术上领先，并能有效地把技术应用到生产实践中去，哪个国家的经济增长就会在世界上处于领先地位。发展中国家之所以落后，就是因为技术落后，通过对外贸易可以引进先进技术发展本国经济，这种技术贸易的发展，已成为当代国际贸易的一个重要组成部分，也成为发展中国家争取时间、赶超发达国家的一条重要捷径。

2. 国际贸易增强了国内企业的竞争压力，能够刺激生产效率的提高

发展中国家为了保护民族工业的发展，对外开放的程度往往不如发达国家高。这就很容易产生一种负效应，即政府颁布的各种各样的保护性政策和措施，在保护了民族工业发展的同时，也往往保护了保守和落后。一国政府执行过分的保护性政策会导致低效率、高成本，无利于民族经济的发展。

积极参与国际贸易，把国内企业推向国际市场，是刺激民族工业发展的一条有效途径。一方面，把国内产品出口到国际市场上去接受竞争和检验。迫使企业不断努力提高产品质量与技术水平，才能在国际市场中站住脚。另一方面，让适量的国外产品进口到国内市场上来与消费者见面并与国内同类产品进行公平竞争。对于发展中国家来说，这将会在更大的范围内对国内产业和厂商起到一种震撼的作用。会逼迫他们想方设法改进技术、改进管理以扭转落后的被动局面。可见，随着进出口贸易的开展，市场竞争的新观念和新手段如同一股强心剂注入了落后国家经济发展的机体中，促使落后国家设法改善其经济条件。

3. 利用国际贸易，调整产业结构

充分利用国际贸易的机会，参与发达国家产业结构调整提供的机会，推动出口企业的发展，并进而带动其他工业的成长。工业的逐渐成熟和进出口贸易的不断发展，又会引致金融、保险、运输、信息等服务业的发展和壮大，把整个国民经济推入一个较高的层次。

二、处理好国际贸易与经济发展的关系

在全球经济一体化背景下，发达国家和发展中国家都在寻求经济合作和共同发展。西方七国集团、二十国集团、双边贸易及多边贸易体制的形成，是世界经济和国际贸易发展进程中的产物，也是全球经济现状的一个缩影。但不同国家的经济发展条件、环境、任务差别较大，如何处理好国内及国际贸易与经济发展的关系问题，是每个国家面临的共同课题。

对外贸易与经济发展关系的问题是发展经济学研究的核心内容。国内外对这一问题的研究至少可以总结出两点：一是主张不加限制地按比较优势进行自由贸易来促进经济发展的理论。这种理论从一开始就是先进国家的理论，而后进国家的理论从一开始就与保护主义联系在一起。随着国际贸易实践的发展，外贸对一国或地区经济发展的影响具有双刃性的观点愈来愈成为共识。如何充分发挥外贸的积极作用，减少其消极影响，寻求贸易发展效益的最优点成为各国共同追求的目标。二是外贸对于小国和大国经济发展的作用不完全相同。比如，通过对外贸易扩大市场规模对于小国来说至关重要，而大国贸易获益主要在于分享世界有限的、分配极不均匀的技术成果、人力资源和自然资源。因此，对外贸易只是经济发展的必要条件，不是充分条件，要使外贸发挥积极的带动作用，需要一定的作用条件。

简单地断言贸易是经济增长发动机的观点是片面的。贸易对经济发展促进作用的研究已从静态、短期效果分析转向动态、长期效果的分析。

另外，还应意识到在谋求通过国际贸易达到促进经济发展目标的战略上，小国与大国客观上存在差异。至今为止，外贸起主要“引擎”作用的是岛国、小国，历史上明显的例子有英国、日本和亚洲“四小龙”。大国则不然，广阔的国内市场有巨大的潜力，能为绝大部分产业提供达到规模经济的市场。即使像美国这样经济国际化程度很高、进出口贸易所占比例很大的国家，其产品的绝大部分价值也是靠本国发达有序的市场实现的。

【本章参考书目】

1. 贾金思等:《国际贸易—理论　政策　实务》，对外经济贸易大学出版社，2005 年。

2. 陈宪等:《国际贸易—理论　政策　案例》，上海财经大学出版社，2004 年。

3. 吴国新:《国际贸易—理论　政策　实务》，上海交通大学出版社，2004 年。

【思考题】

1. 国际贸易的基本概念与分类。
2. 简述国际贸易的发展史。
3. 简述国际贸易对发展中国家的意义。
4. 简述国际贸易与经济发展之间的关系。
5. 结合中国的实践，分析出口增长与经济增长之间的关系。
6. 如何正确看待贸易差额?
7. 如何正确理解贸易条件这一指标?
8. 如何看待我国对外贸易依存度?

第二章 国际分工

国际分工已有几百年的历史了,它是国际贸易的基础。国际分工随着生产力的发展而发展,而它的形成和发展,又促进着世界生产力和世界经济的发展。目前,每个国家和地区都与其他一些国家和地区在经济上既有联系,又有分工。国际分工在广度和深度上都在迅速发展。本章介绍了国际分工的产生与发展、国际分工的类型与作用以及当代国际分工发展的新特点。

【本章学习目标】

1. 学习和了解国际分工的形成、发展与作用,熟悉国际分工类型及当前国际分工类型发展的新趋势。
2. 掌握国际分工的含义和当前国际分工发展的新特点。
3. 学会分析当前国际经济形势下不同经济体间国际分工的特点。

第一节 国际分工的形成与发展

一、国际分工的含义

国际分工(International division of labor)是指世界各国之间的劳动分工,是国民经济内部分工超越国家界限的产物,其表现形式是各国货物、服务等商品的交换。

劳动分工是指若干劳动者从事各种不同而又相互联系的工作,它在人类社会的发展史上一直起着重要作用。生产力的增长是分工发展的前提条件,一般说来,一定的生产力发展水平决定了与此相应的社会分工的形式与内容。反过来,分工又有利于提高劳动的熟练程度,改进技术和提高劳动效率,促进生产力的发展。最早、最简单的分工形式是按性别和年龄所进行的自然分工。由于生产力的发展,在早期的人类历史上,曾有过三次意义重大的社会大分工。它们是畜牧业和农业的分工;手工业从农业中分离出来;由于商品生产的发展和市场的扩大,出现商人阶级而形成的分工。随着生产力的发展，分工愈来愈细，生产逐渐专业化、独立化，不仅把每一种产品的生产并且把产品每一个部分的生产都变成独立的生产部门。因而，新的生产部门不断出现。工业、农业和交通运输业是不同产业的部门，冶金、纺织和食品加工是同一产业内的不同部门。这些不同产业间的部门分工，以及相同产业内部门分工都是属于劳动分工。因此，社会分工包括这些产业间各部门之间、产业内各部门之间、城乡之间、脑力劳动和体力劳动之间的分工等。

国际分工是社会生产力发展到一定阶段的产物，是在现代大机器生产条件下产生的。大机器生产条件下，生产力提高使社会分工超越了国家界限。与此同时，国际分工作为社会分工在世界范围内扩大和加深的结果，又对生产力起着巨大的促进作用，具体表现在对世界经贸的发展起巨大的推动作用。国际分工是各国对外贸易的基础，各国参与国际分工的形势与格局决定了各国对外贸易商品结构、对外贸易地理方向和贸易利益等。同时，各国对外贸易又是国际分工利益实现的途径和枢纽，各国对外贸易的模式与措施影响着国际分工的发展。二者相辅相成，互为因果。

二、国际分工的形成与发展

国际分工是一个历史范畴，它的形成与发展经历了漫长的历史过程，大致可以分为以下几个阶段。

(一)国际分工萌芽阶段

从15世纪末16世纪初的地理大发现到18世纪中叶的工业革命是国际分工产生的萌芽阶段。地理大发现是西方史学对15～17世纪欧洲航海者开辟新航路和发现新大陆的通称。当时西欧人由于东西方通商干线受到土耳其人和阿拉伯人的阻挠，而要探寻一条通往东方的新航路。此外，西欧和东方的贸易，具有入超性质，致使西欧有限的金银不断外流，而工商业的发展需要更多的流通手段。在金银外流、通货不足的情况下，西欧封建阶级及商人就产生了“追求黄金的渴望”。这种“渴望”驱使他们到海外去探险。而专制王朝为了巩固其统治、维持庞大的官僚机构以及为了供其宫廷生活的挥霍，也要开辟新财路，这就使探求新航线取得了当时专制政权的积极支持。当然，欧洲科学技术的发展，特别是造船和航海方面的成就，是地理大发现必不可少的条件。也就是说，地理大发现是西欧社会生产力发展和由此而加深的社会经济矛盾所促成的。主要有：1492年，哥伦布横渡大西洋抵达美洲；1498年，达·伽马开辟饶过非洲好望角通往印度的航路；1519～1522年，麦哲伦船队完成第一次环球航行；1642～1643年，荷兰人塔斯曼航抵澳大利亚和新西兰一带等。这些历史上著名的地理大发现，促使欧洲一些国家的手工业生产向工场手工业生产过渡，对资本主义生产方式的产生起了巨大的推动作用，同时也为近代国际分工提供了地理条件和准备了国际市场。

地理大发现及以后的殖民开拓，使市场大大地扩展了。在地理大发现以前，贸易活动主要局限于地中海、北海、波罗的海沿岸国家以及与其邻近国家之间。地理大发现以后，欧洲人所了解的地球面积比14世纪时增加了5倍。参加国际贸易的国家和民族迅速增加，除了原来的那些欧亚国家以外，还包括美洲、大洋洲、亚洲和非洲的大片地区。并且，地理大发现促使欧洲一些国家的手工业生产向工场手工业生产过渡，对资本主义生产方式的产生起了巨大的推动作用，这种过渡也体现了社会分工水平的进一步提高。

地理大发现后，西欧各国对美洲、非洲和亚洲这些新发现地区进行了残酷的奴役和掠夺，他们开发矿山，建立甘蔗、烟草等农作物种植园，为本国生产产品和提供农作物原料。除了金银、香料、丝绸、茶叶等源源流入欧洲外，一些原来未曾到过欧洲的新商品如美洲的烟草、可可、咖啡，印度的棉花等，和以前欧洲人较少食用的蔗糖、大米等开始大量进入欧洲市场。在输入农作物原料的同时，西欧各国不断扩大本国工业品的生产和出口，建立起早期资本主义国际专业化生产，即宗主国与殖民地之间的国际分工。但是，由于当时产业革命尚未发生，自然经济在各国仍占统治地位，当时的那种国际分工和交换与整个社会生产相比并不具有决定性影响，而且明显带有地域分工的性质。因此，我们可以把地理大发现后出现的这种国际专业化生产看做是近代国际分工的萌芽。

（二）国际分工的形成阶段

从18世纪60年代到19世纪60年代的第一次产业革命，使国际分工进入发展与形成阶段。产业革命亦称工业革命，指以手工技术为基础的资本主义工场手工业过渡到采用机器的资本主义工厂制度的过程。17～18世纪，英法等国资产阶级革命的胜利，为生产力的发展提供了基础，扫清了道路。资本主义工场手工业的发展、科学技术的新发明和15世纪末到17世纪初地理大发现带来的世界市场的日益扩大，为机器大工业的出现和发展提供了经济条件和技术条件。产业革命在18世纪60年代始于英国，首先从纺织业开始，80年代因蒸汽机的发明和采用得到进一步发展，遍及化学、采掘、冶金、机器制造等部门。继英国之后，在19世纪，法、德、美等国家也相继完成产业革命，建立了大机器工业。

大机器工业巨大的生产能力产生了两方面的要求，一方面要求有不断扩大的国外销售市场，来补充因大量生产出来的商品而迅速饱和的国内市场。另一方面，大机器工业增加了对原料的需求，而本国的原料供应远远不能满足，因此，也需要到国外去开辟廉价的原料产地。同时，大机器工业还改变了运输方式，提供了电报等现代化的通信工具。大机器工业生产出来的价廉物美的商品、高效率的运输工具和方法成为资产阶级征服外国市场的有力武器，打开了一个又一个的新的国外销售市场,建立了一个又一个新的国外原料来源地。于是,与这种机器生产相适应的新的国际分工产生了,它使地球的一部分成为主要从事农业的生产地区,另一部分成为主要从事工业生产的地区,前者服务于后者。

机器大生产把经济发展水平不同的国家或多或少地纳入了国际分工之中,这个时期的国际分工基本上是工业国与农业国亦即宗主国与殖民地之间的国际分工。原来在一国范围内的城市与农村的分工,工业部门与农业部门之间的分工,现在逐渐变成世界城市与世界农村的分离与对立,这是一种“垂直式”的国际分工。由于英国最早完成了产业革命,当时英国与殖民地之间的国际分工是最具代表性的。当时的英国作为“世界工厂”,它所生产的钢铁、煤炭、机器、纺织品均在世界上占有极大的比重;它的商船队几乎垄断了当时世界的航运;它的工业产品畅销全球。而其殖民地、附属国则成为英国工业品的销售市场和向它提供原料、农产品的基地。此外,随着国际分工的发展,这一时期世界市场上交换的商品结构发生了巨大变化。那些满足地主贵族阶级和商人阶级需要的奢侈品被谷物、棉花、羊毛、木材等大宗商品代替,工业品特别是纺织品贸易显著增加,煤、金属和机器在国际贸易中的地位也在逐渐上升。

(三)国际分工体系的形成阶段

从19世纪末到20世纪初的第二次产业革命促使国际分工体系形成。第二次产业革命起于19世纪70年代,以电力的广泛应用、内燃机和新交通工具的创制、新通讯手段的发明和化学工业的建立为主要标志,科学技术的发展突飞猛进,各种新技术、新发明层出不穷。在第一次产业革命时期,许多技术发明都来源于工匠的实践经验,科学和技术尚未真正结合;而在第二次产业革命期间,自然科学的新发展开始同工业生产紧密地结合起来,导致钢铁工业、冶炼工业、汽车制造业等许多新兴工业部门的出现。与第一次产业革命相比,第二次产业革命在科学地推动生产力发展方面发挥了更为重要的作用,国际分工也再一次发生深刻的变化,新的国际分工体系得以形成。

早在19世纪中期,在英国产业革命的带动下,西欧、北美的一系列国家也纷纷开始了产业革命。德国、法国等欧洲大陆国家在19世纪中期开始在工业生产中推广应用蒸汽机,并开始掀起修筑铁路的高潮。19世纪70年代的第二次产业革命,使这些资本主义强国的经济进一步得到加强,紧追英国成为发达国家。因此,英国原来所处的“世界工厂”的地位日益受到美国和德国的挑战,国际分工的中心从原来的英国变为一组国家,它们之间形成了以经济部门为主的国际分工关系。例如,挪威专门生产铝、比利时专门生产铁和钢、芬兰专门生产木材加工产品,美国则成为农产品生产和出口大国。这些资本主义国家之间以经济部门为主的国际分工关系是一种“水平式”的国际分工,到19世纪末20世纪初,这种“水平式”的国际分工已在世界上占有重要地位。

殖民地、附属国原来是资本主义国家的食品和原料的供应地，现在由于科技进步以及新的生产部门的出现，工业国对农业国的原料和产品产生了新的需求，因此原来的农业国还发展了燃料和其他矿产品的采掘工业，以满足工业国对各种农矿原料的巨大需求。此外，此时资本主义国家已进入帝国主义阶段，资本输出成为主要的经济特征之一。各工业国纷纷向殖民地进行资本输出，兴建各种企业，如铁路、银行、矿山以及供出口用的加工工业等。显然这些生产部门是服从于宗主国工业发展的需要建立的。原来只被卷入国际商品流通的殖民地现在则被纳入世界资本主义生产，从而使宗主国同殖民地、工业国同农业国之间的分工日益加深。

这一时期，交通运输业也有了迅速发展。除了汽船已在海洋运输中广泛应用外，陆上运输也飞速发展起来。19 世纪 20 年代，世界上建起了第一条铁路，到 20 世纪初，铁路线已达百万公里以上。19 世纪 70 年代，90%以上的铁路分布在欧洲和美洲，到 20 世纪初，随着资本输出的增加，帝国主义又在亚洲、非洲和拉丁美洲大规模地兴建铁路。由于铁路运输的发展，不仅沿海的港口，甚至连内地城镇也都加入了国际分工和国际贸易的行列中来，把各国的国内市场融入了世界市场。国际贸易在各国经济中的地位越来越重要。不管是工业国家和地区还是农业国家和地区，都有很多部门首先是为世界市场生产的，而这些国家所消费各种产品，也全部或部分的包含着各国劳动者的劳动。各国之间的相互依赖关系加强，也加强了对国际分工的依存性。

总之，第二次科技革命使国际分工发展成为门类比较齐全的国际分工体系。分工的中心从英国变成一组国家，这些工业国出现了一些新兴的工业部门，在这些工业部门之间形成了“水平型”的国际分工。宗主国和殖民地、附属国间仍然是工业生产国与食品、原料生产国之间的分工，但由于科技的发展、工业国的新需求和资本输出，这些农业国家也出现了一些工业部门，初级产品加工业开始发展，它们与工业国的分工比前一时期有了新发展。由于交通运输业的发展，各国之间的联系日益密切，同时对国际分工的依赖性也逐渐加强。

(四)国际分工的进一步发展

20 世纪 50 年代中期兴起的第三次产业革命使国际分工得以进一步发展。第三次产业革命是人类文明史上继蒸汽技术革命和电力技术革命之后科技领域里的又一次重大飞跃。它是以原子能、电子计算机和空间技术的广泛应用为主要标志，涉及信息技术、新能源技术、新材料技术、生物技术、空间技术和海洋技术等诸多领域的一次革命。它导致了一系列新兴工业部门的诞生，如高分子合成工业、原子能工业、电子工业、航天工业等。第三次科技革命是迄今为止人类历史上规模最大、影响最为深远的一次科技革命，它极大地推动了生产力的发展，对国际分工产生了巨大的影响。

在第三次产业革命的推动下，生产力迅速增长，与此相适应，现代生产、流通、分配和消费的面貌改变了，生产专业化与生产国际化进一步加强，国际分工也发生了明显的变化。例如，第三次产业革命形成了一批高新技术产业，如巨型飞机、航天器、原子能电站等。这些产业的发展，从原材料的供应、产品设计、研制、加工到产品销售等各个环节、各个方面都需要若干国家的资源和技术的配合与合作。当代任何一个国家，不论其资源如何丰富，资金如何雄厚，技术如何先进，都做不到在一国完全独立地进行这样的产品的开发、生产和销售。它们越来越走向国际合作和国际分工的道路，使生产专业化与生产协作在世界范围进行。战后，工业发达国家之间产业内生产专业化与协作的加强，就是一个表现。

此外，在以微电子技术开发与应用为标志的信息革命，是自然科技界又一次质的飞跃。通讯卫星和光纤通讯运用，电脑的广泛使用和国际互联网的发展，更将极大容量的信息迅速地传播到世界的每个角落，提供了全球范围内的随时随地可以进行"联络"的条件。现代交通运输工具的出现，如几十万吨大型油轮的运用；运输的集装箱化；全天候飞机的出现，降低了运输成本，提高了运输效率，给全球范围内的国际分工提供了条件和可能。交通运输技术和通讯技术的迅速发展，促使国际分工在更大范围内，以更快的速度展开。

第二节　国际分工的类型与作用

一、国际分工类型

国际分工类型是指世界各国参与国际分工的形式，它反映了各国在国际分工体系中所处的位置。根据不同的分类标准可以把国际分工分为不同类型。按照参加分工的各国经济发展水平，国际分工可以分为垂直型国际分工、水平型国际分工和混合型国际分工。随着生产力的发展和国际分工的深化，这三种分工类型的具体内容也在发生着变化。

(一)垂直型国际分工

它是经济发展水平不同的国家之间的纵向分工，一般说来，发达国家与发展中国家之间的分工，被称为垂直型国际分工。这种分工主要表现为部分国家供给制成品，而另一部分国家供给初级原料，如发达国家与发展中国家在制造业与农、矿业间的分工。

从历史上来看，19 世纪建立起来的国际分工即是一种垂直型的国际分工。当时少数欧美国家是工业国，处于“中心”的地位，而绝大多数亚非拉地区的国家是殖民地、半殖民地和落后国家，经济非常落后，只能生产初级产品，如农产品和矿产品，处于“外围”的地位。工业先进国家按自己的需要强迫落后的农业国进行分工，形成工业国支配农业国，农业国依附工业国的“中心”支配“外围”，“外围”依附“中心”的国际分工格局。战后，发展中国家对发达国家的依赖程度还很高，发达国家从发展中国家进口原料并向其出口工业品的情况仍然存在。因此，这种不同产业间的垂直型国际分工仍然是工业发达国家与发展中国家之间的一种重要的分工形式。

20 世纪 60 年代以后，由于科学技术的进步和对外直接投资的发展，垂直型国际分工发生了很大的变化。除了传统的制造业和农矿业间的分工外，还出现了以下的垂直分工形式。例如，国际分工可以在不同产业间进行，主要特征是发展中国家从事资源类初级产品的生产，发达国家从事制成品的生产；或者是发展中国家从事劳动密集型产品的生产，如玩具、鞋帽等，属于制造业的低端产品，发达国家从事资本、技术密集型产品的生产，如机械、电子等，属于制造业的高端产品。此外，发达国家与发展中国家的同一产品内分工更加发达。产品内分工是按照同一产品的不同工序或零部件的不同技术含量进行国际分工。技术含量高的工序、附加值高的部件一般由发达国家来完成，发展中国家承担的大多是低附加值的初级零部件生产；或者是主要部件依靠进口，发展中国家承担最后加工装配的工序，其结果是“万国牌”产品的大量出现。例如我国的上海、西安、成都和沈阳四大飞机制造公司就承担了波音 737 的水平尾翼、垂直尾翼和 CFM 航空发动机的制造。垂直型国际分工的演变还表现在发达国家与发展中国家依据同一产业内部产业链条的不同环节来进行分工。具体而言，产业链条可以分为三大环节：一是技术环节，包括研究与开发、创意设计、生产及加工技术的提高和技术培训等分环节；二是生产环节，包括后勤采购、母板生产、系统生产、终端加工、测试、质量控制、包装和库存管理等分环节；三是营销环节，包括分销物流、批发及零售、广告、品牌管理及售后服务等分环节。在分工中，发达国家着力于研发和品牌营销，控制核心技术和经营技巧，发展中国家主要从事加工制造环节。例如电子信息产业，美国大规模的开展基础研究与实验，有完善的风险投资机制，着重于信息技术的研究、开发和利用，不断推出新的技术和产品，始终保持信息技术的世界领先地位。欧盟国家也在部分领域致力于研发，制定标准，处于价值链的高端。韩国、新加坡等国家和我国台湾省处于价值链的中部，一方面为提高其电子信息产品的国际竞争力，大力发展集成电路和关键元器件，进行产业升级；另一方面由于成本因素，又把更低端的产品向劳动力成本更低的国家和地区转移。具有劳动力比较优势的发展中国家和地区处在产业价值链的低端，从事加工和装配。总之，发达国家主导着产业发展的趋势和格局，处于产业价值链的高端；发展中国家以其廉价的劳动力，利用成熟技术，发展处于产业价值链低端的加工、组装制造业。形成一种以该产业内部产业链条的不同环节进行国际分工的格局。

(二)水平型国际分工

它是指经济发展水平基本相同的国家之间的横向分工，主要指发达国家之间在工业部门上的分工。从历史上看，发达资本主义国家在工业发展方面存在着以下的情况：工业发展有先有后，各国技术水平存在着差别，各国工业部门发展不平衡，所侧重的工业部门有所不同。因此，各类工业部门生产方面的国际分工日趋重要，各国以其重点工业部门的产品去换取非重点工业部门的产品，形成不同工业部门间的分工。如甲国造船业发达就生产些船只，乙国化学工业发达就多生产医药卫生用品，然后相互进行交换。工业制成品生产之间的分工不断向纵深发展，由此形成水平型国际分工。

第二次世界大战后水平型国际分工迅速发展，从产业各部门之间的分工发展到部门内部的分工。产业部门内部的水平型分工发展的前提是参加分工的各个国家有类似的生产结构和先进的技术水平。发达国家之间的生产专业化和协作就属于这一类型的水平型国际分工。如生产拖拉机，不同国家可以生产不同型号的拖拉机，如美国可生产马力比较大的、英国生产中型的、德国生产小型的，都是生产拖拉机，但可根据各国的生产条件，按不同型号进行国际分工。

(三)混合型分工

混合型国际分工把垂直型和水平型分工这两种情况混合起来，一般较多发生在发达国家。例如，德国是混合型分工的典型代表。它对第三世界是垂直型的，向发展中国家进口原料，出口工业品，而对发达国家则是水平型的。在进口中，主要是机器设备和零配件。

以上内容是按照参加分工的各国经济发展水平把国际分工分为水平型、垂直型和混合型分工。此外还有几种分类方法，例如按参加国家的经济性质划分，国际分工可以分成发达国家之间的分工、发展中国家之间的分工和发达国家与发展中国家之间的分工。按参与方式划分，可分为混合型分工和单一型分工。混合型分工是指一国既参与垂直分工又参与水平分工。单一型分工是指一国只参与垂直分工或水平分工，不同时参与这两种类型的分工。单一型分工一般发生在发展中国家，发展中国家主要参与同发达国家的垂直分工，发展中国家之间的水平分工规模很小。

尽管这些分类互有交叉，但都在一定程度上反映了一种情况，即不同国家在国际分工体系中处于不同地位。

二、国际分工的作用

(一)国际分工可以节约社会劳动

马克思在分析一国内部分工与交换的作用时，曾经提出过一个著名论断，即分工可以节约劳动，并认为参与分工者都得到了更多的实际利益。这个结论完全适用于国际分工。

世界各国在自然资源、科学技术水平、劳动力资源以及其他经济社会条件方面都存在着差异。因此，各国不必对所有本国需要消费的产品都进行生产，而是应致力于生产那些能够充分利用国内资源和生产、技术优势的产品，然后用这些质优价廉的产品与别国的优势产品进行交换。换言之，由于分工，每个国家都在更好地、更大规模地从事专业化生产与协作，即把既定数量的分工(包括活劳动和物化劳动)有效地集中于少数产品的生产过程之中。大量的重复性生产过程，不仅提高了人的熟练程度，而且也提高了设备的使用效率。因此，国际分工和建立在此基础上的国际贸易的发展，有利于各国取人之长，补己之短，趋利避害，每个国家都可以用较少的活劳动和物化劳动生产出既定数量的产品，从而实现社会劳动的节约。

(二)国际分工能够推动技术进步

前面曾经指出，生产力发展是国际分工形成与发展的决定性因素。事实上，国际分工还会反过来促进生产力的提高，因而国际分工又是推动技术进步的重要力量。

首先，由于国际分工和专业化生产，各国实现了社会劳动的节约和资源的充分、有效使用，因而可以集中更多的人力、物力和财力用于科技发展事业，并使先进的科技成果及时转化为应用工艺技术。其次，由于国际分工和商品交换各国必须面对世界市场组织安排生产活动。激烈的国际竞争将迫使各国不断提高工艺技术水平，降低生产成本，改进产品质量，以确保在国际竞争中的有利地位。再次，在国际分工的发展过程中，以跨国公司为代表的国际垄断势力不断加强，为实现其全球性经营战略目标，它们利用雄厚的资金实力，不断革新工艺技术，开发新产品，从而在客观上推动了整个世界的技术进步。

(三)国际分工促进了世界市场的扩大和国际贸易的发展

分工是交换的基础，国际分工的发展史同时就是世界市场和国际贸易的发展史。随着国际分工的发展，越来越多的国家和地区被卷入国际分工体系，世界市场的规模随之扩大。而国际分工的深化，分工由国家之间、部门之间发展为部门内部的分工，使国际贸易迅速增长。战后发达资本主义国家之间的国际分工的发展，大大提高了国际专业化协作程度，极大地促进了发达国家相互贸易的增长。据统计，发达国家出口增长速度由 1951～1960 年的 8.8%上升为 1961～1970 年的 10%，而同期世界的为7%和9.5%，发展中国家的为4.0%和7.3%。目前发达国家仍是世界经济的主要力量，它们之间相互贸易的增长带动了整个世界贸易的增长，有利于世界经济和各国经济的聚荣。

当然，现存国际分工还存在一些消极影响。一方面，发达国家之间的“水平分工”导致贸易摩擦增加，例如日美两国在钢铁、电子、航空以及大型计算机等领域贸易的摩擦不断升级。此外，发展中国家在国际分工中仍处于十分不利的地位。这种状况一方面是由早期国际分工造成的，但更主要的是由于发展中国家科学技术落后、生产力发展水平低下造成的。

第三节　当代国际分工发展的新特点

第二次世界大战以后，以原子能、电子计算机和空间技术的发展和应用为主要标志的第三次产业革命极大地促进了生产力的发展，导致了一系列新能源、新材料、新工艺的出现和一系列新兴工业部门的相继建立，改变了生产、流通、分配和消费的面貌，生产专业化与生产国际化进一步加强，当代国际分工的发展出现了一些新特点。

一、发达国家间的分工居于国际分工的主导地位

古典的国际分工主要是经济结构不同、技术基础不同的工业国与农业国之间的分工，它们之间的分工在战前一两百年里发展迅速，工业制成品生产国与初级产品生产国之间的分工在国际分工格局中长期居主导地位；而在经济结构相似、技术基础接近的工业国家之间的分工，则发展缓慢，他们之间的分工处于次要的地位。战后，科技飞跃进步和经济迅速发展改变了战前这种国际分工格局，国际分工在经济结构相似、技术水平接近的工业国家之间得到迅速发展。

国际分工的这一发展趋势在战后的国际贸易发展状况中明显地反映出来。战后，发达国家与发展中国家之间的贸易发展得比较缓慢，而发达国家与发达国家之间的贸易发展的比较迅速，他们在国际贸易中所占的比重不断提高。在战前的1938年，发达国家之间的贸易额占国际贸易总值的39%，发达国家与发展中国家的贸易额占49%，发展中国家之间的贸易额占12%。而1980年，上述几种类型的国际贸易额占世界国际贸易总值的比重分别为53%、39%和8%。可见，发达国家之间的国际分工在战后已成为国际分工的主流。

造成发达国家间分工居主导地位的原因有许多，其中一个很重要的原因是由于战后新的科技革命，大量新的科学技术转化为生产力，需要大量的研究开发资金和巨大的人力、物力投入。可以说，没有一个国家的企业能够不依赖外部条件单独

进行这么多耗资巨大的新技术的研究开发工作。这样就迫使发达国家之间在研究与开发项目上进行国际合作。在这个过程中，不同发达国家会各自在某些工业部门里具有领先地位，从而使发达国家的工业部门之间的分工得到发展。

二、发达国家与发展中国家的国际分工形式有变化

二次大战前，殖民地宗主国主要从事工业制成品的生产，而殖民地是以农业国、矿产国的地位参加国际分工的。即殖民地国家生产农产品、原料、矿产品向宗主国出口，成为宗主国的原料供应地和商品销售市场。具体讲是以自然条件为基础，农矿业的初级产品同工业制成品之间的交换。战后国际分工出现了新变化，在发达国家与发展中国家之间，在工业与农业分工被削弱的同时，逐渐发展了资本和技术密集型工业与劳动密集型工业的分工、高技术工业与一般技术工业的分工。例如发达国家高精尖的复杂的加工工业与发展中国家一般加工业的分工，发达国家资本技术密集型制成品与发展中国家劳动密集型制成品之间的分工，发达国家资本技术密集型零、部件或工艺与发展中国家劳动密集型零、部件或工艺之间的分工。

这一方面是由于战后大批殖民地国家独立，这些国家要求在经济上摆脱对单一经济的依赖，发展民族工业。发展中国家开始发展自己的民族制造业，逐步完成本国的工业化过程。有一部分发展中国家在实行工业化过程中取得了成功，如韩国、墨西哥、巴西等，以至于有人把它们称为“新兴工业化国家”。另一方面，战后的科技革命和跨国公司的迅速发展，加速了两个转移，即某些工业产品的生产从发达国家向发展中国家的转移和某些初级产品的生产从发达国家向发展中国家的转移。由于这两方面的原因，这两类国家间传统的分工关系基础在一定程度上被打破。发展中国家向发达国家的出口中，除了初级产品以外，还逐步增加了劳动密集型产品，有些新兴工业化国家还出口某些资本和技术密集型产品（如电子产品、汽车等），而发达国家向发展中国家出口的工业品则主要是资本和技术密集型产品。

三、产业内部分工逐步增强

二次大战前，工业国家间的国际分工基本上是国民经济部门间的分工。例如，在钢铁、冶金、造船、纺织、汽车等工业部门之间的分工。二次大战后，不管是垂直型国际分工还是水平型国际分工，都存在从过去的部门间专业化向部门内专业化发展的趋势。这主要是由于科技进步使各产业部门之间的级差化不断加强，不仅产品品种规格更加多样化，而且产品的生产过程也进一步复杂化。这就需要采用各种专门的设备和工艺，以达到商品的特定技术要求和质量要求。而一般来说，所需要专用设备的数量不多，但要求精度较高。同时，为了达到产品的技术和质量要求还必须进行大规模的科学实验和研究，这就需要大量的科研费用。在这种情况

下，只有进行大量生产，在经济上才能有利。但这些往往又与同一国内有限的市场、资金设备以及技术力量发生矛盾，这就促使各国部门内部生产专业化得到迅速发展。这种部门内部分工，主要有以下几种形式。

(一)不同型号、规格产品的专业化分工

同样一种产品可能具有不同的型号和规格。不同国家对同样一类产品按不同型号或规格进行分工，从事专业化生产，以适应本国和世界市场的需要。国际市场上轮式和履带式拖拉机分别有三百多种和一百多种型号。大体上，美国着重发展大功率的轮式和履带式拖拉机；英国发展中型轮式拖拉机；联邦德国出口的小功率的轮式拖拉机较多。英国和联邦德国所生产的拖拉机大部分是输往国外市场的，而且进口国中有些还是拖拉机生产国。

(二)零、配件和部件生产的专业化分工

各国在科学技术和工艺水平的发展上是不平衡的，一国对某一零部件的生产具有优势，另一国对另一种零部件的生产具有优势，因此就产生了零、部件的专业化生产。当前，这种国际专业化生产形式在许多产品的生产中广泛使用。如福特公司的汽车，由美、加、法、英、比、荷、瑞典、丹麦、挪威、奥地利、日本、瑞士、意大利、西班牙等十几个国家生产的部件组装而成。各国生产部件，最后由福特公司组装成汽车出售。目前在国际贸易中零部件的贸易占了很大比重。例如进口一台机器，打开一看，很少有一部机器完全是由某个国家的部件组成的。这种情况的产生，主要有两方面原因：一是生产中所需的某种技术，可能这个国家不如别的国家先进，为使整个产品保持先进，就从其他国进口先进的零、部件配上去；二是从生产成本看，可能由这个国家生产制造，不如从具有优势的国家进口合算。究竟生产何种部件，要根据各国的生产发展水平，水平高的生产主体部件，低的生产配件或工具等。

(三)工艺过程的专业化分工

这种专业化过程不是生产成品而是专门完成某种产品的工艺，即在完成某些工序方面的专业化分工。例如，制造锻件、铸件、毛坯出口，由国外厂商再按其需要进行精加工，这就是工艺过程的专业化。

四、区域性经济集团内部分工加强

自20世纪50年代末以来，一些地理相近的国家或地区间通过加强经济合作，形成了一体化程度较高的区域经济合作组织或国家集团。这种区域性经济集团经历了两次发展高潮。一是50～60年代建立的具有代表性的区域经贸合作组织，有比荷卢经济联盟(1958年)、经互会(1949年)、欧洲经济共同体(1957年)、欧洲自由联盟(1964年)、中美洲共同市场(1960年)、拉美自由贸易联盟(1961年)、东非

共同体(1961 年)、中非各国联盟(1964 年)、阿拉伯共同市场(1965 年)、东南亚国家联盟(1967 年)等。另一次高潮是在 20 世纪 80 年代以后,代表性的是欧洲联盟的形成,其前身是欧洲经济共同体,其后进行了 6 次东扩,目前已拥有 27 个成员国。这些区域性经济集团内部通过贸易和投资等的自由化,通过各种计划协调成员内部产业之间的分工,使集团内部分工加强。

区域性经济集团内部分工加强的原因在于超越国界的大市场的建立,不仅解决了高度发展的生产力与狭窄的国域之间的矛盾,并且通过企业间兼并和采取优化组合以及更为合理的专业分工,使成员国之间经济上的互补性越来越强。此外,这些经济集团不同程度地存在着内向性和排他性。对内逐步降低和取消关税和非关税壁垒,促进集团内成员国之间商品贸易、服务贸易与投资的自由化,对外继续采取关税与非关税等排他性措施,在不同程度上阻碍着经济集团与非成员国之间分工与贸易的发展,其结果导致了经济集团内成员国之间分工和贸易发展趋势的加强。例如由发达国家与发展中国家组成的美加墨自由贸易区,墨西哥出口石油等资源产品到美国与加拿大,而美国将知识、资本密集型产品出口到墨西哥。这是一种典型的行业间贸易为主的自给自足的互补型的区域经济组织,再加上该区域内市场巨大,它的排外性很强。再例如在国际技术合作方面,许多一国力量难以胜任的重大科研项目和技术项目,在建立经济集团后,便由成员国共同承贷、共同完成。如欧共体在共同机构的推动和组织下,各成员国在原子能利用、航天技术、超音速运输机、大型电子计算机等方面进行了广泛的协调合作,并取得成效。

区域经济集团内部分工加强还表现在多层次的分工合作形式上。区域集团合作形式多样化,逐步由类似政治、经济模式的国家和地区结合,转向不同政治、经济模式和不同经济发展阶段的国家和地区的联合,出现了区域集团内多层次分工合作的形式。例如,东扩后的欧盟、北美自由贸易区和亚太经合组织内部就出现了水平型分工与垂直型分工并举,发达国家与发展中国家进行区域经济合作的特点。

五、新型的国际分工在很大程度上表现为跨国公司的内部分工

跨国公司成为国际分工的主要组织形式和微观载体,国际分工也越来越多地表现为跨国公司的内部分工。据相关统计,全世界最大的 500 家跨国公司控制了发达国家近 90%的生产技术和近 3/4 的技术贸易。跨国公司内部国际分工发展对国际贸易发展的一个突出影响,是跨国公司的内部贸易即其分支机构之间、分支机构与母公司之间的贸易快速持续增长。20 世纪 70 年代跨国公司的内部贸易占世界贸易的 20%,90 年代这一比重升至 40%,目前大约在 50%左右。

规模庞大的跨国公司,以总公司所在国为基地,利用现代先进的交通运输和通讯设备,形成一套高度集中和灵活机动的管理体制。跨国公司的经营活动具有明确的全球经营战略,它从公司的总体利益出发,把其在全球范围内的经营视为一个

整体，将具有不同技术、知识密集度特征的不同产品、不同工序，灵活地定位于具有不同技术水平和要素禀赋条件的国家，利用当地的有利条件进行生产，从而使跨国公司成为集技术密集型、资本密集型、劳动密集型为一体的综合生产者。

为了达到资源的最优配置，跨国公司内部既有水平分工，也有垂直分工。在这些跨国公司的内部分工活动中，发达国家跨国公司对发展中东道国的投资往往会形成垂直型分工模式。设在母国的总部和工厂从事产业链中关键的产业环节，一般是知识密集型产品的生产活动，海外子公司则往往从事产业链中增值相对较低的劳动密集型和资本密集型的生产活动。当母国与东道国的要素禀赋存在一定差距时，处于某一生产阶段的子公司会从其母公司或其他子公司输入零部件或中间产品，加工后输往母公司或其他子公司。对经济发展水平和市场规模相似的国家进行投资时，倾向于各子公司与母公司从事类似的经营活动，根据产品差异和消费者偏好的不同，在当地生产满足当地需求的产品，从而形成产业内部门间的水平型国际分工模式。

六、国际服务分工逐步形成

随着经济结构的优化和社会分工的深化，服务在经济和社会的发展中起了决定性的作用。20 世纪 80 年代以后，国际分工从有形商品领域向服务业领域扩展，并出现了相互结合、相互渗透的趋势。国际服务贸易额在二战后出现了的高速增长的态势，从 1967 年的 700 亿～900 亿美元增加到 1980 年的 6500 亿美元，1990 年的 7804 亿美元，2001 年的 14580 亿美元。2002 年在国际贸易总体增长不够理想的情况下，服务贸易出口增长仍然达到了 5%。到了 2006 年，国际服务贸易额在世界贸易中的比重从 1980 年的 17%提高至 25.6%。在服务业的国际分工中，发达国家居于主导地位。发达国家的服务业相当发达，在国内生产总值中，服务业所占比重已高达 70%以上，而发展中国家服务业占国内生产总值的比重不到 50%。表现在服务贸易中，发达国家的服务贸易约占国际服务贸易的 3/4。此外，在当前的国际服务分工中，发达国家以高新技术、金融、信息和资本密集型的服务参与服务业国际分工；而一些发展中国家以建筑工程承包、劳务输出等劳动密集型服务参加服务业国际分工。

七、参加国际分工国家的经济所有制形式发生了变化

第二次世界大战前，参加国际分工的国家主要是以私有制经济为主的资本主义类型的同家。二战后，随着一批社会主义国家的成立，使资本主义生产关系一统国际分工的时代结束了。为了发展生产力、实现经济现代化，社会主义国家广泛深入地参加了国际分工。原苏联和东欧国家除了在经济互助委员会内发展分工，还与发达资本主义国家与发展中国家发展了分工。但随着前苏联与东欧的巨变，这

种国际分工已不复存在。余下的社会主义国家，如中国，坚持改革开放政策，更加积极地参与世界性的国际分工。

【本章参考书目】

1. 薛荣久：《国际贸易》，对外经济贸易大学出版社，2008 年。
2. 相重光：《国际分工》，经济科学出版社，1984 年。

【思考题】

1. 什么是国际分工？它与生产力发展之间是什么关系？
2. 按照参加分工的各国经济发展水平，国际分工可以分为哪几种类型？
3. 产业内部分工主要有哪几种形式？
4. 当代国际分工发展的新特点有哪些？为什么？
5. 查资料了解欧盟各成员国之间参与国际分工的情况。

第三章　世界市场

世界市场是世界各国之间交换商品和劳务的领域，各国参与国际分工的形式最终表现为其在世界市场上的贸易活动，因此，世界市场的发展和完善对于各国顺利地开展国际贸易具有举足轻重的作用。本章围绕世界市场这一主题，重点介绍世界市场的形成与发展、当代世界市场的主要特征以及世界市场价格的相关知识。

【本章学习目标】

1. 掌握世界市场的含义、类型，当代世界市场的主要特征以及世界市场价格的种类。

2. 学会运用所学的世界市场价格知识分析当前各类商品的世界市场价格变动趋势及其原因。

3. 了解世界市场的形成和发展过程，世界市场价格的形成基础以及影响因素。

第一节　世界市场的形成与发展

一、世界市场的含义和类型

(一)世界市场的含义

世界市场是指由国际分工联系起来的各个国家和地区之间以商品流通和劳务交换为主要内容的商品交换活动的总和。

世界市场是在国内市场的基础上发展起来的，是国内市场发展的客观要求和必然结果，是国内市场在范围上的延伸，但世界市场并非各国国内市场的总和，世界市场和国内市场是通过国际贸易联系在一起的。

(二)世界市场的类型

世界市场是一个宽泛的概念，其间的活动复杂多样，因此，依据不同的标准，可以把世界市场划分为不同的类型。

1. 按照交易的国家类型划分，世界市场可以分为发达国家市场、发展中国家市场和转型经济国家市场

发达国家是指拥有较高的经济发展水平，在教育、科技、社会福利和人民生活等方面比较先进的国家；发展中国家是指在经济发展水平、教育、科技、社会福利和人民生活等方面相对落后的国家；转型经济国家是指政治和经济体制处于重大转型期的国家。

对于三种国家类型的划分标准，国际上尚未形成统一的意见，另外，随着一国经济的发展，其所属的国家类型也会发生改变。按照2008年联合国的划分标准，发达国家主要包括经合组织成员国（墨西哥、韩国和土耳其除外）、欧盟新成员国（保加利亚、塞浦路斯、爱沙尼亚、拉脱维亚、立陶宛、马耳他、罗马尼亚和斯洛文尼亚）、安道尔、以色列、列支敦士登、摩纳哥和圣马力诺；转型经济国家主要是东南欧国家和独联体国家；其余皆属于发展中国家，主要分布于亚洲、非洲和拉丁美洲。

目前，发达国家市场仍然是世界市场最主要的组成部分。

2. 按照交易的商品形态划分，世界市场可以分为有形商品市场和无形商品市场

有形商品市场是指买卖那些看得见、摸得着的物质商品的市场，如生产资料市场和生活资料市场。无形商品市场，是指买卖那些不具有物质形态商品的市场，如服务市场和技术市场。

3. 按照交易的具体形式划分，世界市场可以分为有固定组织形式的世界市场和无固定组织形式的世界市场

有固定组织形式的世界市场，是指在特定的场所，按照事先规定好的原则、规章和程序进行商品交易活动的市场，如商品交易所、国际拍卖、国际博览会和展览会等；无固定组织形式的世界市场，是指交易双方经面谈或函电就主要交易条件达成协议，按照合约规定进行商品交易活动的市场，如单纯的商品购销、加工贸易、补偿贸易和租赁贸易等，它是世界市场上最基本的和最通行的国际商品交换方式。

4. 按照交易的地理分布划分，世界市场可以分为北美市场、欧洲市场、亚洲市场、拉美市场、非洲市场等；也可以进一步细分为西欧市场、中东市场、东南亚市场等；或者按照国别，具体划分为美国市场、日本市场、德国市场、巴西市场等

二、世界市场的形成和发展

（一）世界市场的形成原因

1. 国际分工是世界市场形成的基本条件

国际分工是国际贸易和世界市场产生的前提条件，对于世界市场的形成具有基础性的作用，在奴隶社会、封建社会以及资本主义发展的初期，由于自然经济长

期占据统治地位，生产力水平低下，商品经济没有得到充分发展，导致国际分工程度不高，因而也无法形成真正意义上的世界市场。随着资本主义商品经济的深入发展，各国的社会生产逐渐地被吸纳到国际分工体系中来，国际分工的深度和广度都得到了大幅度提高，从而使各国所生产的商品越来越离不开其他国家的市场，世界市场才具备了普遍性，发展成为真正意义上的世界市场。

2. 地理大发现是世界市场形成的促进力量

15 世纪末 16 世纪初的地理大发现，是国际贸易史上的重大事件，它大大扩展了人类已知的地球面积，有力地推动了国际分工的发展，极大地促进了世界市场的形成。随着新航路的开辟，原本局限于地中海、波罗的海的贸易，扩展到了大西洋沿岸，西方殖民者的海外贸易和殖民活动，使欧洲、亚洲、非洲、拉丁美洲逐渐联系在一起，各个国家和地区的贸易往来得到加强，从而进一步为真正意义上的世界市场的形成准备了条件。正如马克思和恩格斯所指出："美洲的发现，绕过非洲的航行，给新兴的资产阶级开辟了新的活动场所。东印度和中国的市场、美洲的殖民化、对殖民地的贸易、交换手段和一般商品的增加，使商业、航海业和工业空前高涨"。①

3. 科技革命是世界市场形成的关键因素

发生于 18 世纪 60 年代的第一次科技革命，确立了机器大工业的生产模式，极大地推动了社会生产力的发展，商品生产和交换的规模空前扩大，同时，现代交通运输业和通讯业的进步，为世界范围的商品交换提供了更便利的条件，国际贸易大为活跃，世界各国和地区的市场更紧密地连为了一体。发生于 19 世纪末期的第二次科技革命，进一步刺激了国际生产，为了进一步寻求海外市场，各个主要的发达资本主义国家掀起了一股瓜分世界的狂潮，绝大多数亚、非、拉国家和地区被卷入资本主义主导的世界经济体系。在 19 世纪末 20 世纪初，随着各主要的发达资本主义国家逐步由自由竞争阶段过渡到垄断资本主义阶段，世界市场得以最终形成。

(二)世界市场的形成过程

1. 萌芽阶段

世界市场的萌芽阶段从 16 世纪初到 18 世纪 60 年代。15 世纪末至 16 世纪初的地理大发现，促进了工厂手工业的发展和资本的原始积累，商品生产和交换更多地跨越国界，世界市场进入萌芽阶段。

2. 迅速发展阶段

世界市场的迅速发展阶段从 18 世纪 60 年代至 19 世纪 70 年代。在此段时期，英国、其他欧洲国家以及美国相继发生了第一次产业革命，资本主义机器大工

① 马克思、恩格斯：《马克思恩格斯选集》第 1 卷，人民出版社 1972 年版，第 252 页。

业得以确立和发展，商品生产规模空前扩大，不仅需要扩大海外销售市场，也需要扩大海外原料供应，这使得世界市场交换日益频繁，另外，第一次产业革命推动了运输业和通讯业的快速发展，这些都促使世界市场进入迅速发展时期。

3. 形成阶段

世界市场的形成阶段从19世纪70年代到20世纪初。在此段时期，资本主义国家发生了第二次产业革命，垄断代替了自由竞争，资本输出成为最重要的经济特征，国际分工进一步发展，世界市场最终形成。

(三)世界市场的形成标志

1. 多边贸易和多边支付体系的形成

19世纪末，随着国际分工的发展，各国参与世界市场的程度都加深了，西欧大陆各国和美国这些发达资本主义国家从不发达的国家和地区进口的农产品和原材料越来越多，而不发达国家和地区从西欧大陆和北美进口的数量则相对较少，因而西欧大陆的工业国和美国对不发达国家有大量的贸易赤字。与此同时，英国因实行自由贸易政策，从西欧大陆各国和美国输入的产品持续增长，出现了英国对这些国家的贸易赤字，当时世界上不发达国家和地区进口的工业品，很大部分来自英国，因此又存在着不发达国家和地区对英国贸易的赤字。这样就出现了对多边支付的需求，原来的国家对国家的双边贸易和双边支付体系被多边贸易和多边支付体系所取代，这使得国际贸易参加国相互之间结成多边支付网络，既方便了国际之间债权债务的清偿，也有助于国际间的资金流动。

2. 国际金本位制的确立与世界货币的形成

世界市场的形成离不开世界货币，所谓世界货币是指在世界各国都能通用的、担任一般等价物的商品。早期的世界货币是黄金和白银，1816年英国颁布了《金本位制法》，率先推行金本位制，19世纪后期，黄金被确立为世界货币，各主要发达资本主义国家纷纷建立起国际金本位制，到20世纪初，世界上大多数国家都实行了金本位制。这种货币制度为世界市场上各国的货币价值和商品价格提供了一个相互比较的尺度，有利于把各国的价格结构联系在一起，有利于保持汇率的相对稳定，从而使世界市场和多边支付体系能够顺利地发挥作用。

3. 建立了比较完善的销售渠道和贸易规则

19世纪末20世纪初，随着国际分工和国际贸易的迅速发展，出现了商品交易所、国际拍卖和博览会等市场交易方式，建立了比较固定的航线、港口、码头，航运、金融、保险及各种专业机构日益健全。另外，人们通过长期的实践，大体形成了在世界市场上进行贸易往来的一套国际贸易规则，这一切都使世界市场的各个部分紧密地结合在一起，保障世界市场机制的健康运行。

第二节 当代世界市场的主要特征

一、世界市场的容量不断扩大

(一)世界市场的参加主体大幅增加

二战前的世界市场基本上是发达资本主义国家一统天下,其他的国家处于边缘或附属的地位。二战后,由于一系列殖民地、半殖民地国家和地区相继独立,它们不再是被迫卷入世界市场,而是以独立主权国家的身份主动参与世界市场,世界市场的参加主体大大增多,世界市场的容量空前扩张。

(二)世界市场的商品贸易量增加,商品种类增多

二战后,随着各类国家,尤其是发展中国家经济的快速发展,世界市场上的贸易量呈现大幅增长态势,同时,在战后科技革命的强力推动下,新产品、新工艺、新技术不断涌现,大大丰富了世界市场上交易的商品种类,导致世界市场的容量日益扩大。

(三)世界市场的贸易方式日益多样化

二战后,随着国际经济交流与合作的加强以及科学技术的进步,世界市场上的贸易方式日益多样化,除了战前已经存在的传统贸易方式得到进一步发展之外,像国际服务外包、国际知识产权交易、国际电子商务等新的国际贸易形式在战后得到很大发展,这些贸易方式的创新反过来又进一步带动了世界市场容量的扩大。

二、世界市场上的竞争更为复杂和多元化

(一)世界市场的竞争格局复杂化

二战后,随着各国经济的发展,特别是一批新兴工业化国家的崛起和发展中国家的振兴,使世界市场上的竞争主体增加,世界市场竞争日益激烈,同时,跨国公司的迅猛发展也对世界市场的竞争格局产生了巨大而深远的影响:一方面,跨国公司利用其资本雄厚和技术领先等方面的优势,采取多种组织形式和经营策略,通过对外直接投资(FDI),绕过别国的关税和非关税壁垒,进入东道国市场,同时,通过跨国并购、强强联合,进一步增强其竞争优势,在若干产业或产品的世界市场上形成了垄断态势;另一方面,各大跨国公司之间争夺世界市场的竞争也很激烈,这使得原来的垄断态势不断被打破,新的竞争格局不断产生。另外,区域性经贸集团的广泛建立使世界市场的竞争格局更加复杂化。

(二)世界市场的竞争手段多元化

当今世界市场的竞争领域不断扩大,从传统的货物贸易领域向服务贸易和知识产权贸易领域发展,竞争手段日益多元化,从价格竞争转向非价格竞争,电子商务的兴起使竞争手段更加丰富,这决定了自然资源、劳动力等传统要素在世界市场竞争中的地位有所下降,资本、技术等高级要素的优势将在国际竞争中得到进一步凸显。

(三)衡量一国的世界市场竞争力的常用指标

1. 显示性比较优势指数

显示性比较优势指数(Revealed Comparative Advantage Index),简称 RCA 指数,它是衡量一国产品(或产业)的世界市场竞争力的常用指标,可以较好地反映一个国家某产品(或产业)的出口与世界平均出口水平之间的比较关系,有助于估计一国在哪些产品(或产业)上更具出口竞争力,从而为揭示一国在国际贸易中的比较优势提供有用的信息。它用一国某产品(或产业)的出口额在该国出口总额中所占的比重与该产品(或产业)的世界出口额占世界出口总额的比重之比来表示,计算公式如下:

$$RCA_{ij}=(X_{ij}/X_{it})\div(X_{Wj}/X_{Wt})$$

其中,RCA_{ij} 表示 i 国 j 产品(或产业)的显示性比较优势指数,X_{ij} 表示 i 国 j 产品(或产业)的出口额,X_{it} 表示 i 国的出口总额,X_{Wj} 表示世界 j 产品(或产业)的出口额,X_{Wt} 表示世界出口总额。

若 $RCA>2.5$,表明该国该产品(或产业)具有极强的国际竞争力;若 $1.25\leqslant RCA\leqslant 2.5$,表明该国该产品(或产业)具有很强的国际竞争力;若 $0.8\leqslant RCA\leqslant 1.25$,表明该国该产品(或产业)具有较强的国际竞争力;若 $RCA<0.8$,表明该国该产品(或产业)的国际竞争力较弱。为了分析方便,一般而言,若 $RCA>1$,则表明该国该产品(或产业)具有显示性比较优势,反之,若 $RCA<1$,则表明该国该产品(或产业)具有显示性比较劣势。

2. 贸易竞争力指数

贸易竞争力指数(Trade Competitiveness Index),简称 TC 指数,也叫"贸易专业化指(系)数"(Trade Specialization Coefficient),简称 TSC 指数,是指一国某产品(或产业)的进出口贸易差额占该产品(或产业)进出口贸易总额的比重.计算公式如下:

$$TC_{ij}=(X_{ij}-M_{ij})\div(X_{ij}+M_{ij})$$

其中,TC_{ij} 表示 i 国 j 产品(或产业)的贸易竞争力指数,X_{ij} 表示 i 国 j 产品(或产业)的出口额,M_{ij} 表示 i 国 j 产品(或产业)的进口额。

其取值范围为[-1,1],数值越大,表明该国该产品(或产业)的贸易竞争力越强,具体而言,若 $TSC>0$,表明该国该产品(或产业)具有较强的国际竞争力;若

$TSC<0$，表明该国该产品（或产业）的国际竞争力较弱；若 $TSC=1$，表明完全出口专业化；若 $TSC=-1$，表明完全进口专业化。

除此之外，衡量一国的世界市场竞争力的指标还有净出口显示性比较优势指数（*NERCA* 指数）、出口专业化指数（*ES* 指数）等。需要注意的是，各指数都有其实用性和局限性，因此，在应用指数进行实证分析时，必须注意认真选择、有效整合与适度创新。

三、世界市场中的“内部市场”有扩大的趋势

所谓内部市场，是指世界市场中的部分区域被相对封闭起来，商品在内部交易时可以享受各种特殊优惠待遇而形成的市场。目前世界市场中的“内部市场”主要有两类：

（一）区域性经贸集团的内部市场

随着二战后区域经济一体化的迅猛发展，各国都积极参与区域经济一体化组织，区域性经贸集团的内部市场逐步扩大，例如欧盟市场、东盟市场、北美自由贸易区市场等，其内部贸易额占世界市场贸易总额的比重也在逐步增加。它们对内实行较高程度的自由贸易，对外则不可避免地具有一定的排他性。其影响是深远的，它使世界市场被分割为各大板块，使世界市场上的竞争呈现复杂性和层次性的特征：既存在各个国家与地区之间的竞争，又存在各个区域性经贸集团之间的竞争。

（二）跨国公司内部贸易形成的内部市场

跨国公司内部贸易是指跨国公司母公司与国外子公司之间以及同一母公司的各个子公司之间的贸易。这类贸易形成的市场也属于典型的内部市场，它不仅可以有效防止跨国公司的技术扩散，而且可以通过运用内部转移价格获取高额利润和竞争优势。

四、世界市场的自由化成为主流，国内外市场加速融合

二战以来，特别是1947年关贸总协定（GATT）成立之后，各国的贸易壁垒不断削减，经过八轮贸易谈判，各国的关税税率大大降低，非关税壁垒受到很大约束和规范，市场准入程度得到明显提高，世界市场的自由化成为主流，国内外市场加速融合。尽管20世纪70年代中期以来出现了新贸易保护主义的抬头，但这并未从根本上阻挡世界市场的自由化趋势，在各种国际经济机构的协调下，尤其是1995年1月1日成立的世界贸易组织（WTO）的不懈努力下，世界市场中的各种贸易障碍正在逐步减少，为商品和服务在各国间的自由流通铺平了道路。同时，二战后各国逐步取消或者放松了外汇管制，资本自由化程度大幅提高，绝大多数国家对引进外资持积极态度，这种资本的跨国界转移带动了跨国公司的发展壮大，从而进一步加速了国内外市场的融合。

五、世界市场的利益分配仍不公平，国际协调至关重要

应当注意到，在当今世界市场，各类国家所获得的贸易利益是不平等的，贸易自由化带来的好处并没有在全球各个国家和地区之间得到相对公平合理的分配，少数贫穷的发展中国家，不仅没有分享到贸易利益，甚至处境变得更糟，事实表明，当今世界市场的主导权还被掌握在发达国家手中，富国和穷国之间的差距仍然很大。为了缩小差距，建立更加公平合理的世界经济新秩序，多年以来，广大发展中国家通过长期不懈的努力，已经为自己在世贸规则中争取到了一些特殊待遇条款，但是由于实力的悬殊，发达国家在国际机构中仍然控制着话语权，处于决策地位，这使得一些对发展中国家有利的措施不能得到充分落实，争取进一步权益的难度依然很大，因此，世界市场上的国际协调至关重要，世界贸易组织等国际机构应当承担起国际协调的重任，以便使得各类国家更好地分享贸易利益，走向共同繁荣。

第三节 世界市场价格

一、世界市场价格的含义

世界市场价格是指在一定条件下在世界市场上形成的价格，是某种商品在世界市场上实际买卖时所依据的价格，它是商品国际价值的货币表现，亦即以货币表现的商品国际价值。

世界市场价格作为世界市场上各种贸易活动的风向标，具有重要的作用。它调节着各国参与国际分工的形式，影响着各国产业结构的优化以及贸易政策的调整，决定着参与世界市场活动的国家和厂商的贸易利益。

二、世界市场价格形成的基础

（一）国际价值是世界市场价格形成的基础

商品的国际价值是在商品的国别价值基础上形成的。国际价值和国别价值在本质是一样的，都是由抽象的社会劳动决定的，都是人类抽象劳动的凝结物，但是二者在量上是不同的。国别价值量是由该国生产商品时所耗费的社会必要劳动时间决定的。“社会必要劳动时间是在现有的社会正常的生产条件下，在社会平均的劳动熟练程度和劳动强度下制造某种使用价值所需要的劳动时间。”[①]这里所说的社会正常的生产条件，是指该国当时某一生产部门绝大多数产品生产已达到的技

---

① 马克思：《资本论》第1卷，人民出版社1975年版，第52页。

术装备水平。但是在社会正常的生产条件下，由于劳动者的劳动熟练程度和劳动强度不同，从而生产同量商品所花费的劳动时间也不同，所以，决定商品价值量大小的劳动熟练程度和劳动强度，只能是该国平均的劳动熟练程度和劳动强度。而国际价值量是由生产商品时所耗费的世界平均社会必要劳动时间决定的，也就是说是由世界劳动的平均单位决定的，所谓"世界劳动的平均单位"是指在世界经济现有的正常的生产条件下，按照世界平均劳动熟练程度和平均劳动强度生产某种使用价值所需要的劳动时间。正如马克思所说："在以各个国家作为组成部分的世界市场上，情形就不同了。国家不同，劳动的中等强度也就不同；有的国家高些，有的国家低些。于是，各国的平均数形成了一个阶梯，它的计量单位是世界劳动的平均单位。"①

(二)影响国际价值量变化的主要因素

1.劳动生产率

国际价值量是由生产商品时所耗费的世界平均社会必要劳动时间决定的，因此，它会随着世界平均社会必要劳动时间的变化而变化，如果生产商品的世界平均社会必要劳动时间缩短了，则商品的国际价值量会减少，反之，如果生产商品的世界平均社会必要劳动时间延长了，则商品的国际价值量会增加。

劳动生产率的变化会引起生产商品的世界平均社会必要劳动时间的变化，从而引起商品国际价值量的变化，劳动生产率与单位商品的国际价值量成反比。如果世界各国的劳动生产率提高了，单位商品中所包含的社会必要劳动时间必然减少，单位商品的价值量也随之减少；反之，如果世界各国的劳动生产率降低了，则意味着单位商品中所包含的社会必要劳动时间延长，单位商品的价值量就会相应增多。

2.劳动强度

劳动强度也是影响商品国际价值量的一个重要因素，所谓劳动强度，是指劳动的紧张程度，即在单位时间内劳动力的消耗程度，它与国际价值量成正比。劳动强度越大，单位时间内消耗的劳动就越多，凝结在总商品中的国际价值量就越大；反之，劳动强度越小，单位时间内消耗的劳动就越少，凝结在总商品中的国际价值量就越小。

3.世界市场的贸易量

商品的国际价值量与各贸易参加国的贸易量之间有密切关系，主要体现在：

(1)世界市场供求平衡时国际价值量的决定。当某种商品的国际价值量由中等条件的主要生产国决定时，上等生产条件的国家，由于其出口商品的国别价值低于国际价值，按国际价值出售后，就会实现一部分额外的剩余价值；而下等生产条

① 马克思：《资本论》第1卷，人民出版社1975年版，第614页。

件的国家，由于其出口商品的国别价值高于国际价值，按国际价值出售后，其商品中所包含的一部分剩余价值就无法实现。因此，上等条件的生产国会赚取更多的利润，下等条件的生产国则相反。同样道理，当某种商品的国际价值量由上等条件的主要生产国决定时，则中等和下等条件国家所生产商品的部分价值无法实现；而当某种商品的国际价值量由下等条件的主要生产国决定时，则上、中、下三类生产条件的国家均有利可图。

(2)世界市场供求不平衡时国际价值量的决定。当某种商品供不应求时，商品的国际价值量将由下等条件的生产国决定，此时商品的价格普遍比较高；当某种商品供过于求时，商品的国际价值量将由上等条件的生产国决定，此时商品的价格普遍比较低。

三、世界市场价格的影响因素

虽然国际价值是决定世界市场价格的基础，但在实际的国际商品交换活动中，商品的世界市场价格与国际价值往往是不一致的，这主要是因为有若干因素影响着世界市场价格的变动。

(一)供求关系

商品的供求关系是影响世界市场价格上下波动的关键因素。

马克思在分析时曾指出："商品的价格是由什么决定的？""它是由买主和卖主之间的竞争即供求关系决定的。"[①]这种竞争包括：卖主之间的竞争、买主之间的竞争、买主与卖主之间的竞争。在世界市场上，只有当商品的供给和需求相一致时，商品的世界市场价格才与其国际价值相一致，否则，二者之间就会发生偏离。当商品供大于求时，其世界市场价格就会低于国际价值；当商品供不应求时，其世界市场价格就会高于国际价值。

但是，从一个较长的时间来观察，供求关系引起的世界市场价格与国际价值的偏离不会太大，会自动修正。当某种商品供过于求时，其世界市场价格必然下跌，而价格的下跌会使该商品的生产和供给减少，进而阻止该商品的价格进一步下降或促使其价格转为上升。反之，当某种商品供不应求时，该商品的世界市场价格就会上涨，导致该商品的生产和供给增加，从而阻止该商品的价格进一步上升或促使其价格转为下降，最终，商品的世界市场价格与国际价值将逐渐趋于一致。

(二)垄断

国际垄断组织和跨国公司为了追求最大限度的利润，往往采取各种方法影响和控制世界市场价格。它们经常采取的措施有：规定销售市场，限定商品的销售额

---

① 马克思、恩格斯：《马克思恩格斯全集》第1卷，人民出版社1958年版，第356页。

和出口份额,直接调整价格、采用内部转移价格、限制新工厂和新矿山的建立等。

国际垄断组织所规定的垄断价格有垄断高价和垄断低价两种形式。不管是垄断高价还是垄断低价,都是国际垄断组织获得垄断利润的重要手段。

(三)经济发展周期

资本主义经济发展具有周期性的特点,马克思指出:资本主义生产一般要经过"沉寂状态、逐渐活跃、繁荣、生产过剩、崩溃、停止、沉寂状态等等",[①]一般来讲,在危机阶段,由于生产过剩,社会购买力急剧下降,大批商品找不到销路,此时商品的市场价格会下跌;危机过去之后,社会对各种商品的需求开始增加,商品的市场价格又会逐步上升;在繁荣阶段,由于市场需求急剧膨胀,带来商品的市场价格迅速上升,生产受到刺激,也会大规模增加,最终又会导致生产过剩,引发下一轮危机,如此周而复始,循环往复,呈现一定的周期性,商品的世界市场价格也会随之而发生变化。

(四)汇率的变动

汇率又称汇价,是指将一种货币兑换成另一种货币的比价关系,即以一国货币表示另一国货币的价格。当汇率发生变动时,一国货币会出现升值或者贬值,从而影响该国的进出口商品价格,如果受汇率变动影响的是一个对外贸易大国,则该国进出口商品价格的变动就会引起商品的世界市场价格的变动。具体而言,若一国货币升值,则该国的出口商品价格会上升,进口商品价格会下降;若一国货币贬值,则该国的出口商品价格会下降,进口商品价格会上升。该国进出口商品价格的变动会影响到该国的进出口商品量,进而会影响到世界市场上的商品供求关系,最终影响商品的世界市场价格。

(五)政府的政策

二战以来,受凯恩斯主义的影响,各国政府对经济的干预或调节普遍加强了,许多国家为了支持本国经济贸易的发展,采取了诸如支持价格政策、出口补贴政策、进口管制政策、税收政策、倾销政策等等,这些政策措施的实行,对商品的世界市场价格也有很大影响。

(六)其他因素

其他因素包括季节变化、自然灾害、政治经济突发事件等,都会影响商品的世界市场价格,此外,还有一些商品营销方面的因素也会影响商品的世界市场价格,比如商品的质量和包装、商品定价策略、广告宣传、售后服务以及国际物流等因素也会影响商品的世界市场价格。

① 马克思:《资本论》第3卷,人民出版社1975年版,第404页。

四、世界市场价格的种类

(一)世界“自由市场”价格

世界“自由市场”价格是指商品在国际上不受垄断力量干扰的条件下，由独立经营的买卖双方进行交易的价格。国际供求关系是这种价格形成的客观基础。

“自由市场”是由较多的买主、卖主集中在固定的地点，按一定的规则，在一定的时间进行的交易。由于商品价格是通过买卖双方公开竞争而形成的，所以它受到垄断、政府干预等因素影响较小，能够比较客观地反映商品供求关系的变化。

世界“自由市场”价格一般包括以下几种：

1. 交易所价格

交易所价格是指商品通过商品交易所进行交易而形成的价格，它分为现货价格和期货价格两种。期货价格是商品在期货交易中的成交价格。现货价格是指商品在现货交易中的成交价格。现货交易是一经成交立即交换的买卖行为，一般是买主即时付款，但也可以采取分期付款和延期交付的方式。由于付款方式的不同，同一现货在同一时期可能会出现不同的价格。期货价格是指商品在期货交易中的成交价格。期货交易是一种集中买卖标准化合约的远期交易形式，因此，同一商品的期货价格与现货价格是不同的。

商品交易所是世界市场常用的交易方式之一，世界著名的商品交易所大都集中在发达国家的金融中心城市，如纽约、伦敦、芝加哥、东京、新加坡等，许多初级产品的交易都是通过这个渠道进行的，比如铜、锌、原油、天然橡胶、大豆、玉米、棉花等。由于交易所价格是由买卖双方公开竞争形成的，因此在国际贸易中具有很大的参考价值，是许多国家的贸易商磋商与确定商品的成交价格的重要依据。

2. 拍卖价格

拍卖价格是指商品通过拍卖方式进行交易而形成的价格。它是通过买卖双方在拍卖所公开竞价所形成的现货成交价格，因此它能反映某些商品的市场行情。例如拍卖是国际茶叶市场上最主要的交易方式，全球约有 70%的茶叶贸易是通过拍卖市场成交的。目前，国际上较著名的拍卖市场主要有：加尔各答、科伦坡的茶叶拍卖市场，悉尼的羊毛拍卖市场、阿姆斯特丹的鲜花拍卖市场，津巴布韦的烟草拍卖市场等。

3. 开标价格

开标价格是指商品通过招标投标方式进行交易而形成的价格。采用招标方式购买货物，由于参加投标者众多，竞争性强，因此，开标价格具有公开性和公平性。

(二)世界“封闭市场”价格

世界“封闭市场”价格是买卖双方在一定的特殊关系下形成的价格。商品在国际间的供求关系，一般对它不会产生实质性的影响。

世界“封闭市场”价格一般包括以下几种：

1. 转移价格

转移价格又称调拨价格，是指跨国公司内部购买商品和劳务时规定的价格。这种价格不是按照生产成本和正常的营业利润来制定的，而是根据跨国公司的全球性经营“战略部署”和子公司所在国的具体情况，人为地加以制定的，以达到调节利润、减轻税负、规避风险、调拨资金以及获取竞争优势的目的。

2. 垄断价格

垄断价格是指国际垄断组织利用其市场控制力量决定的外部交易价格。它有两种形式：垄断高价和垄断低价。垄断高价实际上是一种卖方垄断价格，即国际垄断组织在销售商品时规定的大大高于国际价值的垄断价格；垄断低价实际上是一种买方垄断价格，即国际垄断组织向非垄断企业或经济发展比较落后的国家购买原材料时所规定的大大低于国际价值的垄断价格。

3. 区域性经贸集团内部价格

二战后，世界上成立了许多区域性的经济贸易集团，如欧盟、北美自由贸易区、东南亚国家联盟等。在其内部，形成了区域性经贸集团价格。例如，在欧盟内部对农产品实行统一价格来支持农场主的收入；规定最低的进口价格并征收进口差价税，来保证农产品价格的稳定等，这些都属于区域性经贸集团内部价格。

4. 国际商品协定价格

国际商品协定是指某些初级商品的主要生产国(出口国)和消费国(进口国)之间，为稳定价格和促进经济发展等目的而缔结的政府间多边贸易协定。国际商品协定通常采用最低价格和最高价格等办法来稳定商品价格。当有关商品价格降到最低价格以下时，就减少出口，或动用缓冲基金收购商品；当有关商品价格超过最高价格时，则采取扩大出口或抛售缓冲存货的办法来平抑物价，如国际可可协定、国际天然橡胶协定等。

五、衡量世界市场价格变动的指标

(一)进出口价格指数

进出口价格指数又称对外贸易价格指数，是用来反映一定时期内一个国家进口或出口商品价格的变动趋势及程度的动态相对数，可以分为进口价格指数与出口价格指数。

它是根据预先选定的进出口商品样本进行计算，样本要求具有代表性，能够反映全部进出口商品平均价格水平的变动。样本的基础资料主要有两个来源，一是以世界市场的真实价格作为指数样本的基础资料，据此得出的进出口价格指数也叫做真实价格指数(true price index)；二是以有关进出口商品的总价值除以总商品量推算的单位商品价格作为指数样本的基础资料，据此得出的进出口价格指数也叫做单位价值指数(unit value index)。

目前测算并发布国别对外贸易价格指数的国际组织有联合国贸易与发展会议(UNCTAD)、国际货币基金组织(IMF)和世界银行等。中国进行此方面信息发布的主要是中国海关总署和国家统计局。需要注意的是,由于各国和各机构计算进出口价格指数的方法和公式并不统一,所以不同机构计算的同一时期同类商品的进出口价格指数并不一致,不宜直接用来进行国际比较。

下面是UNCTAD对世界各类国家对外贸易价格指数的统计:

表3-1　　世界各类国家的出口价格指数(2000年=100)

	1996	1997	1998	1999	2001	2002	2003	2004	2005	2006
世界	113	108	101	99	97	97	106	116	126	134
发达国家	120	112	108	106	98	98	110	119	124	130
发展中国家	110	107	98	95	95	94	98	107	123	135

资料来源:UNCTAD, Handbook of Statistics 2008。

表3-2　　世界各类国家的进口价格指数(2000年=100)

	1996	1997	1998	1999	2001	2002	2003	2004	2005	2006
世界	111	105	100	98	97	96	104	113	120	129
发达国家	116	108	103	101	97	96	106	116	122	130
发展中国家	108	104	98	96	97	96	100	108	117	126

资料来源:UNCTAD, Handbook of Statistics 2008。

(二)贸易条件指数

贸易条件指数有三种,下面的前两种最为常用,通过计算贸易条件指数,可以衡量各国贸易条件的总体状况和变动趋势。

1. 净贸易条件指数

净贸易条件指数也叫价格贸易条件指数,是一定时期内一国出口价格指数与进口价格指数之比,计算公式为:$(P_X/P_M)\times 100$,其中P_X代表出口价格指数,P_M代表进口价格指数。

2. 购买力贸易条件指数

购买力贸易条件指数也叫收入贸易条件指数,是一定时期内一国净贸易条件指数与出口数量指数的乘积,计算公式为:$(P_X/P_M)\times Q_X$,其中Q_X代表出口数量指数。

3. 要素贸易条件指数

要素贸易条件指数又分为单项要素贸易条件指数和双项要素贸易条件指数。单项要素贸易条件指数是一定时期内一国净贸易条件指数与出口商品的要素生产率指数的乘积，计算公式为：$(P_X/P_M)\times Z_X$，其中 Z_X 代表出口商品要素生产率指数；双项要素贸易条件指数则不仅考虑出口商品要素生产率的变化，而且考虑进口商品要素生产率的变化，计算公式为：$(P_X/P_M)\times(Z_X/Z_M)\times 100$，其中 Z_M 代表进口商品要素生产率指数。

通常把基期的贸易条件指数定为 100，如果计算期的贸易条件指数大于 100，则表明贸易条件得到改善，反之，如果计算期的贸易条件指数小于 100，则表明贸易条件恶化。

表 3-3、表 3-4 是 UNCTAD 对世界各类国家贸易条件指数的统计：

表 3-3　　世界各类国家的净贸易条件指数(2000 年=100)

	1996	1997	1998	1999	2001	2002	2003	2004	2005	2006
世界	102	103	101	100	100	101	102	102	104	104
发达国家	103	104	105	105	101	102	103	103	102	100
发展中国家	102	103	100	99	98	98	98	100	105	107

表 3-4　　世界各类国家的购买力贸易条件指数(2000 年=100)

	1996	1997	1998	1999	2001	2002	2003	2004	2005	2006
世界	76	82	85	90	99	104	112	125	134	145
发达国家	76	83	88	92	100	104	108	117	121	128
发展中国家	69	77	76	84	96	104	118	140	157	174

【本章参考书目】

1. 朱钟棣：《国际贸易学》，上海财经大学出版社，2006 年。
2. UNCTAD：《Handbook of Statistics 2008》，UNCTAD 官方网站，2009 年。

【思考题】

1. 简述世界市场的定义和类型。
2. 试述当代世界市场发展的主要特征。
3. 简述影响国际价值量变化的主要因素。
4. 世界市场价格的影响因素主要有哪些？
5. 世界“自由市场”价格和“封闭市场”价格各包括哪些种类？
6. 简述贸易条件指数的种类。

第四章 古典自由贸易理论

国际贸易理论是西方国家从原始资本积累时期到当代国际贸易实践的理论说明,也是现代经济理论的一个重要组成部分。国际贸易理论可以分为两大类:自由贸易理论和保护贸易理论,而自由贸易理论又可分为古典自由贸易理论和现代自由贸易理论。本章介绍的是古典自由贸易理论,包括绝对成本论、比较成本论和相互需求论。

【本章学习目标】

1. 熟练掌握国际贸易理论的一些基本概念:绝对优势、比较优势、国际交换比例、相互需求强度、相互需求方程式、提供曲线、均衡贸易条件等。
2. 学会运用绝对成本论和比较成本论分析国际贸易中的商品交换问题。
3. 了解穆勒的相互需求论与马歇尔的相互需求论的异同点。

第一节 绝对成本论

西方国际贸易理论体系的建立,是以比较成本论为标志的。亚当·斯密首先提出了绝对成本理论,大卫·李嘉图在此基础上提出了比较成本理论。这两种理论统称为古典国际贸易理论。

一、历史背景及作者生平

在17世纪,资本主义生产关系在西欧有了迅速的发展,特别是英国,资产阶级革命成功以后,圈地运动大大加快,仅1760～1790年间,被圈占的土地就高达298万英亩。大约在18世纪中叶,英国的小农基本被消灭,农业生产普遍采取了资本主义方式,资本的原始积累正在逐渐完成其历史使命而让位于资本主义的积累,资本主义的工场手工业进一步发展成为社会生产的主要形式。但是,随着社会生产力的发展,这种相对落后的生产方式——以手工劳动为基础的手工工场,已经难以适应经济迅速发展的需要,到18世纪60年代,英国开始了产业革命。这次产业革命以一系列的发明为标志,如1733年钟表匠约翰·凯伊发明飞梭,1765年哈格里夫斯发明手摇纺车,1769年瓦特发明蒸汽机等。

随着产业革命的开展,英国的经济实力超过了其他西欧国家。新兴的资产阶级为了从海外市场获得更多的廉价原料并销售其产品,迫切要求扩大对外贸易,而重商主义的一系列贸易保护政策却严重束缚了对外贸易,阻碍了资本主义大工业的发展。这种要求必然要反映到经济思想上来。这就是重商主义衰落和古典学派兴起的大背景。古典学派的研究从流通领域转向生产领域,触及了经济现象的内在联系,并奠定了劳动价值论的基础。因此,古典学派的学说具有一定的科学性。古典学派提出了“自由放任”的口号,在理论上为资本主义的自由发展铺平道路,为新兴的资产阶级服务。

亚当·斯密(Adam Smith,1723～1790)是英国古典政治经济学的创立者,代表产业资本的利益,在《国民财富的性质及原因的研究》(又称为《国富论》)一书中对重商主义理论进行了批判,提出了“绝对优势论”(absolute advantage),又称绝对成本论,这标志着国际贸易纯理论的真正开端。亚当·斯密于1723年6月5日生于苏格兰的哥卡第城(Kirkcaldy),父亲是一位税务和法律官员。斯密先后在格拉斯哥大学和牛津大学学习,毕业后曾在爱丁堡大学讲授法学、政治学和修辞学,后来到格拉斯哥大学讲授逻辑学和道德哲学。1778年他被任命为苏格兰税务监督,1787年担任格拉斯哥大学校长,1790年逝世,终年67岁。

亚当·斯密因1759年出版《道德哲学》一书而成名。亚当·斯密的经济著作《国民财富的性质及原因的研究》出版于1776年,先后被译成多国文字,它集经济理论、经济史和经济学说史于一体,标志着古典经济学已经成熟并形成体系。

《国民财富的性质及原因的研究》共分为五篇。第一、第二篇的基本内容是政治经济学,勾画出政治经济学理论体系的基本轮廓,后来的政治经济学都是按照这个轮廓发展起来的。第一篇从分工讲起,研究生产力增进的原因和劳动生产物在社会各阶级之间进行分配的自然顺序。第二篇研究资本,探讨对生产性劳动人数有决定作用的资本的性质、积累方法及用途。第三篇讲经济史,研究历史上的各种经济政策,说明人们采用和规定这种政策的背景。第四篇评述历史上出现的不同经济学说,指出它们在各个时代和各个国家中所产生的重要影响。上述四篇集中说明广大人民收入的构成和每年消费的资源性质。第五篇讨论君主或国家的收入。

二、绝对成本论的主要内容

(一)亚当·斯密理论的中心是经济自由主义

亚当·斯密认为,人是经济的动物,是“经济人”,即人首先是从事经济活动的人,人类经济活动的动力是人类的利己心,每个人都会为自己的利益而奋斗。他认为,每人都去追求自己的利益,往往可以更有效地促进社会利益。国家应该尽量少过问经济,对经济采取自由放任的政策,应该听任自由经营、自由贸易,只要不违背社会利益,就可以为所欲为。在进行经济活动时,如果牵涉到别人利益,就应予以补偿,这叫做"等价交换",认为这种等价交换可以使双方利益都不受损失。因此,等价交换成为资本主义经营的原则。

亚当·斯密这种理论的核心是要求自由竞争、自由贸易,依靠市场这个"看不见的手"来对供求关系进行自发调节,维持均衡,控制社会利益,从而使社会获得进步和稳定。这种主张符合当时新兴资产阶级的要求,为突破封建统治对生产力的束缚提供了理论根据。

(二)亚当·斯密对重商主义的批判

亚当·斯密的绝对成本说是建立在对重商主义经济学说的批判基础上的。他批判的主要内容:

1. 关于什么是财富的问题

他认为,重商主义把金银财富和真实财富混为一谈了,金银并非财富的唯一形态,"一个国家的利益不是金银量的增加,而是一国土地和劳动年产物交换价值的增加,或是一国居民年收入的增加。"[①]衡量一国是否富裕的标准不是该国拥有的金银数量,而是其劳动生产率的高低。因此,增加一国财富的方法应是增加资本,提高劳动生产率以发展生产,而不是单纯的货币财富的积累。

2. 重商主义关于增强国家干预力量的论点

重商主义强调,为了增强国家力量,必须管制经济;而亚当·斯密认为,政府必须减少其经济作用,国家主要应保护私有财产不受侵犯,保卫国家不受外来侵略。

3. 关于重商主义的持续积累金银财富的政策

他根据货币流量调整机制说明,如果一国长期保持贸易顺差,金银会源源不断地流回本国,当商品供应量一定时,商品的价格会趋于上涨。价格上涨,商品成本增加,本国货在国外的吸引力就会降低,出口也会减少。另一方面,外国货在本国国内的价格会相对便宜(与相对较贵的本国货相比),进口因而增加,这将使本国贸易顺差减少,甚至出现逆差。于是须用金银来偿付差额,导致金银外流。所以,力图以保持贸易顺差来增进本国的金银拥有量是枉费心机的。因此,他反对政府实行保护贸易政策,主张以自由贸易政策来扩大对外贸易。

(三)亚当·斯密的绝对成本理论

在批判重商主义的同时,亚当·斯密提出了自己的国际贸易理论,即绝对成本

---

① 亚当·斯密:《国民财富的性质和原因的研究》下卷,商务印书馆 1972 年中文版,第 61 页。

论,又称绝优势论。

1. 分工极大地提高了社会劳动生产率

亚当·斯密认为,人类有一种天然的倾向,就是交换。交换是出于利己心并为达到利己的目的而进行的活动。交换的倾向形成分工,分工使社会劳动生产率极大提高。亚当·斯密在《国富论》一书中以制针为例,说明工场手工业中实行分工协作可以大大提高劳动生产率。他说,由一个人制针,所有的 18 道制针工序都由他自己来完成,每天最多只能生产 20 枚。如果实行分工生产,由 10 个人分别去完成各种工序,平均每人每天能生产 4800 枚。这种劳动生产率的极大提高,显然是分工的结果。分工之所以能够提高劳动生产率,亚当·斯密认为原因主要有三点:一是劳动者的技巧因分工而日进;二是分工免除了从一个工序转到另一个工序所损耗的时间;三是分工促进了专业化机械设备的发明和使用。

2. 国内的分工原则也适用于国家之间

亚当·斯密认为,适用于一国内部不同职业之间及不同工序之间的分工原则,也同样适用于国家之间。他认为,国际分工是各种分工形式中的最高阶段。国家之间进行分工能够提高各国的劳动生产率,使产品成本降低,劳动和资本得到正确的分配和运用,通过自由贸易用较小的花费换回较多产品,这样就增加了国民财富。亚当·斯密主张,如果外国的产品比自己国内生产的要便宜,那么最好是从国外进口而不要自己生产这种产品。他举例说,苏格兰这个国家气候寒冷,不适宜种植葡萄,因而应从国外进口葡萄酒。但如果采用建造温室等方法,苏格兰也能自己种植葡萄并酿造出葡萄酒,只是其成本要比从国外购买高 3 倍。亚当·斯密认为,在这种情况下,如果苏格兰政府限制进口葡萄酒,并鼓励在本国种植葡萄和酿造葡萄酒,显然是一种愚蠢的行为。亚当·斯密主张,各国都应积极参加国际分工和国际贸易,用本国的优势产品去交换别国的优势产品,这对贸易双方都有利。亚当·斯密这里所说的优势指的是绝对优势。

3. 绝对成本论概述

亚当·斯密认为,一国在某种产品的生产上所花费的成本绝对地低于他国,就称为"绝对优势"。如果这种绝对优势是该国所固有的"自然优势"或已有的"获得优势",它就应该充分利用这种优势,发展某种产品的生产,并且出口这种产品,以换回他国在生产上占有绝对优势的产品,这样做对贸易双方都更加有利。亚当·斯密的这种国际贸易理论被称作"绝对优势说",也称"绝对成本论",又称"地域分工论"。

亚当·斯密这里所说的优势包括自然优势和获得优势。所谓自然优势,是指一国先天所具有的气候、土壤、矿产和其他相对固定的状态的优势。所谓获得优势,是指一国后天所获得的优势,比如发展某种产品生产的特殊技术和设备以及长期积累起来的大量生产资金。

4.绝对成本论例证

亚当·斯密认为，商品的价格是由劳动价值决定的，各国的社会劳动生产率是不同的，因而商品价值所决定的商品价格也有所不同。某些商品的价格国内比国外便宜，就可以出口卖高价，换回外国比本国便宜的商品。这样，通过国际贸易，双方都可以获得更多和更便宜的商品，既节约了本国的劳动力，又增加了使用价值。同时，贸易的开展使两国的资本和劳动力都从生产率低的行业转移到发达兴旺的出口行业中来，这一方面实现了资源的优化配置，提高了社会生产效率，另一方面又形成了合理的国际分工格局，其结果是，商品产量增加了，消费水平也提高了。

下面用两个国家生产两种产品的简要方法分析一下依据亚当·斯密的绝对成本论组织社会生产所带来的商品产量和消费水平方面的变化。这里以英国和法国两个国家生产生铁和小麦为例。

(1)英国和法国进行国际分工之前，各自具有不同产品上的绝对优势。在英国和法国没有进行国际分工的时期，每吨产品两国分别投入的劳动量如表4-1。

由表4-1可见，分工之前，英国生产每吨生铁需要50个劳动日，比法国少50个劳动日，而生产每吨小麦需要100个劳动日，比法国多50个劳动日。按亚当·斯密的理论，英国在生产生铁方面具有绝对优势，应该分工生产生铁而放弃小麦的生产；相反，法国在生产小麦方面具有绝对优势，应该分工生产小麦而放弃生铁的生产。

表4-1　英法分工前每吨产品所需劳动量

产品 / 花费劳动 / 国家	生铁(吨)	小麦(吨)
英国	50天	100天
法国	100天	50天

(2)英国和法国进行国际分工后，产品总产量增加。英法两国依据亚当·斯密的绝对成本论进行国际分工，所生产出的产品总量增加了，见表4-2。

表4-2　英法分工后产品量的变化

产品 / 产量 / 国家	生铁(吨)	小麦(吨)
英国	$\frac{50(天)+100(天)}{50(天)}=3(吨)$	0
法国	0	$\frac{50(天)+100(天)}{50(天)}=3(吨)$

由表4-2可见，分工后，英法两国投入的劳动总量未变，仍然是300天，但两种产品的产量却增加了。在分工之前，两国共生产2吨生铁和2吨小麦，分工后各增加了1吨，成为3吨生铁和3吨小麦。这就是分工所带来的利益。

(3)英法进行产品交换，对双方都有利。在分工生产的前提下，英法两国进行产品的等价交换，即英国用1吨生铁交换法国的1吨小麦。这种交换是公平的，因为分工生产后的1吨生铁和1吨小麦都是花费50天的劳动，价值相等。这种交换对两国都有利，因为此前在英国国内1吨生铁只能交换0.5吨小麦，在法国国内1吨小麦只能交换0.5吨生铁。英法两国进行产品交换后，英国得2吨生铁和1吨小麦，比分工前多得1吨生铁。法国得2吨小麦和1吨生铁，比分工前多得1吨小麦。可见，在进行国际分工和国际贸易后，英法两国的产品产量和消费水平都提高了。

以上就是亚当·斯密的绝对成本理论在现实中的应用。

三、简评

1. 亚当·斯密提出的以绝对成本论为基础的自由贸易理论，在资本主义上升时期成为英国工业资产阶级反对封建残余，发展资本主义的有力武器，在历史上起过进步作用

他指出了分工对于提高劳动生产率的巨大意义，各国之间根据各自的优势进行分工，通过国际贸易使各国都能得到利益，这也是十分正确的。

2. 亚当·斯密创立的劳动价值论是科学的

他把劳动看作价值的源泉，认为劳动是衡量一切商品交换的真实尺度。作为价值尺度的劳动，它可以是生产中所耗费的劳动，也可以是交换中所购得的劳动。这些都成为政治经济学发展史上的宝贵财富。

3. 亚当·斯密关于交换的倾向产生了分工的观点是错误的

他认为，交换是人类固有的天性，正是由于人类有了交换的倾向，才产生了社会分工。亚当·斯密在这里颠倒了分工和交换的关系。人类社会是随着生产力的发展才逐渐有了社会分工和国际分工，有了分工，才有了以专业化生产为纽带的商品交换和国际贸易。亚当·斯密受时代的局限，未能正确地认识到这一点。

4. 这个理论还有其局限性，它只能说明在某些产品的生产中具有绝对优势地位的国家参加国际分工和国际贸易才能获得利益

现实中，世界上有很多国家在任何产品的生产中都不存在比别国具有绝对优势的地位，它们生产的所有产品效率都低，成本都高。那么，这类经济落后的国家是否应该参加国际分工和国际贸易？如果参加，它们是否能够从中获得利益？依据亚当·斯密的绝对成本论，对这种问题只能做出否定的回答。这就成为绝对成本理论的最主要的缺陷。

第二节　比较成本论

一、历史背景及作者生平

比较成本论又称比较优势论，是英国资产阶级在争取自由贸易的斗争中产生和发展起来的。1815 年英国颁布了《谷物法》，引起粮价上涨，地租猛增，这对地主贵族有利，却严重损害了工业资产阶级的利益。围绕《谷物法》的存与废，双方展开论争。大卫·李嘉图代表工业资产阶级发表了《论谷物低价对资本利润的影响》一文，主张实行谷物自由贸易，从而提出了比较成本理论。

大卫·李嘉图(David Ricardo，1772～1823)是继亚当·斯密之后的英国古典政治经济学的杰出代表人物。他出身一个犹太族家庭。父亲原籍荷兰，后移居英国，成为英国证券交易所成员。在大卫·李嘉图那个时代，英国货币体系发生了重大变化，银行数量大增，众多银行发行的银行券充斥流通领域，金融秩序比较混乱。为了加强控制，英格兰银行担负起中央银行的职责。针对这种形势，大卫·李嘉图于 1809 年发表了第一篇经济学论文《金块价格》，指出货币数量多少是相对的，纸币如果可以与黄金自由兑换，则币值不会大幅度下降，货币量可以由国与国之间的流通得到调解。如果二者不能自由兑换，货币发行量过多就会引起物价上升，币值下跌。1817 年他出版了代表作《政治经济学及赋税原理》，对商品价值理论和财富分配问题进行了深入的研究，对地租及国际贸易问题也进行了卓有成效的探讨，完成了比较成本学说，从而成为继亚当·斯密之后英国最有影响的经济学家。大卫·李嘉图的其他著述有：1819 年为《大英百科全书》写的《融资制度》，1820 年的《马尔萨斯＜政治经济学原理＞评注》，1822 年的《农业保护论》，1823 年的《设立国民银行方案》和《绝对价值与相对交换价值》等。

二、比较成本论的主要内容

(一)比较成本论概述

大卫·李嘉图全面继承了亚当·斯密的经济思想，并在诸多问题上有了更深一步的发展和提高。在国际贸易理论问题上，大卫·李嘉图十分赞同亚当·斯密关于国际分工可以极大地提高生产力水平的观点，并对亚当·斯密关于一个国家应以自己具有“绝对优势”的产品进入国际分工体系的论点做了修正和完善，指出一个国家不仅能以具有“绝对优势”的产品进入国际分工体系，而且也能以具有“相对优势”的产品参加到国际分工体系中来。

大卫·李嘉图认为,一国不仅可以在本国商品相对于别国同种商品处于绝对优势时出口该商品,在本国商品相对于别国同种商品处于绝对劣势时进口该商品,而且即使一个国家在生产上没有任何绝对优势,只要它与其他国家相比,生产各种商品的相对成本不同,那么,仍可以通过生产相对成本较低的产品并出口,来换取它自己生产中相对成本较高的产品,从而获得利益。这一学说当时被大部分经济学家所接受,时至今日仍被视作是决定国际贸易格局的基本规律,是西方国际贸易理论的基础。

(二)比较成本论例证

大卫·李嘉图在其代表作《政治经济学及赋税原理》中举了一个通俗的例子:"如果两个人都能制鞋和帽,其中一人在两种职业上都比另一个人强一些,不过制帽子时只强 1/5 或 20%,而制鞋时则强 1/3 或 33%,那么这个较强的人专门制鞋,而那个较差的人则专门制帽,岂不是对双方都有利么?"①

大卫·李嘉图也采用了亚当·斯密由个人推及国家的方法,认为国家之间如能按上述个人之间的分工原理进行国际分工,也必将会使各方获得利益。他以英国和葡萄牙为例,论证了他的比较成本原理。

1.英国和葡萄牙进行国际分工之前,在毛呢和葡萄酒这两种产品的生产上各自具有相对优势

在英国和葡萄牙没有进行国际分工的时期,每吨产品两国分别投入的劳动量如表 4-3。

表 4-3　　英葡分工前每吨产品所需劳动量

产品 / 花费劳动 / 国家	葡萄酒(吨)	毛呢(吨)
葡萄牙	80 天	90 天
英国	120 天	100 天

葡萄牙生产每吨酒需要花费劳动时间 80 天,生产每吨毛呢需要花费劳动时间 90 天,而英国则分别需要 120 天和 100 天。

按照亚当·斯密的绝对成本理论,在上述情况下,英葡两国之间是不会发生贸易的,因为英国两种产品的劳动成本都绝对高于葡萄牙。但是,大卫·李嘉图通过分析认为,两国仍能进行对双方都有利的国际分工和国际贸易。葡萄牙在两种产品的生产上虽然都比英国有绝对的成本优势,但优势的程度并不相同。两种产品

① 大卫·李嘉图:《政治经济学及赋税原理》,商务印书馆 1976 年版,第 114 页。

的成本比率分别是：

毛呢：$\frac{90}{100}=0.9$　葡萄酒：$\frac{80}{120}=0.67$

葡萄牙的毛呢成本为英国毛呢成本的90%，酒的成本为英国的67%，其两种产品的绝对成本均比英国的要低。但相对而言，酒的成本更低，优势更大，所以应该分工生产酒，以酒交换英国的毛呢更为有利。英国两种产品的成本都处于绝对劣势，但毛呢的劣势较小一些，所以应分工生产毛呢，以毛呢交换葡萄牙的酒更为有利。这种"两优取其重，两劣择其轻"的思想，是大卫·李嘉图比较成本论的核心。依据这一思想进行国家间的分工和贸易，对各方都有利。

2. 英葡两国进行国际分工后，产品总产量增加了

英葡两国依据大卫·李嘉图的比较成本论进行国际分工，英国分工生产毛呢，葡萄牙分工生产葡萄酒，所生产出的产品总量增加了，见表4-4。

表4-4　英葡分工后产品量的变化

产品 / 产量 / 国家	葡萄酒(吨)	毛呢(吨)
葡萄牙	$\frac{80(天)+90(天)}{80(天)}=2.125(吨)$	0
英国	0	$\frac{100(天)+120(天)}{100(天)}=2.2(吨)$

可见，分工生产后，劳动总量没有增加，产品总量却增加了。葡萄牙把170天的劳动全部用于生产酒，生产出2.125吨酒；英国则把220天的劳动全部用于生产毛呢，生产出2.2吨毛呢。英葡两国的劳动总量没有增加，仅仅由于进行了国际分工，就比以前多生产出0.125吨酒和0.2吨毛呢。

3. 英葡两国进行产品交换，对双方都有利

在分工的前提下，英葡两国进行产品的国际贸易。如果用1吨毛呢交换1吨葡萄酒，其结果是葡萄牙换得1吨毛呢后还有1.125吨的酒，相对于没有实行国际分工前得到的比较利益是0.125吨的酒；英国换得1吨酒后还有1.2吨的毛呢，相对于没有实行国际分工前得到的比较利益是0.2吨的毛呢。由此可见，按比较成本理论进行国际分工和国际贸易，使各参加国，无论是经济发展水平高的国家还是经济发展水平低的国家，都能从中受益。

通过以上分析可以看出，大卫·李嘉图的比较成本论比亚当·斯密的绝对成本论更具有普遍意义。亚当·斯密理论只论证了一部分在生产上具有绝对优势的国家参加国际分工的必要性，而大卫·李嘉图理论则论证了世界上所有的国家参

加国际分工的必要性。所以,大卫·李嘉图的比较成本论被称作是国际贸易的一般理论。

三、简评

1. 比较成本论在更广的范围里推动了国际分工和国际贸易的开展

这一理论所揭示的客观规律,从实证经济学角度科学地给出了证明:无论是生产力水平高或者低的国家,只要按照比较优势的原则参加分工和贸易,都可以得到实际利益。这种理论引导着更多的国家加入了国际分工体系,促进了社会生产力的发展和社会财富的增加。

2. 大卫·李嘉图的比较成本学说坚持了劳动价值论

认为劳动是商品价值的源泉,劳动时间是衡量商品价值量的尺度,这是科学的、合理的。

3. 比较成本论更明显地反映了发达国家向外实行经济扩张的要求

该理论认为,国际分工和贸易能为各国带来实际利益,因而主张各国实行自由贸易政策。这实际上是要求发展中国家撤除保护民族工业和民族利益的屏障,为外国商品的输入提供条件。根据国际价值规律,劳动生产率较高的国家中一天的劳动产品可以换回别国几天的劳动产品。经济发达国家生产率水平较高,在国际贸易中获利也就较多,而劳动生产率低下的发展中国家所获利益便相对较少。因此,从某种意义上讲,比较成本论是发达国家的理论。

第三节　相互需求论

大卫·李嘉图的比较成本学说论证了参加国际贸易的国家以具有相对优势的产品进行交换,各方都会获得贸易利益。但大卫·李嘉图的理论并没有解决贸易双方利益的具体分配问题,特别是没有解决进出口商品交换比例应如何确定的问题。针对大卫·李嘉图留下的这种贸易利益划分问题,约翰·穆勒创立了相互需求学说,从而补充和发展了比较成本论。此后,马歇尔又运用数学工具阐释穆勒的相互需求学说,以几何图形使这一学说"精密化",进一步论证了供给和需求是如何共同决定进出口商品交换比例的。

一、穆勒的相互需求论

约翰·斯图亚特·穆勒(John Stuart Mill 1806～1873)是英国经济学界的重要人物,大卫·李嘉图的追随者,也有人称他是"最后一个古典主义者"。1848年,他出版了其代表作《政治经济学原理》(Principles of Political Economy)。在这本书中，他论述了他的“相互需求原理”(Theory of reciprocal demand)(或如其自称的“相互需求方程式”)。穆勒认为，国际商品交换比例是在比较成本确定的范围内，由相互需求的强度决定的。

相互需求论的产生是与当时英国资产阶级争取自由贸易运动相联系的。大卫·李嘉图逝世后，英国经济学界展开了一场关于关税报复问题的辩论。拥护自由贸易的R·托伦斯在论战中提出：国际交换条件(指国际价值)并不决定于生产成本，而决定于供求原理。他认为，资本和劳动在国内能够自由流动，因此，生产成本可以直接影响并调整供求关系，是商品交换比例的最终决定者；但资本和劳动在国际上不能自由流动，决定国际交换条件的不再是生产成本，而是国际供求关系。约翰·穆勒在相互需求论中对这一观点给予了全面系统的阐述。

(一)关于国际商品交换比例上下限的分析

约翰·穆勒认为，在国际分工开始以前，两国存在各不相同的x商品与y商品的国内交换比例。进行国际分工和国际贸易后，两国国内的交换比例被在世界市场确定的单一交换比例即国际交换条件所取代。这种国际交换比例直接决定各国出口产品的国际价值。

下面以英国和德国两个国家各生产毛呢和钢铁两种产品为例，来论述约翰·穆勒关于国际交换条件的确定问题。

1.英德两国进行国际分工前，在两种产品的生产上各自具有相对优势

依据比较成本论，英国应分工生产毛呢，德国应分工生产钢铁。

假设英德两国投入既定量劳动可各自生产毛呢和钢铁的数量如表4-5。

表4-5　　英德两国分工前的产量

既定劳动产出量 / 产品 / 国家	毛呢	钢铁
英国	10单位	15单位
德国	10单位	20单位

根据假定，英德两国总劳动量相同，一半用于生产毛呢，一半用于生产钢铁。在毛呢的生产上，两国劳动生产率相同，投入相同的劳动量产出相同的10单位毛呢；在钢铁的生产上，两国的劳动生产率则不同，同样的劳动投入，英国只生产出15单位钢铁，德国则生产出20单位钢铁。由此可以看到，英国在毛呢的生产上处于相对优势，而德国则在钢铁的生产上处于相对优势。所以，贸易格局应该是英国生产并出口毛呢以交换德国的钢铁。

2.英德两国进行国际分工后，劳动总量没有增加，产品总量却增加了

按比较成本原则进行国际分工，英德两国所生产的产品量如表4-6。

表 4-6　　　　英德分工后产品量的变化

国家 \ 既定劳动产出量 \ 产品	毛呢	钢铁
英国	20 单位	0 单位
德国	0 单位	40 单位

英国全部劳动力都生产毛呢，可生产出 20 单位的毛呢；德国全部劳动力都生产钢铁，可以生产出 40 单位的钢铁。就英国和德国所结成的分工体来说，产品总量由于分工而增加了：毛呢的量虽仍为 20 单位，钢铁的量却由 35 单位增至 40 单位。

3. 英德两国间商品的交换比例，应在双方国内商品交换比例的上下限之间

在没有参加国际间的分工与贸易时，英德两国国内的商品交换比例由商品的劳动成本决定。所以，在英国国内毛呢与钢铁的交换比例，或称毛呢对钢铁的相对价格为 10：15，即 10 单位的毛呢换 15 单位的钢铁，因为它们所含的劳动量相等。在德国国内，毛呢与钢铁的交换比例为 10：20，即 10 单位毛呢换 20 单位钢铁。

当有了国际分工后，英国人开始用毛呢到德国去交换钢铁。这种国际交换的比例应如何确定呢？假设英德两国间的运输成本为零，英国人会希望用 10 单位的毛呢到德国去按德国国内的交换比例换回 20 单位的钢铁；德国人则希望能按英国国内的交换比例，得到英国的 10 单位毛呢时只付出自己的 15 单位钢铁。显然，这两种愿望是相互矛盾的。在现实中必须达成一个折中方案，才能被双方同时接受。

在只有英德两国组成的国际市场上，只要 10 单位毛呢可以换得的钢铁量超过 15 单位，英国便会接受这种国际贸易，因为这种相对价格比英国国内便宜；反之，若 10 单位毛呢可以换得的钢铁量等于或少于 15 单位，英国就不会出口毛呢到德国去换钢铁。同样，对于德国来说，只要在国际市场上换取 10 单位毛呢的钢铁量少于 20 单位，它就愿意参加国际贸易。因此，英德两国商品的交换比例，应确定在双方国内的交换比例这个上下限之间。

如果用 e 表示国际交换比例，则其范围可以表示为：

$$10:20<e<10:15$$

只有在此限度内，国际贸易才会发生。如果国际商品交换比例高于这一上限或低于这一下限，则贸易双方中就必有一方会退出交易，国际贸易也就无法进行下去。如果按上限或下限进行交换，就会出现交易的一方独占全部利益的情况。比如，按 10：20 这种德国国内的交换比例进行贸易，贸易后德国可得到 10 单位毛呢和 20 单位钢铁，其利益没有因为参加国际贸易而变化；英国却在这种贸易中获得

了10单位毛呢和20单位钢铁，比参加国际分工和贸易前多得5单位钢铁。这意味着国际分工和贸易所产生的全部利益都被英国所得。再比如，若按10∶15这种英国国内的交换比例进行贸易，则英国的利益未变，而德国多得5单位的钢铁。这样一来，就等于德国将国际分工和贸易带来的利益全部据为己有。

通过以上分析，约翰·穆勒得出结论：两国国内交换比例构成国际交换比例的上下限，超过或等于上下限的交换比例意味着一方获得全部利益，而另一方则损失了利益或未增加利益。

上述理论并不全是约翰·穆勒的创新，它也可以从大卫·李嘉图的理论中推演出来。但是，国际商品交换比例e究竟应定在上限和下限之间的哪一点上，这是从大卫·李嘉图的理论中得不出来的。约翰·穆勒认为，必须从交易双方的相互需求入手进行分析，才能解决这一问题。而这才真正是他的理论创新。

（二）贸易利益的分配决定于相互需求强度

约翰·穆勒在深入分析了国际商品交换比例一定会在交易双方国内交换比例之间这个问题后，进一步指出国家间商品的具体交换比例，是由贸易双方相互需求强度的大小来决定的。

在国际贸易中，一方销售商品也就变成了购买对方商品的手段。换言之，一方的供给就构成了对对方商品的需求，所以供给和需求是商品交易的两个方面，可称其为相互需求。约翰·穆勒认为，在国际贸易所形成的相互需求中，对对方产品需求强度相对大的国家，贸易条件（商品的具体交换比例）对该国就不利。因为该国为了得到对方国家的产品，就不得不用更多的本国产品去交换，从而使本国产品的交换能力下降。相反，对对方产品需求强度相对小的国家，贸易条件对该国就较有利。

（三）关于相互需求方程式的分析

约翰·穆勒的国际贸易理论最终落脚在对相互需求方程式的分析上，他以此来说明商品交换中贸易条件的确定及变化，也是以此来阐述国际贸易中商品价格的变动和贸易利益的分配。

1.相互需求方程式的含义

相互需求方程式是指在国际分工的条件下，两个国家各自生产不同的产品并相互交换，这两种产品的交换比例必须等于两国相互需求对方产品总量的比例。

约翰·穆勒认为，当这一相互需求方程式成立时，国际市场中商品的相对价格便由此确定。

2.相互需求方程式的确定

我们仍以英德两国生产两种产品为例。英国国内毛呢与钢铁的交换比例为10∶15，德国国内的交换比例为10∶20。在进行国际贸易时，毛呢与钢铁的国际交换比例应介于二者之间，假定为 10∶17。依据约翰·穆勒的分析，在 10∶17 的贸易条件下，英德两国相互需求对方产品的总量必须是 10∶17 的公倍数，两国的贸易才能达到均衡，两国的需求强度才能相等，相互需求方程式才能成立。

如果公倍数为 1000，就表明英国对钢铁的需求量为 17×1000，即需要 17000 单位的钢铁；德国对毛呢的需求量为 10×1000，即需要 10000 单位的毛呢。英国为换取自己所需的 17000 单位钢铁，愿意出口 10000 单位的毛呢；而德国正好需要 10000 单位的毛呢，并愿以 17000 单位的钢铁相交换。此时的相互需求均衡，两种商品的交换比例稳定在了 10∶17 上，这也可以被看做商品的市场均衡价格。此时的相互需求方程式为：

$$10:17=10000:17000$$

3. 相互需求方程式的失衡与恢复

市场上消费者对某些商品的需求常常会发生变化，这种需求变化会立即反映到商品的价格上来，引起价格的上升或下降，而价格的变化又会反过来影响商品的需求。假设受某种因素的影响，英国需求对方产品的强度发生了变化，在 10∶17 的贸易条件下，英国对钢铁的需求由 17000 单位降为 13600 单位，而德国对毛呢的需求强度不变，仍为 10000 单位。在此种交换比例和此种相互需求情况下，原来的相互需求方程式会失去平衡：

$$10:17\neq 10000:13600$$

以前双方产品供求的均衡状态已经被打破，曾存在过的均衡价格就必然会发生倾斜。这种价格的倾斜对德国是不利的，因为在英德这两种产品的相互贸易中，德国对英国产品的需求更强烈。德国为了取得英国的毛呢，就要降低钢铁的相对价格。假设两种产品的交换比例由 10∶17 变为 10∶18，则产品的交换比例即相对价格的变化必然会影响消费者对其需求的变化。在这种新的交换比例中，毛呢的相对价格上升了，因此德国对毛呢的需求由原来的 10000 单位减至 9000 单位；钢铁的相对价格下降了，英国对钢铁的需求由原来的 13600 单位增至 16200 单位。由于市场机制的自动调整，相互需求方程式在 10∶18 的贸易条件下重新得以恢复：

$$10:18=9000:16200$$

如果相互需求强度呈现出相反的情况，英国的需求强于德国，则贸易条件就会变得对英国不利，比如变为 10∶16。

综上所述，在两国间的贸易中，一国所获利益的大小取决于交易条件靠近哪个国家的国内交换比例，即靠近上限还是下限。国际商品交换比例越接近于本国国内交换比例，对本国越不利；反之，越接近于对方国内交换比例，对本国越有利。而交易条件是靠近上限还是下限，则是由两国的相互需求强度所决定的。这就是约翰·穆勒的“相互需求原理”。简言之，约翰·穆勒是用相互需求强度的大小来解释贸易条件的变动的。

(四)简评

1. 约翰·穆勒以大卫·李嘉图的比较成本论为基础,解决了国际贸易为双方带来利益的范围问题,从这点上看,他发展完善了大卫·李嘉图的理论

他认为,贸易双方得利的范围介于双方国内交换比例的上下限之间,超出这个客观界限,就会有一方利益受损并退出交易,使得国际贸易无法进行下去。约翰·穆勒在贸易双方利益分配问题上的论述,使得比较成本学说成为更加完整的理论。这也被人们称作是约翰·穆勒理论的一个"重大贡献"。

2. 约翰·穆勒没有坚持大卫·李嘉图的劳动价值论

根据劳动价值论,商品价格的决定因素是劳动所创造的价值,而不是商品的供求数量。约翰·穆勒却强调双方商品的供求关系。他认为,本国商品的价值决定于商品的劳动成本,而外国商品的价值则决定于为了得到这些商品所必须支付给外国的本国商品的数量。也就是说,外国商品的价值决定于国际交换比例,而国际交换比例则决定于相互需求强度。这实际上脱离了劳动价值论。

3. 约翰·穆勒理论的分析方法有创新

约翰·穆勒理论与大卫·李嘉图理论在分析方法上是不相同的。大卫·李嘉图理论是以两国生产单位产品所花费的劳动量不同为出发点的,是一种"比较(劳动)成本"的分析方法;而约翰·穆勒理论则是以两个国家相等的劳动投入量生产出不同的产品量为出发点的,是一种"比较利益"的分析方法,即把成本固定,比较各国生产各种产品利益的大小。因而,西方经济学家也称约翰·穆勒理论为"比较利益论"。

二、马歇尔的相互需求论

阿费里德·马歇尔(Alfred Marshall 1842～1924),英国经济学家,是新古典学派(Neoclassical School)或称剑桥学派奠基者。他研究了约翰·穆勒的国际贸易理论,并在1878年问世的代表作《对外贸易纯理论》中首先以几何曲线阐释约翰·穆勒的相互需求说,以一种图解法来说明供给和需求如何共同决定国际交换比率。西方学术界以此作为马歇尔在国际贸易理论方面的主要贡献,并称他提出的几何曲线为马歇尔曲线(Marshallian Curve)。1894年英国经济学家F·Y·埃奇沃思在《国际价值论》一文中称马歇尔的曲线为"对外贸易曲线"、"国际贸易供求曲线",而称自己所用的为"提供曲线"。实际上二者的性质相同,故也称"马—埃曲线",但应用最广的名词为提供曲线(Offer Curve)或相互需求曲线(Reciprocal Demand Curve)。下面主要分析马歇尔利用提供曲线对贸易条件所作的解释。

(一)互利贸易条件的范围

两个参加国际贸易的国家所接受的贸易条件,必须是对双方都有利的贸易条

件，这种贸易条件必须被限定在一定范围之内。根据相互需求论的观点，交易双方在各自国内有各自的交换比例。在国际贸易中，两国产品的交换形成了一个国际交换比例，即国际贸易条件，或称相对价格。这个贸易条件是指互利贸易条件，它必须在两国国内交换比例所规定的上下限之间。

仍按前面的例子分析，用毛呢交换钢铁，英国国内交换比例为 10∶15，德国国内交换比例为 10∶20，所以两国的毛呢交换钢铁的互利贸易条件的范围就限定在 10∶15～10∶20 这个上下限之间，见图 4-1。

在图 4-1 中，纵坐标 Y 表示毛呢的量，横坐标 X 表示钢铁的量。英德两国的交换比例用从原点引出的射线的斜率来表示，斜率等于射线任意点到 X 轴和 Y 轴距离之比。OE 的斜率为 10∶15，表示英国国内的交换比例，也是国际贸易中毛呢交换钢铁的上限；OG 斜率为 10∶20，表示德国国内的交换比例，也是国际贸易中毛呢交换钢铁的下限。从图 4-1 可见，OY 与 OE 之间是英国不参加贸易的区域，OX 与 OG 之间是德国不参加贸易的区域，中间 OE 与 OG 之间则为两国的互利贸易区。

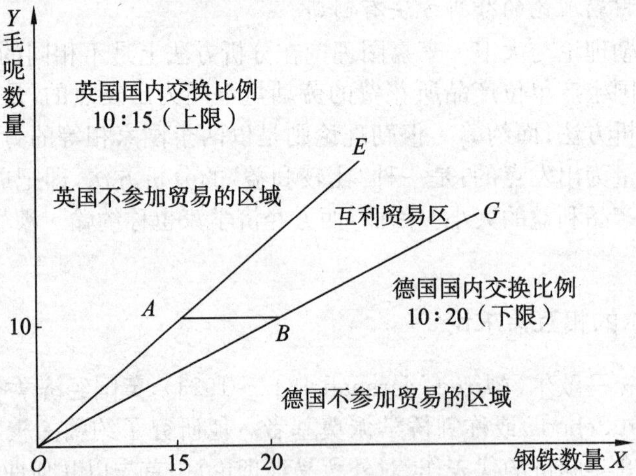

图 4-1　互利贸易条件的范围

在互利贸易区内，A 点斜率为 10∶15，B 点斜率为 10∶20。这样，从原点出发，通过线段 AB 的任意点的斜率，都是互利贸易条件。贸易条件决定着贸易利益的分配状况，因此，贸易条件越接近 A 点（上限），对英国越不利而对德国越有利；反之，贸易条件越接近 B 点（下限），对德国越不利而对英国越有利。

（二）相互需求均衡决定贸易条件

相互需求均衡就是指相互供求相等。约翰·穆勒用相互需求方程式说明贸易条件或国际交换比例的决定，而马歇尔则是用提供曲线解释贸易条件或国际交换比例。

1. 提供曲线

(1)提供曲线的定义。提供曲线是表示一个国家贸易条件的曲线，它表示一国想交换的进口产品的数量与所愿出口的本国产品数量之间的函数关系。

(2)德国的提供曲线。如前例，两个国家进行商品交换时，其贸易条件在不同的情况下是会发生变动的，两国愿意进出口的商品数量也会随着贸易条件的变动而变动。当贸易条件有利时，一国就愿多出口，以便换回更多的进口产品。德国的提供曲线如图 4-2。

在图 4-2 中有三条射线，即 t_0、t_1、t_2，它们都在互利贸易区范围之内，代表着三种不同的贸易条件。贸易条件越有利，一国就越愿意多出口。假设，当贸易条件为 t_0 时，德国愿意出口 OM_0 钢铁以换进 ON_0 毛呢；当贸易条件为 t_1 时，德国愿意出口 OM_1 钢铁换进 ON_1 毛呢；当贸易条件为 t_2 时，德国愿意出口 OM_2 钢铁换进 ON_2 毛呢。站在德国利益的角度上看，t_0 的贸易条件较差，t_1 的贸易条件有所改善，t_2 改善得更多，这意味着它用一定量的钢铁能换回更多的毛呢。贸易条件对德国不太有利时，德国不愿多出口，当贸易条件变得对德国更有利时，德国就愿出口较多的钢铁以换回更多的毛呢。如果把贸易条件为 t_0、t_1、t_2 时德国进出口数量的 A、B、C 点连接起来，其所形成的这条曲线 OG 就是德国的“提供曲线”，也称“相互需求曲线”。

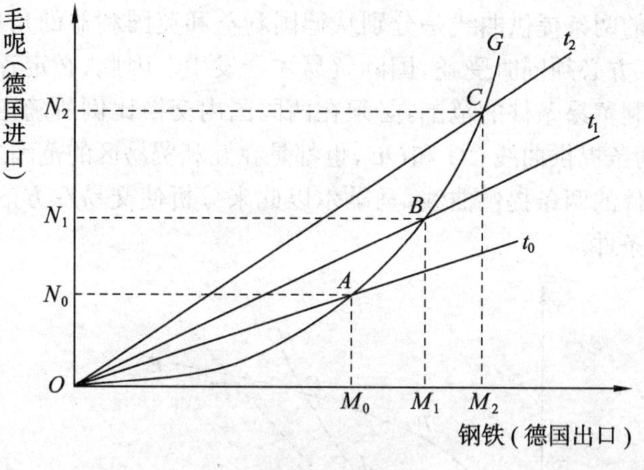

图 4-2　德国的提供曲线

需要指出的是，图 4-2 中的 OG 曲线原是图 4-1 中的 OG 射线，只是在图 4-2 中 OG 线呈向上弯曲状。OG 曲线上的 A、B、C 三点都在互利贸易区之内。

(3)英国的提供曲线。依据上述道理，也可得出英国的提供曲线 OE，如图 4-3。

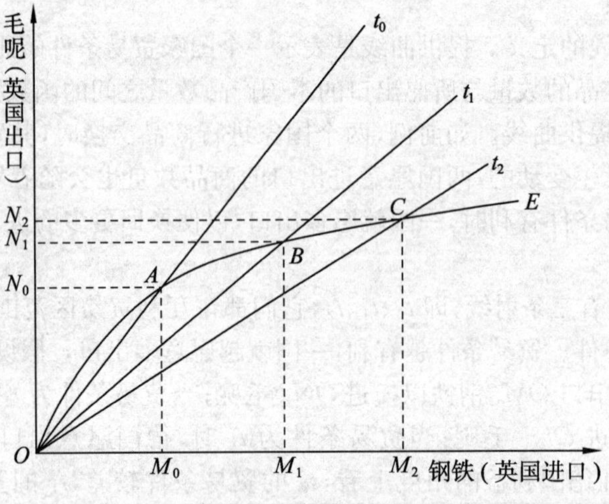

图 4-3 英国的提供曲线

英国的提供曲线 OE 如同德国的 OG 一样，既是需求曲线，又是供给曲线。因为以易货交易来解说，一国的进口就意味着出口，进口一定量的商品必须用出口一定量的本国商品来交换，所以，提供曲线又被称为“相互供求曲线”。

2. 双方都能接受的均衡贸易条件

前面提到的两条提供曲线是分别从德国利益和英国利益的角度进行的分析。现实中，交易双方必须同时受益，国际贸易才会发生。因此，必定存在一个互利的贸易条件。互利贸易条件的范围，必须在两国国内交换比例所确定的上限与下限之间，所以这两条提供曲线 OG 和 OE，也都是在互利贸易区的范围之内。图 4-4 就是表示贸易条件的两条提供曲线，马歇尔以此来分析使交易双方的供求都处于均衡状态的贸易条件。

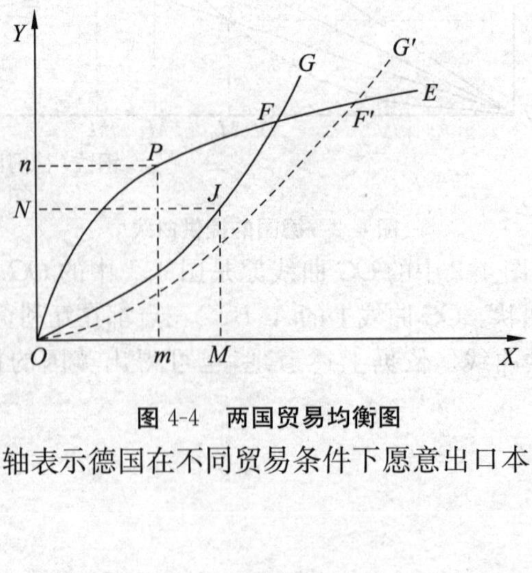

图 4-4 两国贸易均衡图

在图 4-4 中，X 轴表示德国在不同贸易条件下愿意出口本国商品的数量，Y 轴则表示英国在不同贸易条件下愿意出口本国商品的数量。马歇尔认为,如果两国都只考虑本国的利益,希望把贸易条件定在 P 点或 J 点,对方是不会接受的,国际贸易便不会发生。因为在 P 点时德国付出的少得到的多,在 J 点时英国付出的少得到的多。只有当 OG 和 OE 相交于 F 点时,即在这种贸易条件下,德国愿意出口的商品量才恰好等于英国需要进口的商品量,而英国愿意出口的商品量也恰好等于德国需要进口的商品量。在这一点上,交易双方的相互供求达到了均衡状态。因此,F 点可称为均衡点。在这种双方都能接受的均衡贸易条件下,两国的进出口数量相协调,双方都可在这种国际贸易中获得相对满意的利益。

3. 均衡贸易条件的变动和恢复

贸易双方的相互需求如果发生变动,就会使均衡贸易条件发生变化。这种情况在国际贸易中是经常出现的。比如,德国由于国内消费倾向的变动而增加了对英国毛呢进口的需求,但英国对德国钢铁的需求仍保持不变,这种德国需求强度的单方面增强,使其在贸易中处于不利地位,不得不用比以前更多的钢铁去交换英国的毛呢。在图 4-4 中,德国的提供曲线便因此而向下移动,移到了虚线 OG' 的位置。德国的这条新提供曲线与英国的提供曲线的交点为 F',它表示新的均衡贸易条件。通过该点射线的斜率要小于通过 F 点射线的斜率,这说明德国愿意为得到一定数量的毛呢而提供比以前更多的钢铁。这种贸易条件变得对德国不利而对英国有利。

如果事情与此相反,英国由于国内消费倾向变动等原因而增加了对德国钢铁的需求,但德国对英国毛呢的需求仍保持不变,这又会使英国在贸易中处于不利地位,不得不用比以前更多的毛呢去交换德国的钢铁。如果用图形表示,则会使英国的提供曲线向上移动,新形成的贸易条件对英国不利而对德国有利。

4. 提供曲线弯曲的原因

以上两条提供曲线弯曲的方向不同,德国的提供曲线向上弯曲,表示用一定数量的钢铁可以换回更多的毛呢。英国的提供曲线向下弯曲,表示用一定数量的毛呢可以换回更多的钢铁。可以看出,两条曲线的弯曲方向不同,所表示的贸易条件都是对本国越来越有利。

这里需要进一步分析的问题是提供曲线为什么会弯曲,即德国的提供曲线为什么会向上弯曲,而英国的提供曲线为什么会向下弯曲呢?马歇尔用他的供求价格论对此问题做了解释和分析。

一方面,从商品的效用角度分析。商品的效用指商品的有用性,或者是满足消费者欲望的程度。马歇尔认为商品的价值由产品的效用决定,而产品的效用大小则是由该类商品的供求状况所决定,认为商品的边际效用呈递减状态。这是马歇尔的重要观点之一。在此例中,对德国来说,随着进口毛呢和出口钢铁数量的增加,国内市场上毛呢的数量在增加而钢铁的数量则在减少。其结果是,钢铁因数量减少而效用提高,毛呢则因数量增加而效用下降。正是由于这两类商品的效用发生了变化,使得德国出口同样数量的钢铁必须换回比以前更多数量的毛呢,这才能使它愿意继续扩大这种国家间的贸易。对英国来说,情况正好相反,随着进出口量的增加,毛呢因国内数量的减少而效用提高,钢铁则因国内数量增加而效用下降。这样,使得英国出口同样数量的毛呢必须换回比以前更多数量的钢铁,它才会继续扩大这种国际贸易。

另一方面,从商品的成本角度分析。商品的价格由生产成本决定,而生产成本的高低则与商品的产量密切相关。对德国来说,随着钢铁出口数量的增加,国内产量必须要增加,由于总产量的增加,使钢铁的生产成本不断提高,其价格也随之提高,这就决定了用一定数量的钢铁必须交换更多的毛呢,德国才愿意继续扩大进出口数量。分析这个问题时必须有一个假设条件(马歇尔本人并没有做这种假设),即假设德国生产钢铁的规模效益已达到最佳点,再增加产量,成本也将随之增加。这种情况在英国也同样存在,随着毛呢出口数量的增加,国内产量必须要增加,由于毛呢总产量的增加,使其生产成本不断提高,其价格也随之提高,这就决定了用一定数量的毛呢必须交换更多的钢铁,英国才愿意继续扩大这种国家间的贸易。正是由于上述两个方面的原因,使两条提供曲线朝着不同的方向发生弯曲。

(三)简评

1.马歇尔理论的积极意义

这主要表现在他从相互需求论的角度解释了贸易条件的确定,回答了参加国际贸易的双方各得多少利益的问题。从前面的分析中可以看出,相互需求论对贸易条件的分析有两种表述方法:一种是约翰·穆勒用相互需求方程式(又称国际需求方程式),即用算术等式进行的分析;另一种就是马歇尔用提供曲线,即用几何方法进行的分析。这两种方法在理论上是一致的,所得出的结果也是相同的,最终都走到了均衡贸易条件这个归结点上,明确解答了贸易双方的利益量问题。从这一点上,可以说是对比较成本论的较好补充。

马歇尔的分析方法和他所使用的“提供曲线”这种分析工具,也被后来的很多经济学家所运用,这对国际贸易理论的深入发展也有积极影响。

2.马歇尔理论的主要缺陷

他与约翰·穆勒一样,把商品的国际价值看成是由市场供求均衡所决定,而不是由人类的抽象劳动所决定,这就违背了大卫·李嘉图劳动价值论的观点。此外,马歇尔的国际贸易理论主要是对约翰·穆勒理论的补充和发挥,缺少创新之处。

【本章参考书目】

1.亚当·斯密:《国民财富的性质和原因的研究》,商务印书馆,1972年。

2. 大卫·李嘉图:《政治经济学及赋税原理》,商务印书馆,1976年。
3. 大卫·李颖吾:《国际贸易》,台湾三民书局,1990年。

【思考题】

1. 简述亚当·斯密的绝对成本论并作出评价。
2. 举例说明大卫·李嘉图的比较成本论。
3. 比较亚当·斯密和大卫·李嘉图的国际贸易理论。
4. 简述约翰·穆勒的“相互需求理论”并作出评价。
5. 约翰·穆勒对国际商品交换比例上下限是如何分析的?
6. 简述相互需求方程式。
7. 通过图形说明提供曲线的含义及其变动。
8. 提供曲线弯曲的原因是什么?

第五章　现代自由贸易理论

与早期的以古典学派为主的自由贸易理论相比，本章所介绍的资源赋予论、里昂惕夫反论以及各种战后贸易理论，更接近于国际贸易的现实。这些理论对各国外贸政策的制定产生着较大的指导作用，因此被称为现代的自由贸易理论。

【本章学习目标】

1. 熟练掌握本章的一些基本概念：要素供给比例、生产函数、H—O定理、要素价格均等化定理、里昂惕夫之谜、偏好相似说、产业内贸易、波特菱形、国家竞争优势等。

2. 现代国际贸易理论与古典国际贸易理论相比，有何创新？有何继承关系？

3. 学会运用资源赋予论把握国家的产业政策和进出口政策。

4. 了解提高国家竞争优势的主要途径。

第一节　资源赋予论

一、理论背景

资源赋予论又称要素禀赋论，也称“赫克歇尔—俄林模型”，或称“H—O模型”。资源赋予论是用生产要素的丰缺度解释国际贸易产生的原因和商品流向的理论。资源赋予论直到20世纪50年代中期以前，在西方国际贸易理论界一直居主导地位，被广泛地接受和推崇。

瑞典经济学家埃利·赫克歇尔(E. Hecksher，1879～1952)于1919年发表了题为《对外贸易对国民收入之影响》的著名论文，来解释大卫·李嘉图学说中两国之间比较成本的差异问题。他在论文中指出，如果两个国家所拥有的各种生产要素的数量都一样，且两个国家各个生产部门中生产的技术水平也都一样，即不论生产何种产品所需投入的各种生产要素的比例都一样，再假定没有任何运输成本，那么进行国际贸易的结果对任何一个国家来说都是既无所得，也无所失，进行国际贸易也就失去了意义。因此,他指出,产生比较成本差异必须有两个前提条件,一个是两个国家要素赋予不一样,另一个是不同产品生产过程中所使用的要素比例不一样。只有在这两个前提下,国际贸易才会发生。但赫克歇尔的理论论证既不严密,也从未提出过完整的理论模式。

贝蒂尔·俄林(B. Onlin,1899～1979)是赫克歇尔的学生。他是瑞典著名的经济学家,是斯德哥尔摩经济学院教授。他还曾长期担任国会议员和自由党领袖,第二次世界大战中曾任瑞典商业大臣。他一生中发表过许多学术论文和专著,并且由于在国际经济关系理论方面做出过卓越的贡献而荣获1977年诺贝尔经济学奖。他接受了赫克歇尔的论点,于1933年出版了《区际贸易和国际贸易》一书。该书被认为是现代国际贸易理论最重要的著作之一,因为俄林在这本著作中所创立的贸易学说被经济学界誉为是国际贸易理论从古典发展到现代的标志。他的理论模式称作生产要素比例模式,与大卫·李嘉图的比较成本模式并列为国际贸易中两大基本模式。由于俄林的理论深受赫克歇尔理论的影响,所以人们把他们的理论合称为"赫克歇尔—俄林模型。"

赫—俄理论的出现,是对大卫·李嘉图国际贸易理论的一种挑战。这种挑战主要表现在对大卫·李嘉图学说的三个基本假定的否定上。

1.否定了大卫·李嘉图学说的劳动是唯一生产要素的假定

大卫·李嘉图的比较成本说认为,劳动是唯一的生产要素,并且用各个国家劳动成本的差异来说明比较利益。俄林则认为,参与商品生产的除了劳动要素外,还包括资本和土地。他认为,仅仅分析劳动要素是不够的,必须从生产的三大要素在各国的差异分析入手,才能探寻到产生国际贸易的真正原因。

2.否定了大卫·李嘉图学说的两国生产函数(投入量与产出量的比例)不同的假定

俄林假设两国的生产技术是相同的,投入一定的生产要素都会带来相等的产出量,即生产函数是相同的。

3.否定了大卫·李嘉图学说的劳动能在国内充分自由流动的假定

俄林认为,劳动像资本一样在国内的流动是受到一定限制的,流动只是在一定程度上发生,这才更符合实际情况。

上述几点,既是对大卫·李嘉图的否定,也是对自己的理论分析所做的假定。除此之外,赫—俄理论还包括这样几项假定条件:假定商品流通中的一切限制都不存在;假定只有有形贸易;假定单位生产成本不随着生产的增减而变化,即假定不存在规模生产效益的问题。

二、俄林的区际贸易理论

俄林认为,国际贸易仅是区际贸易的一种,是由区际贸易的发展而演化出来的。

俄林认为,国内贸易与国际贸易并无实质上的区别,仅仅是表现形式不同而已。这种观点与古典学派的代表大卫·李嘉图的理论不同。大卫·李嘉图在阐述他的理论时做了一个重要假定,即劳动力能够在国家内部充分自由地流动,但在国家与国家之间则完全不能流动。从这一假定条件出发,大卫·李嘉图认为,国内贸易与国际贸易有着本质上的不同,支配国内贸易的各种规律不适用于国际间的贸易。俄林否定了大卫·李嘉图的这一假定条件,认为劳动力和资本等生产要素在国内与国际上的流动,只有程度上的差别,并无本质上的不同。从这一基点出发,俄林认为,国际贸易与国内贸易无本质上的不同,二者所适用的规律及贸易理论都有很多共同之处。俄林的理论特点之一,就是把国际贸易的运行规律与国内贸易的运行规律的共同点归纳了起来,这就形成了他的区际贸易理论。

区际贸易是指地区与地区之间的贸易。俄林认为,地区是进行贸易的最基本的单位。地区是按什么标准划分的呢?俄林认为,地区是自然划分的区域,而不是人为划分的行政单位,其划分的标准是生产要素的天然禀赋。按俄林的解释,不同的地区具有不同的生产要素禀赋,而地区内部的生产要素则基本相同。所谓生产要素禀赋,指的是生产要素的供给状况。例如,有的地区劳动力充裕,有的地区资本量雄厚,有的地区土地资源丰富。生产要素的供给状况还可以进一步细分,例如,劳动可分为非熟练劳动、熟练劳动、技术劳动;土地资源可分为农业资源、牧业资源、森林矿产资源等。俄林认为,不同地区的生产要素的供给状况有着很大的差别,区际贸易就是在这种基础上展开的。

按照俄林的理论,生产要素的天然禀赋是划分地区的标准,而生产要素的类别是可以细分的,因此,他所说的地区的范围可大也可小。就全世界而言,一个大地区可以包括若干个国家,一个小地区可以只是一个国家或只是一个国家中的某些部分。例如,西欧各国作为一个大地区,可算作是资本要素禀赋丰裕的地区;西欧中的葡萄牙作为一个小地区,相比较可算作是劳动要素禀赋丰裕的地区;葡萄牙的里斯本作为一个小地区,又可算作是技术劳动禀赋丰裕的地区。大地区之间和小地区之间,都可以以自己的生产要素禀赋优势相互展开贸易。因此,俄林所说的区际贸易既包括国际贸易,也包括国内贸易,或者说国际贸易仅是区际贸易的组成部分之一。

但是,俄林又强调了国际贸易与区际贸易的不同点。在《区际贸易和国际贸易》一书中,俄林谈到了国际贸易的四点特殊之处:(1)国界不同于地区之间的界限,它构成了商品和各种生产要素流动的重要障碍;(2)各国的货币制度不同,不同货币制度下的商品贸易有着本身的特殊规律;(3)各国都有自己特殊的经济利益,这些利益影响着各国贸易政策的制定;(4)各国的经济发展都有着自己的特点,不同的经济特点使各国的对外贸易也各不相同。通过这种分析,俄林向人们展示出国际贸易既有别于区际贸易，又与区际贸易没有本质上的不同，它们在很多方面都受着相同的贸易规律的制约。

三、俄林的相互依存理论

俄林的相互依存理论的实质是一般均衡论，即认为任何经济现象都是相互依存和相互制约的，不存在从原因到结果的单向运动。俄林将相互依存理论运用到了商品价格的决定上，被称作相互依存价格论，或称一般均衡价格论。

俄林认为，价格决定的因果关系既不是从成本到价格，也不是从价格到成本，商品和生产要素的价格都是由它们各自的供求关系决定的。他分别从需求和供给两个方面进行了分析，指出了构成价格机制的几个基本因素。他指出，决定需求的有两种因素：一是消费者的欲望、要求和爱好；二是生产要素所有权的分配状况，这种状况影响每个人的收入状况，从而影响对商品的需求情况。决定供给的也有两种因素：一是生产要素的供给，即要素禀赋状况；二是生产的物质条件，它决定商品生产中生产要素的配合比例，表现出商品各自的要素密集性质。比如，物质条件较差的生产过程使用的劳动力较多；反之，使用的劳动力则较少。俄林认为，由上述四个基本因素所构成的价格机制，在同一时间内决定着一个地区或国家的所有商品和生产要素的价格。这意味着，需求、供给和价格相互依存，商品的价格和生产要素的价格相互依存，它们只能同时被决定。这种价格决定论便是均衡价格理论在国际贸易理论中的具体运用。

构成价格机制的四种因素在不同的国家和地区中存在着很大的差异。尤其是生产要素禀赋状况，由于受自然的和人为的因素影响，不同国家中的丰缺情况非常不同。这样，由价格机制所决定的商品价格也肯定不同。于是，不同国家或地区间的商品价格差额，便引起了国际贸易和区际贸易。

四、要素供给比例理论

俄林的要素供给比例理论是资源赋予论的核心理论。这种理论从对社会经济现象的剖析出发，通过几个层次的严密逻辑分析，最终揭示出了国际贸易产生的原因和决定一个国家或地区进出口商品结构的主要因素。

（一）商品价格的国际绝对差异是国际贸易产生的直接原因

所谓商品价格的国际绝对差异是指同种商品在不同国家中的价格差异。价值规律引导着各种商品从价格低的地方流向价格高的地方，商品经营者便会从中获利。如果商品在国与国之间的流通不存在任何障碍，那么商品流通的上述规律也会在国家间发生。商品从价格低的国家出口到价格高的国家，当两国间的价格差额大于交易成本时，国家贸易就能带来利益。俄林由此得出结论：国家间商品价格的绝对差异是产生国际贸易的直接原因。

参加国际贸易的双方,既是出口国又是进口国。从进口国的角度看,同类商品国外价格低,国内价格高,从国外进口,能够得到比自己生产更多的商品。从出口国的角度看,出口商品国内价格低,国外价格高,到国外销售可以获得更多的利益,并可用出口所获外汇来进口各类自己生产不利的商品。

(二)各国商品价格比例不同是国际贸易产生的必要条件

商品价格的国际差异是国际贸易产生的直接原因,但并不是凡存在商品价格的国际差异,国际贸易就一定能够发生,还必须具备一个必要条件,即交易双方的国内商品价格比例不同。就是说,必须符合比较优势的原则。为什么各国商品价格比例不同是国际贸易产生的必要条件?下面从两个方面论证:一是证明各国商品价格比例不同,国际贸易能够发生;二是证明如果价格比例相同,国际贸易不能发生。

1.两国商品价格比例不同

两国商品价格比例不同符合古典学派所提出的比较优势原则,因此国际贸易能够发生。下面举例分析。假设两个国家如美国和英国,生产两种产品如小麦和纺织品,1美元兑换1英镑,国内的价格比例如表5-1所示。

表5-1　美英两国商品价格比例不同

	美国($)	英国(£)
小麦	1.00	3.00
纺织品	2.00	1.00

美国国内单位小麦的价格是$1.00,纺织品是$2.00,英国国内单位小麦的价格是£3.00,纺织品是£1.00。可以看出,美英两国的商品价格比例是不相同的。美国国内小麦与纺织品的价格比例为1∶2,英国国内小麦与纺织品的价格比例为3∶1。这说明在美国的国内贸易中,可以用1单位的小麦交换1/2单位的纺织品;在英国的国内贸易中,1单位的小麦则可以换回3单位的纺织品。可见,在美国国内小麦价格便宜而纺织品较贵,在英国国内纺织品价格便宜而小麦较贵。

美英两国商品价格的绝对差异使国际贸易有了可能,而两国商品价格比例的不同又使国际贸易能够成为现实。在上述例子中,两国商品的价格比例存在着很大的差距,这就使得两国国内商品的交换比例明显不同。这个交换比例上的差距决定了双方若按照差距之内的交换比例进行交易,都可获得利益,从而使两国间的贸易能够发生。也就是说,小麦和纺织品的交换比例在1∶1/2～1∶3之间,对参加交易的两国都是有利的。比如,1单位小麦交换1单位纺织品。对美国来说每单位小麦比国内交换多得1/2单位纺织品。对英国来说每单位纺织品能比国内交换多得 2/3 单位小麦，这是因为在英国国内 1 单位纺织品只能交换 1/3 单位小麦，而与美国的贸易中 1 单位纺织品则可换回 1 单位的小麦。从这种分析中可以看到，在两国商品价格比例不同的条件下，国际贸易能使交易双方同时获利，从而使这种贸易有了发生的现实基础。

2. 两国商品价格比例相同

当两个国家国内的商品价格比例相同时，国际贸易不会给双方带来实际利益，因而也不会发生。下面的例子可以证明这一结论。

表 5-2　　美英两国商品价格比例相同

	美国($)	英国(£)
小麦	1.00	2.00
纺织品	2.00	4.00

从表 5-2 中可见，美国国内小麦和纺织品的价格比例为 1∶2，英国国内小麦和纺织品的价格比例也是 1∶2，两国商品的价格比例完全相同。这就意味着，在美国国内 1 单位小麦能交换 1/2 单位的纺织品，在英国国内也是 1 单位小麦交换 1/2 单位的纺织品。这种相同的交换比例，使两国都不能在国际贸易中获利。比如，对美国来说，在国内 1 单位小麦能换 1/2 单位的纺织品，如果与英国交换纺织品，也仍然只能按这一比例进行，不会比在国内交换的更多；对英国来说，在国内 1 单位纺织品交换 2 单位小麦，如果与美国交换小麦，也仍然只能按这一比例进行，并不比在国内交换的更多。这种不会带来更多利益的交换，两个国家都不会接受，因而国际贸易不会发生。

通过以上正反两个方面的分析，可以得出以下结论：两国商品价格比例相同，国际贸易不能发生；两国商品价格比例不同，国际贸易能够发生。所以，各国商品价格比例不同是产生国际贸易的必要条件。

(三)各国商品价格比例不同是由要素价格比例不同决定的

俄林的生产要素理论属于传统的"三要素论"，即认为商品是由劳动、土地和资本这三种要素共同生产出来的。所谓的要素价格就是指劳动、土地和资本这些生产要素的使用费用，或称为要素的报酬，比如劳动的工资、土地的地租、资本的利息。各国要素价格比例，则是指这些生产要素用本国货币表示的单位价格比例。

各国的要素价格比例不同为什么会使各国的商品价格比例不同呢？俄林认为，商品价格与生产要素价格及生产函数密切相关，所谓生产函数，是指生产某种产品所投入的各种生产要素的比例关系。比如，生产 1 单位小麦需要投入 5 个单位的土地和 1 个单位的劳动。生产每种产品的生产函数都是指在一定的技术水平下，各种生产要素的比例关系。俄林在分析这一问题时，假设各国生产同一类商品的生产函数是相同的。商品的价格等于生产要素价格乘以该商品的生产函数决定的要素投入数量。既然生产函数相同，而各国要素价格比例不同，则必然会导致各国商品价格比例的不同。下面用两个国家、两种产品和两种生产要素的模式，以简单的例子来说明俄林的这一理论。

假设两个国家如美国和英国，生产两种产品如小麦和纺织品，投入两种生产要素如土地和劳动。现将两国的要素价格、生产函数以及小麦和纺织品的国内价格比例列表如下：

表 5-3

(1)要素价格 美国：土地 1 美元，劳动 2 美元 英国：土地 4 英镑，劳动 1 英镑	
(2)生产函数 美国：生产 1 单位小麦需要投入 5 单位土地和 1 单位劳动 　　　生产 1 单位纺织品需要投入 1 单位土地和 10 单位劳动 英国：生产 1 单位小麦需要投入 5 单位土地和 1 单位劳动 　　　生产 1 单位纺织品需要投入 1 单位土地和 10 单位劳动	
(3)两国国内商品价格比例	
美国：小麦：5 单位土地×1 美元＋1 单位劳动×2 美元＝7 美元	(1)
纺织品：1 单位土地×1 美元＋10 单位劳动×2 美元＝21 美元	(3)
英国：小麦：5 单位土地×4 英镑＋1 单位劳动×1 英镑＝21 英镑	(3)
纺织品：1 单位土地×4 英镑＋10 单位劳动×1 英镑＝14 英镑	(2)

上表分为三个部分。第一部分说明美国和英国两种生产要素的价格比例不同。在美国，每单位土地价格是＄1，单位劳动的价格是＄2，要素价格的比例是 1∶2。在英国，单位土地价格是￡4，单位劳动价格是￡1，要素价格比例是 4∶1。可以看出，在美国相对较便宜的生产要素是土地，而劳动的价格较贵；在英国正相反。第二部分是小麦和纺织品的生产函数。两国的生产函数相同：生产小麦两国都需要耗用 5 单位土地和 1 单位劳动；生产纺织品则都需要耗用 1 单位土地和 10 单位劳动。第三部分是两国小麦和纺织品的国内价格比例。美国和英国的小麦和纺织品的国内价格比例等于两国国内生产要素价格乘以相同的生产函数。这样，美国小麦和纺织品的价格比例等于＄7∶＄21＝1∶3；而英国小麦和纺织品的价格比例则是￡21∶￡14＝3∶2。可见，美英两国的国内商品的价格比例是不同的，这种价格比例的不同使交易双方都可在国际贸易中获利。而且，通过上面的例子还可清楚地看出：美英两国的两种商品价格比例不同是由两国生产要素价格比例不同决定的。

(四)要素价格比例不同是由要素供给比例不同决定的

各种生产要素在不同国家中的丰缺程度是很不相同的。同一种生产要素,比如土地,在有的国家中十分丰富,在有的国家中则十分稀缺。所谓要素供给比例不同,就是指生产要素在各国的相对供给不同,即与要素的需求相比,各国所拥有的各种生产要素的相对数量是不同的。

在俄林的理论中,价格是由供求关系决定的,那么,生产要素的价格也必然会由对生产要素的供求状况所决定。不过俄林认为,在生产要素的供求决定生产要素价格的关系中,生产要素的供给是主要的。因为生产要素的供给与商品的供给很不相同,商品的供给可以随着市场需求变化而扩张或紧缩,生产要素的供给在一个国家中则是相对固定不变的,即使有变化,其变化的程度也非常小。一个国家中生产要素的这种相对固定的供给是深受生产要素丰缺程度影响的。这样,在生产要素价格的决定中,供给的制约大于需求的制约。在各国要素需求一定的情况下,各国的要素供给(禀赋)不同,对要素价格的影响也就非常不同。供给丰富的生产要素价格便宜,相反,供给稀缺的生产要素价格就昂贵。比如澳大利亚地广人稀、资本较少,因此地租较便宜而资本和劳动力的价格较贵。所以说要素价格比例不同是由要素供给比例不同决定的。

依据这种理论,一个国家必须要对自己的生产、出口和进口的产品种类做出慎重的选择,选择的主要标准就是本国各种生产要素的丰缺程度。当一个国家生产和出口大量使用本国供给丰富的生产要素的产品时,其产品的价格就较低,就可以获得比较利益;相反,生产大量使用本国稀缺的生产要素的产品,价格就昂贵,出口就不利。所以,俄林通过他的理论分析所得出的结论是:一国出口的是本国丰富的要素所生产的商品,进口的是本国稀缺的要素所生产的商品。这是俄林用要素比例理论分析进出口商品结构所得出的一个著名结论。俄林对这一结论是这样叙述的:“贸易的首要条件是某些商品在某一地区生产要比别一地区便宜。在每一地区,出口品中包含着该地区比在其他地区拥有的较便宜的相对大量的生产要素,而进口别的地区能较便宜地生产的商品。简言之,进口那些含有较大比例生产要素在国外相对便宜的商品。”①

(五)要素供给比例理论小结

俄林的要素供给比例理论是分析国际贸易产生原因的理论。将前面所展示的分析归纳起来,可以简单地把这一理论描述如下:各国不同的要素供给比例决定着各国不同的要素价格比例;各国不同的要素价格比例决定着各国不同的商品价格比例,从而构成了国际贸易产生的必要条件;各国的要素价格比例不同还决定着各

① 俄林:《区际贸易和国际贸易》,商务印书馆 1986 年版,第 2 页。

国间商品价格的绝对差异,而这种各国间商品价格的绝对差异正是国际贸易产生的最直接原因。

这一理论还可进一步简化为:各国生产要素禀赋(供给)的差异→生产要素价格的差异→商品生产成本的差异→商品价格的差异→国际贸易产生。

五、要素价格均等化定理

要素价格均等化定理是研究国际贸易的影响和后果的学说,是赫—俄理论的重要内容之一。有人把俄林用生产要素的丰缺解释国际贸易动因的理论称为狭义的资源赋予论,而把除此之外再加上研究国际贸易的影响和后果的理论称为广义的资源赋予论。

(一)定理的含义

要素价格均等化定理的基本含义是:商品的国际贸易,即商品在国家间的流动,在一定程度上可以代替生产要素的流动,拉平各国间的要素价格,弥补国家间要素流动性的不足,减少国家间各种生产要素分布不均所造成的要素价格差异。

商品的流动可以部分地代替生产要素的流动。如果生产诸要素可以不受限制地在世界范围内自由流动,便会在供求关系的影响和调节下在世界范围内得到合理配置,从而使各国的生产要素价格趋于均等,因为各国的生产要素已没有了丰富与稀缺的差别。然而,现实中生产要素在各国间的流动却受到极大限制,使资源合理配置的理想状态难以实现。不过,随着国际贸易的开展和商品在各国间相对自由的流动,在一定程度上弥补了生产要素流动不足所产生的缺憾。

(二)要素价格均等化过程

从长期和动态的角度进行分析,商品贸易在国际间的开展会逐渐改变各国所拥有的生产诸要素的相对量,从而改变其价格,使之趋于均等化。

这一均等化的过程如下:比如韩国和日本长期从事国际贸易,作为发展中国家的韩国拥有较丰富的劳动资源而资本却相对稀缺;作为发达国家的日本资本非常丰富但劳动资源相对稀缺。按照狭义资源赋予论的观点,韩国劳动力丰富,工资水平必然较低,因此应生产和出口劳动密集型产品,以发挥自己的资源优势;从进口方面看,韩国由于资本稀缺使得利率较高,所以应进口资本密集型产品。与此正相反,日本由于资本丰富而劳动力稀缺,所以其利率水平低而工资水平高,日本的进出口商品结构便肯定会是出口资本密集型产品而进口劳动密集型产品。在韩国与日本的贸易中,韩国以劳动密集型产品交换日本的资本密集型产品。韩国由于劳动密集型产品不断出口,其国内对劳动力的需求大量增加,使本来十分丰富的劳动资源变得不那么丰富了,劳动的价格也随之上升;同时,由于资本密集型产品的不断进口,对国内资本密集型产品的需求相对减少,从而对资本的需求得以缓和,使资本逐步变得不那么稀缺了，这又必然引起资本价格的相对下跌，即引起韩国国内资本利率的下降。日本发生的情况恰好与此相反。由于资本密集型产品的不断出口，国内对资本的需求大量增加，使本来十分丰富的资本变得不那么丰富了，利率也随之上升；由于劳动密集型产品的不断进口，对国内劳动密集型产品的需求相对减少，从而对劳动力的需求得以缓和，使劳动力变得不那么稀缺了，劳动的价格便相对下跌。这样，随着国际贸易的开展，韩国和日本所拥有的劳动和资本的丰缺程度发生了相对的变化，其价格也随之发生着相对的变化，出现了生产要素价格在两国间趋于均等的倾向。

(三)要素价格均等化的结果

国际贸易使生产要素价格在世界范围里趋于均等后，引起了经济过程中的一些变化。

1. 对国内经济的影响

要素价格均等化对国内经济的影响主要表现在两个方面：(1)使国内的生产要素得到更有效的利用。参加国际贸易以前，国内的生产要素价格很不均衡，致使不能够对其进行充分合理的利用。比如韩国，劳动力非常丰富，工资低廉，各企业都雇用大量劳动力进行生产。但是，由于国内资本稀缺，利率较高，为了减少生产成本，企业不愿借入更多的资金用于生产。结果是企业内生产技术设备陈旧并缺乏，劳动者不得不更多地依靠手工进行生产。这种状况使劳动者难以充分发挥劳动潜力，导致了劳动生产率的低下。随着对外贸易的开展，这种状况开始发生变化。如前所述，在国际贸易中韩国的劳动价格开始上升，资本价格开始下降。企业在组织生产中对劳动力的使用变得比以前珍惜了。对资金的借入量由于其价格的下降而增加。企业中，由于更多资金的使用，劳动和资本的组合更趋合理；技术设备得到更新和增加，劳动力的潜力得到了更好的发挥。(2)使国内的分配发生变化。要素价格均等化趋势对国内各种要素所有者的收入发生影响，改变着不同要素所有者阶层在整个国民收入分配中的地位。比如在韩国对日本的贸易中，韩国国内劳动工资水平普遍上升，工人的收入得到提高；资本利率水平普遍下降，资本家的收入随之减少。在日本，工人和资本家的收入变动情况正好与此相反。

2. 对世界经济的影响

要素价格均等化对世界经济的影响也表现在两个方面：(1)使世界范围内的生产要素得到更有效的利用。要素潜能的充分发挥，能使全世界的产品总量增加。增加的产品量会随着国际贸易的开展而在各国间得到分配，使贸易各国均受益。(2)使世界各国同种生产要素的所有者获得的收入趋于均等。工人的工资在世界各国趋于均等，资本家的利息在世界各国也趋于均等。一个劳动力充盈而资本短缺的发展中国家，一旦打开国门，参加国际分工和国际贸易，便会逐渐出现工人工资上升而资本利率下降的情况。这一现象的出现就可以用上述理论加以解释。

六、资源赋予论简评

以俄林为主要阐述者的资源赋予论,在西方国际贸易理论领域中占有着非常重要的位置,是从纯理论研究向应用理论研究发展过程中的一个里程碑。这一理论有其积极意义,也有其局限性。

(一)资源赋予论的积极意义

1.这一理论更接近国际贸易的现实

比如它从生产要素、价格、供给、需求等实际问题入手分析国际贸易产生的原因,并且认为不仅劳动,而且土地、资本等因素在国际贸易的产生与发展中都起着重要的影响作用。这些都是被古典经济学家们所忽视的问题。

2.坚持了比较成本学说的正确思想

虽然这一理论对比较成本学说的某些部分进行了否定,但却坚持了比较成本学说的基本内容。俄林的两国不同的商品价格比例是国际贸易产生的必要条件的论断,就是比较成本理论的具体应用。俄林的根据生产要素禀赋在各国进行专业分工,以此提高各国的劳动生产率,使各国通过贸易都得到利益的思想,也是对比较成本学说的进一步发挥。

3.对各国外贸政策的制定有一定的指导意义

赫—俄理论指出,一国应出口那些用本国丰裕的生产要素所生产的产品,某种生产要素本国稀缺,则应进口这类要素密集型产品,而不要坚持本国生产,否则将会失去更多的利益。这些思想对一国外贸政策的制定都会产生积极的影响。

(二)资源赋予论的局限性

1.资源赋予论用均衡价值论代替了古典学派在国际贸易理论中所坚持的劳动价值论的观点

2.这一学说的主要理论是建立在一系列假设条件之上的(例如不存在规模经济、各国生产同一类商品的生产函数是相同的等),从而表现为一种静态分析,这就使其理论在一定程度上背离了经济发展和国际贸易的真实情况,并产生出了各种理论漏洞,受到后人的抨击

3.这一学说在分析国际贸易产生的原因时,只强调了各个国家生产要素禀赋上的差别,忽视了“市场扩张”这一重要内容,而后者正是各国特别是经济发达国家积极参与国际贸易的重要原因之一。为了占领国际市场,增加工人就业,有些产品不具比较优势,政府也鼓励出口

第二节　里昂惕夫反论

一、里昂惕夫之谜

瓦西里·里昂惕夫(W·Liontief 1906～1999 年)是美国著名经济学家,投入产出经济学的创始人。他祖籍俄国,祖辈为俄国农民。他在前苏联受过高等教育并取得学位。1931 年加入美国国籍,长期任美国哈佛大学行政管理学院教授。他因提出投入产出分析法,获 1973 年诺贝尔经济学奖。他的主要著作有:《美国的经济结构》和《投入产出经济学》。他的著名论文有:《国内生产和对外贸易:美国资本状况再考察》和《生产要素比例与美国贸易结构:进一步的理论和检验分析》。

里昂惕夫反论是与资源赋予论密切相关的。俄林的资源赋予论认为,根据相对优势原则,参加国际贸易的各国将出口密集使用其拥有量丰富的要素的产品,进口密集使用其拥有量稀缺的要素的产品。这一原理提出后被西方国际贸易理论界广泛接受,有很多学者为证明这一原理的正确性而做了大量的研究工作。按照这一原理去推论美国的进出口商品结构,结论是相当明确的:美国资本丰富而劳动力稀缺,所以美国应该出口资本密集型产品而进口劳动密集型产品。里昂惕夫从理论上也相信这一结论,可是当他利用大量统计资料来验证美国的进出口商品结构时,却得出了与这一结论完全相反的结果。应如何解释这个被普遍认为正确的理论却又与现实相矛盾的现象,这就成了一道人们多年争论不休的难题。因此,理论界称其为里昂惕夫反论,又称为里昂惕夫之谜。

二、谜的产生

里昂惕夫为了验证赫—俄理论的正确性,于 20 世纪 50 年代初收集了 1947 年美国 200 种出口产品和进口替代产品的资料,编制了美国的投入产出表。他把生产要素分为资本和劳动力两种,他要分析这两类生产要素在美国出口品和进口品中各占多大比重。他假设美国减少出口品生产和减少进口品的数值都是 100 万美元,然后考察这种减少对资本和劳动力的影响,即当出口品生产减少时,将有多少数量的资本和劳动力会多余,而当进口替代品生产增加时,资本和劳动力的需求量又会增加多少。

里昂惕夫进行这种分析的初衷是想通过验证来表明,美国的出口产业部门将有相当多的资本量被释放出来,而进口替代产业部门则会由于生产的增加而相对需求较多的劳动量。然而,对各种统计数据进行整理和计算的结果却与他的预期恰好相反。见表 5-4。

表 5-4　　里昂惕夫对 1947 年美国外贸的实证分析

每百万美元产值所投入的要素量(资本单位:美元)			
	出口品	进口替代品	出口品/进口替代品
资本量(美元)	＄2550780	＄3091339	
劳动(人/年)	182	170	
资本/劳动(人均资本量)	＄14015	＄18184	0.771

从上表中可以看到,在 1947 年,美国出口每 100 万美元的商品,在国内投入的资本量为 2550780 美元,劳动力为 182 个,其人均资本量为 14015 美元。同时,美国每生产 100 万美元的进口替代品,则要投入 3091339 美元的资本和 170 个劳动力,其人均资本量为 18184 美元。由此可见,出口品部门中的人均资本量少于进口替代品部门,也就是说,出口品部门的资本密集程度低于进口替代品部门,只有进口替代品部门的 77.1%(14015/18184)。这意味着,美国出口的是劳动密集型产品,进口的则是资本密集型产品。

这一研究结果是里昂惕夫所始料不及的。他对此所做的结论是:"美国参加国际分工是建立在劳动密集型生产专业化基础上,而不是建立在资本密集型生产专业化基础上。换言之,这个国家是利用对外贸易来节约资本和安排剩余劳动力,而不是相反。"①

三、谜的验证

里昂惕夫之谜对当时在国际贸易理论领域占统治地位的资源赋予论无疑是个明显的挑战,当这个"谜"连同研究论文于 1953 年公开发表后,立即在西方理论界引起了轩然大波。很多经济学家都参与了这一问题的研究和探讨,有的对资源赋予论提出怀疑,有的则对里昂惕夫的研究方法提出质疑。

为了回答来自理论界的各种评论,里昂惕夫又对此问题做了大量研究,并在 1956 年发表了《生产要素比例与美国贸易结构:进一步的理论和检验分析》一文。在该文中,里昂惕夫利用 1951 年的统计资料对美国的进出口贸易结构进行了再一次验证。验证结果如表 5-5。

① 里昂惕夫:《投入产出经济学》,1966 年英文版,第 86 页。

表 5-5　　　　里昂惕夫对 1951 年美国外贸的实证分析

每百万美元产值所投入的要素量(资本单位:美元)			
	出口品	进口替代品	出口品/进口替代品
资本量(美元)	$2256800	$2303400	
劳动(人/年)	174	168	
资本/劳动(人均资本量)	$12970	$13711	0.946

上表显示,在 1951 年,美国每出口 100 万美元的商品,投入的资本量为 2256800 美元,劳动力为 174 个,人均资本量为 12970 美元;每生产 100 万美元的进口替代品投入的资本量为 2303400 美元,投入的劳动力为 168 个,人均资本量为 13711 美元。出口品部门的资本密集度低于进口替代品部门,前者为后者的 94.6%。这表明,1951 年美国的进出口商品结构与 1947 年基本一样:出口劳动密集型产品,进口资本密集型产品。里昂惕夫第二次验证的结果与第一次相同,仍然与资源赋予论的基本论点相矛盾。

此后,又有一些经济学者利用里昂惕夫的投入产出法对美国的外贸结构进行了验证,其结果是有的与"谜"一致,有的则与"谜"相左。鲍德温(Boldwin)使用美国 1962 年的统计数字于 1971 年对美国的外贸结构进行了验证,其结果与"谜"一致。见表 5-6。

表 5-6　　　　鲍德温对 1962 年美国外贸的实证分析

每百万美元产值所投入的要素量(资本单位:美元)			
	出口品	进口替代品	出口品/进口替代品
资本量(美元)	$1876000	$2132000	
劳动(人/年)	131	119	
资本/劳动(人均资本量)	$14321	$17916	0.799

从上表中可以看出,1962 年美国出口品的资本密集度(即出口部门人均使用的资本量)为 14321 美元,进口替代品的资本密集度为 17916 美元,前者只是后者的 79.9%。这说明当年美国的对外贸易中"谜"仍然存在。

另一位经济学者惠特尼(Whitney)在鲍德温之前曾对美国 1899 年的统计数据进行过一次计算,得出的结果与里昂惕夫之谜相背。这次验证是惠特尼 1968 年进行的,其结果见表 5-7。

表 5-7　　　　　　惠特尼对 1899 年美国外贸的实证分析

每百万美元产值所投入的要素量(资本单位:美元)			
	出口品	进口替代品	出口品/进口替代品
资本量(美元)	$2621200	$2589700	
劳动(人/年)	1122.5	1240.2	
资本/劳动(人均资本量)	$2335	$2088	1.118

从上表可见,美国 1899 年出口品的资本密集度为 2335,进口替代品的资本密集度为 2088,前者是后者的 111.8%。这说明当年美国出口的是资本密集型产品,进口的是劳动密集型产品,“谜”并不存在。然而,有人对惠特尼的验证结果提出了这样的诘难:人们并不认为 1899 年时的美国已经是个资本丰裕的国家了。

其他国家的一些经济学家也曾利用这一方法对本国的外贸结构进行过验证,所得出的结果也分为了两类:既有与里昂惕夫之谜一致的,也有与其相反的。

四、对谜的解释

里昂惕夫之谜的提出以及许多国家的经济学者对谜的验证中出现的两种不同的结果,使这一时期的国际贸易理论界陷入了迷茫:究竟是里昂惕夫之谜错了呢?还是传统的国际贸易理论错了?为解答这一难题,西方国际贸易理论界进行了多年的研究和探讨,对里昂惕夫之谜进行了多种解释。其中有代表性的论点可以归纳为以下几种:

(一)劳动力不同质论

里昂惕夫在提出“谜”的同时,又不愿对赫—俄定理加以否定。他经过反复研究后,提出了劳动力不同质的论点对这一难题进行解释。他认为,由于美国的企业管理和行业组织远比其他国家优越,而且工人所受的文化教育和职业培训较好,再加上较强的进取精神,就使得美国工人的劳动效率远远高于其他国家的工人,并认为大约要高出 3 倍。这样,把美国的劳动供给按照劳动效率的高低加以调整,即把现有的劳动量乘以 3,美国实际上就成为一个劳动相对丰富而资本相对稀缺的国家。所以,里昂惕夫之谜的出现也就不足为奇了。

(二)人力资本论

这种论点是通过把熟练劳动资本化来解释谜的产生。这种论点认为,熟练劳动和简单劳动之间存在着很大差别,熟练工人的劳动技能和知识水平是通过教育和培训等途径取得的,这种教育和培训投资会使熟练劳动转化为“人力资本”,能像其他资本一样在较长的时间里发挥作用并大大提高劳动生产率。这里是把人力资本作为无形资本来看待,它与投入生产中的有形资本共同发挥着资本的作用。这样,在计算某一生产部门的资本密集度时,就不仅要计算有形资本,而且要计算该部门中熟练工人所包含的无形资本,即人力资本。经济学家凯林(P·B·Kenen)更进一步地直接把熟练劳动的收入高出简单劳动的部分算作资本并同有形资本相加,作为资本和劳动力比例(资本密集度)中的分子。按这种方法处理,里昂惕夫之谜便消失了。比如,熟练劳动年工资3万美元,简单劳动年工资1万美元,熟练劳动工资中高出的2万美元算作人力资本计入资本密集度公式(资本/劳动力)中的资本部分,便会使熟练工人较多的部门资本密集度增大。以此种方法计算,美国出口部门的资本密集度比里昂惕夫计算的要大得多。

(三)需求偏好论

此论点认为,一国的资源禀赋状况决定着一国的生产和出口产品结构,但需求偏好状况可能会抵消这一趋势。如果一国的丰裕生产要素所生产的产品吸引着国内的需求极大地向这类产品上倾斜,就会使这类原本数量很丰富的产品显得稀缺起来,进而引致这类产品由出口变为进口。比如美国,国内资本要素虽然很丰裕,但国内对资本密集型产品有很高的需求,美国可能就会进口这类产品。

(四)要素密集转化论

这种论点认为,把某种商品定为资本密集型的,把另一种商品定为劳动密集型的这种固定不变的划分方法是不妥当的。实际上,某种商品在甲国属于劳动密集型的,在乙国可能就属于资本密集型的。比如,农产品在广大发展中国家里属于劳动密集型产品,在美国则应该被看做是资本密集型产品。因为美国农业生产中,花费在农业机械、农药、化肥、良种及社会化服务上的投资相当大,而花费的人力并不多。从这一论点出发,我们就不应把美国农产品的出口简单地说成是劳动密集型产品的出口。

(五)自然资源论

有些人认为,里昂惕夫之谜之所以会发生,主要是因为他在验证中只考察劳动和资本,而忽视了自然资源在国际贸易中的作用。比如美国的进口品中初级产品占60%~70%,这些初级产品主要是木材和各种矿产品。这类初级产品在开采过程中需要大量的资本投入,属于资本密集型产品。里昂惕夫本人也认为,如果验证中去掉资源密集型产品,美国的外贸结构也就不会存在进口资本密集型产品和出口劳动密集型产品的状况了。用这一论点也可以解释其他国家外贸结构中谜的存在。比如加拿大,20世纪50年代前后出口的是资本密集型产品,进口的是劳动密集型产品,这与加拿大拥有丰富的自然资源有关。加拿大的外贸对象以美国为主,加拿大向美国出口资本密集型产品(自然资源),从美国进口劳动密集型产品。

(六)跨国公司的影响

有人指出,美国的跨国公司遍布世界各地,所生产的产品约有一半返销美国。

跨国公司的产品主要是利用东道国的各种资源加上美国的资本和技术生产出来的，这些产品相当多是属于资本密集型的。这类产品的返销，是美国进口资本密集型产品的重要原因之一。

(七)贸易壁垒的限制

有人认为，里昂惕夫之谜是由美国外贸政策中的保护主义因素造成的。各国间商品的流动要受各种关税壁垒和非关税壁垒的限制，而赫—俄定理是没有考虑这种贸易限制的。假如各贸易参加国没有设任何贸易壁垒，商品便会按赫—俄定理所揭示的规律在各国间流动。但现实并非如此。比如，美国政府从本国利益考虑，对那些雇用大量不熟练或半熟练工人的劳动密集型产业采取了较严厉的保护主义政策，有意地筑起各种壁垒，限制劳动密集型产品的进口。这种做法必然导致美国进口商品结构中资本密集型产品比重的相对上升。

五、简评

里昂惕夫反论所提出的问题，不仅在当时国际贸易理论界引起震动，而且还带动起一场持续多年的理论争论和探讨，从而推动着国际贸易理论向纵深发展。这一巨大的理论意义和现实作用使里昂惕夫反论成为经济理论发展史上的一个里程碑。

创立一种新的分析方法胜于得出一个结论。里昂惕夫开创了用投入产出法和统计数据全面验证贸易理论的道路，为后人的理论研究工作开拓了新的思路。

里昂惕夫反论是对赫—俄定理的“反论”，它揭示了这一传统的国际贸易理论与现实的相悖之处。这种揭示起到了两方面的积极作用：一方面促使资源赋予论不断进行修正与完善。资源赋予论从本质上看是继承了大卫·李嘉图的相对优势理论，这一理论并没有因为里昂惕夫反论的出现而垮掉，它经过修正和完善后，在当代的国际贸易理论中仍然占据着重要的地位。另一方面，通过暴露传统国际贸易理论静态分析的缺陷，带动了其他经济学者对国际贸易中各种经济现象的动态分析，引起了战后各种新的学说和流派的出现，促进了这一领域经济理论的发展。

第三节　战后国际贸易理论的新发展

传统的国际贸易理论在里昂惕夫反论的冲击下，暴露出了种种缺陷和不足，这促使各国的经济学家们用各种不同的分析方法，特别是用动态分析法去研究国际贸易的各种新现象以及产生这些现象的原因，从而促进了战后各种新的国际贸易学说的发展。

一、动态周期说

动态周期说从技术、原料和产品的周期性变化来分析其对国际贸易产生的影响。因此，动态周期说又分为技术周期说、原料周期说和产品周期说三种理论。

(一)技术周期说

这一理论的代表人物是美国经济学家波斯纳(M·Posner)。他于1961年10月在《牛津经济论丛》上发表了题为《国际贸易和技术变化》的论文。波斯纳放松了赫—俄模型关于贸易国之间具有相同技术的假定，把科学技术看成是一种独立的生产要素，强调技术在比较优势形成中的决定作用。他认为各个国家技术进步的程度是不同的，技术创新国在一定时期内由于拥有新技术而在某种商品生产上处于世界垄断地位，而其他国家则与创新国之间存在着一个技术差距，这种差距引起了该产品的国际贸易。

他用技术的周期性波动解释某些技术密集型商品在国家间进行贸易的原因。他认为，技术在一个国家得到突破和创新后，这种新颖的生产技术不可能永远被创新国所垄断，迟早会被别的国家学习和模仿了去。这种学习和模仿主要是通过贸易产生的示范效应、转让技术和直接投资等渠道进行的。这类商品的贸易会在技术创新国与技术模仿国之间持续一段时间，直到技术模仿国能够生产这类商品并达到一定的生产规模而不再进口时为止。

波斯纳为了详细分析技术周期性波动对国际贸易产生的具体影响，把技术的创新和转移以及国际贸易的发生和发展划分为了几个阶段：需求滞后，指技术创新国开始生产和消费到别国开始进口该类商品这段时间；模仿滞后，指新技术的发明应用到别国已熟练掌握这段时间。模仿滞后又分为反应滞后和掌握滞后两段时间。反应滞后指技术创新国开始生产到技术模仿国开始生产这段时间；掌握滞后指技术模仿国开始生产到熟练掌握生产技术后大规模生产而不再进口这段时间(见图5-1)。

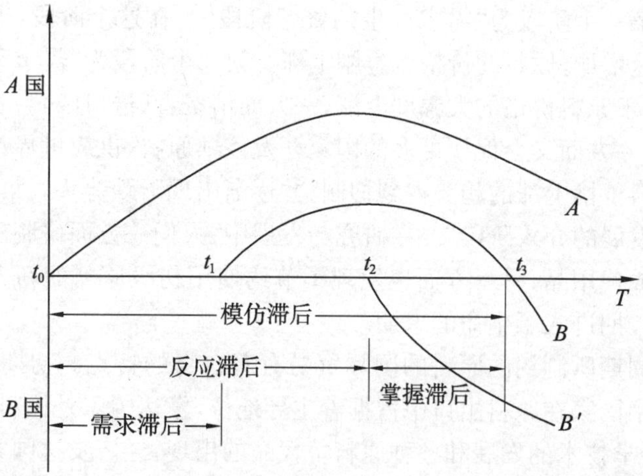

图5-1

图中的曲线 A 是 A 国生产和出口线；曲线 B 是 B 国的进出口线；曲线 B' 是 B 国生产线。图中的横轴上方，表示 A 国(创新国)的生产和出口以及 B 国(模仿国)的进口，横轴的下方则表示 B 国的生产和出口以及 A 国的进口。A 国的新产品生产开始于 t_0 点，t_1 为 B 国开始进口，t_2 为 B 国开始生产，t_3 为 B 国进口为零，并开始出口。在这一图形中，t_0-t_3 为模仿滞后，t_0-t_2 为反应滞后，t_2-t_3 为掌握滞后，而 t_0-t_1 为需求滞后。从图中可见，B 国在 t_1 点时开始消费这类新产品，但由于本国不能生产，便从 A 国进口；到 t_2 点时，B 国开始生产，随着产量的增加，A 国的生产和出口都将减少；最后，A 国的出口在 t_3 点变为零。此时 A 国仍有生产量，是供国内消费的。这样，该类商品在 AB 两国间的贸易发生于 t_1-t_3 这段时间。

这种理论还认为，在模仿滞后中，反应滞后的长短在很大程度上取决于企业家的决策意识；掌握滞后的长短取决于模仿国吸收新技术的能力；需求滞后的长短则取决于两国间收入水平的差距。①

在 t_3 点之后，AB 两国间是否还会有该类商品的贸易呢？另一位经济学家胡弗鲍尔对此做了进一步的研究。他认为，模仿国一般是工资水平较低的经济落后国家，他们把该项生产技术学习到手之后，便会利用低工资的优势大量生产。当生产量达到一定规模之后，不仅能满足 B 国自己的消费需求，而且还会将产品出口到 A 国，即在 t_3 点之后仍有 B 国向 A 国的出口贸易。

(二)原料周期说

这一理论是由经济学家梅吉(S·P·Magee)和罗宾(N·I·Robin)在 20 世纪 70 年代末提出来的。他们认为，原料的生命周期特点与工业制成品是很不相同的，从而使原料的国际贸易有着自身的运行规律。他们把原料的生命周期划分为三个阶段。第一个阶段为“需求产生的繁荣阶段”。在这个阶段，生产的发展使原料的需求迅速增加，原料的价格也急剧上涨。第二个阶段为“需求和供给来源的替代阶段”。由于原料价格的大幅度上涨，一方面消费者(进口国)会去寻找较为便宜的替代品，另一方面又会促使更多的国家开发该项原料，供应世界市场。这种供求的变化使原料价格上涨的趋势得到抑制，并逐渐出现下跌势头。第三个阶段为“合成或研究与发展的介入阶段”。在研究与发展中，人们一方面研制出了能够替代初级原料的合成代用品，另一方面也发现了节约使用初级原料的新方法，这样，初级原料便从兴旺期进入了生命的末期。

受生命周期所制约的原料的国际贸易有着自身的特点。初期，自然资源蕴藏丰富的发展中国家在原料出口中占据着主导地位，发达国家是原料的主要进口国。后期，随着科学技术的发展和各种原料替代品的出现，经济发达国家不仅减少了原

① 波斯纳：《国际贸易和技术变化》，《牛津经济论丛》1961 年 10 月号。

料的进口，还向国际市场供应各类合成原料。例如，化纤原料取代棉麻原料，已在当今的世界市场上成为各种纺织产品的主要原材料。在化纤的生产与出口中，技术先进的发达国家占据着绝对的优势。

（三）产品周期说

技术的不断进步影响着世界各国在对外贸易中的状况与地位，这种影响是与产品的生命周期密切相联的。所谓产品的生命周期，是指产品在市场销售中的兴与衰，而不是指产品自然属性逐渐失效的过程。产品周期说是由美国哈佛大学教授雷蒙德·弗农（R·Vernon）提出的，是用以解释美国与世界其他国家间贸易格局变化原因的理论。这一理论可以细分为两种：三阶段论和交错发展论。

第一种：三阶段论。弗农在 1966 年 5 月《经济学季刊》上发表了题为《产品周期中的国际贸易和国际投资》的论文，第一次提出产品如同生物一样，有诞生、成长、成熟、衰亡的生命周期，并将这一周期划分为新产品、成熟产品和标准产品 3 个阶段。弗农认为，随着美国所发明的新技术的向外扩散，产品经历三个发展阶段，美国与别国的贸易格局也发生着变化（如图 5-2 所示）。

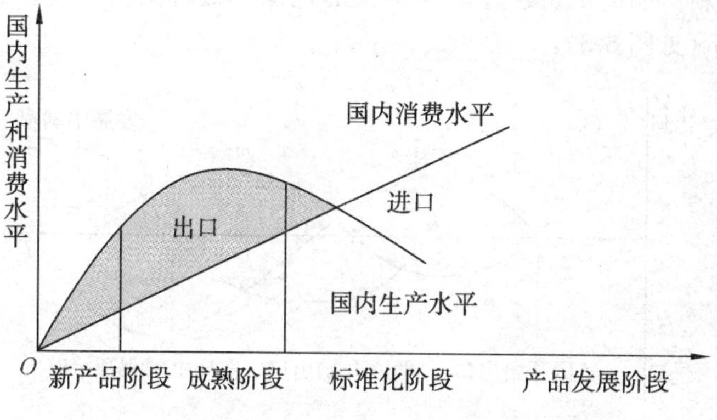

图 5-2　在产品生命周期中美国的贸易格局

从图中可见，美国开发出的新产品经历了三个阶段：

1. 新产品阶段

美国的企业推出一种新产品，这需要投入大量的资金，并要求有很高的技术。此时的产品还很不完善，还需要反复地试验和改进。不很成熟的生产技术仍垄断在美国企业手中，没有向外扩散。由于还没形成大规模生产，成本较高，产品的售价也很高。此时，产品的生产主要是为了国内需求，并主要是提供给国内少数高收入阶层消费。同时，也出口一少部分，供收入水平相近的国家消费。

2. 成熟的产品阶段

在这个阶段中，由于消费的示范效应，美国国内的需求增长很快，国外的需求也明显增加。需求的增加刺激着生产的发展。由于技术已成熟，研究开发要素已不重要,国内很多生产者涌入这一部门,市场竞争明显增强,企业越来越注意改进技术与管理以便降低成本。此时,生产技术已开始扩散到别的国家;外国同类产品的生产使美国的出口日益减少。

3. 标准化产品阶段

随着产品达到高度标准化生产阶段,技术水平在竞争中的作用相对削弱,生产成本尤其是工资水平成为生产布局的主要决定因素。在这种情况下,发展中国家有可能成为最理想的生产国,尤其是劳动密集程度较高的产品,因为在这类产品上它们更具优势。如果出现了这种生产布局的调整,美国国内便会压缩这类产品的生产,改为从国外进口价格更便宜的产品。

第二种:交错发展论。指随着产品生命周期在不同国家间的延续,该产品的生产与贸易也在不同国家间交错进行和发展着。这一种产品的生命周期虽然在美国结束了,但在其他国家中还在继续和发展着。产品创新首先出现在技术水平最高的美国,然后被发展水平接近的西欧国家所学习和模仿,继而又被更多的发展中国家所学习和模仿。新产品的生产技术就是这样一波接一波地从创新国向其他国家扩散和转移,新产品的消费也逐渐在更大的范围里被各国所接受。这一过程可以用图表示如下(见图 5-3):

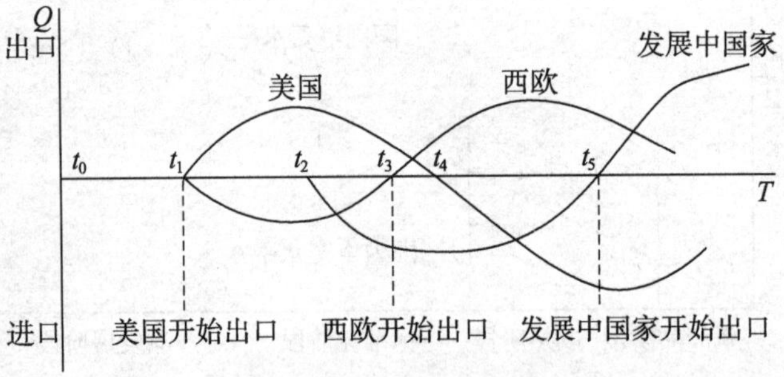

图 5-3 产品生命周期的延续与贸易格局变化

图中 t_0 为美国新产品开始生产的时间,t_1 为美国开始出口和西欧国家开始进口时间,t_2 为发展中国家开始进口时间,t_3 为西欧国家开始出口时间,t_4 为美国开始进口时间,t_5 为发展中国家开始出口时间。产品创新国由出口到进口,产品模仿国由进口到出口,新技术和新产品如同波浪般地在传递和扩散中向前发展和推进。

在这种技术的转移和贸易格局的变化中,作为产品创新国的美国是否会因为它最终成为净进口国而在国际贸易中处于不利地位呢?其实不会的。弗农认为,美国作为一个技术领先和资金雄厚的大国,会不断地进行各种新产品的研究与开发,会不断地将一批又一批的新产品推向市场。当一种新产品在美国生产已逐渐丧失竞争力时,更多的有竞争力的新产品又会在美国问世。因此,只要技术领先国家不放松自己的努力,便会在国际贸易中和国际市场竞争中始终保持较有利的地位。

二、偏好相似说

传统的国际贸易理论认为，各国发生贸易的原因是比较优势的存在，比较优势是以生产成本的相对差异为基础的，而后者又被要素价格所决定。因此，如果两国之间的相对要素价格是一致的，则国际贸易不会发生。相反，两国之间相对要素价格差异越大，即生产要素禀赋差异越大，国家之间的贸易规模也就越大。按这种理论，大量的国际贸易似乎应该发生在技术先进、资本丰富的发达国家与劳动力和矿产资源丰富的发展中国家之间。然而，现实并非如此。发达国家之间的贸易量远远超过了发达国家与发展中国家之间的贸易量。应如何认识这一问题呢？瑞典经济学家林德(S·B·Linder)用偏好相似的论点解释了上述情况。①

(一)国内的需求结构决定着一国的出口贸易结构

林德认为，一种新产品的开发和投产，其最初的动因主要是为了供给国内市场和在满足国内需求中赚取利润。因为产品的设计者和生产者对国外市场不可能像对国内市场那样熟悉了解，所以不会为满足一个国内不存在的需求去工作。当生产规模日益扩大，企业已感到了国内市场的狭小时，便开始向国外出口，去赚取国外利润。由此可见，一个国家的出口贸易结构受国内需求结构的影响和制约。

(二)两国收入水平越接近，需求偏好就越相似

偏好是指人们对某类商品的偏爱与否，需求偏好受到人们支付能力的影响和制约，即受到收入水平的影响和制约。林德认为，平均收入水平是影响需求结构的最主要因素。比如，当一国的平均收入水平达到一定的高度后，多数家庭便会考虑购买录像机或小汽车；如果一国的平均收入水平较低，家庭收入的绝大部分会用在购买维持生存的食品或服装上。这种情况在各个国家皆存在，成为一种规律。因此可以得出结论：两个国家的收入水平越是接近，两国的需求偏好就越相似。

(三)两国的需求偏好越相似，发生贸易的机会就越大

当一个国家将国内贸易延伸扩展为国际贸易后，它的产品多数会出口到那些需求结构即需求偏好相似的国家。因为需求偏好相似国家的进出口贸易结构也很相似。如果A、B两国具有非常相似的需求偏好，那么A国所有的出口商品和可能进口的商品在B国也都是出口商品和可能进口的商品。从这点来看，可以说两国之间贸易的可能性决定于两国的重合需求，即两国需求偏好的重叠程度(如图5-4所示)。

---

① 林德：《贸易和转移支付》，约翰·威尔基和桑斯出版公司1961年版。

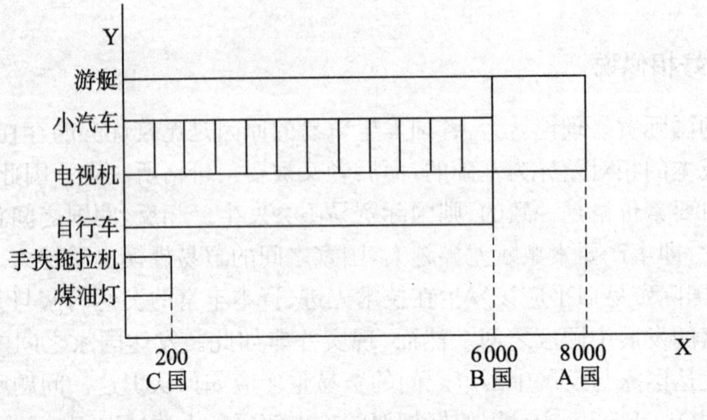

图 5-4　需求偏好对国际贸易的决定作用

图中的横轴表示人均收入水平，纵轴表示不同档次的商品。A、B、C三个国家的收入水平不同，对不同档次商品的需求偏好也各不相同。A国人均收入8000美元，它对商品的需求在电视机与游艇之间；B国人均收入6000美元，它对商品的需求在自行车和小汽车之间。图中的阴影部分表示A、B两国的重合需求即相似需求，两国的贸易可能性便由此决定。两国的人均收入越接近，相似需求部分就会越大，表现在图中的阴影部分也就越大，两国的贸易规模就会越大。图中的C国人均收入较低，只有200美元，需求偏好与A、B两国无相似之处，因此它们之间没有贸易发生。

这里需要指出的一点是，这种理论只是从需求偏好这一个侧面来分析和解释为什么国际贸易主要发生在经济发展水平相近的各发达国家之间这一经济现象，并不是全面分析国际贸易产生的原因，也没有否定传统的国际贸易理论。因此，经济十分落后的发展中国家与发达国家之间发生的贸易难以用偏好相似说解释，这就只有求助于传统的国际贸易理论了。

三、产业内贸易理论

产业内贸易理论是对当代社会大量存在的各国间的产业内贸易现象进行分析和解释的一种理论。它产生于上世纪70年代中期，主要代表人物有格鲁贝尔(Grubel)、劳埃德(Lloyd)、迪克西特(Dixit)和兰卡斯特(Lancaster)等人。

(一)产业间贸易与产业内贸易

产业内贸易理论认为，当代国际贸易可以分为两大类，即产业间贸易和产业内贸易。所谓产业间贸易，是指各国以不同的产业部门所生产的产品进行的交换，如初级产品与工业制成品的交换。产业内贸易则是指各国彼此交换同一产业部门所生产的产品，即一个国家的对外贸易中同时存在着进口和出口同类产品的行为。

传统的国际贸易理论认为，各个国家都有自己的相对优势和相对劣势。有些国家的优势表现在技术密集型产业或资本密集型产业上，有些国家的优势则表现在资源密集型产业或劳动密集型产业上。各国在对外贸易中必然是出口其生产中拥有相对优势的产品而进口其生产中处于相对劣势的产品，也就是说，贸易国进口和出口的必然是国内不同生产部门所生产的产品，即各国从事的是一种产业间的国际贸易。

人们在对现代国际贸易状况进行调查和统计中发现，发达国家之间的工业制成品贸易在整个国际贸易中所占比重越来越大，已占到世界贸易总额的一半以上。在这类贸易中，一个国家出口和进口同一产业部门产品的情况比比皆是。比如，各发达国家普遍存在既出口电视机又进口电视机的情况。对这种产业内贸易产生的原因应做何解释呢？传统的国际贸易理论难以对此做出合理的解答，于是便出现了产业内贸易理论。

(二)产业内贸易产生的几种原因

这种理论认为，产业内贸易的普遍存在主要是由以下几个原因促成的：

1. 产品的差异性

这是从生产方面来看的。由于进行国际贸易的各国企业通常不是处于纯粹竞争的条件下，而是处于垄断竞争的条件下，因而使各国的产品存在着诸多的差异。比如录像机，各国生产的录像机在功能、外形、质量等方面各不相同。又比如小汽车，美国生产的豪华而坚固，日本生产的实用而节能。各国不同阶层消费者的收入水平不同，购买和使用商品的喜好也不同，因而出现了一个国家既出口录像机和小汽车，又进口录像机和小汽车的产业内贸易现象。

2. 消费结构的相似性

这是用林德的偏好相似理论来解释产业内贸易发生的原因。如前面所述，各发达国家间的收入水平比较接近，从而使其需求偏好很相似，同种类型的产品在 A 国需求量很大，在 B 国也有众多的消费者。不同国家需求偏好的相似性以及由此形成的消费结构的相似性，引起了产业内贸易的大量发生。

3. 规模经济

规模经济也称规模效益，是指企业进行大规模的生产使产品成本降低而产生的经济效益。该理论认为，规模经济是获取产业内贸易利益的来源。因为企业将销售市场从国内扩大到国外，可以大大提高同类产品的生产总量；随着生产规模的扩大，研制新产品所投入的资金以及购置生产设施所用的固定资本会分摊到更多的产品中去，使单位产品的成本下降；大规模的生产还可以更充分地发挥各种生产要素的效能，使与生产有关的人、财、物都得到更好的利用。这些都可以降低产品成本，提高产品的市场竞争力。大规模生产对产品成本的影响作用可以用图 5-5

表示。

图中的 DD' 为两国生产某种产品的成本曲线，随产量的增加，成本有逐渐下降的趋势。假设 A 国产量为 OA，则成本为 OF；B 国产量为 OB，则成本为 OE。由此可见，B 国进行大批量生产，使成本下降，取得了规模经济效益。这样，B 国生产该类产品的成本比 A 国要低得多，可以用较低的价格向 A 国出口，获取产业内贸易利益。但是，规模经济并不会使产品成本无休止地降低下去，降到一定程度后，生产规模继续扩大会使成本回升。因此，在规模经济的成本曲线上有一个最佳点，与此点相对应的产量为最佳规模，如图 5-5 中的 C 点。在这一点上，产品成本最低，规模效益最好。

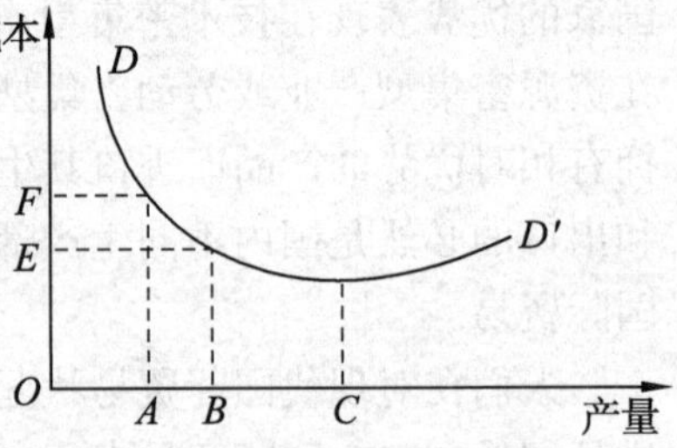

图 5-5　产业内贸易的规模优势

四、新要素理论

在解释里昂惕夫之谜的过程中，一些西方经济学者冲破了赫—俄理论的三要素论，试图从更广的范围里探寻影响国际贸易的其他要素，这就形成了新要素理论。这种理论主要包括以下几种：

(一)研究与发展论

这种理论认为，一国参与国际贸易的商品是否有竞争力，与该国投入该类商品生产中的"研究与发展"这种新生产要素的多少密切相关。研究与发展要素是指研究、设计、开发一种新产品或新项目中的投资。它通常用一种新形成的产品中有关研究开发的指标进行衡量。比如，研究与开发费用占销售额的比重；从事研究开发的科学家和工程技术人员与就业人员的比例等。研究与发展要素密集度高的产品一般属于技术密集型产品，这类产品在国际市场竞争中往往具有较明显的优势。例如，某项统计资料表明，在美国，如果以出口产业部门的研究与开发费用为 1，与进口商品有竞争的产业部门(进口替代产业)则为 0.66；以出口产业部门的科学家和技术人员人数为 1，与进口商品有竞争的产业部门则为 0.74。可以看出，研究与发展要素对于美国获得国际贸易中的比较优势是非常重要的。

(二)熟练劳动论

这种理论是由基辛(D·B·Keesing)等人提出的。基辛把熟练劳动和简单劳动分开，作为单独的生产要素提出来。他把劳动的熟练程度作为说明工业品贸易原因的重要因素给予重视。他在谈论熟练劳动问题时主要讲了以下几个论点：(1)熟练劳动力是最重要的生产因素之一，熟练是不能够轻易和迅速地达到的；(2)熟练对于经济成长发挥着重要的作用，而经济成长同贸易又有密切关系；(3)初级产品的贸易依赖于自然资源的丰裕程度，劳动力的熟练程度则是决定工业制成品在国际贸易中是否有比较优势的主要因素。基辛把各种劳动详细地划分出何为熟练劳动，何为非熟练劳动，然后分析各国生产的出口品和进口品中包含的熟练劳动和非熟练劳动所占的比例。他以大量的统计资料证明，美国等发达国家生产的出口品中，熟练劳动比例高于非熟练劳动；印度等国家生产的出口品中，由非熟练劳动以及半熟练劳动生产的商品比重较大。进口品中两类国家的情况正好相反。这说明两类国家的比较优势不相同，发达国家在熟练劳动密集型产品上有比较优势，发展中国家则在非熟练劳动密集型产品上有比较优势。

(三)人力资本论

这种理论在上节关于里昂惕夫之谜的解释中曾经分析过。其中心论点是把资本分为两种：一种是物质资本或称有形资本，如厂房、设备、原材料等；另一种是人力资本或称无形资本，表现为职工的文化素质、劳动熟练程度、管理才能等。认为人力资本的高低取决于对人力投资的程度。一个国家对人力的总投资等于政府、企业和个人对教育的实际支出加上个人为受教育而放弃的收入。人力资本能像物质资本一样，在较长的时间里发挥作用并大大提高劳动生产率。人力资本比较丰富的国家一定是那些重视教育投资的国家。这类国家在国际贸易中，尤其是在技术密集型产品和资本密集型产品的贸易中占据较强的竞争优势。

(四)其他要素论

西方一些经济学者认为，在产品的生产过程中，信息、管理等因素也在发挥着重要的作用，因此，它们也应被作为生产要素对待。例如，认为信息是一种能够创造价值并能进行交换的无形资源，它和有形资源结合在一起，构成现代生产要素，影响着一国在对外贸易中的比较优势。又例如管理因素，使用完全相同的有形资源，不同的国家由于管理水平上的差异，所生产出来的产品数量和质量就会很不相同。这说明，管理作为一种无形资源在创造着价值、创造着产品，并在一定程度上决定着一个国家在国际市场中的竞争优势。

五、国家竞争优势理论

20 世纪 80 年代到 90 年代，美国哈佛大学商学院教授迈克尔·波特(Micheal E·Porter，1947～)在其相继出版的系列著作中，提出了国家竞争优势理论。他的三部曲著作为：《竞争战略》(Competitive Strategy，1980)、《竞争优势》(Competitive Advantage，1985)和《国家竞争优势》(The Competitive Advantage of Nations，1990)。迈克尔·波特在他的著作中所提出的国家竞争优势理论归纳了战后国际贸易新理论的各种观点，综合分析了提高一国(包括国内的产业和企业)国际竞争力的各种因素，形成了一种较新的国际贸易理论。

(一)国家竞争优势、创新机制与影响因素

波特认为,一个国家要想在激烈的国际市场竞争中保持住竞争优势,就必须要有生产力发展水平上的优势,而要保持较高的生产力发展水平,该国就要有适宜的创新机制和充分的创新能力。创新机制由微观、中观和宏观三个层面的竞争机制构成:

1. 微观竞争机制

企业具有活力和不断的创新能力是国家保持竞争优势的基础。企业应该在研究、开发、生产、销售、服务等方面和环节上不断进行创新,才能使企业具有长期的竞争优势与盈利能力。

2. 中观竞争机制

波特认为,产业因素与区域因素也在很大程度上影响着企业的盈利与发展。一个企业在其经营与创新的过程中不仅受制于企业内部因素,而且也受制于企业的前向、后向和旁侧关联产业的辅助与影响,同时还受制于企业的区域战略与政策。企业应把自己的不同部门(如设计、原料、部件、组装、销售部门等)依据资源合理配置原理设立在恰当的地区,以此来降低经营成本,提高产品竞争力。

3. 宏观竞争机制

波特认为,一国国内的经济环境对企业的竞争优势乃至对国家的竞争优势有着相当大的影响。这其中起决定影响作用的因素有四项,即生产要素、需求状况、相关产业与支持产业以及企业战略组织与竞争。这四项因素互相发生着作用,共同决定着国家竞争优势。[①] 这就是波特的"国家竞争优势四因素模型",又称其为"波特菱形"(见图 5-6)。

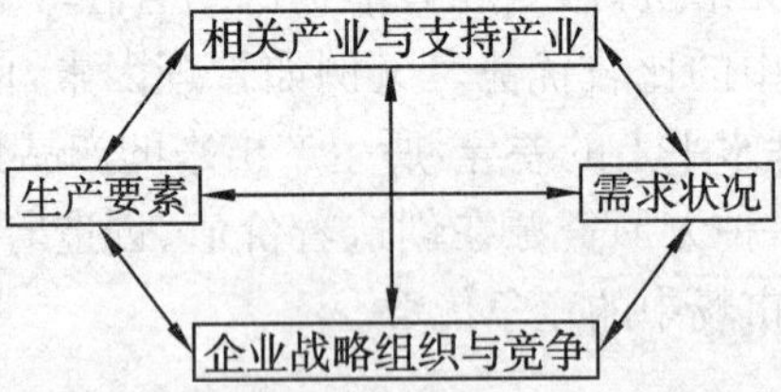

图 5-6　国家竞争优势四因素模型

(1)生产要素。波特认为生产要素可以分为两类:基本要素(basic factors)和高级要素(advanced factors)。基本要素是指一国先天拥有或不需太大代价便能得到的要素,比如自然资源、地理位置、非熟练或半熟练劳动力等;高级要素是指必须通过长期投资和培育才能创造出来的要素,比如现代化基础设施、高精尖技术、高质量人力资本等。波特认为,战后在科技革命和自由贸易(加快了基本要素的国家

① Micheal E • Porter, The Competitive Advantage of Nations, 1990.

间流动)的推动下,基本要素对企业竞争力的影响程度逐渐下降,而高级要素的影响因素则在不断地上升。因此,获得高级生产要素是保持国际竞争优势的重要环节。

(2)需求状况。波特在这里分析的需求状况是指国内需求,认为这是影响一国公司和产品竞争优势的另一个重要因素。国内需求对竞争优势的影响表现在三个方面:第一,国内需求是否具有持续的增长性,这对鼓励企业扩大生产规模和采用新技术至关重要;第二,国内需求是否具有超前性,这将引导企业积极从事新产品的研发,以不断升级换代的产品走在国际市场竞争的前列;第三,国内需求市场中是否具有一批老练、挑剔的买主,这类消费者的存在给生产公司和销售公司带来了极大的压力,最能促进公司不断地改进产品质量、性能和服务水平,从而推动竞争优势的全面提高。

(3)相关产业与支持产业。相关产业是指相互关系密切的、共同使用着某些技术和营销渠道的产业,以及某些有着共存亡关系的产业,例如计算机硬件与计算机软件,纺织业与纺织机械业等等。支持产业是指某一产业的上游产业,它主要向其下游产业提供原材料、零部件和各种中间产品,例如钢铁业与造船业、发动机业与汽车制造业等等。相关产业与支持产业的水平高低对某一行业的竞争优势影响极大,一个国家如果有许多相互联系的有竞争力的产业,该国也很容易产生新的有竞争力的产业。日本电子工业和家电工业的发达,使其不仅在固有的传统优势产品上一直处于领先地位,如电视机、摄像机、照相机等,而且能不断推出各种极具竞争优势的新产品,如 VCD、DVD 以及各种类型的游戏机和游戏软件。

(4)企业战略组织与竞争。企业的组织形式、管理体制与产权结构影响着企业的竞争优势。波特认为,良好的企业战略组织不仅与企业的内部条件和所处产业的性质有关,而且与企业所处的国内环境有关。各个国家的环境是不相同的,所以企业所采取的组织形式、管理体制和产权结构也就不同,适合本国环境的企业战略组织能够提高企业竞争力。波特还认为,强大的竞争对手和公平的竞争环境是企业保持长久竞争力的一个不可或缺的因素。不应把国内竞争看作是一种资源的浪费,而应把其看作是一种提高竞争力的激励机制。面对激烈的竞争环境和强大的竞争对手,各企业都不敢有丝毫的懈怠,会努力地提高技术、管理和服务水平,以便使自己在竞争中处于优势地位。国内的竞争环境也有利于企业参加国际竞争,因为一方面企业可以在国内竞争中锻炼提高自己,另一方面激烈的国内竞争能迫使企业走出国门,去寻求国际市场,并在国际市场竞争中保持优势。

除了上述四个基本因素外,还有两个辅助因素也在影响着国家的整体竞争优势,这就是机遇和政府。机遇是指经济发展过程遇到的一些新机会和新情况,比如战争、大的经济动荡、石油危机以及重大技术创新和汇率变化等。这些偶然性因素会影响到需求、供给、成本、价格等,从而会使各国的竞争优势发生大的变化,有的国家会在机遇中快速上升，有的国家则因竞争优势的失去而逐渐没落。政府的辅助作用也很明显，它主要是通过对四个基本因素施加影响而发挥作用。政府通过宏观调控政策、微观扶持政策、制定规则和培养高素质劳动力等环节来影响供给和需求，帮助产业和企业提高竞争优势。

(二)国家竞争优势的四个发展阶段

波特从动态的角度分析国家竞争优势，认为一国的竞争优势不是一成不变的，受其驱动力的影响可以分为四个不同的阶段。

1.要素驱动阶段

此阶段的竞争优势主要取决于一国在自然生产要素上拥有的优势。处于这一阶段的国家整体经济水平较低，尤其是技术水平相对低，资金也短缺，其竞争优势主要依靠国内丰富的自然资源和廉价的劳动力资源。

2.投资驱动阶段

此阶段的竞争优势主要取决于资本要素。此时本国的技术水平较落后，通过大量的资本投入可以引进国外先进技术设备来提高生产效率和产品竞争力。

3.创新驱动阶段

此阶段的竞争优势主要取决于技术创新。谁能在激烈的竞争中不断推出新产品，谁就能取得竞争优势。这种压力迫使企业进行大量的研发投入，以各种新产品、新工艺、新设备的开发去提高竞争力，占领更多市场份额。

4.财富驱动阶段

此阶段的社会富有而稳定，创新意识和竞争压力都在减弱，企业和产业愈来愈不是通过竞争机制来提高自己，而是力图通过财富和实力来影响政府政策以保持自己的利益。此时的国家竞争力有下降的趋势，必须要通过调整产业结构和制度创新等途径防止衰退。

波特的国家竞争优势理论与传统的国际贸易理论相比，不仅强调了动态分析，而且更加贴近国际贸易现实，从多层面、多因素、多阶段分析了经济生活的现象与本质。波特深刻地认识到了国家取得优势的关键是要确保竞争机制发挥作用，而国家竞争优势获取的主要途径是技术创新与技术进步。这其中，政府的作用是为竞争机制、创新机制的生存营造适宜的国内环境。波特的这些观点是有创意的。当然，波特的理论也存在一些明显缺陷，比如他过多地强调了市场的作用，而只把政府的作用作为一个辅助因素来看待。

【本章参考书目】

1.俄林:《区际贸易和国际贸易》，商务印书馆，1986年。

2.王永昆:《西方国际贸易理论讲座》，中国对外经济贸易出版社，1990年。

3. 小岛清:《对外贸易论》,南开大学出版社,1987 年。

【思考题】

1. 俄林的要素供给比例理论是从哪几个层次进行分析的?
2. 简述要素价格均等化定理和均等化过程。
3. 要素价格均等化会对经济产生哪些影响?
4. 试述里昂惕夫之谜及其产生。
5. 西方经济学家对里昂惕夫之谜做了哪些解释?
6. 试述技术周期说和产品周期说。
7. 简述三阶段论和交错发展论。
8. 何为偏好相似说?
9. 产业内贸易产生的原因是什么?
10. 新要素理论包括哪些内容?
11. 试述波特的国家竞争优势理论。
12. 何谓"波特菱形"?
13. 波特认为国家竞争优势可以分为哪四个阶段?

第六章　保护贸易理论

国际贸易理论从总体上可以分为两大类:自由贸易理论和保护贸易理论,前者在国际贸易理论中一直处于主导地位,后者则处于次要地位。前两章主要分析的是自由贸易理论,本章着重分析保护贸易理论。保护贸易理论在不同的时期有不同的代表人物,本章主要介绍和分析重商主义的贸易差额论、李斯特的幼稚工业保护论、凯恩斯的超保护贸易论、普莱维什的保护贸易新论和战略性贸易政策理论。

【本章学习目标】

1.熟练掌握本章的一些基本概念:贸易差额论与货币差额论、物质资本和精神资本、财富的生产力、新重商主义、外贸乘数、中心—外围论、需求的收入弹性、战略性贸易政策等。

2.了解这几种保护贸易理论的共同点和不同点。

3.学会运用保护贸易论者提出的政策主张比较分析当前各国外贸政策的合理性。

第一节　重商主义的贸易差额论

一、历史背景

重商主义的贸易差额论是16～17世纪由一些巨商、律师、政府官员等在实际的贸易、工业、航运和行政工作中提出的国际贸易理论。16世纪是封建社会晚期,商品货币关系已有一定程度的发展,封建自然经济已趋于瓦解。在社会制度解体中出现了资本主义的工场手工业,雇佣劳动关系普遍出现。在这种形势下,为了适应日益增长的商品生产的需要,新兴资产阶级强烈要求消除封建市场割裂状态并建立统一的中央集权国家。在这一时期,商业资本不断发展,在经济生活中居于统治地位。为扩大产品销路,商业资本不满足于国内市场,积极寻求国外市场,进一步扩大对外贸易,于是便出现了反映商业资本向外扩张的思想,即重商主义。

商业资本虽然在资本主义生产方式的形成过程中产生过重要作用,但它本身却不能创造出任何新的生产方式。商业资本仅是在资本原始积累时期为资本主义生产方式的产生创造了前提条件,成为工业资本的先驱,而工业资本的出现才真正能形成一种新的生产方式,即资本主义生产方式。商业资本就是在封建经济逐渐崩溃和资本主义经济逐渐形成的过程之中占据了主导地位的。这一时期的对外贸易主要是通过“贩运贸易”来获取商业利润的,目的在于互通有无和增加财富。另外,当时的一些地理大发现也为对外贸易的开展提供了有利的条件。

二、理论思想

(一)重商主义的财富观

贸易差额论是以重商主义的财富观为基础的。重商主义者认为,财富就是金银,金银代表财富,一国是否富裕,主要取决于该国所拥有的金银数量,金银的增加就意味着财富的增加。国家一切经济政策和经济活动的目的都应是为了获取金银。

重商主义这种财富观的主要错误是把货币(金银)与财富混为了一谈。这反映了当时西欧新兴资产阶级积累货币资本的狂热和追求金银的强烈愿望。

(二)贸易差额论认为对外贸易顺差是增加金银的主要途径

贸易差额论者从重商主义的财富观出发,认为增加一国的金银拥有量可以通过两条途径:一是开采金银矿藏;二是通过对外贸易顺差使金银流入国内。他们认为,后者比前者更重要,因为各国金银蕴藏量差别很大,并且数量是一定的,即使金银矿藏丰富的国家,也有开采枯竭的一天。

重商主义者认为,金银的取得主要来自于贸易领域。他们又认为,国内贸易虽然也对国家有利,但由于贸易发生在一国之内,一人之所得,则为他人之所失,并不能增加一个国家的金银总量,因而不能成为财富的来源。只有通过对外贸易并保持顺差,才会使外国的金银流入国内。因此,这种理论被称作贸易差额论。

(三)贸易差额论的两个阶段

1.早期的贸易差额论

早期的贸易差额论也被称作“货币差额论”,其主要代表人物是英国的威廉·斯塔福(1554～1612)和法国的安徒尼·德·蒙克列钦(1575～1622)。其代表作有斯塔福的《对我国同胞某些控诉的评述》和蒙克列钦的《献给国王和王后的政治经济学概论》等。

早期的贸易差额论者非常片面地解释和实施“外贸顺差”政策,极力主张通过国家严厉的行政手段来增加金银财富,严格控制外国工业品和奢侈品的流入,即使外国产品价格大大低于本国也不准进口。金银一旦流入国内就绝对不允许再流出，违者处以重罚。如当时的英国、西班牙和葡萄牙等国都颁布了法令，制定了惩罚措施，禁止把金银货币输出国外；同时规定外国商人在出售货物后必须购买当地商品，而本国商人在国外出售商品，必须直接换回金银货币。早期贸易差额论的主要特点，是要求对外贸易中的每笔交易和对每个国家都保持顺差，任何交易都不允许出现逆差，以此达到增加货币财富的目的。

2.晚期的贸易差额论

晚期贸易差额论的主要代表人物是英国的托马斯·曼（1571～1641）和法国的让·柯尔培尔（1619～1683）。其代表作是托马斯·曼的著作《英国得自对外贸易的财富》，这本书曾被称作"重商主义的圣经"。

晚期贸易差额论者也认为应尽量争取外贸顺差，以防止货币外流和增加金银财富。但他们与早期贸易差额论者的一个明显区别是不反对把金银货币输出国外。认为在对外贸易中只要始终坚持多卖少买的方针，即付给外国的货币始终少于从外国收回的货币，那么金银就会以外贸顺差的形式流入国内，就能达到保持本国货币收入不断增长的目的。衡量一国在国际贸易中是否盈亏，金银是否流入国内，要视总的贸易收支状况，不赞同早期贸易差额论的"每笔贸易都要求顺差"的思想。17～18世纪，英、法、德等国都陆续采用了这种重商主义理论，使用关税保护、奖出限入及转口贸易等方法，对殖民地区进行贱买贵卖、少买多卖来维持贸易顺差和积累金银财富。

三、政策主张

贸易差额论的政策主张主要有以下几个方面：

（一）货币管制政策

贸易差额论者主张政府干预经济生活，特别是在货币政策的制定和实施方面一定要由政府进行严格管制。主张严禁金银输出，贵金属一旦进口以后，就必须留在国内。当时英国规定输出金银为大罪，西班牙则最为严厉，输出金银者最高可判死刑。另一方面，各国又都在利用各种方式尽力吸收外国金银。晚期的贸易差额论者的货币政策有所松动，着重追求贸易顺差。

（二）对外贸易垄断政策

当时西欧各国都对国际贸易实行国家控制和垄断的政策。通过贸易垄断，西欧各国从殖民地获取廉价原料，运回本国加工成制成品，然后高价向殖民地国家出售。如葡萄牙政府就直接控制本国与东方的贸易，西班牙政府则垄断从美洲殖民地获得的廉价原料。

（三）奖出限入政策

各国都采取种种鼓励出口、限制进口的贸易保护政策。比如，当本国货在国际或国内难以与外国货竞争时，可以退还对原料征收的各种税款，必要时还给予补贴。也有的国家以各种措施阻止原料或半制成品的出口，鼓励制成品的出口，并用现金奖励在外国市场上出售本国商品的商人。各国对进口消费品则几乎无一例外地征收重税，这样使其价格高到让消费者难以购买的地步，同时对重要的机器设备和原材料则减免进口税。

（四）鼓励发展本国航运的政策

重商主义者认为，强大的商船队是一个国家外贸发达和经济强盛的重要组成部分，因此应积极发展航运事业，为本国商品出口及转运创造有利条件。还主张应禁止外国船只从事本国沿海航运及本土与殖民地之间的航运。如英国在17世纪制定的航海法案最为典型，规定沿海贸易必须使用英国船舶，从其他国家运到英国和英国殖民地的货物也必须使用英国船舶。

（五）发展本国工业的政策

贸易差额论者认为，只有多卖商品，才能实现贸易顺差。因此，一定要大力发展本国工业，增强本国产品在世界市场上的竞争力，以保持出口优势。因而，当时各国都制定有鼓励本国工业发展的政策。这些政策的主要内容有：(1)向工场手工业者发放条件较优惠的贷款；(2)为发展本国的技术性产业而高薪聘请外国工匠并禁止本国熟练技术工人外流；(3)对进口的新技术设备减免关税并限制本国的新技术设备输出；(4)为了降低工业生产成本，各国普遍实行低工资制；(5)为了提高产品的质量竞争力，制定各种工业管理条例，加强产品生产的质量管理。

四、简评

1.贸易差额论的理论和政策适应当时生产力和生产关系的要求，促进了资本的原始积累，推动了资本主义生产方式的发展

但是，随着资本主义的进一步发展，这种理论和政策与资本主义的经济基础发生了深刻的矛盾，由促进生产力发展的因素变为阻碍生产力发展的桎梏。

2.贸易差额论实际隐含着一个错误的假定前提，即认为世界的物质财富是固定的、有限的

这个固定的物质财富在不同的国家之间进行分配，一国之所得必为他国之所失。这种对世界资源的静态认识，必然导致将国际贸易作为一种只对单方有利的竞争。所以为了在竞争中得益，就必须采取损人利己的方法，最终的目标是使本国的实力得以增强，使对方的实力得以削弱。

3.贸易差额论认为财富和利润都产生于流通过程的观点是错误的

他们认为，流通及外贸是财富和价值增值的源泉，而黄金和白银是财富的唯一形式。这一切都反映了商业资产阶级的历史局限性，难以洞察资本主义制度的实

质,仅限于简单描述他们从社会生活表面见到的那些经济现象。真正的现代经济学则是将研究领域由流通过程转向生产过程。

4. 贸易差额论是最早的国际贸易理论,但是在理论上是肤浅不成熟的,没有形成系统的理论

这种理论只是研究如何从国外得到金银,没能进一步探讨国际贸易产生的原因,以及是否能为所有参加国带来贸易利益。因此,它也认识不到国际贸易有促进各国经济发展的重要意义。

5. 贸易差额论的政策主张有着积极意义

贸易差额论产生于从封建主义过渡到资本主义的阶段,距今虽已400多年,然而它的某些政策主张对于广大发展中国家仍有着重要的现实意义。如积极发展出口工业,提高产品质量,保持出口产品的竞争优势;禁止奢侈品进口和对一般制成品奖出限入;实行保护贸易政策,保护本国的民族工业等。

第二节　幼稚工业保护论

一、理论背景

近代保护贸易理论出现于19世纪初期。德国经济学家李斯特被认为是保护贸易理论的最主要代表人物,他的理论特点是强调对幼稚工业的保护。

19世纪初期,正是西方资本主义经济大发展时期,但各国的经济发展却很不平衡。当时英国已经完成了从工场手工业向机器大工业的过渡,法国的工业也发展很快,两国的劳动生产率增长迅速,生产成本大幅度下降,产品在国际市场上极具竞争力。在这种情况下,英法两国的经济学家都极力主张自由贸易政策,以便把本国的产品更多地打入别国市场。当时德国的经济发展较英法两国远远落后,大量涌入的物美价廉的英法商品对正处于产业革命萌芽时期的德国工业造成很大威胁。彻底摆脱来自外部的自由竞争威胁,使德国能在群雄竞起的欧洲发展起自己的工业,这成为德国新兴资产阶级的最迫切要求。在这种形势下,李斯特提出了他的保护贸易论,从理论和政策上为德国工业在强大竞争的夹缝中求发展指明了道路。

弗里德里希·李斯特(Friedrich List,1789～1846)出生于德国的一个皮革匠家庭。1817年曾任杜平根大学政治学教授。他积极参与由他倡议而成立的工商业协会的领导工作。当时德国封建势力很强大,全国处于四分五裂的封建割据状态,许多独立的小邦自设关卡,极大地阻碍了德国资本主义的发展。李斯特在国内提倡自由主义政策。他与工商业协会积极废除各邦关卡,为建立统一的国内市场

和统一关税而斗争。1820年他被推举为符腾堡国会议员。后由于他揭露当局的各种弊端并大力主张改革,于1825年被政府驱逐出境,流亡国外,最后定居美国。当时美国和德国情况相似,也属于资本主义发展较晚的国家。李斯特在美国时曾出版过一本小册子《美国经济学大纲》,他站在美国利益的立场上,抨击英国工业资本利用自由贸易政策在经济上的入侵。1832年李斯特被美国政府任命为驻德国莱比锡领事。李斯特在美国时亲眼看到美国政府实施保护贸易政策的成效,受到极大鼓舞。他回德国后积极倡导贸易保护主义,并于1841年出版了他的主要代表作《政治经济学的国民体系》,系统地提出了他的保护贸易理论。李斯特由于极力反对德国的封建势力并批评政府的一些政策,受到较强的政治迫害,加上他贫病交困,于1846年自杀身亡。

李斯特的保护贸易思想和理论曾深受汉密尔顿的影响。亚历山大·汉密尔顿(Alexander Hamilton,1757～1804)是美国独立后的首任财政部长。他于1791年在向国会提交的《关于制造业问题的报告》中论述了保护美国工业的必要性,该报告被后人视为保护贸易理论的经典文献。汉密尔顿认为,亚当·斯密的自由贸易理论只适用于英国等经济发达的国家,而不适用于经济比较落后的美国,处于不同发展阶段上的国家开展自由贸易和自由竞争只会使落后国家的经济更加落后。因此,他主张使用高关税壁垒措施来保护国内市场,以便使美国的幼稚工业得以顺利发展和壮大起来。汉密尔顿的这种思想和他在美国成功推行的保护主义政策给予了李斯特以极大的启示和影响。李斯特在此基础上,结合德国的国情,通过自己的研究和探索,提出了一套较为系统和深刻的保护贸易理论。

二、李斯特的保护贸易论

(一)李斯特在对古典学派的批评中阐述了自己的保护贸易观点

作为德国经济学家,李斯特的经济理论集中反映了德国新兴资产阶级的利益和要求。当时德国资产阶级最迫切的要求是排除外来竞争的威胁,使本国刚起步的民族工业得以顺利发展。因此,李斯特经济理论的主要目的是反对自由贸易政策,倡导保护关税政策。从这个基点出发,他对亚当·斯密和大卫·李嘉图的古典学派采取了否定的态度,认为这个"流行学派的理论体系存在着三个主要缺点"①并逐一加以批评,同时谈了自己的观点。

1.他认为古典学派的根本缺点是推行所谓的"世界主义",而忽视经济发展的民族特点

英国古典学派的国际贸易理论是从价值理论的分析出发,强调比较优势在国

① 李斯特:《政治经济学的国民体系》,商务印书馆1961年版,第152页。

际贸易中的作用，认为各国都应该只生产成本相对低的商品，而其他商品应向别国去购买，这就可以形成合理的国际分工格局，给参加贸易的各国都带来好处。李斯特认为，这种所谓"合理的国际分工格局"是将来世界各国经济高度发展之后才可能实现的理想模式，它完全忽略了目前各国不同的经济发展水平和民族特点。在李斯特看来，各个国家发展之间并不存在共同的普遍的规律，因为各个民族的经济都有自己发展的特殊道路。李斯特把当时在德国经济思想中占统治地位的英国古典政治经济学指责为世界主义政治经济学。他认为并不存在这类政治经济学，而只存在国民经济学。李斯特的目的在于以此来强调德国经济发展的特殊性，主张德国不要推行英法式的自由贸易政策，而应针对自己的国情实施保护贸易政策。

2.他认为古典学派的国际贸易理论强调了各国追求当前的最大利益，却没有考虑各国和各民族的长远利益

李斯特认为，亚当·斯密和大卫·李嘉图所主张的一个国家放弃比较利益较低的商品的生产而改为从国外进口的政策，只适合于英国的利益，而不利于其他国家经济的发展。他尖锐地指出："在这种情况下，整个英国就会发展成为一个庞大的工业城市。亚洲、非洲、澳大利亚所接受的将是英国的文化，许多以英国为榜样的新国将陆续出现。一旦时机成熟，就会组成一个以英国为首的国家体系，到那时欧洲大陆国家的地位将一落千丈，人民将成为不重要的、没有收益的民族。在这种形势下，法国以及西班牙、葡萄牙将遭到同样命运。最上等的酒得供应英国世界，只有最下等的劣酒才能留给自己。法国最多只能干些小型女帽业那类营生。德国到那时对英国世界没有什么别的可以贡献，只有一些儿童玩具、木制的钟、哲学书籍等类，或者还可以有一支补充队伍，他们为了替英国人服务，扩大英国的工商业优势，传播英国的文学语言，牺牲自己，长途跋涉到亚洲或非洲沙漠地带，就在那里沦落一生。"[①]为了避免这种恶果的出现，李斯特认为，经济落后的国家在建立本国工业的过程中虽然会暂时付出较高的代价，去开发一些本国暂时并不具优势的产品，从而会失去一些眼前利益，但这是值得的，会对国家的长远利益带来好处。国家只有实施保护主义政策，这一工业发展过程才会顺利完成。

3.他认为古典学派片面夸大了自由竞争的作用，否定了国家干预经济过程的积极作用

亚当·斯密认为，经济发展有其自身的规律，在"看不见的手"的调节下会自发而和谐地向前发展，政府不应对经济过分干预，否则会把经济搞糟。李斯特对此持否定态度。他指出，国家经济的发展，特别是落后国家经济的发展，必须借助于政府的力量。否则，即使经济能够发展上去，也将会是一个十分漫长的过程。李斯特借用风力和人力在森林成长中的作用作比喻，强调政府在经济发展中的重要作用。

① 李斯特：《政治经济学的国民体系》，商务印书馆1961年版，第116页。

他说:“固然,经验告诉我们,风力会把种子从这个地方带到那个地方,因此荒芜原野会变成稠密森林;但是要培养森林因此就静等着风力作用,让它在若干世纪的过程中来完成这样的转变,世上岂有这样愚蠢的办法?如果一个植林者选择树秧,主动栽培,在几十年内达到了同样的目的,这不算是一个可取的办法吗?历史告诉我们,有许多国家,就是由于采取了那个植林者的办法,胜利实现了它们的目的。”①李斯特认为,德国经济已经落后于英法等国家,如果实行自由放任政策,不知何年何月才能追赶上来。因此,他主张德国政府应主动干预经济发展过程,实行保护贸易政策,以便早日赶上先进国家的经济发展水平。

(二)李斯特理论的核心——生产力理论

生产力理论是李斯特保护贸易理论的核心内容。他把生产力问题看成是一个国家兴衰存亡的关键问题。他认为,生产力就是创造财富的能力。他说:“一个人可以拥有财富,那就是交换价值,但是他如果没有那份生产力,可以产生大于他所消费的价值,他将越过越穷。一个人也许很穷,但是他如果具有那份生产力,可以产生大于他所消费的有价值产品,他就会富裕起来。因此,财富的生产力比之财富本身,不晓得要重要多少倍;它不但可以使已有的和已经增加的财富获得保障,而且可以使已经消失的财富获得补偿。”②他还把生产力与财富的关系比作果树与果实的关系。生产力是果树,财富是果实,只有生产力发展了,财富这种果实才会不断地被生产出来。

为了使生产力得到较快发展,国家必须实行保护贸易政策。李斯特认为,如果采取保护性贸易政策,可能会失去某些比较利益,特别是在开始阶段,国内工业品的价格可能会高一些。但经过一段时间后,本国工业水平有了较大的提高,这些工业品在国内的生产成本会大幅下降,其价格也会随之落到国外进口商品的价格以下。他说:“因此,保护关税如果使价值有所牺牲的话,它却使生产力有了增长,足以抵偿损失而有余,由此使国家不但在物质财富的量上获得无限增进,而且一旦发生战争,可以保有工业的独立地位。”③

李斯特认为,生产力来源于“物质资本”和“精神资本”两大因素。他所说的物质资本,是指国家所掌握的自然资源和生产物质产品的生产工具;他所说的精神资本,是指国民的身心力量、文化素质、国家的社会状况以及政治制度等,他说:“基督教,一夫一妻制,奴隶制与封建领地的取消,王位的继承,印刷、报纸、邮政、货币、计量、历法、钟表、警察等事物和制度的发明,自由保有不动产原则的实行,交通工具

① 李斯特:《政治经济学的国民体系》,商务印书馆 1961 年版,第 100 页。
② 李斯特:《政治经济学的国民体系》,商务印书馆 1961 年版,第 118 页。
③ 李斯特:《政治经济学的国民体系》,商务印书馆 1961 年版,第 128 页。

的采用……这些都是生产力增长的丰富源泉。”[①]李斯特指出，在创造生产力的过程中决不可忽视精神资本的作用。

在生产力的发展中，李斯特认为，工业的作用比农业的作用要大得多。因此，建立一个发达的工业体系能够振奋人们的民族精神和进取精神，能改变在原始农业状态下的旧观念、旧风俗和对一切事物都反映迟钝的现象。在一个工业生产力发达的国家里，人们会有一种积极向上的精神，因而会增强全社会的时间效率，会使各种生产资源都得到最有效的利用，会使社会财富以更快的速度增长。因此，李斯特认为，发展和完善国内的工业体系是提高一国生产力的最有效途径，国家必须采取有效的保护措施，扶植本国的工业生产力迅速崛起。

(三)李斯特的经济发展阶段论

为了使自己的保护贸易论有充足的理论根据，李斯特以部门经济作为标准，把人类社会的经济发展划分为了五个时期：原始未开化时期、畜牧时期、农业时期、农工业时期和农工商时期。他认为，处于不同时期的国家应当实行不同的对外贸易政策。他认为，处于前三个时期的国家经济十分落后，应当对较先进的国家实行自由贸易政策，以此为手段和推动力，使自己尽早脱离未开化状态，在农业上求得较快发展；处于第四个时期的国家已出现农业、工业并存的局面，但这时的工业还比较弱小，难以抵御外来强大工业的竞争威胁，因此应实行保护贸易政策，以帮助本国工业度过幼稚期，进入成熟期；处于第五个时期的国家，国内农工商并举，财富和创造财富的生产力都已进入了最兴盛和发达的阶段，此时应重新恢复使用自由贸易政策，鼓励企业参与国内和国外市场的全面竞争，以此来让本国产品始终处于竞争的环境中，这既可以保持本国农工商企业蓬勃向上的活力，又可以通过国际市场竞争获取更多的比较利益。

李斯特认为，西班牙、葡萄牙等国当时还处于农业时期，几乎没有民族工业需要保护，应实行自由贸易政策来刺激本国经济早日进入现代化社会；英国已进入了农工商时期，处于了经济发展的最高阶段，必然会实行自由贸易政策，利用自己的优势，获取国际贸易的最大利益；法国已在农工商时期的边缘，也可适当实行自由贸易政策；德国和美国则是处于农工业时期，最需要依靠保护贸易政策的实施来扶植自己的幼稚工业。

李斯特的经济发展阶段论，从历史主义的角度为处于不同发展时期的国家推行不同的对外贸易政策进行辩解，实际上他是在为德国实施保护贸易政策寻找理论依据。西方经济学界也因此把李斯特的理论划归入了“历史学派”。

---

① 李斯特：《政治经济学的国民体系》，商务印书馆 1961 年版，第 128 页。

(四)李斯特保护贸易政策的具体内容

在论述保护贸易理论时,李斯特讲到了很多与该理论密切相关的政策和措施,主要包括以下几点:

1.保护的目的

保护的目的主要是为了保护国内市场以促进国内生产力的发展。这与早期的重商主义的保护贸易目的很不相同。重商主义限制进口,鼓励出口,其目的是为了积累金银财富;而李斯特所主张的保护贸易的目的则是为了提高创造财富的生产力。

2.保护的重点

重点保护的对象是那些对国家独立自主和经济发展有重要意义的、处于幼稚时期的工业。李斯特认为,在一个国家的各类产业中,工业最为重要,工业生产力提高了,会把农业的生产水平带动上去。因此他认为,农业不需要保护,不必限制农产品进口,否则不能从外国取得廉价的粮食和原料,这将不利于本国工业的发展。在工业中,也不是所有的部门都需要保护,需要保护的是那些幼稚而有发展前途的工业,是那些建立时需要大量投资并且所生产的是最重要的生活必需品的工业。李斯特认为,这类工业的发展对一个国家最为重要,它不仅可以促进人口的增加、农业的繁荣和对外贸易的平衡,而且还有利于国家的独立自主,使国家不会因战争导致的必需品供给中断而陷入困境。

3.保护的手段

以关税作为保护国内工业的主要手段,即用关税壁垒措施挡住国外具有较强竞争力的商品进入国内市场,以确保国内相同行业的发展。在关税措施上,李斯特主张采用递增关税的方法,认为突然征收过高的关税会割断原来存在的与各国之间的商业联系,会对国内市场造成过大的冲击,反而对本国的生产发展不利。所以,关税应逐步地加以提高。李斯特说:“这类关税只应当随着国内或从国外吸引来的资本、技术和企业精神的增长比例而提高,只应当随着国家对于原来专供输出用的那些剩余原料与天然产物能够改由自己利用的进展比例而提高。”

4.保护的程度

利用关税措施保护本国的工业不等于说就要全面限制外国商品的进口,那样并不利于本国经济的发展。李斯特认为,应针对工业中的不同行业而采取程度不同的保护措施。他认为,对国内生产生活必需品的行业应通过高关税给予充分保护;对国内生产昂贵奢侈品的行业可以只给予最低限度的保护;对于国内不能生产的各种复杂机器的进口应当免税或只征收极轻的进口税,因为对这类产品的进口过分限制会影响国内工业的快速发展。李斯特还指出,如果对复杂机器产品进口的过低限制影响到国内同类机器工业的建立和发展,国家则应对国内同类工业给予直接的政府补贴。

5. 保护的期限

对国内工业的保护决不应是无限期的，否则，将会出现保护落后和保护低效率的结局。有些被保护了一定时期的工业部门，当其产品价格已低于国外同类产品的价格时，可以降低保护程度或完全撤除保护，让其进入国际市场自由竞争。有些被保护的工业部门，在过了一定的保护期后仍没有明显进步，离开政府给予的协助和扶植仍难以独立发展，这表明它们不适宜成为被保护的对象，政府应该撤除对它们的保护，任其自生自灭。李斯特认为，对工业部门的保护期限最长不应超过30年，否则，将不利于经济的发展和生产率的提高。

三、李斯特幼稚工业保护论简评

李斯特的保护贸易论既有积极的一面，也存在一定缺陷，这两个方面都对后来的西方经济理论和各国贸易政策的制定产生着重要的影响。

(一)李斯特幼稚工业保护论的积极意义

1. 对德国工业经济发展起到了重要的推动作用

德国的工业生产相对落后于英国和法国，在强大外部竞争的威胁面前，只有采取适当的贸易保护政策，才有可能把民族工业发展上去。李斯特尽管生时不太得志，但他去世后德国政府却在相当大的程度上采纳了他的经济主张，分几次提高工业品进口关税，保护了国内市场，促进了工业成长，并进而带动了整个德国经济的快速发展。

2. 李斯特的保护贸易理论和政策主张对发展中国家外贸政策的制定起到了积极的影响作用

他的关于保护幼稚工业的主张，他的关于对不同的工业部门采取不同保护程度的主张，他的关于保护期限不应超过30年以免削弱进步机制的主张，特别是他的关于财富和财富的生产力完全不是一回事，财富的生产力比财富本身不知要重要多少倍的思想是非常深刻和有感召力的，这些都对发展中国家经济发展规划和外贸政策的制定有着直接的指导意义和影响作用。

3. 李斯特的各个国家经济发展都有自己特殊规律的思想具有一定的积极意义

他指出，古典学派从获取比较利益的角度出发要求世界各国不论贫富与否都实行自由贸易政策的思想是片面的，忽略了各个国家经济发展的特殊规律。按古典学派的思想制定各国的外贸政策，受益最大的是经济发达国家，而发展中国家虽然也能暂时获得一些比较利益的好处，却会使创造财富的生产力的发展受到极大抑制，最终会由于经济差距的拉大而成为强国的附属国，失去国家的独立性。因此，李斯特认为，一个国家应采取自由贸易政策还是采取保护贸易政策，一定要从本国的实际情况出发，要考虑到本国的经济发展水平和民族特点。李斯特的这一思想，直到今天仍对各国经济政策的制定具有重要的参考价值。例如，当今的"世界贸易组织"虽然从宪章的原则上要求各成员国积极推行自由贸易政策，但同时也对经济落后的国家制定了一些例外条款，允许它们对本国的幼稚工业在一定期限内采取保护性贸易政策，减弱国外商品的竞争威胁，以此来促进落后国家生产力的提高。在今天的各种世界性经济组织的宪章上和各国实施的外贸政策上，无处不闪耀着李斯特这一思想的光芒。

4.李斯特的生产力论包括非物质因素，这是西方经济理论的一大创新

李斯特认为，生产力的来源除了物质资本外还包括精神资本。尽管他在叙述精神资本时所说的某些因素不尽合理，但他的精神资本中所主要包括的制度的、科技的和文化的因素却是相当正确和有创见的。各国经济发展的历史已经表明，政治制度和经济制度合理与否对生产力发展的制约性很强；科技的和文化的因素，比如一国的科技水平、教育水平、职工素质和工作技能等，都对生产力的提高发挥着重要的影响作用甚至是决定作用。"科学技术是第一生产力"的提法，如今已被越来越多的人所接受。

（二）李斯特幼稚工业保护论的缺陷

1.经济发展阶段的划分标准太片面

李斯特以部门经济的发展程度为标准，把人类社会的经济发展划分为五个时期。李斯特实际是在表明，人类社会的发展阶段应以生产力的发展水平为标准进行划分。这种观点太片面，太不严格。我们知道，生产力只是人类进行生产的一个方面。人类在进行生产时，除了与自然界发生关系外，相互之间还结成一定的关系，即生产关系。人们改造自然和发展生产力的活动，总是在一定生产关系中进行的。每个人在生产中都处于不同的地位和属于不同的社会阶层。社会阶层与社会阶层之间以及它们与生产资料之间是一种什么关系，这在人类社会经济发展阶段的划分中是一种重要的标准。李斯特忽视了这一标准，因此说，他所提出的划分标准是片面的。

2.过分强调国家对经济的干预，并不有利于生产力的发展

如果说亚当·斯密的自由贸易思想过分强调了市场机制对经济运行的自发调节作用是走向了一个极端，那么，李斯特的保护贸易思想过分强调国家对经济运行的干预作用则是走向了另一个极端。现实的经济运行和世界各国经济发展的实践表明，要使经济协调、稳定、快速地向前发展，既离不开亚当·斯密所说的市场机制这只"看不见的手"在经济运行幕后的自发调节，也离不开李斯特所说的政府干预这只"看得见的手"在经济运行台前的人为调节。这就如同一个人生活中需要右手但也离不开左手一样，只有让两只手协调起来共同行动，才会获得最佳效果。

第三节　超保护贸易论

一、理论背景

(一)超保护贸易论的特点及产生背景

所谓的“超保护贸易论”是与传统的保护贸易论相比较而言的。不同的外贸政策受不同的外贸理论影响，以李斯特为代表的传统保护贸易政策的主要目的是为了发展本国的生产力，而超保护贸易政策的实施目的则是为了巩固和加强对国内外市场的控制和垄断，以争取外贸顺差，解决工人失业问题；传统保护贸易政策的保护对象主要是经济落后国家的幼稚工业，而超保护贸易政策的保护对象则主要是经济发达国家的夕阳工业；传统保护贸易政策的保护手段主要是关税措施，而超保护贸易政策的保护手段不仅包括关税措施，还包括各式各样的非关税壁垒措施；传统保护贸易政策以防御性地限制进口为主，而超保护贸易政策不仅采取防御措施，还经常以政府补贴和商品倾销等手段主动向别国市场进攻。

这种与传统保护贸易理论很不相同的超保护贸易论的出现有其特殊的历史背景，这就是发生于1929～1933年的资本主义经济危机。这场空前的经济大危机所产生的破坏作用，使主要资本主义国家的经济倒退了若干年。危机期间所表现出的严重的商品过剩，导致了企业普遍开工不足，很多企业破产倒闭，大批工人处于失业状态，市场问题已成为了制约资本主义经济发展的一个关键环节。以保护国内市场和扩张国外市场为目的的超保护贸易理论便由此产生并迅速地发展了起来。

(二)超保护贸易论的主要代表——凯恩斯

约翰·梅纳德·凯恩斯(John Maynard Keynes，1883～1946)是英国经济学家，凯恩斯主义的创始人。他曾在剑桥大学学习数学，后来改为研究经济学。他当过英国财政大臣顾问、英格兰银行董事和人寿保险公司董事长。1933年，凯恩斯发表了《走向繁荣之路》一书，提出政府应干预经济运行，通过政府投资解决工人失业问题，并认为英国政府每投资1元，便可在解决失业方面收到数倍于1元的投资效果。

凯恩斯于1936年出版了他的代表作《就业、利息和货币通论》。他在此书中对国家干预经济的必要性和干预的具体方式进行了系统的理论论证，提出了资本主义经济危机产生的原因并提出了解决危机的方法。西方经济学界普遍认为，此书所提出的新经济理论完成了一场革命，即所谓“凯恩斯革命”。

凯恩斯没有一本全面系统地论述国际贸易问题的专门著作。但是,他在其代表作《就业、利息和货币通论》中所表述的经济观点却是这一时期西方各国所制定和推行的超保护贸易政策的主要理论依据。因此,他被认为是超保护贸易论的主要代表人物。

(三)凯恩斯立场的转变

凯恩斯曾是自由贸易论者,大危机之后他转变成了保护贸易论者。

早年凯恩斯曾在剑桥大学学习过,他深受以马歇尔为主要代表的剑桥学派理论思想的影响,崇尚经济自由主义,认为在自由竞争的条件下会实现各种经济要素的供求均衡,各个国家的利益和社会各阶层的利益都能得到最大满足。他曾认为,保护贸易政策不利于一个国家的经济增长,因而对解决工人失业问题起不到什么作用。

波及世界各主要资本主义国家的经济大危机,使凯恩斯的经济观点发生了转变。大危机中所表露出来的资本主义经济的种种弊端,使凯恩斯看到仅靠市场机制的力量和自由竞争的调节已难以实现国家经济的协调和稳定发展,必须由政府出面对经济加以调节才行。大危机中所表现出的尖锐的市场问题使凯恩斯感到了保护主义政策的必要性。他由此开始放弃传统贸易理论的自由放任学说,转而推崇最早的保护主义理论——重商主义的学说。他主张由国家干预对外贸易,重新推行重商主义的各项政策,一方面设置贸易壁垒挡住外来商品,另一方面采取措施鼓励出口,以此来保持外贸顺差,解决失业问题。他的外贸理论也因此被称为“新重商主义”。

二、凯恩斯的超保护贸易论

(一)对传统的自由贸易理论的批评

凯恩斯认为,传统的自由贸易理论已经过时了,已无法解释现实经济生活中出现的各种矛盾和问题。他在其代表作《就业、利息和货币通论》的开篇中就指出:“经典学派所假定的情形,是各种可能的均衡位置之极限点,而且这种特例所含属性,恰不是实际经济社会所含有的。结果是理论与事实不符,应用起来非常糟糕。”[①]凯恩斯对传统的自由贸易理论的批评主要集中在以下两点上:

1.认为传统贸易理论所说的在自由贸易条件下包括劳动和资本在内的一切生产要素都能得到充分使用的假设在现实生活中并不存在

比如,传统贸易理论的主要代表之一马歇尔所采用的分析方法是静态局部均衡分析法,他把资本主义经济运行看成是自然而稳定的,他漠视危机和失业的存

① 凯恩斯:《就业、利息和货币通论》,商务印书馆1963年版,第9页。

在，认为各国在相互间的自由贸易中不仅能享受比较利益的好处，而且能使各国的生产要素都得到最佳的使用效果。凯恩斯亲身经历了资本主义经济大危机，亲眼看到了大批企业倒闭和大量工人失业，因此他指出资本主义经济会自然地、和谐地向前发展的理论假设与现实情况不相符。在对外贸易中，如果一国只去生产有比较优势的产品，放弃或压缩比较优势较小的产品的生产，势必造成大量的工人失业和资本闲置。虽然这些工人和资本可以向比较优势较大的部门转移，但却需要一定的条件和一定的时日，从而会使一国的经济发展产生较大的动荡。

2.认为传统贸易理论在分析国际收支自动调节平衡的问题时忽略了外贸顺差的重要性

传统贸易理论认为，一国的对外贸易是用丰富的产品交换短缺的产品，即使以货币为媒介物，也会由于以出口值抵偿进口值而使进出口保持平衡。有时，两国间的贸易可能会出现不平衡，一国为顺差，另一国为逆差，但这只是暂时现象，它会由于物价的变动，使两国的进出口重新出现平衡。因此，传统的贸易理论认为，一个国家既不必为出现外贸逆差而担忧，也不必为出现外贸顺差而高兴。凯恩斯指出，传统贸易理论的这种国际收支自动调节论虽有一定的道理，却忽略了两个重要问题：(1)国际收支自动调节和自动恢复平衡的过程会对一国的国民收入与就业产生较大的影响。比如，当一国出现外贸逆差后，自动恢复平衡需要一定的时间，在这期间，由于进口大于出口，过多的进口商品冲击了国内市场，引起国内物价下降。较低的国内物价水平，能够抑制国外商品的进口。但同时也抑制了国内经济的发展，引起利润下降，收入降低，企业破产和工人失业。(2)国际收支自动调节理论只强调了对外贸易平衡的重要性，而没有认识到保持外贸顺差对一国经济发展的重要意义。凯恩斯指出，关于外贸顺差的重要性重商主义者们看得最清楚，他们认识到了只有争取外贸顺差，才能使货币流入，货币多了，本国的利率会降低，从而刺激投资和消除失业。凯恩斯在分析这一问题时指出："政府当局为维持繁荣起见，必须密切注意贸易差额。若贸易为顺差，又不太大，则颇有鼓励作用；若为逆差，则可能很快就会产生顽固的经济衰退。"①凯恩斯认为，既然外贸顺差有如此重要的作用，就应通过超保护贸易政策去努力获取。

(二)强调国家干预经济的重要性

凯恩斯在他的《就业、利息和货币通论》一书中，全面分析了引发资本主义经济危机的原因，并提出了避免危机的方法。把他所提出的避免危机的方法归纳为一句话，就是国家必须干预经济生活。

1.经济危机的发生是由有效需求不足引起的

何谓"有效需求"？按凯恩斯的解释，有效需求是商品的总供给和总需求达到

---

① 凯恩斯：《就业、利息和货币通论》，商务印书馆1963年版，第286页。

均衡状态时的总需求。他认为，资本主义经济并不像以往的经济学家们所描述的那样尽善尽美，经济运行并不能够经常保持均衡。社会中普遍存在的有效需求不足，就常常打乱资本主义经济运行的正常节律。由于有效需求不足而引起的生产过剩的经济危机，使企业走向破产，把工人抛向街头。

2.有效需求的不足是由三大基本心理规律造成的

凯恩斯认为，有效需求包含两个方面：对消费物的需求和对投资物的需求。这两个方面的需求状况如何，取决于下面的三大基本心理规律：

(1)边际消费倾向递减规律。消费倾向是指收入和消费之间的比例关系。如果用 C 代表消费，用 Y 代表收入，消费倾向则为 C/Y。例如，一个家庭的年收入为10000 美元，消费了 8000 美元，则消费倾向为 80%。边际消费倾向是指新增加的收入量和新增加的消费量之间的比例关系。如果用 ΔC 代表消费增量，ΔY 代表收入增量，边际消费倾向就是 $\Delta C/\Delta Y$。凯恩斯指出，在人们的收入增加以后，人们的消费支出却不会按比例地增加，从一般的规律来看，消费支出部分会随收入的增加而逐渐减少，而用于储蓄的部分却在逐渐增加。这种递减的边际消费倾向，会引起社会对生活消费品的需求不足。

(2)资本边际效率递减规律。资本边际效率是指增加投资预期可得到的利润率。凯恩斯认为，资本家心理上往往有一种预期，即随着新资本的增加，资本的边际效率会呈现递减趋势。资本边际效率的高低是影响资本家增加投资的关键因素，由于资本家对利润率的信心不断降低，使他们不愿多增加投资，从而导致社会上投资不足，并进而引起对投资物的需求不足。

(3)流动性偏好规律。流动性偏好规律是指人们总喜欢把一定量的货币保存在手边，以应付日常的、临时的、投机的需要。当货币的供给为一定量时，利息率的高低由货币的需求状况决定。由于人们对货币的流动性偏好，利息率就不可能太低。如果太低，人们就不会放弃这种流动性偏好，宁可把货币放在手头随时支用，也不愿存入银行。流动性偏好引起的过高的利息率非常不利于投资。当资本家的预期利润率低于利息率时，还有什么诱因会让他们去进行投资呢？

可以看出，在凯恩斯的理论中，消费不足是由边际消费倾向递减造成的，投资不足则是由资本边际效率太低和利息率太高这两个因素造成的。三大基本心理规律的存在，引发了整个社会的有效需求不足，从而把经济发展推入了萧条的境地。

3.只有国家直接干预经济生活，才能解决有效需求不足的问题

凯恩斯认为，由于三大基本心理规律的存在，市场机制已无法自发地使国民经济处于均衡状态。因此他指出，必须放弃传统的对经济自由放任的做法，而增强政府干预经济特别是直接干预经济的力度。凯恩斯认为，政府干预经济生活解决有效需求不足问题，可主要从以下两个方面着手：

(1)鼓励个人消费和投资。政府应采取各种措施鼓励个人进行高消费，不必担

心过高的消费会造成财富的浪费。他甚至认为“生时建大厦作住宅,死后造金字塔为坟墓”也会起到促进经济增长的作用。政府还应采取措施鼓励私人投资,应努力创造宽松的政治环境和经济环境,使资本家树立起对未来利润率的信心。此外,作为国家调节宏观经济运行的主要机构——中央银行,应尽力降低利息率,为投资扩张和需求扩张亮起绿灯。

(2)增加公共消费和公共投资。政府应建立完善的社会福利制度,扩大享受社会福利的人员范围。比如,完善失业救济金制度,扩大失业救济的范围和幅度,实施小学中学的免费教育,提供给学生一顿免费午餐等等。这种公共消费可以弥补私人消费的不足。此外,政府应大力进行公共投资。重点投资于各类私人不愿投资的基础设施部门,如铁路、公路、港口和城市地铁等。也可以由政府直接投资办生产企业或收购私人企业。凯恩斯认为,政府的投资行为会增加私人投资者的信心,从而会引起私人投资量的增加,使社会对投资物的需求得以扩大。

4.政府推行超保护贸易政策,争取外贸顺差,这是增加有效需求的又一重要途径

凯恩斯认为,进口额超过出口额会使社会商品总供给增加,成为有效需求不足的又一根源。解决这一问题的唯一方法,是政府全面实施超保护贸易政策,力争在对外贸易中保持顺差。他主张重新研究并采纳重商主义的各项措施,同时运用政府的财政政策和货币政策,例如,提高海关关税,增设各种非关税壁垒措施,以此来挡住或限制外国商品的进口;对本国商品的出口,政府则应采用出口信贷、出口担保、出口补贴、出口退税和优惠利息率等措施给予鼓励。当外贸保持一个适当的顺差时,可起到增加有效需求、增加投资和增加就业的作用。

(三)对外贸易乘数论

凯恩斯在《就业、利息和货币通论》中提出了投资乘数原理

在此基础上,凯恩斯主义的信奉者们经过补充和发展,提出了对外贸易乘数理论。

1.投资乘数原理

投资乘数原理的基本含义为:对一个部门的追加投资,不仅会引起该部门收入的增加,而且会发生一系列连锁反应,使其他有关部门获得新的收入,以致使收入总量为最初那笔投资的若干倍。这个倍数即为投资乘数。

例如,政府投资2亿美元修建一段铁路,筑路公司就会得到2亿美元的增加收入。如果边际消费倾向为3/4,他们就会支出1.5亿美元用于购买生活消费品(比如面包)或生产消费品(比如钢铁)。这些物品的生产者又有1.5亿美元的增加收入。如果边际消费倾向也是3/4,他们又会支出1.125亿美元去购买所需的消费品。如此连续下去,就会出现这样一种结果:最初政府投资2亿美元后,在全社会的边际消费倾向皆为3/4的条件下,会使总收入增加4倍,起到8亿美元的投资效

果。如果投资2亿美元可以使500人获得就业机会，在边际消费倾向为3/4的条件下，2亿美元的初始投资最终可使2000人就业。

2.乘数的计算

以上例子中的投资乘数为4，其计算公式如下：

$$K=\frac{1}{1-\Delta C/\Delta Y}$$

式中　K—乘数

ΔC—消费增加数

ΔY—收入增加数

$\Delta C/\Delta Y$—边际消费倾向

在上述的例子中，收入的75%用于消费，则边际消费倾向为75/100或3/4。其乘数则为：

$$K=\frac{1}{1-75/100}=4$$

乘数为4，即每投入1美元的资本，可以获得4美元的投资效果。

与此同理，如果压缩投资，就会引起收入的减少，透过乘数的作用，就业人数就会成倍地减少。

可见，乘数的大小主要取决于边际消费倾向的大小，边际消费倾向越大，乘数也就越大。例如：

$\Delta C/\Delta Y$为1/2时，$K=\frac{1}{1-1/2}=2$

$\Delta C/\Delta Y$为2/3时，$K=\frac{1}{1-2/3}=3$

$\Delta C/\Delta Y$为4/5时，$K=\frac{1}{1-4/5}=5$

3.对外贸易乘数原理

在投资乘数原理的基础上，凯恩斯主义者们又引申出了对外贸易乘数原理。比如，讷克斯和马卡洛普等人曾提出过几种不同的外贸乘数计算公式，但都与投资乘数公式大同小异，不同之处只是所参考的经济因素不完全相同。

对外贸易乘数原理的基本含义是：当外贸出现一定数量的顺差时，国民收入的增加量将是外贸顺差量的若干倍，就业人数也会成倍增加。这种理论认为，一国的出口和国内投资一样，有增加国民收入和工人就业的作用；一国的进口，则与国内储蓄一样，有减少国民收入和工人就业的作用。这种增加或减少会由于乘数的作用而成倍扩大。

外贸顺差对增加国民收入的乘数作用可以用公式计算出来，下面是常用的一种公式：

$$\Delta Y=[\Delta I+(\Delta X-\Delta M)]\cdot K$$

式中 ΔY—国民收入增加数；

ΔI—投资增加数；

ΔX—出口增加数；

ΔM—进口增加数；

K—乘数。

例如，某国在一定时期内，为了增加国民收入和创造就业机会，新增投资50亿美元，同期内出口增加40亿美元，进口增加30亿美元。假设边际消费倾向为3/4，则乘数为4。套入计算公式：

$$\Delta Y=[50\text{亿}+(40\text{亿}-30\text{亿})]\times 4=240\text{亿}$$

新增国民收入240亿美元。其中，200亿是新增50亿美元投资带来的，另外40亿则是由10亿美元的外贸顺差带来的。新创造的就业机会也会与新增国民收入同比例增加。

由此可见，对外贸易只有出现顺差时，才能提高一国的收入量并增加一国的就业量。一国越是扩大出口，减少进口，贸易顺差就越大，对解决工人失业和医治经济危机的作用也就越大。对外贸易乘数理论以它独到的分析，为超保护贸易政策提供了理论依据。

三、凯恩斯超保护贸易论简评

(一)凯恩斯超保护贸易论的积极意义

1.凯恩斯的理论对世界经济的发展起到了积极的推动作用

包括超保护贸易论在内的凯恩斯经济学说自20世纪30年代提出以来风靡了西方世界达半个世纪之久。他的经济学说对西方各国的国内经济政策和外贸政策的制定起到过极其重大的影响作用。客观地说，战后世界经济的飞速发展是与凯恩斯经济学说的作用分不开的。

2.系统论述了国家干预经济、干预外贸的重要性，是西方国际贸易理论中的一场真正的革命

以前李斯特的“国家干预论”在当时并不是主流派，而凯恩斯的“国家干预论”则已是国际贸易理论中的主流派。凯恩斯放弃了传统的经济自由放任思想和自由贸易理论，较客观地面对资本主义的各种弊端，指出完全靠市场机制难以解决资本主义经济发展中出现的各种矛盾，也难以使资本主义经济运动自动地保持均衡发展的态势。他提出，国家应积极干预经济生活，应通过财政手段和金融手段，对经济运行进行间接调控。他还认为，在出现经济危机的时候，国家可以通过投资建企业等直接参与的方式对经济运行施加影响，引导国民经济走出危机。在对外贸易中，他强调国家应积极推行奖出限入政策，努力争取外贸顺差，以此来解决市场机

制不能完全解决的尖锐的市场矛盾和严重的失业问题。

3.对外贸易乘数理论在一定程度上科学地探讨了外贸与其他经济因素的内在联系

一国的出口额大于进口额，表明该国的商品较多地销向了国际市场，而本国的市场则得到了较好的保护。这就为国内企业创造了扩大生产的机会，使更多的工人得以就业。在乘数的作用下，外贸顺差的这种作用还可以成倍增加。这种科学的理论分析给了各国的经济决策者以启示：在处理复杂的国内经济问题时，决不可忽视外贸的作用。

（二）凯恩斯超保护贸易论的局限性

1.掩饰资本主义经济危机的真正原因

马克思主义认为，资本主义经济危机发生的真正原因在于资本主义经济制度本身，表现为生产的社会性和生产成果的资本主义占有形式之间的矛盾。凯恩斯在他的经济理论中却是用“三大基本心理规律”这种心理因素来解释资本主义社会发生经济危机的原因。并由此提出他的反危机政策主张。这种治标不治本的理论与政策很难从根本上解决由资本主义制度本身所产生的各种矛盾。

2.追求外贸顺差是产生国际贸易摩擦和国际经济形势不稳定的重要根源

凯恩斯力主由政府出面制定各种严格的超保护贸易政策和措施，争取在对外贸易中保持顺差，以便解决本国的危机和失业问题。但在国际贸易现实中，一国的外贸顺差必然会造成另一国的外贸逆差。如果按照凯恩斯的主张，在解决了一国经济问题的同时会加重另一国的经济问题。所以他的这种经济主张可能会对某个国家有利，却不会对世界各国经济同时都有利。而且，这种以邻为壑的经济政策极易引发国际贸易摩擦。世界各国，特别是那些经济发达国家，如果都设置重重贸易障碍，必将会引发激烈的贸易战，最终会对整个世界经济的发展造成损害。

3.利息率水平的高低由心理因素决定的说法是不科学的

在市场经济条件下，利息率的高低是由社会对货币的供求状况决定的，凯恩斯却把利息率水平看成是由人们的灵活偏好这种纯心理因素决定的。这种观点显然是片面的和不科学的。

第四节　保护贸易新论

一、理论背景

第二次世界大战之后，世界经济从整体上看虽然发展较快，但却参差不齐。以美国为首的西方主要资本主义国家的经济发展水平远远高于广大发展中国家的经济发展水平。一些发展中国家的经济学家认为，按照传统的比较利益理论所形成的旧的国际分工格局只对发达国家有利，而对发展中国家却是一种经济束缚。他们认为，应该对旧的国际分工格局做出调整，以便照顾到广大发展中国家的利益。发展中国家的政府也应主动采取各种政策和措施来保护和扶植本国民族工业的成长。发展中国家的经济学家们提出了很多与传统学说不同的新的理论和新的政策主张，并赋予保护贸易学说以新的内容和新的精神。这种理论被称为"保护贸易新论"。

保护贸易新论的主要代表人物是劳尔·普莱维什（Roal Prebish，1901～1986）。他是阿根廷的经济学家和政治活动家，也是战后发展中国家经济理论的杰出代表。他提出的经济理论和政策主张，主要代表了拉丁美洲国家的地区利益，同时也表达了广大发展中国家的共同心愿。在他的理论思想影响下，联合国成立了"贸易与发展会议"这一组织，提出了"建立国际经济新秩序"的口号。普莱维什于1964～1969年期间担任了联合国贸发会议的第一任秘书长。他还担任过联合国拉丁美洲经济委员会秘书长，并于任职期间出版了他的代表作《拉丁美洲的经济发展及其主要问题》。该书问世后，曾在世界范围引起一场关于"现有国际贸易体系是否对发展中国家不利"问题的争论。普莱维什因对发展中国家经济理论和经济发展的突出贡献，于1980年成为第三世界经济和社会研究基金会颁发的"第三世界基金奖"的第一位获得者。

二、普莱维什的保护贸易新论

普莱维什经济理论的核心是他的著名的"中心—外围论"。他的保护贸易理论和政策主张则是围绕这一理论展开的。

（一）中心—外围论

普莱维什认为，整个国际经济体系实际上被分成了两个部分：一部分是少数工业化国家，处在国际经济体系的中心；另一部分是非工业化的广大发展中国家，处在国际经济体系的外围地带。他指出，这种经济体系"反映出工业中心的主动作用和外围的被动作用，而且中心的经济波动会强化这些作用造成的后果。这是一种'经济星座'，是它们组织了这个体系，使之为自己的利益服务。而原料生产和输出国以其自然资源同中心发生联系，构成了广阔而复杂的外围，以各自不同的方式和广度加入到这个体系中来"。[①]

在他看来，中心国家依靠着自己的资本优势和技术优势在国际经济体系中占

① 普莱维什：《我的发展思想的五个阶段》，转引自王世浚著《国际贸易概论》，四川大学出版社，第288页。

据着主导地位，享受着国际分工产生的绝大部分好处。外围国家由于技术水平落后，劳动效率低下，又缺乏资本，在国际经济体系中处于十分被动的地位，只是靠出口些农副产品和矿产品来与中心国家发生经济交往，并成为它们的附庸，几乎享受不到国际分工所带来的好处。在这样一种经济体系中，穷国与富国之间的差距正在越拉越大。因此，普莱维什认为，发展中国家如果仍然依靠传统的比较利益原则参与国际分工和国际贸易，将永远无法消除自己的贫穷落后状态。

(二)旧的国际分工格局是发展中国家经济落后的主要原因

普莱维什在联合国工作期间接触到大量的世界经济方面的统计资料。通过对这些统计资料的分析，他发现以往的国际分工和国际贸易并不像传统的国际贸易理论所说的那样让所有的参加国利益均沾。发展中国家不仅没有由于参与国际分工走出贫困，反而陷入了一种受工业中心国剥削和控制的境地。他认为，这种局面的出现并不是国际分工所造成的，而是由于旧的国际分工格局不合理所产生的。他认为，在旧的国际分工格局下，发展中国家经济受到三个方面的侵害：(1)得到投资大部分利益的是资本输出国家而不是资本输入国家；(2)出口生产的专业化(比如只出口初级产品)阻碍了经济落后国家的发展；(3)经济落后国家的贸易条件长期恶化。普莱维什指出："在这个格局中，拉美作为世界经济的外围部分，其专门任务是为大工业中心生产粮食和原料"，"在这个格局中，并无新兴国家工业化的地位。"①

对于这样一种造成发展中国家经济落后的旧国际分工格局，广大发展中国家决不应等闲视之，而应采取针对性措施对其进行调整。他认为，可以通过保护性贸易措施维护民族经济的利益，但仍要保持适当的进出口量，以此来借助发达国家的力量发展本国工业。待本国工业有了一定程度的发展后，便可使发展中国家摆脱旧国际分工格局下只出口农矿产品的被动地位。

(三)发展中国家的贸易条件趋于恶化

普莱维什于 1950 年提交给联合国一份报告，用大量翔实的资料论证了发展中国家的贸易条件长期恶化这一不曾被人们注意的事实。

他以英国 1876～1938 年的进出口统计资料为基础做了如下分析：设定这 60 多年的英国进出口商品的平均价格指数分别代表初级产品和工业制成品的世界价格，并且以 1876～1880 年的世界价格为 100。60 年后，1936～1938 年世界平均初级产品价格已降为工业制成品价格的 64.1%。这就是说，发展中国家在 19 世纪 70 年代用一个单位的初级产品可以交换一个单位的工业制成品，到 20 世纪 30 年代，一个单位的初级产品只能换回 0.641 单位的工业制成品。在价值规律调节下，

① 普莱维什：《拉丁美洲的经济发展及其主要问题》，载《联合国拉丁美洲公报》，1962 年 2 月份。

单位产品的价格会随着生产率的提高而不断下降，生产率的变化则主要受科技发展水平的制约。工业化国家的科技发展水平远远高于发展中国家，按理说工业品的价格水平就应越来越低于初级产品的价格水平。然而，普莱维什的计算结果却正好与此相反。发展中国家贸易条件长期趋于恶化的结论连同普莱维什的分析报告公布后，引起世界各国的震动。国际经济学界对这一问题曾展开过长期的争论，纷纷发表各自不同的看法。为什么按传统的比较利益原则进行的国际分工会使发展中国家的贸易条件不断恶化呢？普莱维什及其他一些经济学家对此问题进行了分析，提出了以下几点解释：

1.科技进步的利益得不到平均分配

由于中心国家的资本雄厚、科研力量强大，所以新的生产技术往往首先出现在中心国家，并在技术垄断阶段通过国际贸易获取高额利润。一个阶段后，新技术便可能会被外围国家学习和模仿了去，并用于提高本国的劳动生产率。传统的国际贸易理论认为，当一项技术得到普及并使劳动生产率得到提高后，技术进步的利益便会通过使产品价格降低的方式，或者通过提高收入的方式，平均地分配到世界各国去。但事实却并非如此。现实的情况是：中心国家通过普遍提高资本家和工人收入的方式获取技术进步的好处，产品价格几乎不变（如果收入提高的幅度大于生产率提高的幅度，产品价格还会上涨）；外围国家则是通过降低产品价格的方式获取技术进步的好处，收入几乎不变。即使外围国家提高收入，也会由于低于生产率提高的幅度而使产品价格趋于下降。如果没有国际贸易，两类国家技术进步的利益都会留在国内。有了国际贸易，则会由于两类国家价格水平的相反变动，使外围国家的贸易条件趋于恶化，所得技术进步利益的一部分通过商品交换流向了中心国家。

2.工业制成品价格的垄断性

各类产品的价格都会随经济周期的波动而波动，但波动的幅度却很不一致。经济繁荣时期，工业制成品的价格会出现大幅度上涨趋势；萧条时期，由于工业制成品价格的垄断性，比如通过企业裁员、限产以及大公司间的价格协议等方式，保持价格水平不变，即使下降，其幅度也不会太大。反观初级产品，虽然经济繁荣时期其价格也在上涨，但萧条时期价格下降的幅度要比工业制成品严重得多。随经济周期的反复波动，初级产品的价格便出现了长期相对下跌的趋势。

3.工会组织的作用不同

中心国家的工人保护自己利益的意识较强，代表工人利益的工会组织独立于政府和公司董事会之外，为提高工人的收入，经常向资方施加强大的压力。在工会力量的作用下，工人的收入处于不断上升的趋势。为减轻工资上涨造成的利润损失，资方会随之把产品的价格提高上去。与此相对照，外围国家工会的力量则很弱小，难以对工人工资的上涨起到促进作用。较低的工资水平，造成了初级产品价格的相对稳定。然而，这却不利于外围国家的外贸收入。

4. 需求的收入弹性不同

这是汉·辛格(H·W·Singer,1910～)提出的一个论点。需求的收入弹性是指相对于收入来说的需求变动情况。比如，随着人们实际收入的增加，对工业品的需求会有较大的增加，而对初级产品的需求则增加较小。也就是说，工业品需求的收入弹性比初级产品要高。受需求增加程度的影响，工业品价格的上涨程度必然会高于初级产品。

5. 技术革新使原料的耗费降低

这也是辛格所提出的观点。工业生产技术的发明与革新，使工业生产中单位产品所消耗的原料、燃料等初级产品的数量不断减少，使需求相对下降，从而引起这类产品价格的下跌。此外，随着科学技术的进步，各类初级产品的代用品被不断地发明出来，这也对初级产品市场造成较大威胁，成为发展中国家贸易条件长期恶化的一个重要原因。

(四)利用保护贸易政策改善外围国家的被动处境

普莱维什在政策主张上积极提倡外围国家实施保护贸易政策，认为这是发展中国家摆脱受剥削受控制的必由之路。他的政策主张主要包括以下几点：

1. 利用保护贸易政策改善需求弹性

发展中国家贸易条件恶化的重要原因之一，是初级产品需求弹性低于工业制成品。如果采取有效的鼓励出口和限制进口的政策，可以在一定程度上改变这两类产品的需求弹性。利用出口补贴、出口退税等措施使出口产品价格便宜，可以提高初级产品的需求弹性；利用高关税和数量限制等措施，可以降低进口工业制成品的需求弹性。

2. 利用保护贸易政策提高本国工业化程度，以彻底改变“外围”的地位

普莱维什的“中心—外围论”把世界分为了两个部分，即工业化的中心国和非工业化的外围国。各国在国际经济体系中处于“中心国”还是“外围国”，是以各国的工业化程度为划分标准的。因此，发展中国家要想彻底改变自己在旧的国际分工格局中的被动地位，只有努力实现本国的工业化。然而，由于发展中国家在工业化道路上起步较晚，民族工业在建立和发展初期难以经受外来产品的强大竞争压力，自由放任的外贸政策将会把这些工业扼杀在摇篮中，因此，外围国家必须推行保护贸易政策，以帮助本国的幼稚工业成长壮大。普莱维什还认为，外围国家所采用的保护措施不能太过分，否则，过高的关税所产生的过低的市场竞争也不利于民族工业的快速发展。

3. 建立区域性共同市场，以利于外围国家的工业化发展

普莱维什主张发展中国家建立区域性共同市场，认为这会带来两方面的好处：

一个方面是可以使几个发展中国家联合起来共同抵御工业化国家的商品入侵，共同市场成员国相互提供市场则有利于幼稚工业产品的销售；另一个方面，共同市场内部的商品流动和商品竞争，有利于提高幼稚工业的活力和效率，可以弥补实施保护贸易政策所产生的某些负效应。

4.主张“中心国家”向“外围国家”开放市场

普莱维什认为，外围国家由于工业化水平太低，所以才不得不采取保护贸易政策，以此来扶植幼稚工业的发展和改善不断恶化的贸易条件，纠正国际贸易中的不平等。他认为，外围国家的保护贸易政策“不会妨碍世界贸易的增长速度。与此相反，工业中心国家对初级产品生产的保护加重了这种不平等，压抑了外围国家的发展，并减低了世界贸易增长的速度”。[①] 他指出，中心国家向外围国家开放市场，会起到一种实际上的互惠作用：外围国家向中心国家的出口增长后，随之而来的便会是增加从中心国家的进口。因为外围国家外汇收入增加后，便会从工业国进口机器设备以提高本国的劳动生产率。

三、简评

(一)保护贸易新论揭示了南北方之间经济贸易关系的不平等本质

普莱维什的理论比较深刻地分析和揭示了两类不同国家在世界经济格局中的地位、作用以及所享受的不同待遇。他详细论证了在旧的国际分工体系中发展中国家受工业化国家盘剥的情况，首次提出了发展中国家贸易条件长期趋于恶化的论点。他的理论使发展中国家的经济学家对战后国际经济关系不平等的认识上升到了一个新的理论高度。他的理论为发展中国家反对旧的国际经济关系，为南北对话和南南合作的开展以及为新的国际经济秩序的建立提供了重要的理论基础。

(二)以保护贸易手段推进工业化进程的经济主张是合理的

发展中国家之所以落后和贫穷，之所以在国际贸易中处于受剥削和受控制的地位，主要是因为自身的工业化水平不高。普莱维什指出，要摆脱贫穷和走向繁荣，发展中国家必须大力发展本国的民族工业。在存在工业化国家强大竞争的环境中，保护贸易政策是发展中国家推进工业化进程而不得不采取的手段。同时他也认为，这种保护性手段不能用得太过分，否则，将不利于本国民族工业的快速成长。他的这些理论和政策主张都是现实而合理的。

(三)普莱维什保护贸易新论的局限性

其局限性主要表现在普莱维什对外围国家贫穷原因的分析上。从前面的论述中可以看出，普莱维什认为，旧的国际分工格局是发展中国家经济落后的主要原

① 普莱维什:《不发达国家的商业政策》，载《美国经济评论》1959年5月号，第264页。

因。这种提法有失偏颇。客观地说，旧的国际分工格局确实存在很多不合理之处，它在相当大的程度上阻碍了发展中国家的经济成长，是导致发展中国家贫穷落后的重要原因之一。然而，它只不过是事物变化的外因，发展中国家要想真正彻底摆脱贫困，主要应从自身内部找原因，比如，宏观经济发展战略是否切合实际？经济体制是否合理？政府是否重视抓教育、重视国民素质的提高等等。一个国家的经济成长必须首先具有良好的内部发展环境，再配之以良好的外部发展环境，国民经济才会真正快速地发展壮大起来。

第五节 战略性贸易政策理论

一、理论背景

20 世纪 80 年代以来经济全球化趋势在世界范围内日渐增强，各国经济发展愈来愈受到外部因素的推动和制约。无论是经济发达国家还是发展中国家，在享受经济全球化利益的同时也感受到了经济全球化带来的风险和威胁。一国政府在经济全球化大潮面前应发挥何种作用，才能使利益变得最大，并使风险变得最小？这成为各国理论界十分关注并认真探讨的一个问题。倡导政府适度保护和干预经济的战略性贸易政策理论就在这种背景下应运而生。

战略性贸易政策(Strategic Trade Policy)理论的代表人物主要有布朗德(J·Brander)、斯潘塞(B·Spenser)、狄克西特(A·Dixit)、和保罗·克鲁格曼(P·Krugman)等。他们认为传统的国际贸易理论是建立在规模收益不变和完全竞争的假设基础之上的，这种假设并不符合当代经济生活的现实。他们认为，现实中存在着规模效益递增现象和市场的不完全竞争状态，在此背景下要提高产业或企业在国际市场上的竞争能力，必须首先扩大生产规模，取得规模效益，这仅靠企业自身的力量非常困难，因而有了政府发挥作用的空间和必要性。政府通过适度的保护和干预手段，影响处于不完全竞争状态的本国厂商及其国外竞争对手的决策行为，能够扩大本国厂商的市场份额和规模效益，使国际贸易朝着有利于本国获取最大限度利益的方向变化。

二、战略性贸易政策理论的主要内容

战略性贸易政策的主要目标，是通过鼓励出口和限制进口来占有更大的市场份额，以扶持国内战略性产业的发展。因此，其理论主要分为两大部分：战略性出口补贴政策和战略性进口关税政策。

(一)战略性出口补贴政策

战略性出口补贴政策是指政府向国内厂商提供出口补贴以鼓励其攻占更多的国际市场,在国际市场竞争中迫使外国竞争对手作出让步,把外国厂商的利润转移到本国厂商身上,以增进本国福利。

该理论通常以美国波音公司与欧洲空中客车公司之间的竞争性博弈为例进行理论研究和政策分析。

假定飞机制造业中的规模效益相当大,以至于该产品的世界市场只能容下一个获利的生产者,如果有第二个生产者进入该领域竞争,将会由于规模效益的下降,使竞争双方两败俱伤,都处于亏损状态。在这种情况下,波音公司与空中客车公司都面临着困难选择:进入还是不进入?如果进入,可能会遇到强大对手的竞争,无法获得规模效益,无法获得利润,甚至会出现亏损;如果不进入,虽然不会亏损,但也不会盈利,并要忍痛把该市场完全让给竞争对手。波音公司和空中客车公司都希望出现一种结局,即由本公司单独占领飞机制造业市场,即使不享受任何补贴,也会由于垄断价格的存在而获得高额利润。表 6-1 是没有政府补贴时两家公司的情况。

表 6-1　　没有政府补贴时的利润矩阵

		空中客车公司	
		生产	不生产
波音公司	生产	(－10 万元,－10 万元)	(300 万元,0)
	不生产	(0,300 万元)	(0,0)

表 6-1 给出了波音公司与空中客车公司进行博弈的 4 种可能结果:

(1)如果两个公司都生产这种产品,则会因为市场容量不够大,导致规模效益下降,使两家公司都亏损 10 万元。

(2)如果波音公司由于历史原因先于空中客车公司进行飞机生产,并完全占领了该产品市场,则波音公司可获得 300 万元利润,空中客车公司不生产。

(3)如果情况相反,波音公司不生产,空中客车公司完全占领了飞机产品市场,则该市场中的 300 万元利润会完全被空中客车公司获得。

(4)如果两公司都不生产,双方的利润都为零。

在这种竞争中,欧洲政府如果实施战略性贸易政策,给予空中客车公司以出口补贴,竞争双方的博弈条件和博弈结果都会因此而发生大的变化,假如补贴额为 40 万元,则会发生表 6-2 中的情况。

表 6-2 给出了空中客车公司享受政府补给后的新变化:

表 6-2 空中客车公司享受政府补贴 40 万元后的利润矩阵

		空中客车公司	
波音公司		生产	不生产
	生产	(－10 万元,30 万元)	(300 万元,0)
	不生产	(0,340 万元)	(0,0)

(1)由于空中客车公司享受到政府 40 万元的出口补贴,博弈条件明显增强,无论波音公司是否进行生产,空中客车公司只要生产就有利润可得:波音公司进行生产,空中客车公司可获利润 30 万元;波音公司不进行生产,空中客车公司可获垄断利润加政府补贴共 340 万元。所以,空中客车公司决不会退出该市场。

(2)波音公司面临着两难选择:如果继续进行生产,就会出现 10 万元的亏损额;如果不继续生产,就要把已有的市场份额拱手让给竞争对手。两弊相权取其轻,波音公司会不得已而退出该产品市场。

享受政府补贴的结果是空中客车公司完全垄断了飞机产品市场。欧洲政府虽然补贴了 40 万元,却使空中客车公司获得了 340 万元的利润,再考虑到工人就业的增加,本国国民的福利水平会有明显的净增加。

以上的分析是建立在一个假设条件之上的,即波音公司与空中客车公司的竞争实力相近,其生产成本也相似。如果两家公司的实力有差距,比如波音公司的生产成本相对较低,在两家公司都不享受政府补贴的条件下,双方的利润矩阵就会出现表 6-3 中的变化。

表 6-3 波音公司生产成本相对较低时的利润矩阵

		空中客车公司	
波音公司		生产	不生产
	生产	(30 万元,－10 万元)	(340 万元,0)
	不生产	(0,300 万元)	(0,0)

表 6-3 表明,波音公司凭借自己管理水平与技术水平的改进而取得了明显的成本优势,即使在两家公司同时生产的情况下,波音公司仍可获得 30 万元的利润。空中客车公司则会在竞争生产状态中出现 10 万元亏损,在没有政府补贴的条件下,该公司会退出竞争。这样,飞机产品市场将被波音公司独家垄断,并获利润 340 万元。

进一步假设,面对美国波音公司的竞争优势,欧洲政府选择了实施战略性出口补贴政策,仍然给空中客车公司 40 万元的补贴,博弈结果如表 6-4。

表 6-4　　欧洲政府补贴后的利润矩阵

		空中客车公司	
		生产	不生产
波音公司	生产	(30 万元,30 万元)	(340 万元,0)
	不生产	(0,340 万元)	(0,0)

表 6-4 表明,空中客车公司在享受了欧洲政府的 40 万元补贴后仍无法阻止波音公司的进入,因为两家公司进入都比不进入好,都能在飞机生产中获利:空中客车公司依靠政府补贴获利润 30 万元;波音公司依靠成本优势也能获利润 30 万元。博弈的结果是两家公司都选择了留在竞争市场上。这种结果对消费者是个福音:有更多型号的、物美价廉的飞机产品可供选择。这种结果对提供补贴的政府却带来了损失:政府补贴了 40 万元,本国公司却只获得 30 万元利润,国家的纯收益出现了净减少。因此,该种补贴应否实施成为一个有争议的问题。但是,我们必须看到另外的正面效应:产业的升级、市场的占领,特别是工人就业的增加,全社会福利水平的提高要远远大于国家纯收益的净减少。

(二)战略性进口关税政策

战略性进口关税政策是指政府以征收进口商品关税的形式把部分外国厂商的垄断利润转移到国内,同时保护国内相关产业的成长。

国际贸易对出口国利大还是对进口国利大?此问题在理论界争论了几百年。自由贸易论者通过理论推导和实证分析,证明了国际贸易是一种能够使贸易双方均受益的正和博弈(Positive-sum Game),不存在进口国与出口国之间此消彼长的利益关系。持保护贸易观点的战略性贸易政策的理论家们则认为,国际贸易不会使双方平均受益,认为贸易是一种零和博弈(Ero-sum Game),即一国的利得会导致另一国的利失。尤其是在不完全竞争的市场结构下,外国垄断厂商可以凭借其垄断优势获取垄断利润,这种垄断利润和垄断优势既导致了进口国消费者利益的减损,也压制了进口国同类厂商的崛起。进口国政府的责任是通过征收进口关税达到双重目的:一方面把外国厂商的部分垄断利润转移到国内,另一方面对国内的相关厂商进行保护。

所以,战略性进口关税政策根据实施目的的不同可以分为以下两类。

1. 用关税获取外国垄断利润

假设某种商品本国不能够生产,国内市场被一个国外的垄断企业所控制,本国该商品的需求完全由该垄断企业供给。在这种条件下,进口国政府对该垄断企业的进口商品征收关税,其实质就是截取一部分外国企业的垄断利润,用垄断利润向国内转移的方式增加本国的福利水平。

为保护本国消费者利益，政府对进口商品征收的关税率不能太高。否则，外国企业感觉负担太重时，会把关税作为商品成本的一部分打入价格中。随着进口商品价格的上升，消费者作出的选择或者是多付费用，或者是减少购买，消费者利益因此受到损害。进口国政府此时最佳政策目标应该是，在本国企业不进入、本国消费者不受伤害的条件下，最大限度地从进口商品中截取垄断利润。

国外供货的垄断企业往往也不会由于被进口国政府征收了进口关税而提高商品价格，因为他们担心在已有的垄断高价基础上再提价，会刺激东道国企业的进入。这也是很多国际性垄断企业的一种经营战略：以承担关税、出让一部分垄断利润为条件，阻止进口国企业进入自己固有的经营领域。

2. 用关税扶持本国企业的进入与成长

如果本国企业已经初步具备了进入的条件，政府可以利用保护性关税政策对其进行扶持。在外国企业高额垄断利润的诱惑下，本国的厂商们往往会不断地筹备生产技术条件，会积蓄力量、跃跃欲试地随时准备挤进该领域的竞争。但是，本国企业在生产环节中的竞争条件远不如外国企业，于是，不得不求助于本国政府的流通环节上采取强有力的措施给予扶持。最有效的措施就是政府对进口商品征收高关税，阻挡部分产品的进入，把外国垄断企业在本国的部分市场份额通过挤压的方式让渡给本国企业。有了市场份额，本国企业也就有了进入和发展的生存空间。

只要进口国政府实施的进口政策恰当，就能够逼迫国外垄断企业放弃原先的以出让部分垄断利润为条件阻止进口国企业进入的经营战略，接受与进口国企业共同生存、共同发展的现实。

三、简评

战略性贸易政策理论比较客观地描述并深入地分析了当今的国际贸易，提出了一些积极的、应用性很强的理论思想和政策主张：

1. 通过政府的战略性贸易政策扶持国内重要产业的发展

欧洲政府对空中客车公司的支持是最成功的一个例子。1970 年由法国、德国、英国和西班牙共同出资建立的空中客车公司的竞争能力一直远不如美国的波音公司，特别是在 1997 年波音公司与麦道公司合并之后，空中客车公司更是面对着一个强大的竞争对手。欧洲政府为了使空中客车公司能在大型客机市场上占有较多的份额，多年来连续给予该公司以大量的补贴，推动了公司产品的更新换代，市场竞争力和市场占有率都在快速提高，2004 年的大型客机销售额已经超过了波音公司。2005 年空中客车公司又推出了空客 380 型客机与波音公司的波音 747 抗衡，以此来挤占巨型客机的国际市场。如果没有欧洲政府的补贴及各种支持，也就不会有欧洲飞机制造业今天的强大。

2. 改善被垄断公司扭曲的市场环境和不公平的利润分配状况

在存在零和博弈的不完全竞争的市场结构中，一国的利益所得会来自于另一国的利益所失。在政府战略性贸易政策的积极干预下，一方面能够截获一部分垄断利润留在国内，另一方面能够唤醒本国企业的进入意识，使其早日发展壮大以改变国外企业独家垄断的局面。

3. 对经济落后国家发展新兴产业也有指导意义

经济相对落后的发展中国家通常是以资源密集型产品和劳动密集型产品参与国际分工和国际贸易，这往往使本国处于不利的被动地位。政府如能实施战略性贸易政策，可以帮助本国企业早日进入各种新兴产业，并在保护性竞争环境中逐渐强大起来，使本国经济摆脱长期被外国公司控制的状态，成长为一个各类产业协调发展的成熟经济。

战略性贸易政策理论也有明显的缺陷和不足。比如该理论所倡导的以邻为壑的保护性贸易政策很容易引起竞争国的报复，如果报复的程序相近，会把前者保护性贸易政策的作用抵消掉。此外，一国长期实施政府出口补贴、保护性高关税等政策，与当代的自由贸易潮流不合拍，会受到世界贸易组织等国际性经济组织的限制。

【本章参考书目】

1. 李斯特：《政治经济学的国民体系》，商务印书馆，1961 年。
2. 凯恩斯：《就业、利息和货币通论》，商务印书馆，1963 年。
3. 克鲁格曼：《国际经济学》，中国人民大学出版社，2002 年。

【思考题】

1. 简述贸易差额论的理论思想。
2. 简述李斯特的生产力理论。
3. 李斯特保护贸易政策的具体内容有哪些？
4. 李斯特的幼稚工业保护论有何积极意义？有何缺陷？
5. 简述对外贸易乘数论。
6. 试述凯恩斯超保护贸易理论的积极意义和局限性。
7. 试述发展中国家的贸易条件趋于恶化的原因？
8. 简述普莱维什的中心—外围论。
9. 试述战略性贸易政策理论。
10. 简述战略性进口关税政策。

第七章 关税措施

国际贸易政策是指一个国家在一定时期内影响其进出口贸易活动的全部行为的总和。一国对外贸易政策主要包括关税措施、非关税壁垒措施、鼓励与管制进出口的措施等。本章将在对国际贸易政策作一般概述的基础上，首先介绍关税措施，具体分析关税的定义及由来、关税的分类、关税制度和关税的经济效应。

【本章学习目标】

1. 通过对本章的学习，重点掌握关税的种类及其特性。
2. 掌握名义保护率和有效保护率。
3. 了解海关税则和通关手续。
4. 重点掌握关税在局部均衡中的经济效应。

第一节 国际贸易政策概述

一、国际贸易政策的基本内容

国际贸易政策是世界范围内各国对外贸易政策的总和，是世界经济活动中国与国之间经济贸易关系的基本原则的体现。从世界的角度看，它被称为国际贸易政策；从一国或一地区的角度看，它则表现为对外贸易政策。各国的对外贸易政策是其在一定时期内对进口贸易和出口贸易所实行的政策，是其指导对外贸易活动的原则、条例、法令和法规。

一国的对外贸易政策是该国经济政策的重要组成部分。随着国际贸易额不断扩大，贸易范围日益拓宽，以及世界经济相互依赖性的加强，其重要性越来越大。国家通过对外贸易政策影响其对外贸易的规模、结构、流向及利益分配，维护本国的对外经济贸易利益。对外贸易政策不仅直接影响政策实施国的对外贸易活动，而且还会通过各种渠道渗透到国民经济的各个环节，同时也在一定程度上影响其贸易伙伴的经贸发展。所以，贸易政策的制定并非独立针对国际贸易，而必须同时在整个国民经济发展的大前提下研究制定,必要时还需要贸易国之间的相互协调。

具体来说,各国的外贸政策一般由以下基本内容组成:

第一,对外贸易总政策。它是一国从整个国民经济出发,在一个较长时期内实行的政策。该政策是对外贸易发展的总原则。

第二,进出口商品政策。它是根据对外贸易总政策、国内生产发展状况、市场状况等而制定的商品进出口的原则和规定。

第三,对外贸易国别政策。它是根据对外贸易总政策、对外经济和政治关系的需要而对不同的国家和地区制定不同的对外贸易政策。

一般而言,一国制定对外贸易政策的目的在于:保护本国市场,扩大本国的出口市场;促进本国产业结构调整;积累资本或资金;维护本国的对外经济和政治关系。因而各国在制定对外贸易政策时,主要考虑以下的因素:本国的经济结构与比较优势;本国产品的国际竞争力和国际收支状况;与他国的经济、投资合作情况;本国国内的物价与就业状况;在世界经济贸易中的权利与义务;与他国的政治关系等。

二、国际贸易政策的基本类型与历史演变

(一)国际贸易政策的基本类型

国际贸易政策大致可分为两种类型:即自由贸易政策和保护贸易政策。自由贸易政策(Free Trade Policy)是指国家对商务活动一般不进行干预,减免关税和降低其他贸易壁垒,强调最大限度地减少政策对外贸活动的干预;保护贸易政策(Protective Trade Policy)是指由国家采取各种措施干预对外贸易以保护本国市场免受外国商品和服务的竞争,并对本国出口商品给予优惠和补贴以扩大本国商品出口,在全力保护本国市场和生产的前提下积极抢占外国市场。"奖出限入"是保护贸易政策的基本特征。

(二)国际贸易政策的历史演变

在不同的历史时期,不同的国家根据各自的实际情况,分别采取自由贸易政策和保护贸易政策,并且其自由贸易程度和保护贸易程度有所不同。

16 世纪初到 18 世纪中期,即资本主义生产方式的准备时期,为了促进资本主义的原始积累,西欧各国普遍实行重商主义下的保护贸易政策,通过限制货币外流和扩大贸易顺差的办法扩大货币的积累,为资本主义生产方式的建立提供了充分的财富积累。

从 18 世纪中期到 19 世纪后期,资本主义处于自由竞争时期,资本主义生产方式占据了主导地位。世界经济进入了商品资本国际化阶段,自由贸易便成为外贸政策的基调。由于欧美各国的工业发展水平不同,实行的贸易政策也不同,英国是这一阶段自由贸易政策的主要倡导者和受益者,起步较晚的德国和美国等国家采

取了保护贸易政策。

19 世纪 70 年代到第二次世界大战结束前，资本主义逐步向垄断过渡，垄断资本占统治地位，垄断组织之间争夺世界市场的斗争日益加剧，以致引发了两次世界大战。这一时期各资本主义国家大都实行了不同于以往的带有垄断性质的超保护贸易政策。超保护贸易政策的实施极大地阻碍了社会生产力的进步和国际贸易的发展。

第二次世界大战到 20 世纪 70 年代中期，随着科技的突飞猛进，生产和资本的国际化日益加强，出现了世界范围内的贸易自由化。表现为发达国家之间和区域集团内部关税和非关税壁垒大幅度削减，在这些国家和地区推行自由贸易政策。但是战后走上政治独立的发展中国家为发展民族经济和实现工业化大都实行保护贸易政策；社会主义国家为发展本国经济，也实行了国家统治下的贸易保护主义。这一阶段的贸易自由化发展极不平衡。

20 世纪 70 年代中期以后，由于经济危机、石油危机的冲击等原因，资本主义经济进入低速增长的滞涨时期，世界市场的争夺日益激烈，因此在世界贸易自由化的同时，又出现了新贸易保护主义浪潮，阻碍了贸易自由化的发展。新贸易保护主义不同于以往的贸易保护政策：首先，它不再以关税为主要保护措施，而是以名目繁多的非关税壁垒的设置为特征；其次，它保护的对象和范围与以往不同。新贸易保护主义的保护对象一方面是本国正在衰落的垄断产业如纺织业；另一方面是本国已经高度发达且具有竞争优势的产业如金融业等。因此保护范围不仅扩大到货物贸易的一切领域，而且扩大到服务、技术、投资、知识产权等领域。新贸易保护主义的出现为世界经济和国际贸易的发展带来了诸多不利影响，关贸总协定及后来的世界贸易组织试图对这一新的保护主义浪潮做一定遏制，但困难重重。

三、对外贸易政策对国际贸易的影响

(一)对外贸易政策对国际贸易的影响

对外贸易政策主要通过对外贸易体制及贸易政策的区域化对世界贸易的秩序、规模和方向产生直接的影响。

1. 对国际贸易秩序的影响

发达国家的贸易政策逐渐向规范化、法制化发展，同时贸易政策也有国际化的趋势。这种致力于共同约束的体制，是国际贸易秩序化的重要保障。

2. 对国际贸易规模的影响

对外贸易政策会直接影响到国际贸易的规模。保护贸易政策会抑制世界贸易的发展，而自由贸易政策则会推动世界贸易的发展。各国之间的关税减免协议以及非关税壁垒的削弱，会促进贸易的增长，而各种贸易战则会限制世界贸易的增长。

3. 对国际贸易流向的影响

对外贸易政策对一国的贸易流向有直接的影响，特别是区域经济、贸易集团的贸易政策一体化，对国际贸易流向的影响最为显著。

(二)对外贸易政策对一国经济的影响

一个国家的对外贸易政策功能是多方面的，它既是实现对外贸易战略的手段，也是一国对外贸易政策的重要组成部分，它对一国经济的影响主要体现在：

1. 对外贸易政策是调节国民经济平衡的重要工具

国民经济的平衡主要是国内总供给与总需求的平衡。随着世界经济联系的日益加强，国际商品和劳务的交换也日益增多，一国的国内经济可以通过对外贸易来调节。运用贸易政策影响厂商和消费者的行为，成为调节总供给和总需求的重要手段之一。

2. 对外贸易政策是调节一国以国际收支为主要内容的外部经济平衡的主要手段

一国可以通过对关税措施、非关税措施的调整，来调节商品的进出口量或者国际资本的流动，从而调整外部经济的平衡。

3. 对外贸易政策是实现经济目标的工具

对外贸易政策影响着国内的资源配置、福利目标的调整以及辅助产业发展目标的实现从而促进经济的增长。

第二节　关税的一般分析

一、关税的含义

关税政策是国际贸易政策中最古老的也是当前世界各国对外贸易政策中最基本的政策。关税(Customs Duties；Tariff)是指一国海关对通过本国关境的进出口商品所征收的一种税收。

现代关税制度在衡量商品进出口的标准上有国境和关境两种。关境(Customs Territory)是指一国海关所管辖的用以执行海关各项法令法规征收关税的领域，又称税境或海关境域。一般情况下，关境基本等同于国境，但亦有不一致。例如，有些国家在其国境内设立了自由港和自由贸易区，自由港或自由贸易区虽在国境之内，但从征收关税的角度来看，它是在该国关境之外，因为自由港(区)的货物可不征关税，此时关境小于国境；而有时几个国家相互之间结成关税同盟，如欧盟各国，在同盟内部互免关税，对外则统一征收关税，此时关境大于其成员国各自的国境。

关税是通过海关征收的，海关(Customs)是设在关境上的国家行政管理机构。它是贯彻执行本国有关进出口政策、法令和规章的主要工具，它的职责履行对于一国国家经济的正常发展非常重要，其任务是根据本国有关的进出口政策、法令和规章，对进出口货物、货币、金银、行李、运输工具等实行监督管理，征收关税，查禁走私、临时保管通关货物和统计进出口商品等，海关有权对不符合国家规定的进出口货物不予放行、罚款、没收或销毁。

二、关税的历史

关税有关的悠久历史。早在欧洲的古希腊、雅典时代和中国的西周时期就已经开始对出入关卡、港口的用于交换的货物征收关税。在古希腊时期，当时希腊在爱琴海、黑海两岸有许多属地，对来往于这里的进出口货物征收1%～5%的税，在罗马时期也对通过其海港、桥梁等的货物征收2.5%的税，后来税率提高到12.5%，这些税收是货物在通过一定地区时征收的，带有关税的性质。英国很早就有一种“例行通过税”(Customary Tolls)，商人进入市场时交纳给当地的领主，后来把这种税称为关税，Customs便成为海关或关税的专用词，并沿用至今。我国关税历史悠久，西周就有“关市之征”的记载，征税的目的是“关市之赋，以待王之膳服”。秦统一天下以后，国境的概念比较明显了，历代王朝都在国内设立关卡征收关税，并以此作为国家财政的主要来源。随着国际贸易往来的逐渐增多，陆地边境关卡的征税和沿海港口的征税，具有国境关税的特征。清初时设立江、浙、闽、粤四处海关，其后在不平等条约下增开对外通商口岸设立海关，征收关税。但国内各地关卡林立，常关税、厘金税、子口税、转口税等国内关税与国境关税同时并存。至1931年以后才逐步撤销了内地关税，进而统一到国境关税形式。

在封建社会时期，由于各国国内封建割据，关卡林立，重重征税，不仅严重束缚了国内的商品生产和流通，亦影响了对外贸易的发展。到了封建社会末期，资本主义生产方式日益发展，一些国家确立了资本主义生产方式，资产阶级政府才逐渐废除了由于封建割据而形成的内地关税，形成了全国统一的关税制度，即进出口货物都统一在一国的国境征收一次关税，而在国境内不再征收关税。英国在1640年率先使用了这种国境关税，是最早采用统一的国境关税制的国家。法国于1791年在国境统一征收关税，随后这种统一的国境关税普及到全世界，从而形成了近代关税制度。总之，关税是随着商品流通的扩大和国际贸易的发展而产生和逐步发展起来的。

三、关税的作用

关税最初只是作为政府增加财政收入的渠道之一。但是,从资本主义生产方式建立以后,关税的保护作用开始被发现和重视起来,逐渐成为各国推行贸易保护主义的重要手段,关税也由此具备了各种经济方面的职能作用。

(一)维护国家主权和经济利益

对进出口货物征收关税,表面上看似乎只是一个与对外贸易相联系的税收问题,其实一国采取什么样的关税政策直接关系到国与国之间的主权和经济利益。历史发展到今天,关税已成为各国政府维护本国政治、经济权益,乃至进行国际经济斗争的一个重要武器。我国根据平等互利和对等原则,通过关税复式税则的运用等方式,争取国家间的关税互惠并反对他国对我国进行关税歧视,促进对外经济技术交往,扩大对外经济合作。

(二)保护和促进本国工农业生产的发展

一个国家采取什么样的关税政策,是实行自由贸易,还是采用保护关税政策,是由该国的经济发展水平、产业结构状况、国际贸易收支状况以及参与国际经济竞争的能力等多种因素决定的。国际上许多发展经济学家认为,自由贸易政策不适合发展中国家的情况。相反,这些国家为了顺利地发展民族经济,实现工业化,必须实行保护关税政策。我国作为发展中国家,一直十分重视利用关税保护本国的“幼稚工业”,促进进口替代工业发展,关税在保护和促进本国工农业生产的发展方面发挥了重要作用。

(三)调节国民经济和对外贸易

关税是国家的重要经济杠杆,通过税率的高低和关税的减免,可以影响进出口规模,调节国民经济活动。如调节出口产品和出口产品生产企业的利润水平,有意识地引导各类产品的生产,调节进出口商品数量和结构,可促进国内市场商品的供需平衡,保护国内市场的物价稳定等。

(四)筹集国家财政收入

从世界大多数国家尤其是发达国家的税制结构分析,关税收入在整个财政收入中的比重不大,并呈下降趋势。但是,一些发展中国家,其中主要是那些国内工业不发达、工商税源有限、国民经济主要依赖于某种或某几种初级资源产品出口,以及国内许多消费品主要依赖于进口的国家,征收进出口关税仍然是他们取得财政收入的重要渠道之一。我国关税收入是财政收入的重要组成部分,新中国成立以来,关税为经济建设提供了可观的财政资金。目前,发挥关税在筹集建设资金方面的作用,仍然是我国关税政策的一项重要内容。

四、关税的保护程度

衡量一国关税的高低和保护程度的强弱并不能简单地仅凭税率的高低。目前，各国一般以关税水平来比较各国间关税的高低，以名义保护率和有效保护率来表示对某类商品的保护程度。

(一)关税水平计算方法

关税水平是针对一国平均进口税率而言的，计算方法分为简单平均法和加权平均法两种。简单平均法是指不管每个税目实际的进口数量，只按税则中的税目数求其税率的平均值。这种方法对进口数量多的税目和进口数量少的税目、重要的税目和不重要的税目，均以同样的分量计算，显然是不合理的，故极少使用。加权平均法则是用进口商品的数量或价值作为权数进行平均，主要计算方法有以下几种：

1.按进口税额占总进口商品价额的百分比计算

计算公式为：关税水平＝进口税款总额/进口总值×100％

这种方法的缺点是：如果进口商品中有较多免税的项目，计算结果就偏低，不能正确反映关税水平高低。

2.按进口税额占有税商品进口总值的百分比计算

这种方法计算出的结果一般要高于上述方法。

计算公式为：关税水平＝进口税款总额/有税商品进口总值×100％

3.取样加权平均法

即选取若干有代表性的商品，按一定时期内这些商品的进口关税总额占这些代表性商品进口总额的百分比计算。选用的商品越多，计算越精确。其计算公式为：

关税水平＝代表性商品进口关税总额/代表性商品有税商品进口总值×100％

举例说明，取A、B、C三种代表性商品计算，其进口值依次为100万元、40万元、60万元，税率依次为10％、20％、30％，则其关税水平为：

$$\frac{100\times10\%+40\times20\%+60\times30\%}{100+40+60}\times100\%=18\%$$

若各国选取同样的代表性商品进行加权平均，对各国的关税水平进行比较则成为可能，这种方法比全额加权平均法更为简单和实用。在关贸总协定“肯尼迪回合”就关税减让谈判时，各国就是使用联合国贸易与发展委员会议选取的504种有代表性的商品来计算和比较各国的关税水平。

(二)名义保护率和有效保护率

关税水平可以比较各国关税的高低，但还不能完全说明关税保护的程度，而要衡量关税的保护程度,则要借助于保护率的概念。

1. 名义保护率(Nominal Rate of Protection)相当于名义关税率(Nominal Tariff Rate),是指国内市场价格超过国际市场价格的部分占国际市场价格的百分比

在其他因素不变的条件下,名义关税税率越高,对本国同类产品的保护作用也越大。名义保护率用公式表示为:

名义保护率=(进口货物国内市场价格－自国外进口价格)/自国外进口价格×100%

或者为:

名义保护率=(进口货物国内市场价格－国际市场价格)/国际市场价格×100%

依据上述公式制定的关税率就是名义关税率,它能够抵消国外产品因价格偏低而对本国产品形成的冲击。

2. 有效保护率(Effective Rate of Protection)亦称有效关税率(Effective Tariff Rate),是指关税使受保护行业的单位产品增加值在征税后所提高的百分比,也就是对单位产品增值部分所提供的保护,是关税对本国产品的实际的、有效的保护率

有效保护率的计算公式为:

$$E=\frac{V'-V}{V}$$

其中 E 表示有效保护率;

V' 表示征税后单位产品的附加值;

V 表示自由贸易条件下单位产品的附加值。

例如,某国在自由贸易即零关税的情况下,一辆汽车的国内价格为 10 万元,其中 8 万元为使用进口原材料和零部件的价值,则不征收关税时的产品增加值为 10－8=2 万元。此时的附加值占汽车全部价值的 20%。但是现实社会中几乎不存在完全自由贸易。如果该国对所有的进口汽车征收 10%的关税,对进口原材料征收 5%的关税,则国内汽车价格变为 11 万元,国内原材料价格变为 8.4 万元,产品增加值为 11－8.4=2.6 万元,此时的有效保护率为:

$$E=(2.6-2)/2\times100\%=30\%$$

若对进口汽车和原材料同时征收 10%的关税,则国内汽车价格变为 11 万元,原材料价格变为 8.8 万元,国内生产增值=11－8.8=2.2 万元,此时的有效保护率为:

$$E=(2.2-2)/2\times100\%=10\%$$

若对进口汽车和原材料分别征收 10%和 20%的关税,则国内汽车价格变为 11 万元,原材料价格变为 9.6 万元,国内生产增值=11－9.6=1.4 万元,此时的有效保护率为:

$$E=(1.4-2)/2\times 100\%=-30\%$$

名义保护与有效保护的区别在于：名义保护只考虑关税对某种产品国内市场价格的影响；而有效保护则着眼于生产过程的增值，考察了整个关税制度对被保护商品在生产过程中的增加值的影响。对进口原材料征关税，就是在向利用这种原材料的国内产业征税，不利于该产业的发展。当最终产品的名义关税率大于原材料的名义关税率时，最终产品的有效保护率（即有效关税率）就会大于对它征收的名义关税率；反之，则小于对它征收的名义关税率。海关应掌握和利用这一原理，以便更科学地设置关税率和更有效地保护好我国的某些幼稚产业部门。

第三节　关税的分类

关税可以按不同标准进行分类。

一、按关税征收的目的分类

按征收的目的不同，关税可以分为财政关税和保护关税。

(一)财政关税

财政关税(Revenue Tariff)是指以增加国家财政收入为主要目的而征收的关税。对进口商品征收财政关税必须具备以下三个条件：(1)被征税的进口商品必须是国内不能生产或无替代品而必须从国外输入的商品；(2)被征税的进口商品在国内必须是消费量大，赋税力强的商品，如烟、酒、咖啡、茶叶等；(3)关税税率要适中或偏低，如税率过高将会妨碍进口，达不到增加财政收入的目的。

财政关税在资本主义发展初期曾发挥着重要的作用，因为当时社会经济不够发达，税源较少，所以财政关税就成为国家财政收入的主要来源，随着经济社会的不断发展，税源增加，关税收入在财政收入中的比重相对下降，关税的财政作用也在减弱。

(二)保护关税

保护关税(Protective Tariff)是指以保护本国国内产业为主要目的而征收的关税，旨在通过提高税率来提高进口商品的成本，削弱其竞争力，使其进口数量减少，以达到保护本国产业的目的。税率越高，保护程度越强。

保护关税政策始于18世纪重商主义时期，现代各国关税保护的重点有所不同，发达国家保护的通常是国际上竞争较强的商品，发展中国家则重在保护本国幼稚工业的发展。

二、按征税商品的流向分类

按征税商品的流向分类，关税可分为进口税、出口税和过境税。

(一)进口税

进口税(Import Duties)是进口国海关以进入本国关境或从自由港、出口加工区及保税仓库进入本国市场的货物和物品为对象所征收的关税。这是最主要也是最重要的一种关税，它可以是常规性的按照海关税则征收的关税，也可以是临时加征的附加税。

进口税是保护关税的主要手段，其税率通常因商品加工程度的不同而有所差别，一般是随着加工程度的提高而提高，目的是保护本国工业制成品，尤其是那些加工程度较高的工业制成品。所以各个国家一般对原材料进口规定最低税率甚至免税，对半制成品的进口规定稍高一点的税率，而对制成品的进口规定最高税率。

(二)出口税

出口税(Export Duties)是出口国海关对本国商品输往国外时，对出口商所征收的关税。由于征收出口税会提高本国商品在国际市场上的售价，降低商品的竞争力，不利于扩大出口。目前主要是一些发展中国家还在使用出口税，我国对少数商品还征收出口税，主要是有色金属、生丝、钛合金和绸缎等商品。

征收出口税的目的有以下几种：(1)对本国资源丰富、出口量大的商品征收出口税，以增加国家财政收入，缓解政府资金短缺的矛盾。这种关税税率一般较低，在3%左右。比如，拉美国家一般对出口商品征收1%～5%的出口税；(2)保护国内重要的原材料资源，以支持国内相关产业的发展，防止无法再生的资源逐渐枯竭。如俄罗斯从2007年7月1日开始对未加工的原木的出口关税提高10%，达到6欧元/立方米；(3)转嫁开发费用。对一些垄断性的产品出口征税，像巴西出口的咖啡、古巴出口的烟草、智利出口的硝石等都被征收出口税，以此转嫁开发和生产这类产品所需的费用；(4)调节和控制某些商品的出口流量，防止盲目出口，平衡国际收支。

(三)过境税

过境税(Transit Duties)是一国对于通过其领土或关境运往另一国的外国货物所征收的关税。由于过境货物对本国生产和市场没有影响，而且还可以从交通运输、港口使用、仓储保管等方面获得收入，再加上有关国际条约对征收过境税的限制，因而目前绝大多数国家都不征收过境税，仅在外国商品通过本土时征收少许的印花费、准许费、登记费和统计费等。

三、按差别待遇和特定的实施情况分类

按差别待遇和特定的实施情况分类，关税可分为普通税、特惠税、最惠国税和普遍优惠税。

（一）普通税

普通税是指如果进口国未与该进口商品的来源国签订任何关税互惠贸易条约，则对该进口商品按普通税率征税。普通税率通常为一国税则中的最高税率，一般比优惠税率高1～5倍，少数商品甚至高达10倍、20倍。目前仅有个别国家对极少数（一般是非建交国）国家的出口商品实行这种税率，大多数只是将其作为其他优惠税率减税的基础。因此，普通税率并不是被普遍实施的税率。

（二）特惠税

特惠税又称优惠税，是对来自特定国家或地区的进口商品给予特别优惠的低关税或免税待遇。使用特惠税的目的是为了增进与受惠国之间的友好贸易往来。特惠税有的是互惠的，有的是非互惠的，税率一般低于最惠国税率和协定税率。

特惠税最早开始于宗主国与其殖民地及附属国之间的贸易。最有名的特惠关税是英联邦帝国特惠制，1932年由英联邦国家在渥太华会议上建立，1973年英国加入欧共体市场后，这一特惠制名存实亡。目前仍在起作用的且最有影响的是2000年6月23日欧盟15国与非洲、加勒比海及太平洋地区77国（简称非加太集团）在贝宁首都科托努签订的《科托努协定》，该协定前身为1975年2月28日由非加太集团46个成员国与欧洲经济共同体9国签订的《洛美协定》。《科托努协定》规定的特惠税，是欧共体向参加协定的非洲、加勒比海及太平洋地区的发展中国家单方面提供的特惠关税。根据协定，在协定的8年过渡期中，非加太国家97%的农产品和全部工业产品可免税进入欧盟市场，而不要求受惠国给予反向优惠。

（三）最惠国税

最惠国税率是一种优惠税率，对原产于与本国签有最惠国待遇条款协定的国家（或地区）的货物征收的进口关税，往往和双边或多边最惠国待遇相关。

所谓最惠国待遇（Most-Favoured-Nation Treatment—MFNT），是指缔约国各方实行互惠，凡缔约国一方现在和将来给予任何第三方的一切特权、优惠和豁免，也同样给予对方。最惠国待遇的内容很广，但主要是关税待遇。最惠国税率是互惠的且比普通税率低，有时甚至差别很大。例如，美国对进口玩具征税的普通税率为70%，而最惠国税率仅为6.8%。由于世界上大多数国家都加入了签订有多边最惠国待遇条约的关贸总协定，或者通过个别谈判签订了双边最惠国待遇条约，因而这种关税税率实际上已成为正常的关税率。

最惠国待遇的形式有两种：有条件的和无条件的最惠国待遇；有条件的最惠国

待遇是指如果甲方给予第三国的优惠待遇是有条件的，则要求乙方必须提供同样的补偿才能享受这种待遇。由于它是首先被美国所采用，故又称美洲式的最惠国待遇。无条件的最惠国待遇是指缔约国一方现在和将来给予任何第三方的一切优惠待遇，立即无条件地、自动地、无补偿地适用于对方；由于它首先在英国采用，故又称为欧洲式最惠国待遇。现在的国际贸易条约与协定一般多采用无条件的最惠国待遇。

不过，最惠国税率并非是最低税率。在最惠国待遇中往往规定有例外条款，如在缔结关税同盟、自由贸易区或有特殊关系的国家之间规定更优惠的关税待遇时，最惠国待遇并不适用。

(四)普惠税

普惠制是普遍优惠制(Generalized System of Preferences—GSP)的简称，是发达国家单方面对从发展中国家输入的制成品和半制成品(包括某些初级产品)给予普遍的、非歧视的、非互惠的一种关税优惠制度。普惠制是在最惠国税率基础上进一步减免或全部免税的更优惠的待遇，税率一般比最惠国税率低约三分之一。

普遍优惠制是发展中国家在联合国贸易与发展会议上长期斗争的成果。它最早是由阿根廷经济学家提出来，在1968年联合国第二届贸发会议上通过普惠制决议至今，普惠制已在世界上实施了40余年。目前，全世界已有190多个发展中国家和地区享受普惠制待遇，给惠国则达到30余个。我国自1979年开始享受普惠制待遇至2007年1月1日，给予我国普惠制待遇的国家有38个，分别为欧盟27国(奥地利、比利时、丹麦、芬兰、法国、德国、希腊、爱尔兰、意大利、卢森堡、荷兰、葡萄牙、西班牙、瑞典、英国、捷克、塞浦路斯、爱沙尼亚、拉脱维亚、立陶宛、匈牙利、马耳他、波兰、斯洛伐克、斯洛文尼亚、保加利亚、罗马尼亚)和日本、土耳其、加拿大、澳大利亚、新西兰、挪威、瑞士、俄罗斯、白俄罗斯、乌克兰、哈萨克斯坦。

普惠制的基本原则是普遍性、非歧视性和非互惠性。普遍性是指发达国家对所有发展中国家出口的制成品和半制成品给予普遍的关税优惠待遇；非歧视性是指应使所有发展中国家都无歧视、无例外地享受普惠制待遇；非互惠性即非对等性，是指发达国家应单方面给予发展中国家作出特殊的关税减让而不要求发展中国家对发达国家给予对等待遇。其主要目标是：增加发展中国家或地区的外汇收入；促进发展中国家的工业化；加速发展中国家的经济增长与发展。

实施普惠制的国家为了保护本国的经济，均在各自的普惠制方案中制定了程度不同的保护措施。从具体内容看，各方案不尽一致，但大多包括了给惠产品范围、受惠国家和地区、关税削减幅度、保护措施、原产地规则、给惠方案有效期等6个方面。

1. 给惠产品范围

普惠制原则上要求给惠国对受惠国或地区实行普遍关税减免,但实际上农产品的给惠商品较少,工业制成品或半制成品中的一些敏感性商品,如纺织品、服装、鞋类以及某些皮制品、石油制品等常被排除在给惠商品之外或受到一定限额的限制。例如,美国的普惠制方案规定,纺织品协议项下的纺织品和服装、手表、敏感性电子产品、敏感性钢铁产品、敏感性玻璃制品或半制成品及鞋类不能享受普惠制待遇;欧盟1994年12月31日颁布的对工业产品的新普惠制法规(该法规于1995年1月1日开始执行),将工业品按敏感程度分为五类,并分别给予不同的优惠税率。具体地说,对第一类最敏感产品,即所有的纺织品,征正常关税的85%;对第二类敏感产品,征正常关税的70%;对第三类半敏感产品,征正常关税的35%;对第四类不敏感产品,关税全免;而对第五类部分初级工业产品,将不给优惠税率,照征正常关税。

2. 受惠国家和地区

普惠制原则上应对所有发展中国家和地区都无歧视、无例外地提供关税优惠,但是发展中国家能否成为普惠制方案的受惠国是由给惠国单方面确定的。因此,各普惠制方案大都有违普惠制的三项基本原则。各给惠国从各自的政治、经济利益出发,制定了不同的标准要求,限制受惠国家和地区的范围。例如,美国就曾以我国不是关贸总协定成员国为由拒绝把普惠制待遇给予我国的出口产品,包括后来中国加入WTO,已满足了获得美国普惠制待遇的所有规定,但美国一直没有给予中国普惠制待遇。

3. 给惠商品的关税削减幅度

给惠商品的减税幅度取决于最惠国税率与普惠制税率之间的差额。一般说来,农产品减税幅度小,工业品减税幅度大,甚至免税。

4. 保护措施

各给惠国为了保护本国生产和国内市场,均在各自的普惠制方案中制定了程度不同的保护措施。保护措施主要表现在例外条款、预定限额及毕业条款三个方面。

例外条款(Escape Clause),又称免责条款,是指当给惠国认为从受惠国优惠进口的某项产品的数量增加到对其本国同类产品或有竞争关系的商品的生产者造成或将造成严重损害时,给惠国保留对该产品完全取消或部分取消关税优惠待遇的权利。很明显,例外条款表明,发达国家给予发展中国家普惠待遇的前提条件是其国内市场不会因给惠而受到干扰。

预定限额(Prior Limitation),是指给惠国根据本国和受惠国的经济发展水平及贸易状况,预先规定一定时期内(通常为一年)某项产品的关税优惠进口限额,达到这个额度后,就停止或取消给予的关税优惠待遇,而按最惠国税率征税。给惠国通常引用预定限额对工业产品的进口进行控制。

毕业条款(Graduation Clause),是指给惠国以某些发展中国家或地区由于经济发展,其产品已能适应国际竞争而不再需要给予优惠待遇和帮助为由,单方面取消这些国家或产品的普惠制待遇。毕业标准可分为国家毕业和产品毕业两种,由各给惠国自行具体确定。例如,美国规定,一国人均收入超过8500美元或某项产品出口占美国进口的50%即为毕业。美国自1981年4月1日开始启用毕业条款,至1988年底,终止了16个国家的受惠国地位,免除了来自141个发展中国家和地区约3000多种进口商品的普惠制待遇。

毕业条款是一项最敏感、最严格的保护措施。其实施会对相关国家的出口贸易产生很大的影响。"已毕业"的国家和产品因为不能再享受优惠待遇,一方面不得不在进口国市场上与发达国家同类产品竞争,另一方面又面临其他发展中国家乘势取而代之打入进口国市场的严峻挑战。以亚洲"四小龙"为例,1987年他们享受美国普惠制的受惠额占美国所给全部受惠额的60%,达到美国规定的毕业标准。于是美国政府1988年1月29日宣布,亚洲"四小龙"已从不发达国家和地区中毕业,从1989年起取消其向美国出口商品所享受的普惠制待遇。这样,亚洲"四小龙"被迫在不享受普惠待遇的情况下同美国市场上的德国、日本等发达国家同类产品竞争。

毕业条款同样也困扰着中国产品的出口。在欧盟新的普惠制方案中,被取消普惠制待遇的中国产品,涉及《协调制度》的37个章节,共7大类商品,占了近41%。从1993年的出口金额看,这7大类产品对欧出口为177亿欧洲货币单位,占中国对欧总出口的60%。可见,欧盟新普惠制方案的毕业条款会对中国向欧出口产生很大的消极影响。

5. 原产地规则(Rules of Origin)

原产地规则是普惠制的核心组成部分,是给惠国为了确保普惠制待遇只给予发展中国家和地区生产和制造的产品而制定的。它是衡量受惠国出口产品能否享受给惠国给予减免关税待遇的标准。

原产地规则一般包括三个部分:原产地标准、直接运输规则和书面证明书。原产地标准(Origin Criteria),是指只有完全由受惠国生产或制造的产品,或者进口原料或部件在受惠国经过实质性改变而成为另一种不同性质的商品,才能作为受惠国的原产地产品享受普惠制待遇。直接运输规则(Rule of Direct Consignment),是指受惠国原产品必须从出口受惠国直接运至进口给惠国。这是一种必要的技术手段,制定这项规则的主要目的是为了避免在运输途中可能进行的再加工或换包,确保运至给惠国的产品就是出口受惠国发运的原产品。但如果由于地理或运输等原因确实不可能直接运输时,允许货物经过他国领土运转,条件是货物必须始终处于过境国海关的监管下,未投入当地市场销售或再加工。书面证明书

(Documentary Evidence),是指受惠国必须向给惠国提供由出口受惠国政府授权的签证机构签发的普惠制原产地证书(表格 A),作为享受普惠制减免关税优惠待遇的有效凭证。

6. 普惠制的有效期

普惠制的实施期限为 10 年,经联合国贸易发展会议全面审议后可延长。目前正处于普惠制第四个实施期。

普惠制实施 40 多年来,确实对发展中国家的出口起了一定的积极作用。但由于各给惠国在提供关税优惠的同时,又制定了种种繁琐的规定和严厉的限制措施,使得建立普惠制的预期目标还没有真正达到,广大发展中国家尚需为此继续斗争。

四、按关税的征收标准分类

关税的征收标准又称征收方法,主要分为从量税、从价税、混合税和选择税四种。

(一)从量税

从量税(Specific Duties)是以进口货物的重量、数量、容量、长度、面积等计量单位为标准课征的关税,即按货物的计量单位确定应征关税税额,其中重量单位是最常用的从量税的计量单位。例如,美国对薄荷脑的进口征收从量税,普通税率为每磅 50 美分,最惠国税率为每磅 17 美分。其计算公式为:

$$从量税额=商品数量\times每单位从量税$$

以重量为单位征收从量税必须注意,在实际应用中各国计算重量的标准各不相同,一般采用毛重、净重、净净重。毛重(Gross Weight)指商品本身的重量加内外包装材料在内的总重量。净重(Net Weight)指商品总重量扣除外包装后的重量,包括部分内包装材料的重量。净净重(Net Net Weight)则指商品本身的重量,不包括内外包装材料的重量。

征收从量税的优点:(1)手续简便。不需审定货物的规格、品质、价格,便于计算,可以节省大量征收成本。(2)对于低价格的进口商品抑制作用较大。只要量相同,质量次、价格低的进口商品与高档商品征收同样的税,故可控制低价商品的大量涌入。

征收从量税的缺点:(1)税负不公。同一税目的商品,不论质量好坏、价格高低,均按同一税率征税,税负相同,因而对质劣价廉的进口物品抑制作用较大,而对质优价高的进口商品,其保护作用相对减小。(2)不能随价格变动作出调整。当国内物价上涨时,税额不能随之变动,使税收相对减少,保护作用削弱;物价下跌时,税负相对较高,不仅影响财政收入,也影响到关税的调控作用。

鉴于从量税的这些缺点,使其难以普遍采用,征收的对象一般是谷物、棉花等大宗产品和标准产品，对某些商品如艺术品及贵重物品则不便使用。二战之前，资本主义国家普遍采用从量税的方法计征关税。二战后，从量税的比重逐渐减少，目前使用从量税的国家和商品已经很少，完全采用从量税的发达国家仅有瑞士一个。

(二)从价税

从价税(Ad Valorem Duties)是以进口商品的价格为计征标准而计算征收的关税。如对酒征收10%的从价税。从价税的税率表现为货物价格的百分比，其计算公式为：

从价税额＝商品总值×从价税率

从价税的优点有：(1)税负合理。同类商品质高价高，税额也高；质次价低，税额也低，加工程度高的商品和奢侈品的进口所征税额较高，相应的保护作用较大。(2)从价税率按百分数表示，便于各国间进行比较。

从价税的缺点：(1)完税价格不易掌握，征税手续复杂，大大增加了海关的工作负荷。(2)按当前国际上的估价方法，完税价格的依据基本上是货物的成交价格，由于进口商申报的商品价格不同，同种商品的税率会出现差别。

征收从价税的一个重要问题是确定进口商品的完税价格(Dutiable Value)。所谓完税价格，是指经海关审定的作为计征关税依据的货物价格，货物按此价格照章完税。长期以来，世界各国往往采用不同的估价方法来确定完税价格，目前大致有以下三种：出口国离岸价格(FOB)、进口国到岸价格(CIF)和进口国的官方价格。如美国、加拿大等国采用离岸价格来估价，而西欧等国采用到岸价格作为完税价格，不少国家甚至故意抬高进口商品完税价格，以此增加进口商品成本，把海关估价变成一种阻碍进口的非关税壁垒措施。

为了弥补各国确定完税价格的差异且减少其作为非关税壁垒的消极作用，关贸总协定于1973年“东京回合”订立了《海关估价协议》，并于1981年1月1日开始生效。协议中规定了五种依次使用的海关估价方法。一是根据货物的成交价格估价；二是利用同时出口到同一国家的同类商品的价格进行估价；三是利用同时出口到同一国家的类似商品的价格进行估价；四是利用同一时间内已销售的商品单价估价；五是通过累计原材料价值、生产费用、运输费用和保险费用的方法来计算商品的价格。

(三)混合税

混合税(Mixed or Compound Duties)是在税则的同一税目中订有从量税和从价税两种税率，征税时同时使用从量、从价两种税率计征，以两种税额之和作为该种商品的关税税额。其计算公式为：

混合税额＝从量税额＋从价税额

混合税按从量、从价的主次不同又可分为两种情况：一种是以从量税为主加征从价税，即在对每单位进口商品征税的基础上，再按其价格加征一定比例的从价税。例如，美国进口小提琴每把征税1.25美元，另加征35%的从价税。另一种是以从价税为主加征从量税，即在按进口商品的价格征税的基础上，再按其数量单位加征一定数额的从量税。我国进口征税以从价税为主，1999年起对部分商品征收混合税。例如，对于完税价格低于或等于2000美元/台的录像机执行单一的从价税，普通税率是130%，优惠税率是45%(2002年降到36%)；但对完税价格高于2000美元/台的录像机征收混合税，普通税率每台20600元人民币的从量税，再加征6%的从价税，优惠税率是每台7000元(2002年降到5480元)人民币的从量税，再加3%的从价税。

由于混合税结合使用了从量税和从价税，扬长避短，哪一种方法更有利，就使用哪一种方法或以其为主征收关税，因而无论进口商品价格高低，都可起到一定的保护作用。目前世界上大多数国家都使用混合税，如主要发达国家美国、欧盟各国、加拿大、澳大利亚、日本等，以及一些发展中国家如印度、巴拿马等。

(四)选择税

选择税(Alternative Duties)是指对某种商品同时订有从量和从价两种税率，征税时由海关选择其中一种征税，作为该种商品的应征关税税额。一般是选择税额较高的一种税率征收，在物价上涨时使用从价税，物价下跌时使用从量税。有时，为了鼓励某种商品的进口，或给某出口国以优惠待遇，也有选择税额较低的一种税率征收关税的。

五、其他关税

(一)进口附加税

进口附加税(Import Surtaxes)是指对进口商品除了征收正常的进口关税以外，还往往根据某种目的再加征额外的关税，作为一种特定的临时性措施，进口附加税的主要目的有：应付国际收支危机，平衡贸易收支；抵消外国商品的补贴或倾销；对某个国家或地区实施歧视或报复政策等。根据征税的目的不同，进口附加税主要分为以下几种：

1. 反补贴税

反补贴税(Counter-Vailing Duty)又称为抵消税或补偿税，是对直接或间接接受任何奖金或补贴的外国商品在进口时所征收的一种临时附加税。因此，凡进口商品在生产、制造、加工、买卖以及输出过程中所接受的直接或间接的奖金或补贴都构成了征收反补贴税的条件，不管这类奖金补贴是来自政府，还是来自垄断组织或同业公会。征收反补贴税的目的在于提高进口商品的价格，抵消其所享受的补贴金额，使其不能在进口国的国内市场上进行低价竞争或倾销。反补贴税的税额一般是按奖金或补贴的数额征收。

2. 反倾销税

反倾销税(Anti-Dumping Duty)是对实行倾销的进口商品所征收的一种进口附加税。其目的在于抵消倾销所带来的不利影响,保护本国市场。

倾销是指以低于本国国内市场价格或低于正常价格在其他国家进行商品销售的行为,它使进口国的生产者处于不平等竞争地位,造成冲击。进口国为了保护本国产业免受外国商品倾销的冲击,就可对实施倾销的商品征收反倾销税。例如,欧盟2006年3月31日发表官方公报称:由于中国彩电企业拒绝遵守2002年达成的相关承诺,欧盟将从即日起对中国7家彩电企业恢复征收44.6%的反倾销税。

关贸总协定规定,必须同时符合以下两个情况才能构成商品倾销:(1)一国产品以低于"正常价值"的办法挤入另一国市场;(2)由此而对该进口国国内已建立的某工业造成实质性的威胁或实质性损害,或者对某一工业的新建产生严重的障碍。对于"正常价值"的确定有三种办法:(1)出口国国内市场上的实际销售价格。这是最基本的一种办法。(2)出口国向第三国出口该种产品或相似产品的价格。(3)结构价格。当前两种办法均因不合要求而不能采用时,可根据该出口产品在原生产国的生产成本加上合理的推销费用和利润得出该产品的结构价格。

目前征收反倾销税经常被一些国家滥用,成为贸易保护的一种手段。为防止滥用反倾销调查,《反倾销守则》规定,凡要进行反倾销调查,必须有足够的证明方可进行。而且规定,有关当局的调查、取证,必须在一年内完成。

3. 报复性关税

报复性关税(Retaliatory Duties)是指对特定国家的不公平贸易行为采取行动而临时加征的一种进口附加税。征收报复性关税的情况主要有以下几种:(1)他国对本国输出的商品课以不合理的高关税或实行差别税率;(2)他国对本国商品输出设置障碍;(3)本国对贸易伙伴违反某种协议所采取的措施。

例如,日本政府为了对抗被世贸组织裁定为非法的美国《伯德修正案》,宣布自2005年9月1日开始对轴承、钢铁制品等15种商品实施报复性关税,这些商品需在一般关税的基础上再加征15%的报复性关税。

4. 惩罚性关税

惩罚性关税(Penalty Tariff)是指出口国某商品违反了与进口国之间的协议,或者未按进口国海关规定办理进口手续时,由进口国海关向该进口商品征收的一种临时性的进口附加税,这种关税具有惩罚或罚款的性质。

5. 紧急关税

紧急关税(Emergency Tariff)是为了消除外国商品在短期内大量进口,对国内同类产品生产造成重大损害或产生重大威胁时临时征收的一种进口附加税。当短期内,外国商品大量涌入时,一般正常关税已经无法起到有效的保护作用,因此需要借助税率较高的特别关税来限制进口，以保护国内生产。由于紧急关税是在紧急情况下征收的临时性关税，因此当紧急情况缓解后，紧急关税必须撤除，否则会受到别国的关税报复。

(二)差价税

差价税(Variable Levy)又称滑动关税或差额税，是当某种本国生产的产品国内价格高于同类的进口商品价格时，为了削弱进口商品的竞争能力，按照进口商品价格低于国内市场同种商品价格的差额来确定关税税率的一种办法。由于差价税是随着国内外价格差额的变动而变动的，因此它是一种滑动关税。征收差价税可分为部分差价税、全部差价税和倍数差价税三种。部分差价税是以小于国内市场商品价格与进口商品价格的差额水平征收关税；全部差价税又称全额差价税，是以等于国内市场价格与进口商品价格的差额的水平征税；倍数差价税是以国内市场商品价格与进口商品价格的差额的倍数征税，这种方法具有极强的保护主义色彩。

差价税的典型表现是欧盟对进口农畜产品的做法。欧盟为了保护其农畜产品免受非成员国低价农产品竞争，而对进口的农产品征收差价税。欧盟征收差价税：首先是在共同市场内部按生产效率最低而价格最高的内地中心市场的价格为准，制订统一的目标价格(Target Price)；其次从目标价格中扣除从进境地运到内地中心市场的运费、保险费、杂费和销售费用后，得到门槛价格(Threshold Price)，或称闸门价格；最后若外国农产品抵达欧盟进境地的 CIF(到岸价格)低于门槛价格，则按其间差额确定差价税率。实行差价税后，进口农产品的价格被抬至欧盟内部的最高价格，从而丧失了价格竞争优势。欧盟则借此有力地保护了其内部的农业生产。此外，对使用了部分农产品加工成的进口制成品，欧盟除征收工业品的进口税外，还对其所含农产品部分另征部分差价税，并把所征税款用作农业发展资金，资助和扶持内部农业的发展。因此，欧盟使用差价税实际上是其实现共同农业政策的一项重要措施，保护和促进了欧盟内部的农业生产。

第四节　关税制度

一、海关税则制度

(一)海关税则

海关税则(Customs Tariff)又称关税税则。它是国家根据其关税政策和总体经济政策，以一定的立法程序制定、颁布和实施的进出口商品计征关税的规章和对进出口的应税与免税商品加以系统分类及按商品类别排列的关税税率表。

海关税则一般由两部分组成:一部分是海关课征关税的规章条例及其说明;另一部分是关税税率表,主要包括税则号列(Tariff NO.)、商品分类目录(Description of Goods)和税率(Rate of Duty)三部分。

(二)海关税则的种类

1. 单式税则和复式税则

海关税则中的同一商品,可以采用一种税率征税,也可以按两种或两种以上税率征税,按照税率表的栏数,海关税则通常可分为单式税则和复式税则两种类型。

(1)单式税则(Single Tariff),又称一栏税则,是指一个税目下只有一个税率,该税率适用于来自任何国家的商品,无差别待遇。在自由竞争的资本主义时期,各国都采用单式税则,但到了垄断资本主义时期,发达资本主义国家为了在关税上搞差别或歧视待遇,或为争取关税上的互惠,都逐渐放弃了单式税则而改用复式税则。

(2)复式税则(Complex Tariff),又称多栏税则,是指一个税目下设有两个或两个以上的税率,以对来自不同国家的同类进口商品采用不同的税率。复式税则的特点是歧视性,对不同国家的同种商品实行有差别的歧视性待遇。复式税则中又包括二栏税率、三栏税率、四栏税率、五栏税率不等,同一税目所设置的税率栏次越多,税则的灵活性和差别待遇就越强,相应的歧视性也就越强。目前世界上大多数国家都实行复式税则。

2. 自主税则和协定税则

根据制定税则的权限不同,又可分为自主税则和协定税则。

(1)自主税则(Autonomous Tariff),又称国定税则,是指由一国立法机构依照关税自主原则单独制定和修改的以法律形式规定的关税税则。它不受对外签订的贸易条约或协定约束。

(2)协定税则(Conventional Tariff),是指一国与其他国家或地区通过订立贸易条约或协定的方式共同制定的关税税则。这种关税税则的制定不是完全自主性的。协定税则又分为双边协定税则、多边协定税则和不平等协定税则。由于这种税则是在本国原有的国定税则之外再另行规定的一种税率,是关税减让谈判的结果,因此它通常比国定税率要低。WTO是最典型的多边协定税则。

(三)海关税则的商品分类

商品分类是将种类繁多的商品或按加工程度,或按自然属性、功能和用途等分为不同类别。随着经济的发展,各国海关税则的商品分类越来越细,这不仅是由于商品日益增多而产生技术上的需要,更主要的是各国开始利用海关税则更有针对性地限制有关商品进口和更有效地进行贸易谈判,将其作为实行贸易歧视的手段。

各国海关税则的商品分类方法不完全相同,大体上有以下几种:(1)按商品的自然属性分类,如动物、植物、矿物等;(2)按商品的加工程度或制造阶段分类,如原料、半制成品和制成品等;(3)按商品的组成成分或按同一工业部门的产品分类,如钢铁制品、塑料制品、化工产品等;(4)按商品的用途分类,如食品、药品、染料、仪器等;(5)按商品的自然属性分成两大类,再按加工程度分成小类。商品分类的排列层次,一般分为三级到五级。先按自然属性、用途或组成成分等分成若干大类,再进一步分为章和组,其下列出商品项目。项目税则中的基本项目,可以"具体列名"一种商品,也可把相类似的商品综合一起,成为"一般列名",或者把前二者未包括的同类产品合成为一个"未列名商品"的项目,每个项目按顺序列出税号。在每个项目之下可以根据征税或统计的需要细分为子目、分目,称之为细目。大类和章或组两级只具有检索查找的用途,项目及细目逐目列出相应的税率。

各国关税税则对商品的分类方法各不相同不利于各国间的比较研究,不利于国家间的关税减让谈判,也不利于国际贸易的发展,为了减少各国海关在商品分类上的矛盾,统一税则目录开始出现并不断完善。1950 年,有关国家签署了《海关税则商品分类目录公约》,使用《海关合作理事会税则商品分类目录(Customs Cooperation Council Nomenclature—CCCN)》,原称《布鲁塞尔税则目录(Brussels Tariff Nomenclature—BTN)》。该目录的分类原则是按商品的原料组成为主,结合商品的加工程度、制造阶段和商品的最终用途来划分。它把全部商品共分为 21 类(section)、99 章(chapter)、1015 项税目号(heading No.)。前 4 类(第 1～24 章)为农畜产品,其余 17 类(第 25～99 章)为工业制成品。

《海关合作理事会税则商品分类目录》在世界各国海关税则中得到了普遍使用。与此同时,出于贸易统计和研究的需要,联合国经社理事会下设的统计委员会于 1950 年编制并公布了《国际贸易标准分类(Standard International Trade Classification—SITC)》。

两种商品分类目录在国际上同时并存,虽然制订了相互对照表,但仍给很多工作带来不便。为了更进一步协调和统一这两种国际贸易分类体系,1970 年,海关合作理事会决定成立协调制度委员会和各国代表团组成的工作团来研究探讨是否可能建立一个同时能满足海关税则、进出口统计、运输和生产等各部门需要的商品列名和编码的"协调制度"目录。60 个国家和 20 多个国际组织包括关贸总协定、联合国贸易与发展会议、国际标准化组织、国际商会、国际航运协会、国际航空协会、铁路国际运输组织等参加了研究工作。经过十多年的努力,完成制订了一套新型的、系统的、多用途的国际贸易商品分类体系《商品名称及编码协调制度》,简称《协调制度(Harmonized System—HS)》,并于 1988 年 1 月 1 日正式生效实施。截至 1991 年 10 月,已有 88 个国家在其税则中正式采用了《协调制度》目录,并且关贸总协定也是按《协调制度》目录统计的数据作为关税减让谈判的基础。我国自 1992 年 1 月 1 日起也正式实施了以《协调制度》为基础编制的新的《海关进出口税则》和《海关统计商品目录》。

《协调制度》基本上按商品的生产部类、自然属性、成分、用途、加工程度、制造阶段等进行编制，共有21类(section)、97章，其中第1～24章为农副产品，第25～97章为加工制成品，第77章金属材料为空缺，是为新型材料的出现而留空。在章下设有用四位数编码的项目(heading)1241个，其中有311个没有细分目录，其余930个项目被分为3246个一级子目(one-dash subheading)，这些子目中又有796个被进一步分出2258个二级子目(two-dash subheading)，因此，在《协调制度》中共有5019个税目。

《协调制度》的基础税目都用六位数字编码，六位数中的前四位数是协调制度的项目号(即税目号)，其中，前两位数表示商品所在的章，后两位表示该商品在章中所处的位置。项目以下，第五位数字为一级子目，表示该商品在项目中的位置，第六位数为二级子目，是一级子目的进一步细分。前四位与后两位之间用实点隔开。各国可以在子目之下增设分目(additional subheading)。例如，我国的海关税则在《协调制度》目录六位数编码的基础上，加列了1832个七位数子目和282个八位数子目，共有6250个税目。此外，为了使《协调制度》执行起来清楚、明确，《协调制度》有类、章的注释及项目和子目的注释，并在目录之首列有六条归类总规则，作为商品归类的指导。

二、通关手续

通关手续，又称报关手续，是指进出口商向海关申报进口或出口，接受海关的监督和检查，履行海关规定的手续。通关手续一般有四个基本环节：申报、查验、征税、放行。

(一)申报

申报(Application)又称报关，是指进出口商或其代理人在货物运抵进口国的港口、车站或机场时，在海关规定的时间内，向海关提交有关单证和填写有关的表格。在填制报关单时，必须正确、全面，其内容与实际货物及交验的其他单证必须完全一致，并做到报关单、货物及其他证件相符。

提交的单据和文件包括：进口报关单、提单、商品发票或海关发票、进口许可证、装箱单、原产地证书、商品检验证书及其他单证和合同等。

海关在收到报关人提交的上述单证后，进行审核。海关如发现缺少单证或没按规定内容填制，应立即通知申报人及时补充或更正。

(二)查验

查验(Customs Inspection)又称验关，是由进口货物的收货人、进口商或代理人随同海关人员在进口货物到岸卸货后，在海关指定的仓库内进行查验，核实货物与单证是否相符。

(三)征税

征税(Duties Collection),指海关查验货物后,根据该国海关税则,对来自不同国家的货物依照不同的税率征收关税。如发现货物缺失,可扣除该部分的进口税。

(四)放行

放行(Release),即海关在审核单证、货物并照章向进口商收取关税后,盖章放行。报关人即可到海关监管仓库或场所提货。

第五节　关税的经济效应

关税是限制和禁止进口的重要措施,是贸易壁垒的主要内容。征收关税会影响到资源配置的效率,并可能对征税国、其贸易伙伴国乃至世界的经济福利水平产生影响。在此我们将分别考察“小国”和“大国”两种情形,以局部均衡分析方法对进口关税的经济效应进行分析。

一、贸易小国的关税效应

贸易小国是假定这个国家不是某种产品重要的进口国,该国的进口量变动不会影响世界市场价格,如同完全竞争的企业,只是价格的接受者。该贸易小国在征收关税后,进口商品国内价格上涨的幅度等于关税税率,关税全部由进口国消费者负担。

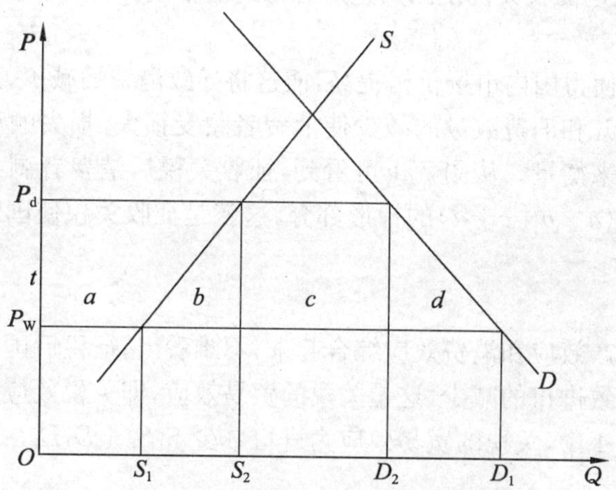

图 7-1　贸易小国的关税效应

贸易小国对某种商品征收进口关税的效应我们可以通过图 7-1 来分析。图中

的 S 曲线和 D 曲线分别代表贸易小国进口商品的供给与需求曲线。P_w 为世界市场价格，P_d 为征税后的该国国内市场价格，$P_d=P_w+t$，其中 a,b,c,d 分别为被标示的几何图形的面积。

假定在某一贸易小国对该种进口商品不征收关税的情况下，若世界市场价格为 P_w，该国的国内市场价格也为 P_w，M 国国内市场该商品生产量为 S_1，消费量为 D_1，进口量为 D_1-S_1。当该国对每一个单位进口商品征收的进口关税为 t 时，因世界市场价格仍维持在 P_w 水平，该国国内市场价格将因关税的征收而上升至 P_d（$P_d=P_w+t$），国内生产量增加至 S_2，国内消费量减少至 D_2，进口量缩减到 D_2-S_2。具体说来，关税的征收给该贸易小国带来以下经济效应：

1. 价格效应

贸易小国对世界市场价格没有影响。征收进口关税后，并不会改变世界市场价格。但是贸易小国进口成本的上升必然引起进口品在国内的售价提高。由于小国对商品的国际市场价格没有影响力，因此课征关税后，商品的国际售价仍为 P_w，但其国内价格却升至 P_d，且 $P_d=P_w+t$，即小国征收关税使进口品及其替代品的国内价格提高了相当于所征税额相当的幅度。

2. 生产效应

征收关税以后，国内的进口竞争厂商面对更高的价格，能够补偿因产出增加而提高的边际成本，于是他们会扩大生产使本国产量增加，此即关税所带来的生产效应。

价格的上升和生产量的增加为本国生产厂商带来的利益可以由生产者剩余的变动来衡量。在图 7-1 中，当价格从 P_w 上升至 P_w+t 后，生产者剩余的增加值为梯形面积 a，这就是征收关税使国内生产者得到的福利。

3. 消费效应

关税的征收使得国内市场价格提高，而这将导致消费的减少，此即关税的消费效应。价格的上升和消费数量的减少使消费者蒙受损失，损失的程度可以由消费者剩余的变动值来衡量。从图 7-1 可看到，征收关税后消费者剩余比征税前减少了相当于面积为 $(a+b+c+d)$ 的梯形部分，这就是征收关税使国内消费者损失的福利。

4. 贸易效应

把关税的生产效应和消费效应综合起来，不难看出，征税后国内生产的增加和消费的减少将导致进口的减少，这是关税的贸易效应，即关税效应＝生产效应＋消费效应。在图 7-1 中，关税的贸易效应为进口减少 $S_1S_2+D_1D_2$。

5. 税收效应

本国所征收的关税归属政府，形成政府的财政收入，此即关税的税收效应。在图 7-1 中，相当于面积为 c 的矩形部分即政府获得的关税收入。

6. 净福利效应

关税的征收会使不同的经济主体的利益发生不同的变化：生产厂商获得利益，政府获得税收，但会使消费者蒙受损失。如果把关税的生产效应、消费效应和税收效应综合起来，就可以得到关税的净福利效应，即关税的净福利效应＝生产者福利增加－消费者福利损失＋政府税收收入，也就是图 7-1 的 $a-(a+b+c+d)+c=-(b+d)$。其中，b 是由于征税后成本较高的国内生产替代了成本较低的外国生产，导致资源配置效率下降所造成的生产效率损失；d 是由于关税提高了国内价格而引起消费量减少导致的消费损失。净福利损失的存在，表明对小国而言，关税会降低本国的福利水平。

二、贸易大国的关税效应

贸易大国，即该国某种商品的进口量占了世界进口量的较大份额，该国变动进口量会影响到世界价格。该国征收关税后，一方面会使本国国内市场价格上升，另一方面国内市场价格上升使得国内市场需求减少，进口需求减少，而该国进口量占世界市场的比重很大所以其进口量的减少将导致世界市场价格下降，以期以更低的价格进入该国市场。与小国相比，贸易大国征收关税后其国内价格的上涨幅度要小于小国。国际市场价格的下降会部分抵消关税的效应，从而减弱关税对国内生产和消费的影响。

下面我们具体分析一下大国征收关税对进口国、贸易伙伴和世界的福利效应。图 7-2 中 S 曲线和 D 曲线分别代表贸易大国进口商品的供给与需求曲线。P_w 为该国征税前的世界市场价格，P_w' 为该国征税后的国际市场价格，P_d 为征税后的该国国内市场价格，$P_d=P_w'+t$，其中 a,b,c,d 分别为被标示的几何图形的面积。

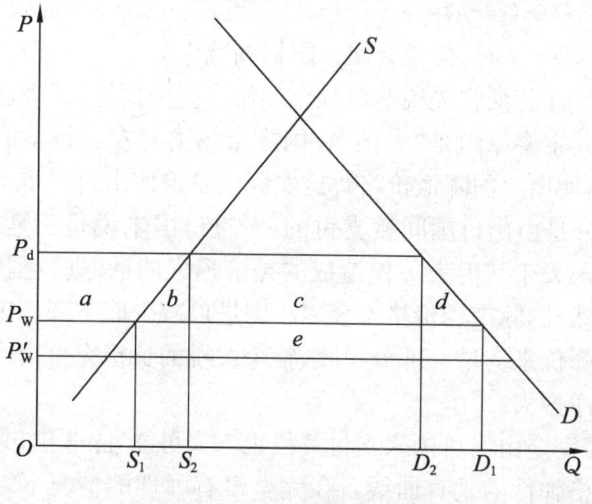

图 7-2 贸易大国的关税效应

假设在某种商品的国际贸易中，一贸易大国在该商品上的国内市场供求情况如图 7-2 所示，与贸易小国情况相同。在该贸易大国对该种进口商品不征收关税的情况下，若世界市场价格为 P_w，则该国的国内市场价格也为 P_w，该国国内市场中该商品生产量为 S_1，消费量为 D_1，进口量为 S_1-D_1。与贸易小国的情况不同，当贸易大国对每一个单位进口商品征收的进口关税为 t 时，由于征税必然导致该国进口数量的下降，减少对世界市场上该商品的需求，图 7-2 中贸易大国的关税效应致使该商品世界市场价格降低。假定降低后的世界市场价格为 P_w'，该国国内市场价格将因关税的征收而升至 P_d($P_d=P'_w+t$)，国内生产量增加至 S_2，国内消费量减少至 D_2，进口量缩减到 D_2-S_2。

大国征收关税以后，除了前述价格效应，在本国还会产生其他与小国情形下相似的生产效应、消费效应和贸易效应。如图 7-2 所示，面积 a 是征收关税后国内生产者的福利所得，即生产效应；面积($a+b+c+d$)表示本国消费者福利的损失，即消费效应；同时进口将减少 $S_1S_2+D_1D_2$，即贸易效应。

但是，与小国情形相比，大国征收关税后产生的效应至少有以下几个不同点：

第一，大国征收关税后，进口价格将会下降，从 P_w 降到 P_w'，本国的贸易条件改善，即产生关税的贸易条件效应，这是在小国情形下所没有的效应。

第二，大国征收关税所获得的收入在图 7-2 中表现为 $c+e$，显然，政府由于征收关税而获得的财政收入即关税的税收效应要比小国情形要大。

第三，就关税的净福利效应而言，贸易条件效应会使本国的福利增加，但生产扭曲和消费扭曲仍会使本国福利减少。所以，在大国情形下，关税的净福利效应是不确定的，它主要取决于贸易条件效应与生产扭曲和消费扭曲两种效应之和的对比。净福利＝生产者福利增加－消费者福利损失＋政府税收收入，也就是图 7-2 的 $a-(a+b+c+d)+(c+e)=e-(b+d)$。当 $e>b+d$ 时，征收关税能使该大国的福利增加，当 $e<b+d$ 时，征税会使该国福利减少。

为什么进口“小国”征收关税造成社会经济净损失而进口“大国”征税有可能提高国民收益呢？其主要原因是“大国”在国际市场上有左右价格的能力，通过减少进口，大国可以迫使出口国降低价格。这实际上是迫使出口国也承担一部分税负。图 7-2 中的 e 部分是由出口国间接支付的，对进口国来说是一笔额外收入。如果进口国的这笔收入大于其因为关税造成的经济损失的话，进口国就可能在总体上得益。小国则不然，国际市场价格不会因小国进口减少而下降。因此，小国无法让外国出口商通过降价来支付一部分税收，整个关税的负担完全由本国消费者承受，整体上不得不是净损失。

不过，大国想完全由出口国来支付关税也不大可能，除非出口国的出口供给曲线是完全没有价格弹性的垂直曲线。在完全没有弹性的情况下，出口国必须把一定数量的商品销售出去而不管什么价格，也只有在这种条件下，进口国才能将全部关税都转嫁到出口国头上。此时，进口国国内市场价格不会上涨，国内生产不会增加，进口量最终也不会减少，通过关税来减少进口以保护国内进口替代工业的政策目标就不能达到。不过，进口国政府到时通过关税获得了收入，整个社会福利也因此增加。

【本章参考书目】

1. 李左东:《国际贸易理论、政策与实务》，高等教育出版社，2002 年。
2. 卓骏:《国际贸易理论与实务》，机械工业出版社，2006 年。

【思考题】

1. 什么是关税？征收关税的作用是什么？
2. 什么是普惠制？一般说来给惠国的给惠方案有哪些规定？
3. 原产地规则包括哪些内容？
4. 征收关税的方法主要有哪几种？
5. 什么是反倾销税？如何确定正常价格？
6. 已知：进口手表 5000 只，完税价格为每只 75 美元，手表的从量税为每只 12 美元，从价税率为 15%，若该国货币与美元的比价为 6.8 元兑 1 美元，请问，该批手表的从量税应为多少？从价税以该国货币计算应为多少？
7. 假设甲国对小汽车进口征收 180%的进口关税，但该国国内生产的小汽车需从外国进口汽车发动机。该发动机的进口成本每台 300 美元，每辆小汽车的总成本为 2000 美元，汽车发动机的进口关税率为 20%，试计算有效关税保护率。
8. 什么是海关税则？它有几种形式？
9. 什么是有效保护率？其公式及其意义是什么？
10. 以“小国”为例，试运用局部均衡分析方法说明关税的经济效应。

第八章　非关税壁垒措施

在国际贸易中关税并不是唯一的贸易保护手段。除关税外，非关税壁垒在国际贸易中同样可以起到限制进口、对国内产业或市场进行保护的目的，有时作用甚至更强。因此，随着WTO关税减让原则的推进，非关税壁垒在国际贸易中的作用日益凸显，成为一国政府干预对外贸易的重要手段。本章介绍非关税壁垒的概念、特点，非关税壁垒的类别及对经济的影响。

【本章学习目标】

1. 熟练掌握非关税壁垒的相关概念：非关税壁垒、进口配额、"自愿"出口限制、进口许可证、反倾销、技术贸易壁垒、绿色贸易壁垒、外汇管制；非关税壁垒的特点；非关税壁垒对国际贸易的影响。
2. 学会用局部均衡分析法分析进口配额对一国福利水平的影响。
3. 了解反倾销壁垒、绿色贸易壁垒、技术贸易壁垒的主要措施。

第一节　非关税壁垒的一般分析

一、非关税壁垒的概念及分类

(一)非关税壁垒的概念

非关税壁垒又称为非关税贸易壁垒，它是指一国政府采取的除关税以外的各种对对外贸易进行干预的行政性、法规性措施和手段的总和。

从历史上看，非关税壁垒早在重商主义时期就已经开始出现，但只是偶然现象。1929～1933年世界性经济危机时期，西方发达国家在高筑关税壁垒的同时，就广泛采取了各种各样的非关税措施以阻止国外商品的流入，推行贸易保护主义。进口配额、进口许可证和外汇管制等成为这一时期主要的非关税壁垒措施。二战结束初期，贸易自由化程度逐步扩大，广大发达资本主义国家在大幅度削减关税壁垒的同时，也在逐渐取消非关税壁垒。随着欧洲国家和日本等国的经济恢复与发展，这一阶段非关税壁垒没有较大发展。

非关税壁垒真正成为保护贸易政策的主要手段开始于20世纪70年代。当时，西方发达国家工业制成品的加权平均关税率已由20世纪40年代的40%下降到7%，关税的保护作用大幅度下降。因此，当两次石油危机引发世界性经济危机时，新贸易保护主义重新抬头，以美国为首的西方发达国家掀起了一场以非关税壁垒为特征的新贸易保护浪潮。非关税壁垒从此成为各国对外实行贸易保护政策的主要措施，并愈演愈烈。

20世纪90年代以来，在世界贸易组织不懈地努力及各个国家通过双边和多边贸易谈判下，传统的非关税壁垒如配额、进口许可证等已大为减少，但与此同时，非关税壁垒领域呈现出新的特点。在这一阶段，反倾销壁垒、绿色贸易壁垒、技术贸易壁垒、劳工标准等形式更加隐蔽、技巧更高的新型非关税壁垒大量涌现、发展迅速。据不完全统计，非关税壁垒从20世纪60年代末的800多项已上升到21世纪初的2000多项。

（二）非关税壁垒的分类

非关税壁垒措施多种多样，主要可分为两大类：直接的非关税壁垒措施和间接的非关税壁垒措施。

直接的非关税壁垒措施是指一国政府直接对进口商品的数量和金额加以限制，或迫使出口国自己限制自己商品的出口数量和金额。例如，进口配额制、进口许可证制、“自愿”出口限制等。间接的非关税壁垒措施是指一国政府不直接限定进口商品的数量和金额，而是通过对进口商品制定各种严格的条件来间接地限制商品的进口。例如，苛刻的技术和检疫标准、繁琐的通关手续、严格的绿色壁垒，以及进口押金制、海关估价制等。

二、非关税壁垒的特点

非关税壁垒与关税壁垒都有限制进口的作用。但是，与关税壁垒进行比较，非关税壁垒具有以下特点：

（一）非关税壁垒的隐蔽性

关税一般具有明显的政策特征，而且关税税率往往以法律的形式公布于众，因而极易为出口商了解，甚至遭到贸易伙伴国家的反对和报复；而非关税壁垒一般表现为政府对对外贸易的管理活动，无需做出公开规定，其保护作用令贸易伙伴国难以觉察或难以指证。

（二）非关税壁垒的有效性

关税壁垒主要是通过征收高额关税，提高进口商品的成本和价格，削弱其竞争能力，从而间接地达到限制进口的作用，如果进口国消费者对价格不敏感，则关税很难达到限制进口的目的；非关税壁垒主要是依靠行政机制来限制进口，比如政府通过进口配额直接规定进口商品的数量，可以更直接、更有效地保护本国生产与市场。

（三）非关税壁垒的灵活性

关税制度一经制定后就具有相对的稳定性，其调整或税率的改变需经过繁琐且正式的法律程序，难以充分适应纷繁复杂且多变的国际贸易环境；非关税壁垒则具有较为充分的弹性，由于其制定和实施采用行政程序，手续简单且迅速，并且可以根据不同的环境条件、不同的国家、不同的商品来调节其实施程度，因而能更灵活、更快捷地实现限制进口的目的。

（四）非关税壁垒的差别性和歧视性

关税壁垒歧视性较差，它往往要受到双边关系和国际多边贸易协定的制约，再加上最惠国待遇等条款的约束，无法对有协定的不同国家适用有差别的税率，因而关税壁垒针对性不强；非关税壁垒由于制定手续迅速，程序简便，能随时针对某国的某种商品采取相应的限制进口的措施，较快地达到限制进口的目的，因而有较强的差别性和歧视性。

三、非关税壁垒的一般分析

（一）非关税壁垒对国际贸易的影响

1.非关税壁垒影响了国际贸易的发展速度

作为一种贸易保护手段，非关税壁垒的日益盛行减缓了国际贸易的增长速度。当世界上主要国家普遍提高关税和加强非关税壁垒时，不仅这些国家的进出口商品的数量要减少，还会进一步影响到整个世界范围内国际贸易的发展。纵观国际贸易和非关税壁垒的发展史我们就会发现，世界性的非关税壁垒加强的程度与国际贸易增长的速度成反比关系。当非关税壁垒趋向加强时，国际贸易的增长将趋向下降；反之，当非关税壁垒趋向缓和或逐渐被拆除时，国际贸易的增长速度将趋于加快。

2.非关税壁垒扭曲了国际贸易地理方向，改变了国际贸易商品结构

国际贸易地理方向和商品结构都是国际贸易的重要衡量指标。国际贸易地理方向反映了国际贸易的地区分布，而国际贸易商品结构反映了各类别商品在国际贸易中所占的地位。国际贸易地理方向和国际贸易商品结构的相关数据的变化为我们了解世界各国国际贸易竞争力及世界产业结构的变化提供了重要依据。当保护贸易盛行，非关税壁垒大量出现时，这两个指标的准确性将受到重要影响。

3. 非关税壁垒引起国际贸易摩擦，恶化国际经济关系

非关税壁垒是一国政府出于各种政策目的而采取的对外贸易干预措施，而且主要表现为对进口商品数量的限制，这不可避免的会对主要贸易伙伴国的经济产生影响。当涉及商品数额巨大、对出口国经济产生重要影响时，“贸易战”就会产生。当前，世界主要经济体美、日、欧以及中国之间的贸易摩擦尤为频繁，这主要归咎于20世纪90年代新型非关税壁垒的出现。反倾销措施、绿色贸易壁垒、技术贸易壁垒等贸易干预措施为政府干预对外贸易提供了更多借口，也因此加剧了国际贸易摩擦，这对国际经济关系的稳定与发展也极为不利。

虽然非关税壁垒对国际贸易的纵深发展起到了十分不利的影响，但我们同时也应该看到诸如技术贸易壁垒、绿色贸易壁垒、劳工标准等新型非关税壁垒，在一定程度上引起了世界各国尤其是发展中国家对环境、劳动者福利、社会可持续发展等问题的重视。

(二)非关税壁垒对发达国家的影响

在非关税壁垒的历史发展和变迁过程中，发达国家一直都其主要实施者。借助进口配额、进口许可证等制度，发达国家政府将进口商品数量限制在一定范围内，以保护本国的产品和市场，达到促进产业发展的目的。而当经济危机发生时，非关税壁垒又成为政府转移危机，加快复苏进程的有力工具。

同时也应该看到，非关税壁垒的加强使发达国家的消费者付出了巨大的代价。由于国内价格上涨，进口国的消费者必须以更高价格购买所需的商品，而有关厂商特别是相关的垄断组织却从中获得高额利润。同时，随着国内市场价格上涨，其出口商品成本与价格也将相应提高，削弱了出口商品竞争能力。

(三)非关税壁垒对发展中国家的影响

在当前的国际贸易格局中，发展中国家受制于自身的技术、经济发展水平等因素，成为非关税壁垒的主要受害者。一方面，发展中国家普遍对于对外贸易依赖度较高，某些出口商品的供给弹性较小，当遭遇非关税壁垒时，引起的价格大幅度下降，经济波动显著；另一方面，伴随世界产业结构升级，农产品贸易受到非关税壁垒影响的程度超过工业制成品，劳动密集型产品贸易受到非关税壁垒影响的程度超过技术密集型产品，这也阻碍和损害着发展中国家国际贸易的发展。

第二节　直接的非关税壁垒

在非关税壁垒干预贸易的政策工具中，直接的非关税壁垒保护效果最大且最直接，这主要是因为其对进口数量进行直接限制，对于缺乏需求弹性的商品如农产

品等,其效果更为显著。贸易中的数量限制作为一种行政手段使用最早,运用也最为广泛。

一、进口配额制

(一)进口配额的分类

进口配额又称进口限额,是指一国政府在一定时期(一般为一年)内对某些商品的进口数量或金额加以直接限制。在规定的期限里,限额以内的货物允许进口,超过限额则禁止进口,或征收较高的关税甚至罚款后才允许进口。

根据控制的力度和调节手段,进口配额分为绝对配额和关税配额两种。

1. 绝对配额

绝对配额是指在一定时期,进口国对某种商品的进口数量或金额规定一个最高数额,在该限额内允许进口,超过限额则不准进口。绝对配额又分为全球配额、国别配额和进口商配额。

(1)全球配额。又称总配额,指的是对一种商品只笼统规定一定时期内其进口的最高限额,但不作国别或地区分配。主管当局通常按进口商的申请先后或过去某一时期的进口实际额批给一定的额度,直到总配额发放完为止,超过总配额就不许进口。

全球配额对邻近国家或地区较为有利,它们可凭借地理位置接近、到货快等优势,抢先拿到配额,处于有利地位;而其他国家则处于相对不利地位。因此,全球配额强化了出口商之间的竞争,易引发国家间的贸易摩擦。

(2)国别配额。是指对一定时期的总配额按国别和地区进行分配,各国家和地区按配额使用,超过便不准进入。

在使用国别配额的过程中,为了对来自不同国家和地区的商品加以区别,在进口商品时,进口商必须提交原产地证明书。国别配额是一种差别待遇,它使进口国可以根据它与有关国家的政治经济关系的密切程度分配给不同份额。

国别配额又可分为自主配额和协议配额。自主配额又称单方面配额,它是由进口国单方面强制规定某些商品在一定时期内从某个国家或地区进口的配额;协议配额又称双边配额,它是由进口国和出口国政府或民间团体之间协商、谈判达成协议,规定某种商品在一定时期内的进口配额。

(3)进口商配额。是指进口国政府把某些商品的配额直接分配到进口商,分到配额的多少决定着进口的多少。发达国家政府往往把配额分给大型垄断企业,中小进口商难以分到或分配的数量很少。

2. 关税配额

关税配额是指政府在一定时期内对某种商品进口的绝对数量不加限制,只是对配额内的进口商品给予免税、减税或低税的优惠待遇，对超过配额的进口商品则征收较高关税。关税配额的特点是将关税和配额结合起来，不像绝对配额那样以行政手段控制进口的绝对量，而主要是依赖经济手段调节进口水平，具有一定的灵活性。

关税配额的种类依照商品进口的来源划分，分为全球性关税配额、国别性关税配额和进口商关税配额等类型；若按征收关税的目的分类，则可分为优惠性关税配额和非优惠性关税配额。优惠性关税配额是对关税配额内的进口商品，给予较大幅度的关税减让或免税，而超过配额的进口商品按原来的最惠国税率计征关税。非优惠性关税配额则是在关税配额内仍征收原来的最惠国税，但超过配额的进口商品，则征收极高的附加税或罚款。

（二）进口配额的经济效应分析

进口配额所规定的进口量通常小于自由贸易下的进口量，所以配额实施后进口量会减少，进口商品在国内市场的价格要上涨。如果实施配额的国家是小国，则配额只影响进口国国内市场价格，进口商品的世界市场价格不变；如果实施配额的国家是大国，则配额不仅导致进口国国内价格上涨，还会导致世界市场价格下跌。这里我们以小国为例子分析一下进口国实施进口配额的经济效应。小国实施进口配额的经济效应如图 8-1 所示。

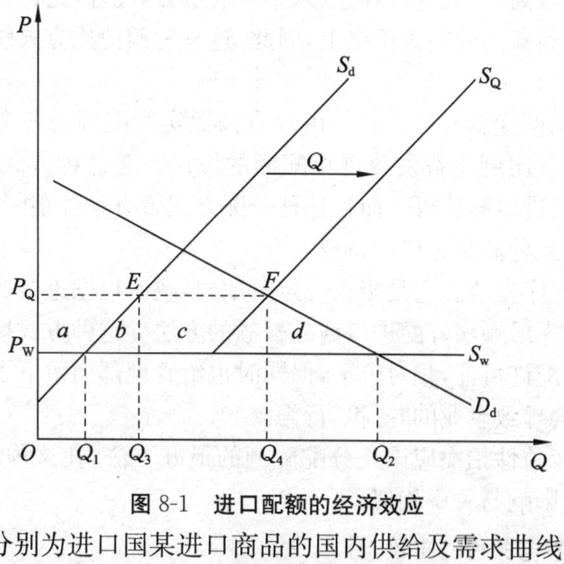

图 8-1 进口配额的经济效应

图中 S_d、D_d分别为进口国某进口商品的国内供给及需求曲线。由于我们假设所分析国家为小国，只能以世界市场均衡价格进口商品，所以该国面临的世界市场供给曲线是通过国际市场均衡价格 P_w 平行于横轴的直线 S_w。在自由贸易状态下，国内该商品的产量为 OQ_1，消费量为 OQ_2，以国际市场均衡价格 P_w 进口，进口量为 Q_1Q_2。

假设进口国对这一商品规定了数量为 Q 的配额，则该国国内消费者面临的供给曲线变为 S_Q，由 S_d 向右平移 Q 数量单位可得。S_Q 和 D_d 的交点为 F，可以看出由于政府的保护，该商品的国内价格上升到 P_Q，受此影响，国内生产上升到 OQ_3，消费下降到 OQ_4，比起配额实施前进口量下降了 Q_3Q_4 的数量。比较配额实施前后的相关数据，可以看出配额的实施具有如下效应：

(1)价格效应：进口配额的实施导致国内均衡价格的上升，由 P_w 上升到 P_Q；

(2)消费效应：由于价格上升，消费受到抑制，导致消费者剩余减少 $a+b+c+d$；

(3)生产效应：由于价格上升，生产受到保护，生产者剩余增加 a。

与关税壁垒不同的是，配额的实施不会给政府带来任何财政收入。因此，综合起来，配额的净福利效应＝生产者剩余增加－消费者剩余减少＝$a-(a+b+c+d)=-(b+c+d)$。其中，b 为生产扭曲，指进口国由于保护使生产以高于 P_w 的成本提供产品；d 为消费扭曲，指由于价格上升，进口国消费者的消费量减少。$(b+d)$ 是配额带来的净损失。c 部分称为配额收益或配额租金，它实际上是一种垄断利润。c 部分究竟归谁所有，主要取决于政府分配配额的方式。

在实践中，配额通常与进口许可证结合使用。进口许可证的分配方法主要有三种：

(1)竞争性拍卖。它是由政府通过拍卖的方法，将进口一定数量商品的权利卖给出价最高的进口商。拍卖所得的收入归政府所有，此外，进口商一般会把购买许可证的成本转嫁到商品的销售价格上，因此，这种配额使用方式跟关税有很多相似之处。

(2)按固定比例优惠发放。它是由政府按照实行配额前各个进口商的进口额在总进口额中所占比例免费发放进口配额的做法。在这种方式下，政府得不到 c 部分的收入，而由进口商获得。而且这种分配方式带有某种垄断性，它意味着新增的企业难以获得此种商品进口的特权。

(3)按申请程序发放。它是指在一定时期内，政府根据进口商递交进口配额管制商品申请书的先后顺序分配进口商品配额的方法。这种方式按申请企业递交申请的先后顺序分配许可证，相对公平，但同时也给管理部门留下了利用职权获取贿赂的机会，可能会导致企业的“寻租”行为。

综合考虑，竞争性拍卖应该是分配配额的最好方法，在这种情况下，配额对进口国福利效应的影响与关税相似。

(三)进口配额与关税的比较

通过上面的分析可以看出，进口配额和关税有很多相似之处。但在具体的经济运行过程中，两者也存在很多差别。

1.配额的限制作用强于关税

关税的作用机制是通过征税引起商品价格上升，从而抑制消费者需求，这要受制于商品需求的价格弹性。对于需求缺乏弹性的商品，虽然征收关税会引起价格大幅度上涨但其进口量不会发生太大变化，因此对需求富于弹性的商品征收关税才容易达到限制进口的目的。而在进口配额制度下，进口量被直接限定在一定水平上，进口需求的增加只会导致国内价格的上升，无法影响进口量，限制作用更强。

2.配额易导致垄断

由于关税不直接限制进口数量，而是通过价格机制影响需求，这就促使贸易国出口商降低成本、提高生产效率，凭借价格或质量上的竞争力重新渗透进本国市场。在配额制度下，由于进口量被限定，国内产业可以将其价格提高而不会面临销售额下降的威胁，因此可以垄断除配额以外的所有国内市场。

3.配额的管理效率低

配额一般以非价格竞争（按固定比例优惠发放或按申请程序发放）的方式进行分配，由于非价格竞争透明度低，容易产生官员的“寻租”行为，此外繁琐的行政程序等也会引起资源浪费等问题。对政府而言，还丧失了关税制度下的关税收入。

二、“自愿”出口限制

（一）“自愿”出口限制的含义

“自愿”出口限制又称“自愿”出口配额制。是指出口国家或地区在进口国的要求或压力下，“自愿”规定某一时期内，某些商品对该国出口的数量或金额的限制，在限定的额度内自行控制出口，超过限额即禁止出口。

“自愿”出口限制最早出现于20世纪50年代日美纺织品贸易当中，当时日本在美国的压力下“自动”限制对美国的纺织品输出。到了20世纪60、70年代，“自愿”出口限制被广泛采用，范围从纺织、钢铁、小汽车扩大到彩电、电子元件和船舶等，甚至涉及一些农产品如奶酪、苹果、肉类等。

“自愿”出口限制带有明显的强制性，它通常是在进口国家的压力或要求下被迫做出的。进口方多以商品大量进口使其有关工业部门受到严重损害、造成所谓“市场混乱”为理由，要求有关国家对其出口实行“有秩序地增长”，“自动”限制商品出口，否则就单方面强制限制进口。

（二）“自愿”出口限制的种类

“自愿”出口限制一般采取两种形式：单方“自愿”和协议“自愿”。

1.单方“自愿”出口限制

即是由出口国单方面自行规定出口到某国的限额，以限制商品的出口。单方“自愿”包括：(1)政府规定配额并予以公布，出口商必须向有关机构申请配额，领取出口授权或出口许可证才能输出;(2)出口国的出口厂商和同业公会根据政府的意图规定额度控制出口。单方"自愿"形式上是出口国单方的自愿行为,但事实上总是受到进口国警告,或受到进口国的压力,才由出口国做出的。

2.协议"自愿"出口限制

即是由出口国与进口国通过谈判的方式签订"自限协定"或"有秩序的销售协定",在协定的有效期内规定某些商品出口配额,出口国则根据此配额实行出口许可证制或出口配额签证制,自行限制出口,进口国则根据海关统计进行监督检查。协议自愿限制是"自愿"出口限制的主要形式。

(三)"自愿"出口限制协定的内容

"自愿"出口协定的内容日趋复杂,各种协定内容不尽相同,一般包括以下几个方面:

1.配额水平

配额水平就是规定有效期内各年度"自愿"出口的限额,通常是以签约前一年的实际出口量为基础,商定协定第一年限额,并确定其他各年度的增长率。

2."自愿"限制出口的商品分类和细目

早期"自愿"限制商品的品种较少,分类较笼统。20世纪70年代以来,品种增多,分类也日趋复杂。如1974～1977年的日美纺织品协定中,将日输美的棉、化纤、毛三大类纺织品共分成六组243项,按组分别规定各自限额,对组内"特别项目"又规定个别限额。

3.限额的融通

限额的融通是指各种受限商品的限额相互之间适用的权限与数额问题。主要有两种融通做法:(1)水平融通。是指同一年度内组与组、项与项之间在一定百分率内的融通使用。这种替换率一般在1%～15%之间,有些品种禁止移用。(2)垂直融通。是指同组同项水平在上下年度间的融通,即在协定中规定留用额和预用额。留用额指当年未用完的配额拨入下年度使用的额度和权限,预用额是指当年配额不足而预先使用下年度的额度的权限。留用额和预用额的规定一般都有一些限制条件。例如,留用额不得超过实际余额,某些项目的留用额只限于同类项目使用,某些特定商品规定较低的留用额,甚至禁止使用留用额;预用额必须在下年度配额中扣除,预用额不得超过5%。

4.保护条款

保护条款是指协定规定进口国方面有权通过一定的程序,限制或停止进口某些造成"市场混乱"或使进口国市场厂商受损害的商品。这实际上扩大了进口国限制进口的权限,发达国家在对外签订"自愿"限制协定时,都力求订入这项条款。

5. 协定的有效期限

协定的有效期限有长有短，有效期限长短各有优势，长的好处是出口数量具有稳定性，出口厂商可以预先计划其生产和出口，坏处是数量长期被固定后，较难随市场需求进行调整。目前自限协定有效期限一般为1～3年。缔结国一方如有必要时可终止协定，但该缔约国一般应提前60天通知对方，方可终止。

三、进口许可证制

（一）进口许可证的含义及特点

进口许可证是指进口国家规定某些商品进口必须事先领取许可证，才可进口，否则一律不准进口。"乌拉圭回合"所达成的《进口许可证程序协议》规定："进口许可证制度是进口国采用的行政管理手续，它要求进口商向有关行政管理机构呈交申请书或其他文件作为货物进口至进口国关境的先决条件。"即进口商在进口商品时，凭申请取得许可证后，才能从国外进口商品，否则，一律不准进口。

进口许可证制是一种凭证进口的制度。为了限制商品进口，国家规定某些商品进口必须领取许可证，没有许可证一律不准进口。许可证制与进口配额制一样，也是一种进口数量限制，是运用行政管理措施直接干预贸易行为的手段。大多数国家将配额制和进口许可证制结合起来使用，即受配额限制进口的商品，进口商必须向有关部门申请进口许可证，政府发放进口配额许可证，进口商凭证进口。

实行进口许可证制，不仅可以在数量和金额以及商品性质上进行限制，而且可以控制来源国国别和地区。也可以对国内企业实施区别对待，有些国家在发放许可证时往往对垄断大公司予以照顾。因此，进口许可证在限制进口上具有运用灵活、便于区别对待和控制严格等特点。它既可以单独使用，又可以与配额结合使用，也可以与外汇管制结合使用。例如，有的政府规定，只有在准许进口的配额内，外汇管理部门才准许兑换一定数量的外汇用于进口。此外，进口许可证制还可以通过发证地点的安排、办证手续和程序控制以及许可证有效时间的规定等方面，人为设置贸易障碍，以增加进口商的成本和风险，达到限制进口的目的。

（二）进口许可证的分类

1. 从进口许可证是否有数量或金额的限制上来分，可分为定额许可证和无定额许可证两种

（1）定额许可证。是指国家有关机构预先规定有关商品的进口配额，然后在配额的限度内，根据进口商的申请对每一笔进口货物发给进口商一定数量或金额的进口许可证。它实际上是把配额与进口许可证结合起来的一种方法，进口许可证成为发给进口配额的证明。一般说来，都是由进口国主管部门向进口商颁发进口许可证，但亦有将这种权力交给出口国自行分配使用的。

(2)无定额的许可证。是指进口国并不公布进口配额,是否发给进口许可证是个别考虑和决定的。正因为它没有公开的标准,表面上虽不受配额限制,但实际上为进口国的贸易歧视提供了更大方便。由于它不具有公开性和透明性,因此对进口的限制作用会更大。如意大利于1989年末公布了1990年对从中国进口的面粉、铁合金等40余种商品实行无定额许可制,但同时又规定,这些商品进口和每项合同都必须由意大利的外贸部逐个审批方可。

2.按对进口商品的许可程度划分,可分为公开一般许可证、特种进口许可证和公开个别许可证三种

(1)公开一般许可证。又称公开进口许可证、自动进口许可证或一般许可证。它对进口国别或地区没有限制,凡列明属于公开一般许可项下的商品,进口商只要填写公开一般许可证后,便可立即获得进口许可。这种许可证对进口管制最松,实际上是可“自由进口”的。它的实际意义不在于限制进口,而是通过申报程序使进口国主管部门及时掌握进口动态,以便采取相应的贸易措施。

(2)特种进口许可证。又称非自动进口许可证。指进口商必须向有关当局提出申请,经政府有关当局逐笔审批并发给许可证后才能进口。这种许可证对进口管理很严,通常都有进口国别或地区的限制。特种进口许可证所适用的主要是一些特殊商品以及特殊目的的申请,如军火、麻醉品、配额商品以及某些严格限制进口的商品等。

(3)公开个别进口许可证。是介于前两者之间的一种许可证。它的特点是政府可随时宣布无效。

第三节　间接的非关税壁垒

间接的非关税壁垒在使用时不涉及进口商品的数量或金额,主要涉及产品的技术标准和进口国国内政策法规,并经常以关注环境、社会的可持续发展等名义出现,影响面广,从而对国际贸易产生了更为隐蔽且深远的影响。近年来,以反倾销壁垒、技术贸易壁垒和绿色贸易壁垒发展最为迅速,成为国际贸易新型壁垒的代表。

一、反倾销壁垒

(一)倾销的含义及其分类

1.倾销的含义

从20世纪初,倾销一词开始在国际贸易中广泛使用,它是指出口商在海外市

场廉价抛售产品的行为。长期以来学者们往往从经济学和法律两个不同的角度分析其含义。

从经济学的角度看倾销是指同一产品在不同国家市场上的价格歧视。价格歧视是指同一产品以不同的价格向买主出售的行为。价格歧视在各国反不正当竞争或反垄断法中被公认为是不公平竞争行为。

倾销的法律含义通常以《关税及贸易总协定》第六条的规定为依据，即指出口商以低于正常价值的价格向进口国销售产品，并因此给进口国产业造成损害的行为。这个定义不是简单的指任何低价或价格歧视，而是强调了这种低价或价格歧视给进口国产业造成的后果。

2. 倾销的分类

倾销的形态多种多样，可以从不同角度分类，但一般来讲，人们往往按照倾销时间的长短将其分为以下三类。

(1)突发性倾销。突发性倾销是指在短期内，出口商为了处理掉大批库存商品，在国内价格不变的条件下，以比国内低的价格向国外推销商品。一旦库存处理完毕，倾销即告结束。因此，这种倾销具有偶发性、临时性。

(2)短期性倾销。又称间歇性倾销、掠夺性倾销，指在一段时间内，为了排除市场上的竞争对手，出口商暂时以较低的价格向国外市场销售商品，一旦达到目的、获得市场上的垄断地位后，企业又会重新提高价格，以获取垄断性的超额利润。这种做法通常被视为具有"掠夺"目的。短期性倾销的损害主要表现为企业降低价格的临时性，即进口国的消费者只获得了暂时性的利益，一旦出口商重新提高价格，消费者的实际福利水平不但不会上升，反而还会下降。因此，短期性倾销通常被认为是一种追求垄断地位的行为，它违反了公平竞争的原则，是一种"不公平贸易"行为，对国际贸易正常秩序的破坏性最大。

(3)长期性倾销。又称持续性倾销，它是指出口商长期或永久性的以低于正常价值的价格出口商品。厂商采取这种行为的目的在于追求利润最大化，为弥补长期性低价格倾销可能带来的亏损，倾销者往往采用规模经济，扩大生产以降低成本。

(二)反倾销的目的及实施条件

1. 反倾销的目的

通过以上对倾销的分析，可以看出不管那一种类型的倾销，都会对进口国的国内经济产生影响。虽然倾销对进口国的消费者可能有利，但倾销使进口国同类企业或行业的发展面临着严重的压力，甚至造成进口国同类行业难以生存的后果。在这种情况下，进口国的国内生产者会要求政府采取反倾销政策措施，以抵消倾销对进口国市场的强烈冲击，保护本国同类产业的发展。因此，为维护公平和正常的竞争秩序，WTO 允许成员方在进口产品倾销给其国内产业造成损害的情况下，可以使用反倾销措施手段，保护国内产业不受损害。

2. 反倾销的实施条件

反倾销的一般做法是征收反倾销税。

"乌拉圭回合"的《反倾销协定》形成了当前国际反倾销法的法律文本，且更具透明度和可操作性，得到 WTO 全体成员的承认和遵守。根据《反倾销协定》的规定，反倾销措施的实施必须具备以下三个基本条件：

(1)存在倾销。倾销的确定是实施反倾销措施的首要条件，在确定一个产品是否倾销时，必须比较该产品的出口价格与正常价值。如果出口价格低于正常价值便存在倾销，两者之间的差值即决定倾销幅度的大小，如果出口价格高于正常价值则不能被认定为倾销。

(2)存在实质损害。"存在对进口国国内产业的损害"是构成倾销和实行反倾销措施的必要条件。损害应根据确凿的证据确定，主要有三种表现：一是指对进口国国内产业的实质损害，二是指对进口国产业产生实质威胁，三是指对进口国新建产业产生实质阻碍。

(3)倾销与损害间存在因果关系。倾销与损害间的因果关系有两种情况：一是指主要因果关系。进口国相关产业的损害完全或主要是由倾销产品造成的，即相关产品的低价倾销导致了进口国有关产业的直接损害，称之为主要因果关系或直接因果关系；二是指一般因果关系。即使进口国国内产业的损害是由倾销产品及其他有关因素共同作用的结果，但只要倾销是导致损害的起作用的原因之一，即可征收反倾销税。

此外，《反倾销规则》还要求调查其他可能使国内产业受到损害的已知因素。如：需求萎缩或消费模式的改变、技术发展、国内产业的生产率变化、外国与国内生产商之间的竞争等。凡其他因素造成的损害，不应归咎于倾销的进口产品，当然也不能实施反倾销措施。

(三)反倾销被滥用的原因及经济效应分析

反倾销的初衷是为了反对不公平竞争，但在现实中反倾销越来越频繁地被滥用，主要体现在国际反倾销立案数量持续上升。20 世纪 80 年代初，全球每年最多的年份也只有 20 余起立案，由四五个国家发起，但到了 1999 年即达到 300 多起。1990～2000 年，全世界反倾销案件共有 2734 起，超过了前 41 年的总和。2001 年以前，全球反倾销案件数量基本呈上升趋势，但自 2002 年以来，由于全球经济增长加速，企业经营状况好转等原因，反倾销立案数量开始下降。同世界整体经济形势相适应，反倾销案件数量在全球经济增长缓慢时成为强有力的国内市场保护工具，而当世界经济增长加速时，反倾销案件数量也相应减少。同时，反倾销的主要发起国也从美国、欧盟、加拿大等主要发达国家扩展到印度、阿根廷、南非、澳大利亚等更广泛的范围。反倾销的滥用，使其背离初衷，正日益成为一种保护国内市场、规避国外企业竞争的贸易壁垒。

1. 反倾销被滥用的原因

(1)反倾销的定义较为灵活。在定义倾销时，所谓正常价值和对进口国国内工业造成的损害或损害威胁的计算很难有统一和明确的标准，这就为借反倾销之名行贸易保护之实提供了条件。此外，反倾销起诉标准低，只要投诉企业说明其生产、利润和市场份额下降的原因是被反倾销方低价倾销引起的，起诉便可以成立。

(2)反倾销容易达到保护国内工业的目的。由于反倾销主管部门在调查和裁决时有很大的自由裁决权，容易做出有利于本国工业的裁决，故能有效保护本国工业，打击竞争对手。实行反倾销措施的结果必然会征收反倾销税，这就抵消了进口产品的价格优势，能够产生限制进口、保护国内工业的效果。

(3)反倾销不易引起他国报复。实施反倾销的国家以受害者的姿态出现，不易招致贸易保护的指责。而且每一个案件只涉及一种产品，不易引起很大震动。因此，反倾销政策受到各国政府的广泛青睐。

2. 反倾销的经济效应分析

反倾销的一般做法是征收反倾销税，即在名义关税的基础上加征相当于倾销差价的额外进口关税。反倾销税的经济效应如图 8-2 所示。

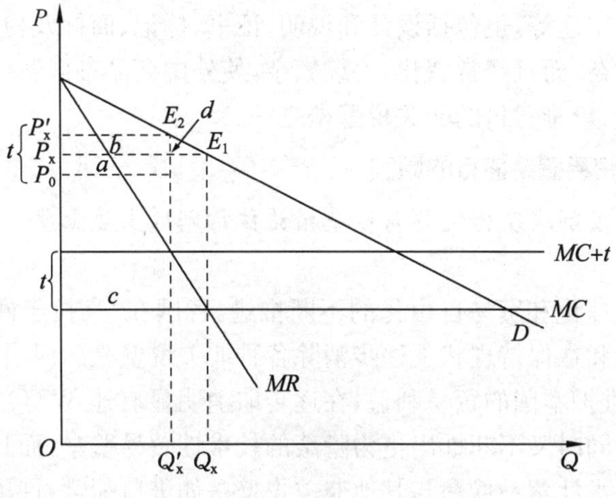

图 8-2 反倾销税的经济效应

设 A 国对 B 国以 P_X 价格出口 Q_X 数量某商品，P_X 低于 A 国国内售价。这引起 B 国对其征收反倾销税 t，这将使 A 国厂商的边际出口成本曲线由 MC 上移至 $MC+t$，在新的边际成本等于边际收益的条件下，出口国的出口将减少至 Q_X'，价格上升至 P_X'，同时市场均衡点由 E_1 移到了 E_2。对 B 国来说，反倾销的实施使政府获

得了税收收入 $t \cdot OQ_X'$（面积 c）；消费者剩余减少，部分转化为生产者剩余，但此处仍有 $(b+d)$ 的净损失。因此，征收反倾销税的社会福利净效应取决于 c 与 $(b+d)$ 的比较结果。为便于比较，我们把 c 向上平移，使 P_X' 与 P_0 之差等于 t，则面积 $(a+b)$ 与 c 相等。此时，c 与 $(b+d)$ 的比较转化为 a 与 d 的比较：如果 $a>d$，则征收反倾销税的净效应为正，B 国有净收益；如果 $a<d$，则征收反倾销税的净效应为负，B 国有净损失。

通过以上的分析说明，一国可以通过征收反倾销税而受益，而且反倾销壁垒的实施比一般进口关税更能达到保护国内市场、提高整体社会福利水平的目的。在征收一般进口关税的情况下，进口国必须是大国才能通过关税的征收提高整体社会福利水平，而通过反倾销税的征收，小国同样可以达到提高整体社会福利水平的目的，这为反倾销壁垒被滥用提供了理论上的支持。

二、技术性贸易壁垒

（一）技术性贸易壁垒的含义

技术性贸易壁垒是一国政府通过所规定的复杂苛刻的工业产品的技术标准、卫生检疫规定以及商品包装和标签规定来提高进口产品技术要求，增加进口难度，最终达到限制进口的目的。

从形式上看，技术性贸易壁垒既包括决定一种商品特性的规格，如质地、纯度、营养价值、尺寸、用途等，也包括设计和说明、证书、标记、商标及检验程序等。这些标准不仅日益复杂，而且经常变化，手续繁杂，使外国商品难以适应，从而成为国际贸易中最为隐蔽、最难对付的非关税壁垒之一。

（二）技术性贸易壁垒盛行的原因

1.关税大幅度削减及传统贸易壁垒措施被抑制从主观上要求新的贸易保护手段出现

随着经济全球化和贸易自由化的不断推进，各国在“乌拉圭回合”谈判中承诺进一步降低关税和在保持现状下逐步消除各种非关税壁垒。但当前国际竞争日益激烈，各国为了维护本国的贸易利益，在逐步取消明显有违 WTO 精神的一些传统的非关税壁垒的同时又不断推出更为隐蔽的技术性贸易壁垒，而且名目繁多，要求越来越苛刻。技术性贸易壁垒与其他非关税壁垒如进口配额、许可证等相比，不仅隐蔽地回避了分配不合理、歧视性等分歧，而且各种技术标准极为复杂，往往使出口国难以应付和适应，因此更能达到限制进口的目的。

2.世界整体技术水平的提高及国家间技术水平的差异为技术性贸易壁垒的出现提供了客观条件

伴随着经济的发展，世界整体技术水平也日新月异，同时发达国家与发展中国家在技术水平上的差距也日益加大，导致发达国家在技术法规、标准、认证制度及检验制度等方面遥遥领先于发展中国家。此外，高灵敏度检测技术的发展，给发达国家限制商品提供了快速、准确的数据，这就为发达国家利用其科技上的优势，通过技术法规、标准的制定和实施及商品检验和认证工作等方式限制发展中国家产品进口提供了客观条件。技术性贸易壁垒在很大程度上成为发达国家利用其技术上的优势对发展中国家产品进行限制的一种措施。

3. 世界贸易组织某些协议中的例外条文和漏洞，为技术性贸易壁垒的实施提供了法律上的依据

《贸易技术壁垒协议》中规定："任何国家在其认为适当的范围内可采取必要的措施保护环境，只要这些措施不致认为在具有同等条件的国家之间造成任何不合理的歧视，或成为对国际贸易产生隐蔽限制的一种手段。"此外服务贸易协定、农产品协定等协定中都有类似的例外规定。这些弹性规定使发达国家可以打着维护人类健康和安全、维护动植物生命安全以及环境保护等旗号制定严格苛刻的技术法规和标准来限制商品的进口，这意味着技术性贸易壁垒的建立具有很大的合法性。

(三)技术性贸易壁垒的主要措施

1. 技术法规和技术标准壁垒

(1)技术法规。技术法规是指必须强制执行的有关产品特性或其相关工艺和生产方法。它包括：国家法律、法规、规章，也可以是其他的规范性文件，以及经政府授权由非政府组织制定的技术规范、指南、准则等。技术法规具有强制性特征，即只有满足技术法规要求的产品方能销售或进出口。凡不符合这一标准的产品，不予进口。例如，二战后原联邦德国禁止生产和使用车门从前往后开的汽车，这一措施针对的是意大利菲亚特生产的500型汽车，它的车门正是从前往后开的。

(2)技术标准。技术标准是指经公认机构批准的、非强制执行的、供通用或重复使用的产品或相关工艺和生产方法的规则、指南或特性的文件。目前日本有8184个工业标准和397个产品标准。尽管日本新制定的国家标准90%以上采用ISO标准，但仍有不少技术标准和法规与国际通行标准不一致。如日本要求进口化妆品与其制定的化妆品成分标准(JSCL)、添加剂标准(JSFA)和药理标准(JP)一致，只要其中一项不合要求，产品就被拒之门外。

由于世界各国工业化程度、科技发展水平的不同，导致各国技术法规和技术标准的差异，有些国家有意识、有针对性地制定某些技术标准并通过法律的形式确定下来形成技术法规，把这些标准作为进口的通行证，成为贸易保护的工具，使得出口国特别是发展中国家难以适应而形成技术法规和技术标准壁垒。

2. 卫生检疫标准壁垒

卫生检疫标准壁垒是指一国政府利用道德、健康、安全等理由为进口设置障

碍，对进口商品制定严格的卫生和安全标准，使进口商品在一些细节方面与有关要求不相符合，从而被拒绝进口。

这一标准的初衷在于保护人类和动物的生命免受食品和饮料的添加剂、污染物、毒素及外来病虫害传入危害；保护植物的生命免受外来病虫传入的危害。但由于各国的文化背景、生活习惯、安全及生活环境，特别是收入水平的差异，发展中国家的产品往往难以达到发达国家的近乎苛刻的要求。其中安全与卫生检疫是较为常用的措施，它一般适用于农副产品、药品、化妆品等。当前，各国通过制定苛刻的安全与卫生检疫标准来限制外国商品进口已越来越普遍。主要表现为接受卫生检疫商品的范围不断扩大，其检验标准也越来越苛刻。比如，日本规定茶叶、水果、蔬菜中的农药残留量不得超过2‰；荷兰规定花生中的黄曲霉菌素含量不得超过百万分之五等等。

3.商品包装和标签要求壁垒

商品包装和标签要求壁垒是指各国在商品的包装及包装标志等方面也有种种严格的规定，不符合规定者不准进口。一是对包装材料要求严格。如日本、西欧、美国等禁止使用聚氯乙烯塑料包装袋包装食品，美国则禁止使用稻草作为包装的填充物，除非附有美国领事馆签发的证书。二是对包装标志的要求。许多国家对商标的标签要求包括产品的名称、净重或数量、商品的结构、成分说明、有效日期、用法、用量、用途、价值、特性、缺陷、原产地标志等等，非常繁琐。此外，还要求商标或标签要牢固地置于商品的显著位置等等。由于这些规定国际上尚未统一，各国间规定的细微差别就可能被利用作为限制进口的障碍。此外通过对进口商品包装材料、包装形式、包装规格和标签规定的不断变更，也可以起到限制进口的作用。

三、绿色贸易壁垒

（一）绿色壁垒的含义及产生背景

1.绿色贸易壁垒的含义

绿色贸易壁垒，简称环境壁垒，指在国际贸易中一些国家以保护生态资源、环境和人类健康为借口，通过制定苛刻的环境技术标准或采用绿色包装、绿色环境标志、绿色补贴、绿色卫生检疫等手段，对外国商品进口采取的准入限制或禁止措施。

绿色贸易壁垒作为一种非关税壁垒产生于20世纪80年代后期，90年代开始兴起，最典型的事件发生在1988年，美国根据新修改的《海洋哺乳动物法案》宣布禁止进口墨西哥金枪鱼。其理由是美国认为在东太平洋海域，海豚处于濒危状态，应停止在该地带用大型渔网进行的捕鱼活动，因为这些大型渔网在捕捞金枪鱼的同时捕捞了海豚。墨西哥船队使用超过美国标准的大型渔网，在捕获金枪鱼的同时，也捕杀了应受保护的海豚。这项限制对墨西哥影响极大，墨西哥提出上诉，认为美国的这项措施是保护主义行为，因为多年来美国船队捕杀的海豚远多于墨西哥。从此，墨西哥与美国展开了一场“贸易战”，这就是著名的以保护环境为名，设置贸易壁垒的“金枪鱼贸易案”。随后，日本和欧洲的一些发达国家也纷纷效仿，绿色贸易壁垒开始流行。

2.绿色壁垒产生的背景

(1)可持续发展观念及环保意识的增强。地球环境的不断持续恶化，引起了国际社会的关注，可持续发展观念已引起各国人民及政府的重视。人们普遍认识到，以破坏环境为代价的经济增长不符合社会发展的长远利益。同时随着环保意识的普及，消费者日益注重生活质量、营造绿色文明，对绿色产品的需求持续增长。消费者绿色价值观的形成，及对绿色产品的需求偏好，为国际绿色贸易壁垒的形成提供了条件和机遇。

(2)各种绿色组织的存在及其政治影响。

早在20世纪70年代，美国成立了两个青少年环保组织，发起了保护地球生态平衡的“地球日”活动。此后，各国绿色组织纷纷成立。这些绿色组织及绿色政党的不断涌现，逐渐成为一种不可忽视的政治力量，他们的言论和行动直接影响到政府的政策和有关政党及其领导人的政治地位和政治生涯。因此，许多政党开始把环境保护政策纳入自己的政策体系，使环境问题政治化，不可避免地涉及经济和贸易领域。许多国家纷纷开始向公众进行宣传教育，并采取了措施，制定了和国际贸易有关的环境保护法规、标准、环境标志等一系列环境贸易制度。

(3)现行国际贸易规则和协定不完善、缺乏约束力。贸易和环境问题是一个极为复杂且十分敏感的问题。长期以来各国从各自的经济利益出发，以求在与贸易有关的环境标准方面取得有利的地位。因此，虽经过许多探讨和谈判，但难以达成一致意见，由此产生的有关贸易规则含义较宽、含糊，甚至处于两可之间。并且这些规定的弹性较大，其中一些重要的术语的含义非常不明确，这就为各缔约方以环境保护为名，实施绿色贸易壁垒提供了合法的借口。

(二)绿色贸易壁垒的主要形式

1.绿色关税制度

绿色关税制度也称环境附加税，是发达国家保护环境、限制进口最早采用的手段，即进口国以保护环境为理由，对影响生态的进口产品除征收一般正常关税外，再征收进口附加税，或者限制、禁止进口，甚至实行贸易制裁。其直接结果就是造成了进口价格的提高，降低了进口商品的市场竞争力，从而达到限制进口的目的。例如美国对原油和某些进口石油化工制品课征的进口附加税的税率比国内同类产品高出3.5美分/桶。1994年，美国环保署规定在美国九大城市出售的汽油中含有的硫、苯等有害物质必须低于一定水平，国内生产商可逐步达到有关标准，而进口汽油必须在1995年1月1日生效起立即达到，否则禁止进口。

2. 绿色环境许可证制度

绿色环境许可证制度要求在取得许可证的基础上才能进口或出口，即出口国在出口某种商品之前要获得进口国的“预先通知同意”。这种做法源于《濒危野生动植物物种国际公约》等国际绿色规范。《濒危野生动植物物种国际公约》规定，对于不加保护有灭绝危险的野生动植物的贸易应受到严格的限制，在持有管理当局批准承认的出口许可证时才允许出口，进口国只能在出口国颁发出口许可证的前提下才进口。一些国家以此为据实施绿色准入制度。

3. 绿色环境标志制度

绿色环境标志又称绿色标签，是环保产品的证明性商标。它是由政府部门或公共、私人团体依据一定的环境标准颁发的图形标签，印制或粘贴在合格的商品及包装上，用以表明该产品不仅质量、功能符合要求，而且从生产到使用以及处理全过程都符合环境保护要求，对环境和人类健康无害或危害极少，有利于资源的再生产和利用。取得了环境标志意味着取得了进入实施环境标志制度国家市场的“通行证”。绿色环境标志在具体实施过程中由于认证程序复杂、手续繁琐、标准严格，增加了外国厂商的生产成本和交易成本，成为其他国家产品进入一国市场的环境壁垒。自德国于1978年第一个实施环境标志制度“蓝天使”计划以来，环境标志制度发展极为迅速，目前世界上已有50多个国家和地区实施这一制度，并趋向于协调一致，相互承认，对发展中国家产品进入发达国家市场形成了巨大的障碍。

4. 绿色包装和标签制度

绿色包装指能节约能源、减少废弃物、用后易于回收再用或再生易于自然分解、不污染环境的包装。发达国家普遍制定了较高且比较完善的包装材料标准、包括废弃物的回收、复用和再生等制度，是为了防止包装材料及其形成的包装废弃物给环境造成危害，结构不合理的包装容器可能损害使用者的健康而采取的环境保护措施。但某些过于严格的绿色包装措施，可能事实上妨碍发展中国家的对外贸易，引发贸易争端。如德国于1992年公布《德国包装废弃物处理法令》，日本于1991年、1992年发布并强制推行《回收条例》、《废弃物清除条例修正案》，美国也规定了废弃物处理的各项程序。这些“绿色包装”法规有利于环境保护，但同时大大增加了出口商的成本，也为这些国家实施“绿色贸易壁垒”提供了借口。

5. 绿色补贴制度

为了保护环境和资源，各国政府采取干预政策，将环境和资源成本内在化。发达国家将严重污染的产业转移到发展中国家以降低环境成本，造成发展中国家环境成本上升。而发展中国家的企业大多无力承担环境治理的费用，政府有时不得不给予一定的环境补贴。按世贸组织修改后的补贴与反补贴规则，这类补贴属于不可申诉补贴范围，因而为越来越多的国家所采用。

6. 绿色卫生检疫制度

为保护国内消费者的利益，满足对于商品健康、安全等隐性需求，各国海关、商检机构都制定了不同的卫生检疫制度，对进口商品的品质进行检测和鉴定。发达国家往往把海关的卫生检疫制度作为控制从发展中国家进口的重要工具。他们对食品、药品的卫生指标十分敏感，如食品的安全卫生指标、农药残留、放射性残留、重金属含量、细菌含量等指标的要求极为苛刻。绿色卫生检疫制度影响最大的产品是药品和食品，为保障食品安全，许多国家采取了严格的检疫制度，有些国家通过立法建立了近乎苛刻的检疫标准和措施，形成了实质上的贸易保护。

四、其他常见的非关税壁垒

（一）外汇管制

外汇管制是指一国政府通过法令对国际结算和外汇买卖实行限制来平衡国际收支和维持本国货币的汇价稳定的一种制度。在外汇管制下，出口商必须把他们出口所得到的外汇收入按官定汇率卖给外汇管制机关；进口商也必须在外汇管制机关按官定汇价申请购买外汇，本国货币的出入国境受到严格的限制等。这样，国家的有关政府机构就可以通过确定官定汇价、集中外汇收入和批汇的办法，控制外汇供应数量，来达到限制进口商品品种、数量和原产国别的目的。外汇管制的方式较为复杂，一般可分为以下两种：

1. 数量性外汇管制

所谓数量性外汇管制，是指国家外汇管理机构对外汇买卖的数量直接进行限制和分配，旨在集中外汇收入，控制外汇支出，实行外汇分配，以达到限制进口商品品种、数量和国别的目的。一些国家实行数量性外汇管制时，往往规定进口商必须获得进口许可证后，方可得到所需的外汇。

2. 成本性外汇管制

所谓成本性外汇管制，是指国家外汇管理机构对外汇买卖实行复汇率制度（即规定一国货币对外汇有两个以上的汇率），利用外汇买卖成本的差异，间接影响不同商品的进出口。成本管制的重点是汇率的多样化，政府主管部门可以对进口贸易、出口贸易、不同商品的进口和出口、不同国别的进口和出口规定不同汇率，从而达到限制或鼓励某些商品进出口的目的，也起到影响和调节国际收支的作用。一般说来，对国内需要而又供应不足或不生产的重要原材料、生活必需品和机器设备等的进口，采取较为优惠的汇率；对于国内可大量生产或不重要的原料或机器设备的进口采用一般汇率；对于奢侈品、非必需品和受保护的民族工业的同类商品的进口，采用最不利的汇率。

（二）对外贸易国家垄断

对外贸易国家垄断又称进出口国家垄断，是指在对外贸易中，国家规定对某些商品的进出口由国家机构直接经营,或者是把某些商品的进口或出口的专营权给予某些垄断组织。

发达国家的对外贸易国家垄断主要集中在三类商品上面。第一类是烟和酒,这些国家的政府机构从烟和酒的进出口垄断中,可以取得巨大的财政收入;第二类是农产品,这些国家把对农产品的对外垄断销售作为国内农业政策措施的一部分;第三类是武器,发达国家的武器贸易多数是由国家垄断。一些发展中国家为了获得政治与经济上的独立,在经济发展的初期阶段,其进出口活动基本上由国家垄断。我国外贸体制改革之前的各级国营外贸公司即属国家垄断进出口的性质。

(三)歧视性政府采购政策

歧视性政府采购政策是指一些国家制定法令,规定政府机构在采购时要优先购买本国产品,从而对国外产品构成歧视的做法。这一政策的实施直接把外国商品排除在竞争之外,是一种非常有效的非关税壁垒。美国政府是实行此项政策最为典型的国家。自1938年起,美国曾多次制订和修订"购买美国货法",该条款规定,在不违背美国对国际协定承诺的前提下,经济刺激计划支持的工程项目必须使用国产钢铁和其他制成品,除非联邦政府认定购买美国钢铁产品或其他制成品成本过高,会损害公众利益。2008年,当经济危机席卷全球时,奥巴马政府再次签署"购买美国货"条款以达到刺激国内经济复苏的目的。

(四)各种国内税

某些国家特别是西欧国家广泛采用国内税收制度来限制进口。即通过对进口货物和国内生产货物实行差别税收,使进口商品的国内税收负担增加,包括消费税、增值税、临时附加税等,从而削弱进口商品的竞争力,达到抑制进口的目的。由于国内税收的制订和执行是属于本国政府机构,有时甚至是地方政府机构的权限,所以这种方法比关税更灵活、易于伪装,且不受贸易条约或多边协定的约束。

(五)进口最低限价制和禁止进口

进口最低限价制就是一国政府规定某种进口商品的最低价格,凡进口货价低于规定的最低价格则征收进口附加税,附加税税额是进口价格和最低价格之间的差额。进口国有时把最低限价定得很高,进口商若以最低限价进口,则无利可图。例如,1985年智利对绸坯布进口规定每公斤的最低限价为52美元,低于此限价,将征收进口附加税。20世纪70年代,美国为了抵制欧洲国家和日本等国的低价钢材和钢制品进口,于1977年对这些产品进口实行所谓"启动价格制",而启动价格是以当时世界上效率最高的钢生产者的生产成本为基础计算出来的最低限价。这种价格制也是一种进口最低限价制。

当一些国家感到实行进口数量限制已不能走出经济与贸易困境时,往往颁布法令,公布禁止进口的货物清单禁止这些商品的进口。

(六)进口押金制

进口押金制又称进口存款制,是一种通过支付制度限制进口的措施。在这种制度下,进口商在进口商品时,必须预先按进口金额的一定比率和规定的时间,在指定的银行无息存入一笔现金,才能进口。这一制度的作用是政府可以从进口商那里获得一笔无息贷款,进口商则因周转资金减少并损失利息收入而减少进口,从而起到了限制进口的作用。例如,第二次世界大战后意大利政府曾规定某些进口商品无论从任何国家进口,必须先向中央银行交纳相当于进口货值一半的现款押金,无息冻结 6 个月。据估计,这项措施相当于征收 5%以上的进口附加税。

(七)设置海关障碍

1. 专断的海关估价

海关为了征收关税,确定进口商品价格的制度为海关估价制。有些国家根据某些特殊规定,提高某些进口商品的海关估价,来增加进口商品的关税负担,阻碍商品的进口,就成为专断的海关估价。用专断的海关估价来限制商品的进口,以美国最为突出。美国对进口商品价格的估算依据所谓的“生产结构成本”,它通常以三个价格为基础:一是出口国票据上的价格和出口国国内价格中较高的价格;二是美国国内同种进口商品实际的价格;三是美国国内生产的同种商品或相似商品的价格。这三种价格一般是高于进口商品实际的到岸价格的。

2. 设置繁琐的海关通关手续

为了限制外国商品的进口,进口国常利用进口商办理海关手续之机,通过各种手段增加进口商品的成本和风险。海关人员以各种借口推迟结关、强迫使用海关所在国文字开列货物票据、征收各种手续费,甚至禁止放关等都是常用的办法。

3. 制定独特的商品归类办法

进口商品的税额取决于进口商品的价格与税率的高低。在海关税率已定的情况下,税额大小除取决于海关估价外,还取决于征税产品的归类。海关将进口商品归在哪一税号下征收关税,具有一定的灵活性。有些国家不依据关税合作理事会制定的税则和“协调制度”来制定本国的海关税则和商品分类,而是自己制定一套商品分类,这就增加了进口商品的税收负担和不确定性,从而起到限制进口的作用。例如,美国对一般打字机进口不征收关税,但如归为玩具打字机,则要征收 35%的进口关税。

【本章参考书目】

1. 海闻、林德特、王新奎:《国际贸易》,上海人民出版社,2003。
2. 赵春明:《国际贸易》,高等教育出版社,2007。

【思考题】

1. 什么是非关税壁垒？它有什么特点？

2. 简述非关税壁垒对国际贸易的影响。

3. 直接的非关税壁垒有哪些？

4. 用局部均衡分析法分析小国实施配额的经济效应。

5. 在限制进口的过程中，各国政府为什么更倾向于使用配额而不是关税？

6. 间接的非关税壁垒主要有哪些？

7. 商品倾销有哪几种类型？会对进口国工业产生什么影响？

8. 什么是技术性贸易壁垒？技术性贸易壁垒的主要措施有哪些？

9. 什么是绿色贸易壁垒？绿色贸易壁垒出现的原因是什么？有哪些主要表现形式？

第九章　出口鼓励与出口管制措施

许多国家实施保护贸易政策的时候，常常利用关税措施或非关税措施对外国商品的进口进行限制与调节；另一方面，会采取各种鼓励出口的措施，以扩大本国商品的出口。有的国家为了实现一些政治、经济和军事的目的，还会对本国某些特定商品实行出口管制。本章介绍的是鼓励出口的一些措施，包括经济、行政和组织方面的措施，同时也介绍相关出口管制措施。

【本章学习目标】

1. 熟练掌握鼓励出口的政策或措施的基本概念：如出口信贷、出口补贴、出口信用保险、出口信贷担保、倾销、外汇倾销、出口退税等等，掌握各种措施的具体特性。

2. 了解各国为促进对外贸易而采取的经济特区措施。

3. 理解出口管制的目的、形式、程序以及限定的具体对象。

第一节　出口鼓励政策

各国鼓励出口的政策较多，其目的是为了扩大本国商品的出口，实质上这种做法属于重商主义的行为。具体到一些做法包括以下几种：

一、出口信贷

(一)出口信贷的概念

出口信贷(Export Credit)是指一个国家为了鼓励商品出口，增强商品的竞争能力，通过银行对本国出口厂商或国外进口厂商提供的贷款。它主要面向金额较大、期限较长的商品，如成套设备、船舶等，这是鼓励本国出口商利用本国银行的贷款扩大商品出口的一种重要手段。

(二)出口信贷的种类

1. 按时间长短划分

(1)短期信贷(Short-term Credit)。一般指180天以内的信贷,有的国家规定信贷期限为1年。主要适用于原料、消费品及小型机器设备的出口。

(2)中期信贷(Medium-term Credit)。一般指为期1～5年的信贷。主要适用于中型机器设备的出口。

(3)长期贷款(Long-term Credit)。一般指5～10年甚至时间更长的信贷。主要适用于大型成套设备与船舶等商品的出口。

2. 按信贷关系划分

(1)卖方信贷(Supplier's Credit)。又称出口卖方信贷,它是出口方的出口信贷机构或商业银行向本国出口商(即卖方)提供的贷款。这种贷款协议由出口商与银行签订。在国际贸易中,出口厂商与进口厂商的谈判如果涉及金额较大的商品贸易时(如机器设备、船舶等的出口),进口厂商一般要求采用延期付款或长期分期付款的办法来支付货款,并经常把其作为成交的一个条件。但此类付款方式实际上在一定时间里占用了出口厂商的资金,从而会影响到出口厂商的资金周转乃至正常经营。在这种情况下,就需要出口国银行对出口商提供信贷资金,卖方信贷便应运而生。因此,卖方信贷实际是指出口地的信贷机构或商业银行直接资助本国出口商向外国进口商提供延期付款,以促进商品出口的一种方式。

卖方信贷的一般做法是:在签订买卖合同后,进口商先支付货款5%～15%的订金,作为履约的一种保证金;在分批交货、验收和保证期满时,再分期支付10%～15%的货款;其余的货款按合同的约定在交货后若干年份内分期摊还,并付给延期付款期间的利息。所以,卖方信贷实际上是出口商从信贷提供银行取得贷款后,再向进口商提供延期付款的一种商业信用。

卖方信贷对进出口商有利也有弊。对出口商来说,卖方信贷使其获得了急需的周转资金,有利于其业务活动的正常开展。对进口商来说,虽然这种做法比较简便,便利了进口贸易活动,但却使支付的商品价格明显提高。因为出口商报价时,除出口商品的成本和利润外,还要把从银行借款的利息和费用以及外汇风险的补偿加在货价内。因此,利用卖方信贷进口的成本和费用较高。据测算,利用卖方信贷进口机器设备等,与用现汇进口相比,其价格可能要高3%～4%,个别情况下甚至可能高8%～10%。

(2)买方信贷(Buyer's Credit)。它是出口方银行直接向外国的进口商(即买方)或进口方的银行提供的贷款。其附带条件就是贷款必须用于购买债权国的商品,其作用就是促进商品的出口,因此也称为约束性贷款(Tied Loan)。

买方信贷有两种方式:一是出口国贷款银行直接向进口国银行贷款,再由进口国银行为进口商提供的贷款，然后进口商用该笔贷款向出口商进行现汇支付；二是出口国贷款银行直接向进口商提供贷款，进口商用这笔贷款向出口商支付现汇货款。

以上两种方式，对出口商都比较有利，因为他既可以较快地得到货款，又避免了风险，便于其资金周转。由于买方信贷有很多优点，目前较为常用。像 1988 年美国进出口银行为帮助本国的两家公司击败来自法国、日本等国家的竞争，使其得到向两家中国企业出口机器设备的合同，向中国两家企业提供了 9020 万美元的贷款。其中 8020 万美元的贷款提供给中国某玻璃制造厂以购买纽约康宁玻璃公司的机器设备；另外的 1000 万美元则提供给中国一家聚氯乙烯企业购买宾夕法尼亚州西方化学公司的机器设备。中国近些年也经常利用买方信贷的方式促进产品出口。比如，中国进出口银行于 1996 年 3 月向秘鲁提供了 7000 万美元的买方信贷。此项贷款专门用于支持中国外贸公司向秘鲁出口铁路设施和机车。此外，为了做好出口信贷业务，发达国家一般都设立有专门的银行来办理与进出口有关的信贷业务。如美国的"进出口银行"、日本的"输出入银行"、法国的"对外贸易银行"等，这些银行所需的资金一般由政府预算来拨付。另外，一些私人商业银行也办理出口信贷业务。

(3)混合信贷(Tied-aid Credit)，是卖方信贷或买方信贷与政府对外援助或赠款相结合对外发放的一种贷款形式。因此，有人又称其为挂钩援助贷款。混合贷款中的出口信贷由本国的出口信贷机构或商业银行提供，而援助资金完全由政府出资，其利率更低、期限更长、条件更优惠，对本国出口的支持程度更大，加快了本国出口商品的国际竞争力，更有利于促进本国商品特别是设备的出口。因此，混合信贷的形式近年来发展较快。

混合信贷可分为两种方式：

①两个协议式的混合信贷，是指对一个项目的融资，同时提供一定比例的政府贷款或赠款和一定比例的买方信贷或卖方信贷，但对政府贷款或赠款和买方信贷或卖方信贷分别签署贷款协议、各自规定其不同的利率、费率和贷款期限等融资条件。

②一个协议的混合贷款，是指对一个项目的融资，将一定比例的政府贷款或赠款和一定比例买方信贷或卖方信贷混合成一个协议，因而只签一个协议。在协议中根据二者所占的比例，计算出一个混合利率、费率和贷款期限等融资条件。

(三)出口信贷的主要特点

1. 出口信贷必须联系出口项目，即贷款必须全部或大部分用于购买提供贷款国家的出口商品

2. 出口信贷利率低于国际金融市场贷款的利率，其利差由出口国政府给予补贴

3. 出口信贷的贷款金额，通常只占买卖合同金额的85%左右，其余10%～20%由进口商先支付现汇

4. 出口信贷的发放与出口信贷保险或担保相结合，以避免或减少信贷风险

为了做好出口信贷，发达资本主义国家一般都设立专门银行，办理此项业务。除对成套设备、大型交通工具等商品的出口提供国家出口信贷外，还向本国私人商业银行提供低利率贷款或给予贷款补贴，以资助它们的出口信贷业务。

第二次世界大战后，随着资本主义国家"贸易战"的加剧，国家出口信贷业务也呈逐步扩大的趋势。许多发达资本主义国家以延长出口信贷的期限、降低信贷利率等措施，进行"信贷战"。为了缓和它们在发放出口信贷上的矛盾，1976年西方7国(美国、英国、德国、法国、意大利、日本和加拿大)在巴黎举行了首脑会议，达成了一项出口信贷"君子协定"。1977年底，"经济合作与发展组织"(OECD)把该协议用作协调成员国的出口信贷条件，对成员国出口信贷的最低利率(Minimum Interest Rate)、信贷期限等作了统一的规定和调整。1981年以来，经济合作与发展组织成员国对出口信贷利率作了多次调整。从1988年1月15日起，对穷国(人均国民生产总值681美元以下)提供的中长期贷款利率为8.00%；对中等收入国家(人均国民生产总值681～4000美元)2～5年期的贷款利率为8.85%，5年以上的贷款利率为9.35%；对富国(人均国民生产总值4000美元或4000美元以上)2～5年期的贷款利率为10.15%，5年以上的贷款利率为10.40%。从1995年8月31日起，君子协定要求各参加国在提供出口信贷时应当采用相关的商业参考利率(Commercial Interest Reference Rates，CIRR)，商业参考利率依贷款期限和进口国家的类别而定。

上述的出口信贷利率的高低，根据对不同类别的国家和信贷期限的长短而又所不同，期限越长，接受出口信贷的国家人均国民生产总值越高，利率越高；反之，期限越短，接受出口信贷的国家人均国民生产总值越低，利率越低。

战后，一些发达国家还使用"福费廷"(Forfeiting)来鼓励大型生产设备等的出口。所谓"福费廷"是指在延期付款的大型生产设备贸易中，出口商把经进口商承兑的、期限在半年以上至五六年的远期汇票，无追索权地售予出口商所在地的银行或大金融公司，提前取得现金的一种资金融通的形式。由于它不受"君子协定"的约束，又满足了进出口双方的需要，因此，在国际贸易中这种方式也日益流行。

二、出口信用保险

(一)出口信用保险的概念

出口信用保险(Export Credit Insurance)是保险机构或保险公司对于出口贸易中出口商遭遇境外的商业风险或政治风险而遭受损失给予承保的一种特殊保

险，是为出口商提供出口收汇风险的保障措施。

(二)出口信用保险的类别

出口信用保险承保的风险类别，按风险的性质可分为以下两大类：

1. 国家风险

国家风险是指在国际经济活动中发生的与国家主权行为相关、超出债权人所控制范围而造成经济损失的风险。比如债务人所在国由于政治、社会、经济或政策等原因会给债权人带来损失。

2. 商业风险

商业风险是指在国际经济活动中发生的与买家行为相关的，给债权人造成的经济损失的风险。

其中包括：

(1)买方宣告破产，或实际丧失偿付能力；

(2)买方拖欠货款超过了一定时间，通常规定为 4 个月或 6 个月；

(3)买方在发货前单方中止合同或发生发货后不按合同规定提货付款或付款赎单；

(4)因其他非常事件致使买方无力履约等。

上述的风险如果按照期限不同，又可以将出口信用保险分为短期出口信用保险和中长期出口信用保险。

三、出口信贷国家担保制

(一)出口信贷国家担保的概念

出口信贷国家担保制(Export Credit Guarantee System)是指对于本国出口信贷机构或商业银行向外国进口商或银行提供的信贷，由国家设立的专门机构出面进行担保，当外国债务人拒绝付款时，这个专门机构即按照承保的数额给予补偿。其目的是为了扩大国家商品或服务的出口。

(二)出口信贷国家担保的类型

出口信贷担保按不同方式划分为不同类型，主要有以下几种：

1. 按信贷融资的不同阶段，可分为出运前信贷担保和出运后信贷担保

前者是指对出口商取得的发货前信贷资金支持提供担保；后者是指为了保障出口信贷机构或商业银行在出口货物出运后向出口商提供的贷款本息能够按时足额偿还。

2. 按照承保方式的不同，可分为个别交易贷款担保、个别企业账号贷款担保和银行总括出口贷款担保

(1)个别交易贷款担保，是针对个别交易的担保，通常适用于金额大、信用期长

的出口交易。

(2)个别企业账号贷款担保,则负责赔偿出口信贷机构或商业银行在一定期限内(通常是1年)对某个出口商的所有出口贷款的风险损失。

(3)银行总括出口贷款担保,是指对出口信贷机构或商业银行在一年内对客户发放的全部出口贷款承担赔偿责任。

3.按融资对象的不同,可分为卖方信贷担保和买方信贷担保

4.按融资期限的不同,可分为短期信贷担保和中、长期信贷担保

这些担保机构的主要目的在于为供款银行在海外的风险进行担保,以扩大商品出口,因此一般所收费用不高,以减轻企业的负担。通常保险费率根据出口担保的项目、金额大小、期限长短和输往的国别或地区不同而有所不同。此外,各国保险费率也不一样,英国一般为0.25%~0.75%,德国为1%~1.5%。

随着资本主义出口信贷业务的发展,发达资本主义国家出口信贷担保制也日益加强。为此许多国家设立了专门机构,例如英国的出口信贷担保署、法国的对外贸易保险公司、德国的信贷保险公司都从事这项业务。

出口信贷和出口信贷担保业务可以单独使用,也可以结合使用。在实践中,由于出口商品(特别是大型设备等)在出口贸易中存在着较大的政治风险和商业风险,出口商品只有投保了出口信贷保险后,才能较容易地得到出口信贷机构或商业银行的贷款。因此,实际业务中,各国都将出口信贷和出口信贷担保(也称为出口信贷保险)结合起来使用,以达到鼓励出口的作用。

中国自20世纪90年代后也对出口信贷实行国家担保制。如1996年7月19日,中国人民保险公司与山东机械设备进出口集团公司就向印度尼西亚某公司出口水产冷冻成套设备提供出口卖方信贷保险签署了合同。该笔出口业务金额为800万美元,采用延期2年付款方式,中国进出口银行为该项目提供出口卖方信贷,中国人民保险公司提供出口卖方信贷保险。这是我国的银行、保险和出口企业密切配合,共同完成机电产品出口的一个典型范例,也是山东省出口企业中首例利用国家出口信贷政策顺利完成出口的项目。

四、出口补贴

出口补贴(Export Subsidies)是指一国政府为了降低出口商品的价格,加强其在国外市场上的竞争能力,在出口某种商品时给予出口厂商的现金补贴或财政上的优惠待遇。

(一)出口补贴的方式

1.直接补贴

直接补贴(Direct Subsidies)是指在出口某种商品时,直接付给出口厂商的现

金补贴。比如某个国家的农产品国内价格比国际市场价格为高，按国际市场价格出口时出口商就亏损，因此出口商不愿意出口，但是该国政府会对这种差价或亏损部分给予补贴，从而提高了出口商出口的积极性。二战后美国和部分西欧国家就采取这种补贴鼓励某些农产品的出口。出口补贴的幅度和时间的长短，往往随着国内市场与世界市场之间的差价的变化而变化。有时为了鼓励某种商品出口，补贴金额甚至大大超过实际差价。

2. 间接补贴

间接补贴（Indirect Subsidies）是指政府对某些出口商品给予财政上的优惠。如政府退还或减免出口商品的直接税，超额退还间接税、提供比在国内销售货物更优惠的运费等。

（二）禁止使用出口补贴的情况

WTO成立之前，由于各国对出口补贴问题意见不一，因此“乌拉圭回合”谈判中达成了《补贴与反补贴协议》，此协议将补贴分为禁止使用的补贴、可申诉的补贴和不可申诉的补贴，并规定除了农产品以外任何出口产品的下列补贴，均属于禁止使用的出口补贴：

（1）政府根据出口实绩对某一公司或生产企业提供直接补贴；

（2）外汇留成制度或任何包含有奖励出口的类似做法；

（3）政府对出口货物的国内运输和运费提供了比国内货物更为优惠的条件；

（4）政府为出口产品生产所需的产品和劳务提供优惠的条件；

（5）政府为出口企业的产品，全部或部分免除、退还或延迟缴纳直接税或社会福利税；

（6）政府对出口产品或出口经营，在征收直接税的基础上，对出口企业给予的特别减让超过对国内消费的产品所给予的减让；

（7）对出口产品生产和销售的间接税的免除和退还，超过用于国内消费的同类产品的生产和销售的间接税的免除和退还；

（8）对于被结合到出口产品上的货物的先期积累间接税给予免除、退还或延迟支付，仍属于出口补贴之列；

（9）超额退还已结合到出口产品上的进口产品的进口税；

（10）政府或由政府控制的机构所提供的出口信贷担保或保险的费率水平极低，导致该机构不能弥补其长期经营费用或造成亏本；

（11）各国政府或政府控制的机构以低于国际资本市场利率提供出口信贷，或政府代表代为支付信贷费用；

（12）为公共利益的目的而开支的项目，构成了总协定第16条意义上的出口补贴。

五、商品倾销

商品倾销(Dumping)是指出口国家的出口厂商以低于国内市场的价格,甚至低于商品生产成本的价格,在国外市场抛售商品,打击竞争者以占领国外市场。

商品倾销通常属于商业行为,但是随着国家垄断资本主义的发展,一些国家会设立专门机构对外直接进行商品倾销。例如美国政府设立商品信贷公司,高价在国内收购农产品,但是却按照比国内价格低一半的价格在国外倾销农产品。

由于倾销的具体目的和时间的不同,商品倾销可分为如下几种:

(一)偶然性倾销(Sporadic Dumping)

这种倾销通常是因为销售旺季已过,或因公司改营其他业务,将国内市场上不能售出的"剩余货物",以倾销方式在国外市场抛售。这种倾销会对进口国的同类生产造成不利影响,但由于时间短暂,进口国家通常较少采用反倾销措施。

(二)间歇性或掠夺性倾销(Intermittent or Predatory Dumping)

此类倾销是指倾销商品以低于国内价格甚至低于成本的价格,在某一国外市场上打垮或摧毁了大部分或所有竞争对手,取得垄断地位之后再提高价格。其目的是占领、垄断和掠夺国外市场,获取高额利润。具体来说,有的是为了打垮竞争对手;以扩大甚至垄断其产品的销路;有的是为阻碍当地同类产品或类似产品的生产和发展,以继续在当地市场维持其垄断地位;有的是为了在国外建立和垄断新产品的销售市场等等。这种倾销对进口国家利益有严重地损害,因此许多国家都采取反倾销税等措施给予抑制。

(三)长期性倾销(Long-run Dumping)

这种倾销的做法是长期以低于国内的价格,在国外市场出售商品。由于这种倾销具有长期性,其出口价格至少应高于边际成本,否则货物出口将长期亏损。因此,倾销者往往采用"规模经济"的方法,扩大生产以降低成本。有的出口商还可通过获取本国政府的出口补贴来进行这种倾销。

资本主义国家的大企业倾销商品可能会使利润暂时减少甚至亏本。它们一般采用以下办法取得补偿:

(1)在贸易壁垒的保护下,用维持国内市场上的垄断高价或压低工人的工资的办法,榨取高额利润,以补偿出口亏损;

(2)国家提供出口补贴以补偿该企业倾销时的亏损;

(3)大企业在国外市场进行倾销,打垮了国外竞争者,占领了国外市场后,再抬高价格,攫取高额利润,弥补过去的损失。

长期以来,发达资本主义国家的大企业利用商品倾销,以争夺国外市场,这就加剧了它们之间在世界市场上的矛盾。

六、外汇倾销

(一)外汇倾销的含义

外汇倾销(Exchange Dumping)是指出口企业利用本国货币对外贬值的机会，进行商品倾销，以争夺国外市场的一种特殊手段。汇率是外币的价格，是联系国内外价格的桥梁，汇率变动直接影响进出口产品的价格。本国货币对外币贬值后，出口商品以外国货币表示的价格降低，从而提高了该商品的竞争能力，有利于扩大商品出口。如 1987 年 6 月至 1994 年 6 月美元与日元的比价由 1 美元＝150 日元下跌到 1 美元＝100 日元，美元贬值了 33.3%。假定一件在美国售价为 100 美元的商品出口到日本，按过去汇率折算，在日本市场售价为 15000 日元，而美元贬值后售价为 10000 日元。这时候出口商有三种均对自身有利的选择：(1)把价格降至 10000 日元，增强出口商品价格上的优势，在保持收益不变的情况下大大增加了出口额。(2)继续按 15000 日元的价格在日本市场出售该商品，按新汇率计算，每件商品可多收入 5000 日元(合 50 美元)的外汇倾销利润，出口额不变。(3)在 10000～15000日元间酌量减价，既有一定的倾销利润，又会扩大出口额。

至于采用哪一种办法，取决于美国出口商的销售意图和市场竞争情况。

另一方面，外汇倾销使外国货币升值，提高了外国商品的价格水平，从而降低进口产品的国内市场竞争力，有利于控制进口规模。仍以上述例子为证：如按过去 1 美元＝150 日元的比价，一件在日本售价为 15000 日元的商品出口到美国值 100 美元，而美元贬值后同一商品在美国的售价就为 150 美元，这必然给日本厂商带来不利。

因此，货币贬值能够起到促进出口和限制进口的双重作用。

(二)外汇倾销的条件

外汇倾销的上述效应具有滞后性、暂时性、有限性等缺点，要想行之有效必须满足下列条件：

1. 货币贬值的程度必须大于国内物价上涨的程度

货币贬值必然引起一国国内物价上涨。当国内物价上涨程度赶上或超过货币贬值的程度，对外贬值与对内贬值差距也会逐渐消失。外汇倾销的条件也就不存在。但是，国内价格与出口价格的上涨是有一个过程的，并非本国货币一贬值，国内物价立即相应上涨。在一定时期内它总是落后于货币对外贬值的程度，因此垄断组织就可以获得外汇倾销的利益。

2. 其他国家不同时实行程度相当的货币贬值或采取其他报复性措施

如果其他国家也实行同幅度的贬值，那么两国货币贬值幅度就相互抵消，汇价仍处于贬值前的水平，而是不到货币对外贬值的利益。如果外国采取提高关税等其他限制进口的报复性措施，也会起到抵消的作用。

七、出口退税

出口退税（Export Rebate）是指国家为了增强出口商品的竞争力和扩大出口，由该国税务等行政机构将商品中所包含的间接税退还给出口商，使出口商以不含税的价格进入国际市场参与国际市场竞争的一种措施。

各国对出口商品都实行退税制，这也是国际贸易中不成文的惯例。世界贸易组织在《补贴与反补贴协议》中，允许其成员把一些税收退还给出口商，主要包括：(1)对出口产品在制造过程中使用和消耗的生产投入物征收的关税和其他间接税；(2)对产品出口时征收的间接税；(3)对出口产品在生产和流通过程中所征收的间接税。

这里的间接税，是指对销售、执照、营业、增值、特许经营、印花、转让、库存和设备所征收的税收。

从1985年开始，我国开始实行出口退税制度，1988年，我国确定了出口退税制的原则，即"征多少，退多少，未征不退和彻底退税"的原则。1994年我国实行税制改革，在此次税制改革中规定了对出口商品实行零税率的政策，继续坚持"征多少、退多少、未征不退和彻底退税"的原则。出口退税政策对于规范涉外税收制度、支援贸易体制改革、扶持出口企业迅速成长，扩大出口创汇以及促进国民经济发展起到了巨大的作用。

为了商品出口和进一步优化出口商品结构，2004年1月1日起，我国进一步改革出口退税机制，明确提出和实施了"新债不欠、老账要还、完善机制、共同承担、推进改革、促进发展"的24字方针，调整后退税率形成17%、13%、11%、8%、5%五个梯级，对适用于不同的出口商品结构的优化起到了积极作用。

八、促进出口的行政组织措施

许多国家为了扩大出口，在行政组织方面采取了很多措施。主要有以下几种：

(一)设立专门组织

例如，为了研究与制定出口战略，扩大出口，美国在1960年成立了"扩大出口全国委员会"，其任务就是向美国总统和商务部长提供有关改进鼓励出口的各项措施的建议和资料。1978年又成立了出口委员会（Export Council）和跨部门的出口扩张委员会（Inter-Agency Committee Export Expansion），附属于总统国际政策委员会。为了进一步加强外贸机构的职能，集中统一领导，1979年5月成立了总统贸易委员会，负责领导美国对外贸易工作。此外，还成立了一个贸易政策委员会，专门定期讨论、制定对外贸易政策与措施。欧洲国家和日本为了扩张大出口都成立了类似组织。

(二)建立商业情报网

为加强商业情报的服务工作,许多国家都设立了官方的商业情报机构,在海外设立商情网,负责向出口厂商提供所需的情报。例如,英国设立情报服务处,装备有计算机情报收集与传递系统。情报由英国 220 个驻外商务机构提供,由计算机进行分析,包括近 5000 种商品和 200 个地区或国别市场情况的资料,供有关出口厂商使用,以促进商品出口。

(三)组织贸易中心和贸易展览会

贸易中心是永久性设施。在贸易中心内提供陈列展览场所、办公地点和咨询服务等。贸易展览会是流动的展出,许多国家都十分重视这项工作。有些国家一年组织 15～20 次国外展出,费用由政府补贴。例如意大利对外贸易协会对它发起的展出支付 80％的费用,对参加其他国际贸易展览会的公司也给予其费用30％～35％的补贴。

(四)组织贸易代表团出访和接待来访

许多国家为了发展对外贸易,经常组织贸易代表团出访,其出国的费用大部分是政府津贴,例如加拿大政府组织的代表团出访,政府支付大部分费用。许多国家设立专门机构来接待来访团体,例如英国海外贸易委员会设有接待处,专门接待官方代表团和协助公司、社会团体等来访工商界,从事贸易活动。中国经常借助于对外贸易促进会联系进出口企业走访、考察外部市场,这对我国整体外贸环境的改善起到了积极的促进作用。

(五)对出口厂商施以精神鼓励

二战结束后,各国对出口商给予精神奖励的做法日益盛行,经常组织出口商的评奖活动,对出口成绩显著的出口商,由国家授予奖章和奖状,并通过授奖活动宣传他们扩大出口的经验。如日本政府把每年的 6 月 28 日定为贸易纪念日,每年的这一天,由通产大臣向出口成绩卓著的厂商颁发奖状,另外还采取了由首相亲自写感谢信的办法表彰出口成绩卓越的厂商。

九、其他措施

(一)外汇分红

外汇分红是指政府允许出口厂商从其所得的出口外汇收入中提取一定百分比的外汇奖励给出口商用于进口,鼓励其出口积极性。

(二)出口奖励

出口奖励是指政府对出口商按其出口业绩给予各种形式的奖励。其目的在于鼓励出口商进一步扩大出口规模，增加创汇能力。出口奖励一般采取现金奖励，也有外汇分红和出口奖励证等其他形式。出口奖励一般是按出口商在一定时期内的总出口额或总创汇额的一定比例对出口商予以奖励，而不论出口商是盈利还是亏损。

(三)复汇率制

有的国家规定不同的出口商品适用于不同汇率，以促进某些商品的出口。自1981年起中国人民币实行复汇率制度，牌价按一篮子货币加权平均的方法计算。随着我国经济改革和对外开放的深入发展，我国已逐步实现了多边结算的自由化，在对外贸易中已经不存在使用特定货币的协定。我国于1994年1月1日实行了汇率并轨，统一了外汇调剂市场汇率和人民银行的牌价，并于同年4月开设了中国外汇交易中心，进而又于1996年7月1日对外商投资企业实行银行结售汇，这样，在我国就形成了以外汇的供给和需求为基础的统一的外汇市场，汇率是在这个统一的外汇市场上由外汇的供给和需求的力量自行决定的，因此，我国现行汇率制度就是汇率的一元化，复汇率制已经成为历史。从以上两个方面看，我国已经不存在所谓的歧视性货币措施。

(四)进出口连锁制

有的国家规定进出口商必须履行一定的出口义务，才能够获得一定的输入产品的权利，或者规定获得一定进口权利的进出口商必须承担一定的出口义务。通过进出口相联系的办法，具体采取有进有出、以进带出和以出许进的方式，目的还是扩大出口。

第二节　经济特区措施

经济特区是一个国家或地区在其关境以外所划出的一定范围内，建筑或扩建码头、仓库、厂房等基础设施和实行免除关税等优惠待遇，吸引外国企业从事贸易与出口加工工业等业务活动的区域。经济特区的目的是促进对外贸易发展、鼓励转口贸易和出口加工贸易、繁荣本地区和领近地区的经济、增加财政收入和外汇收入。经济特区的发展已有很长的历史。早在16世纪在欧洲已出现了自由港，其中最早的一个是1547年在意大利设置的里窝那自由港，它是通行自由港的雏形。到了帝国主义时期，一些发达资本主义国家，不仅在殖民地附属国继续设置经济特区，而且还在本国开辟经济特区，以便借助其优越的地理位置，发挥商品集散中心的作用，增加贸易利益。第二次世界大战后，许多国家为了加强本国的经济实力和扩大对外贸易，增设了更多的经济特区，以促进贸易的发展。各国或地区设置的经济特区名目繁多，规模不一，主要有下面的几种类型。

一、自由港或自由贸易区

自由港(Free Port)有的称为自由口岸。自由贸易区(Free Trade Zone)有的称为对外贸易区、自由区、工商业自由贸易区。无论自由港还是自由贸易区都是划在关境以外，对进出口商品全部或大部分免征关税，并且准许在港内或区内开展商品自由存储、展览、拆散、改装、重新包装、整理、加工和制造等业务活动，以便于本地区的经济和对外贸易的发展，增加财政收入和外汇收入。

一般来说，自由港或自由贸易区可以分为两种类型：一种是把港口或设区的所在城市都划为自由港或自由贸易区，如香港整个是自由港。在整个香港，除了个别商品外，绝大多数商品可以自由进出，免征关税，甚至允许任何外国商人在那里兴办工厂或企业。另一种是把港口或设区的所在城市的一部分划为自由港或自由贸易区。例如，汉堡自由贸易区是由汉堡市的两部分组成的，而只有划在卡尔勃兰特航道以东的归自由港和划在卡尔勃兰特航道以西的几个码头和邻近地区才是汉堡自由贸易区。这个自由贸易区位于港区的中心，占地 5.6 平方英里。因此，外国商品只有运入这个区内才能享有免税等优惠待遇。

许多国家对自由港或自由贸易区的规定大同小异，归纳起来，主要有以下几点：

(一)关税方面的规定

对于允许自由进出自由港或自由贸易区的外国商品，不必办理报关手续，免征关税。少数已征收进口税的商品如烟、酒等的再出口，可退还进口税。但是，如果港内或区内的外国商品转运入所在国的国内市场上销售，则必须办理报关手续，缴纳进口税。这些报关的商品，既可以是原来货物的全部，也可以是一部分；既可以原样，也可以是改样；既可以是未加工的，也可以是加工品。有些国家对在港内或区内进行加工的外国商品往往有特定的征税规定。

例如，美国规定，用美国的零配件和外国的原材材料装配或加工的产品，进入美国市场时，只对该产品所包含的外国原材料的数量或金额征收关税。同时，对于该产品的增值部分也可免征关税。又如奥地利规定，外国商品在其自由贸易区内进行装配或加工后，商品增值 1/3 以上者，即可取得奥地利原产地证明书，可免税进入奥地利市场；增值 1/2 以上者，即可取得欧洲自由贸易联盟原产地证明书，可免税进入奥地利市场和其他欧洲自由贸易成员国市场。

(二)业务活动的规定

对于允许进入自由港或自由贸易区的外国商品，可以存储、展览、拆散、分类、分级、修理、改装、重新包装、重新贴标签、清洗、整理、加工和制造、销毁、与外国的原材料或所在国的原材料混合、再出口或向所在国国内市场出售。

由于各国情况不同，有些规定也有所不同。例如在加工和制造方面，瑞士规定存储区内的外国商品不得进行加工和制造，想要从事这项业务，必须取得设立在伯尔尼的瑞士联邦海关厅的特别许可。在第二次世界大战后，许多国家为了促进经济与对外贸易的发展，都在放宽或废除这类规定。

(三)禁止和特别限制的规定

许多国家通常对武器、弹药、爆炸品、毒品和其他危险品以及国家专卖品如烟草、酒、盐等禁止输入或规定需凭特种进口许可证才能输入；有些国家对少数消费品的进口要征收高关税；有些国家对某些生产资料在港内或区内使用也应缴纳关税，例如意大利规定在的里亚斯特自由贸易区使用的外国建筑器材、生产资料等也包括在应征关税的商品之内。此外，有些国家如西班牙等，还禁止在区内零售。

在自由港方面，香港和澳门是传统的自由港。邓小平同志首创“一国两制”的方针，这个方针已由我国的宪法和香港基本法、澳门基本法予以法律化，根据这个方针与有关法律，在香港与澳门回归祖国后，继续保持自由港特色，实行与中国内地不同的经济体制。

为了进一步加强和促进内地与香港、澳门的共同繁荣与发展，2003 年 6 月 29 日和 9 月 29 日我国中央政府与香港特别行政区政府在香港签署了《内地与香港关于建立更紧密经贸关系的安排》(CEPA)和附件；2003 年 10 月 17 日我国中央政府与澳门特别行政区政府在澳门签署了《内地与澳门关于建立更紧密经贸关系的安排》和附件。这两个《安排》都于 2004 年 1 月 1 日起开始实施。至此，我国内地与香港、澳门两个特别行政区之间，正式建立起了自由贸易关系，标志着内地与港、澳的经贸交流和合作进入一个新的历史阶段和“一国两制”方针在经贸领域的成功实践。

内地与港、澳的《安排》的主要内容，包括内地与港、澳逐步实现货物贸易自由化、服务贸易自由化和贸易投资便利化的各项措施。由于港、澳是自由港，对货物进口和服务业投资方面基本没有限制，因此，《安排》主要体现了内地对港、澳的进一步开放。

二、保税区

有些国家没有设立自由港或自由贸易区，但实行保税区制度，如日本、荷兰等国家。保税区(Bonded Area)又称保税仓库区，是海关所设置的或经海关批准注册、受海关监督的特定地区和仓库，外国商品存入保税区内，可以暂时不缴纳进口税；如再出口，不缴纳出口税；如要运进所在国的国内市场，则需要办理报关手续，缴纳进口税。运入区的外国商品可进行存储、改装、分类、混合、展览、加工和制造等。此外，有的保税区还允许在区内经营金融、保险、房地产、展销和旅游业务。

因此，许多国家对保税区的规定与自由港、自由贸易区的规定基本相同，起到了类似自由港或自由贸易区的作用。

资本主义国家在保税区的仓库，有的是公营的，有的是私营的；有的货物储存的期限为1个月到半年，有的期限可达3年；有的允许进行加工和制造，有的不允许加工和制造。现仅就日本保税区的情况加以说明。

一般说来，日本规定外国货物运进或运出各种保税区，可暂时免征关税，但应预先向日本海关呈交申报单，取得海关人员的监督，如以后运入日本国内市场时再行纳税。保税区的外国货物如作为样品暂时运出，须经海关批准；保税区的外国货物废弃时，应预先向海关申报；保税区的外国货物丢失时，除经海关特别批准者外，均应缴纳关税。

按照保税区职能的不同，日本保税区可分为以下五种：

(一)指定保税区

指定保税区(Designated Bonded Area)是为了在港口或国际机场简便、迅速地办理报关手续，为外国货物提供的用于装卸、搬运或暂时储存的场所。指定保税区是经大藏大臣的指定而设置的。在这个区内的土地、仓库与其他设施都属于国家所有，并由国家所设立的机构进行管理。因此，指定保税区是公营的。

设置指定保税区的主要目的在于使外国货物简便和迅速地办理报关手续。因此，在该区内储存的商品的期限较短、限制较严，运入的货物不得超过1个月。

(二)保税货棚

保税货棚(Bonded Shed)是指经海关批准，由私营企业设置的用于装卸、搬运或暂时储存进口货物的场所。可见，保税货棚的职能与上述指定保税区相同，它是补充指定保税区的不足，作为外国货物办理报关的场所。两者的区别在于，指定保税区是公营的，而保税货棚是私营的。由于保税货棚是经海关批准的，因此必须缴纳规定的批准手续费，储存的外国货物如有丢失需缴纳关税。

(三)保税仓库

保税仓库(Bonded Warehouse)是经海关批准，外国货物可以不办理进口手续而连续长时间储存的场所。

指定保税区和保税货棚，都是为了货物报关的方便和短期储存而设置的。而保税仓库却是为了使货物能在较长时间内储存和暂时不缴纳关税而建立的。如进口货物再出口则不必纳税，这就便于货主把握交易时机出售货物，有利于业务的顺利进行和转口贸易的发展。在保税仓库内储存货物的期限为2年，如有特殊需要还可以延长。

(四)保税工厂

保税工厂(Bonded Factory)是经海关批准的,并在海关监管之下,用免税进口的原材料、零配件进行加工、制造外销商品,可以对外国货物进行加工、制造、分类以及检修等保税业务活动的场所。凡经国家批准有进口经营权的生产企业(包括外商投资企业),均可向企业所在地主管海关申请建立保税工厂。因此,许多厂商广泛地利用保税工厂,对外国材料进行加工和制造,以适应市场的需要、符合进出口的规章或减少关税的负担。外国货物储存在保税工厂的期限为2年,如有特殊需要可以延长。

(五)保税陈列场

保税陈列场(Bonded Exhibition)是经海关批准在一定期限内用于陈列外国货物进行展览的保税场所。这种保税场所通常设在本国政府或外国政府、本国企业组织或外国企业组织等直接举办或资助举办的博览会、展览会和样品陈列所中。保税陈列场除了具有保税货棚的职能外,还可以展览商品,加强广告宣传,促进交易的展开。

保税区是我国改革开放过程中出现的新生事物,是我国借鉴国际上通行自由贸易区的做法,并在结合我国国情的基础上形成的经济开放区域。在此区域内,从境外运入的货物就其关税而言被视作境外,免于海关监管,并给予该区域特殊的关税和优惠政策。我国建设和发展保税区的根本目的就是要形成良好的投资环境,利用保税区内海关保税的独特条件发展对外经济。我国提出保税区的设想是在1984年,进入20世纪90年代,我国沿海区逐步建立起各类保税区。1990年我国决定开发上海浦东时,确定在上海外高桥设立中国目前最开放、规定最优惠的保税区。1992年又批准在大连、海南省的洋浦等地设立保税区。这标志着保税区在我国对外经济贸易中的地位越来越高,作用越来越大。截至2008年12月我国已经设立了16个保税区。

三、出口加工区

出口加工区(Export Processing Zone)是一个国家或地区在其港口或邻近港口、国际机场的地方,划出一定范围,新建和扩建码头、车站、道路、仓库和厂房等基础设施以及提供免税等优惠待遇,鼓励外国企业在区内投资设厂,生产以出口为主的制成品的加工区域。

出口加工区是20世纪60年代后期和70年代初,在一些发展中国家或地区建立和发展起来的。其目的在于吸引外国投资,引进先进技术与设备,促进本地区的生产技术和经济的发展,扩大加工工业和加工出口的发展,增加外汇收入。

出口加工区脱胎于自由港、自由贸易区,采用了自由港和自由贸易区的一些做法,但它又与自由港和自由贸易区有所不同。一般说来,自由港和自由贸易区以发展转口贸易、取得商业方面的收益为主,是面向商业的;而出口加工区以发展出口加工工业、取得工业方面的收益为主,是面向工业的。虽然出口加工区与自由港、自由贸易区有所不同,但是很多以从事出口加工生产为主,但仍然袭用自由港或自由贸易区这个名称。例如马来西亚开辟的一些以出口加工为主的区域仍称为自由贸易区。

(一)出口加工区的类型

1.综合性出口加工区

即在区内可以经营多种出口加工工业。如菲律宾的巴丹出口加工区所经营的项目包括服装、鞋类、电子或电器产品、食品、光学仪器和塑料产品等的生产加工。目前世界各地的出口加工区大部分是综合性出口加工区。

2.专业性出口加工区

在区内只准经营某种特定的出口加工产品。例如印度在孟买的圣克鲁斯飞机场附近建立的电子工业出口加工区,专门发展电子工业的生产和增加这类产品的出口。在区内经营电子工业生产的企业可享有免征关税和国内税等优惠待遇,但全部产品必须出口。

目前许多国家和地区都选择那些运输条件较好的地区作为设区地点,这是因为在出口加工区进行投资的外国企业所需的生产设备和原材料大部分依靠进口,所生产的产品全部或大部分输出国外市场销售。因此,出口加工区应该设在进出口方便、运输费用最节省的地方。通常以选择国际港口和国际机场或在港口、机场附近设区最为理想。

(二)出口加工区的主要规定

为了发挥和提高出口加工区的经济效果,吸引外国企业投资设厂,许多国家或地区指定了具体的措施,主要有以下几点:

1.对国外企业在区内投资设厂的优惠规定

关税的优惠规定。对在区内投资设厂的企业,从国外进口生产设备、原料、燃料、零部件、元件及半成品一律免征进口税。生产的产品出口时一律免征出口税。

国内税的优惠规定。不少出口加工区为国外投资的企业提供减免所得税、营业税、贷款利息税等优惠待遇。

放宽国外企业投资比率的规定。不少出口加工区放宽了外资企业的投资限制。例如菲律宾规定,外资企业在区外的投资比率不得超过企业总资本的40%,但在区内的投资比率不受此项法律的限制,投资比率可达100%。

放宽外汇管制的规定。在出口加工区外国企业的资本、利润、股息可以全部汇回本国。

投资保证规定。许多国家或地区不仅保证各项有关出口加工区的规定长期稳定不变，而且保证对外国投资不予没收或征用。如因国家利益或国防需要而征用时，政府给予合理的赔偿。

此外，对于报关手续、土地仓库和厂房等的租金、贷款利息、外籍职工的职务及其家属的居留权等都给予优惠待遇。

2.对外国投资者在区内设厂的限制规定

许多国家和地区虽然向外国投资者提供种种优惠待遇，但不是任其自由投资，而是既有鼓励又有限制，引导外国企业按照本国的经济和对外贸易的需要投资设厂。一般有以下几个方面的规定：

(1)对投资项目的规定。许多国家或地区往往限制投资项目。例如菲律宾对巴丹出口加工区可设立哪些工业，都作出了规定，划出了范围。它规定第一期轻工业部门包括陶瓷或玻璃器皿、化妆品、食品生产、电子或电气产品、光学仪器、成衣、鞋类、塑料和橡胶产品等轻型的、需要大批劳工的、供出口的工业。第二期重工业包括综合性纺织厂、汽车厂、机器厂以及其他确有国外市场、需用大批劳工、进口原料加工出口的工业。

(2)对投资者资格的审批规定。为了保证投资与加工出口的利益，要求外国投资者必须具备一定的条件。例如菲律宾在审批投资设厂的出口企业时应掌握两项基本标准：一是在经营管理、出口推销和技术、财务管理方面具有一定基础和经验；二是具有输出商品赚取外汇的能力和吸收劳动的能力，并能采用国内的原料。

(3)对产品的销售市场的规定。许多国家或地区规定区内的产品必须全部或大部分出口，甚至对次品或废品也禁止或限制在当地国内市场上出售。即使准许在本国市场上销售，其数量一般不超过总产量的10%。

为了防止区内产品与区外同类的本国产品在国外市场上竞争，往往采用禁止或限制该产品在区内投资或者对出口市场加以限制的办法。例如斯里兰卡规定，不准区内生产的服装向西欧共同市场出口，以排除该产品在西欧共同市场上同本国同类产品的竞争。

(4)对招工和工资的限定。有些国家或地区对此作了统一规定，以解决就业、工资和劳务纠纷等问题。例如菲律宾规定区内工人的最低年龄为14岁以上，不同的工种按其技术的熟练程度规定工资标准，并随着生产和生活指数调整工资水平。

3.对出口加工区的领导和管理办法的规定

有些国家或地区专门设立的出口加工区管理委员会。在这个委员会领导下，各出口加工区设立专门的办事机构，负责办理区内的具体事务。

为了促进出口加工贸易的发展，我国2000年开始设立出口加工区，截止到2009年2月，我国已设立了59个出口加工区。出口加工区的设立和日益完善，将进一步促进我国加工工业和加工贸易的发展。

四、多种经营的经济特区

多种经营的经济特区简称多种经营特区，是指一国在其港口或港口附近等地划出一定的范围，新建或扩建基础设施和提供减免税收等优惠待遇，吸引外国或境外企业在区内从事外贸、加工工业、农畜业、金融保险和旅游业等多种经营活动的区域。我国所设立的经济特区就属于这一种。在我国的经济特区内，中国政府允许外国企业或个人以及华侨、港澳同胞进行投资活动并实行特殊政策。在经济特区内，对国外投资者在企业设备、原材料、元器件的进口和产品出口，公司所得税税率和减免，外汇结算和利润的汇出，土地使用，外商及其家属随员的居留和出入境手续等方面提供优惠条件。

从特征上讲，经济特区是我国采取特殊政策和灵活措施吸引外部资金、特别是外国资金进行开发建设的特殊经济区域；从功能上讲，经济特区是我国改革开放和现代化建设的窗口、排头兵和试验场。这既是对经济特区特殊政策、特殊体制、特殊发展道路的概括和总结，也是对经济特区承担的历史使命和实际作用的概括和总结。

经济特区的目的和作用可以概括为：(1)扩大本国的对外贸易；(2)引进更多的国外资金、技术和管理经验；(3)增加就业机会，扩大社会就业；(4)加快特定地区经济发展与经济开发的速度，形成新的产业结构和社会经济结构，对全国(地区)经济发展形成吸纳和辐射作用；(5)获得更多的土地出售、出让和出租收益。

从 1979 年以来，我国先后在深圳、珠海、汕头、厦门和海南省设立了这种经济特区。这是我国贯彻与实行对外开放政策所采取的一系列重要措施的组成部分。实际上现在各个省、各个市都还有自己的开发区之类的实行特殊经济政策的区域，在某种意义上也是经济特区，只不过没有正式的国家级名义而已。

五、自由边境区

自由边境区(Free Perimeter)过去也称为自由贸易区，这种设置仅见于拉丁美洲少数国家。一般设在本国的一个省或几个省的边境地区。对于在区内使用的生产设备、原材料和消费品可以免税或减税进口。如从区内转运到本国其他地区出售，则须照章纳税。外国货物可在区内进行存储、展览、混合、包装、加工和制造等业务活动，其目的在于利用外国投资开发边区的经济。

自由边境区与出口加工区的主要区别在于，自由边境区的进口商品加工后大多是在区内使用，只有少数用于再出口。故建立自由边境区的目的是开发边区的经济，因此有些国家对优惠待遇规定了期限。当这些边区生产能力发展后，就逐渐取消某些商品的优惠待遇，直到废除自由边境区。例如墨西哥设立的一些自由边境区期限已满时，就取消了原有的优惠待遇。

六、过境区

为了便利内陆邻国进出口货物，沿海国家往往会开辟某些海港、河港或国境城市作为货物过境区(Transit Zone)。按照过境区规定，对于过境货物，简化海关手续，免征关税或只征小额的过境费用。过境货物一般可在过境区内作短期储存或重新包装，但不得加工。

第三节　出口管制措施

出口管制是指国家通过法令和行政措施对本国的出口贸易所实行的管理与控制。一些国家，特别是发达资本主义国家，为了达到一定的政治、军事和经济目的，往往对某些商品特别是战略物资与先进技术，实行限制出口或禁止出口。

一、出口管制的目的

(一)政治原因

冷战时期结束以后，世界政治格局发生了新的变化，为了稳定国际新秩序，促进国际政治环境的稳定，破坏世界安定的战争行为要受到世界人民的谴责。联合国对实施战争侵略的国家实行制裁，禁运就是迫使发动战争的国家停止侵略行为的主要措施。例如伊拉克发动对科威特的侵略战争后，联合国安理会便通过了对伊拉克的全面禁运决议。

(二)军事原因

为了彻底制止核战争的爆发，禁止无核国家发展核武器，国际社会通过了“核不扩散条约”，各国都有义务对可能用于核武器制造的技术、装置、原料的出口进行出口管制。另外，国际社会对化学武器以及原材料的出口也会实施限制。为了稳定世界局势，对导弹等现代化武器的出口，特别是主要武器出口国对“敏感区域”的武器出口更会实施限制。

(三)经济原因

一些发达国家为了保持对其他国家在技术上的领先地位，往往会对高新技术及相关产品实行出口限制。为了缓和与进口国在贸易上的摩擦，在进口国的压力下，出口国实行“自动”出口限制。为了保护国内的生产秩序和资源，对某些物资的出口加以限制。

(四)其他原因

有的国家会为了人权目的，禁止劳改产品的出口；有的为了保护地球生态环境和濒危动物，会对一些物资进行全球性贸易禁运；有的为了国家文化发展，保护历史文物，对一些特殊商品的出口实行管制。

二、出口管制的商品

出口管制的商品主要可分为以下几类：

(1)战略物资及其有关的先进技术资料。如武器、军事设备、军用飞机、军舰、先进的电子计算机及有关技术等。大多数国家对这类商品与技术均严格控制出口。这些商品必须领取出口许可证，方能出口。

(2)国内生产所需的原材料、半成品及国内市场供应不足的某些必需品，如英国的某些化学品、石油、药品、活牛、活猪；日本的矿产品、肥料、某些食品；瑞典的废金属、生铁等都控制出口。

(3)为了缓和与进口国在贸易上的摩擦，在进口国的要求或压力下，“自动”控制出口的商品，如发展中国家根据纺织品“自限协定”自行控制出口商品。

(4)为了有计划安排生产和统一对外而实行出口许可证制的商品，如我国属于出口许可证制项下的某些商品，有玉米、原油、人参、电扇、轮胎、机床等。

(5)为了实行经济制裁而对某国或地区限制甚至禁止出口的商品。

(6)对某些重要的文物、艺术品、黄金、白银等特殊商品，大多数国家都规定需特许才能出口。

三、出口管制的形式

出口管制形式主要体现在资本主义国家，可以分为两种：

(一)单方面出口管制

单方面出口管制是指一国根据本国的出口管制法案，设立专门机构对本国某些商品出口进行审批和颁发出口许可证，实行出口管制。例如美国政府根据国会通过的有关出口管制法等在美国商务部设立贸易与管制局，专门办理出口管制的具体事务，美国绝大部分受出口管制的商品的出口许可证都在该局办理。

为了加强单方面的出口管制，许多资本主义国家根据国内外情况和对外政策的变化，制定和修改出口管制法等。例如，早在 1917 年美国国会通过了《1917 年与敌对国家贸易法案》，该法案授权美国总统“禁止所有私人与美国敌人及其同盟者，在战时或国家紧急时期进行财政金融和商业的贸易”。第二次世界大战结束后，美国和其他发达资本主义国家，为了对社会主义国家原苏联和东欧国家实行出口管制，又制定和修改了若干出口管制法案。例如 1949 年美国国会在“防止国内物资短缺、保卫国家安全、促进对外开放政策”的借口下对当时存在的社会主义阵营国家实行“禁止”，通过了《出口管制法案》(Export Control Act)，授权总统“禁止和削弱"全部商业性出口。所谓全部商业性出口，就是指通过贸易渠道的全部商品和技术出口。该法案经过多次修改，一直延长有效期至1969年12月被《1969年出口管制法》(Export Administration Act)所代替。这个法案在一定程度上放宽了对原苏联和东欧国家输出战略物资的出口管制，简化了出口许可证颁发手续，放松了对美国以外其他国家可以购买到的商品的管制。在20世纪70年代，经过几次修改，1979年美国国会又颁布了《1979年出口管理法》。这个新法案进一步简化了许可证办法手续，加强了国会对出口管制的监督，并改进、协调了美国与其他国家之间的出口管制工作等。

1985年美国国会又通过了"出口管制法1985年修正案"，这个修正案除保留原有的出口管制法的主要规定外，主要是进一步放宽美国某些相对低技术的产品和技术资料的出口限制，以增加美国商品的出口。除美国以外，其他资本主义国家也有类似的法案。

中国政府根据本国的国情，参照国际通行的出口管制作法，遵循已签署的国际条约、公约以及政府对外所做的承诺，制定了一系列出口管制的行政规章，对国际社会普遍关注的敏感商品和技术实施出口管制。进入20世纪90年代以来，为适应逐步建立社会主义市场经济的新形势和法制化的需要，努力与国际接轨，中国开始着手建立并完善出口管制法律体系，健全出口管制管理机制，以加强管理的规范性、科学性和公开性。1994年颁布的《中华人民共和国对外贸易法》作为对外贸易领域的基本法律，对需要限制或禁止进出口的贸易行为作出了明文规定，从而使限制或禁止有可能导致扩散的贸易出口有法可依。

(二)多边出口管制

多边出口管制是指几个国家，通过一定的方式建立国际性的多边出口管制机构，商讨和编制多边出口管制货单和出口管制国别，规定出口管制的办法等，以协调彼此的出口管制政策和措施，达到共同的政治和经济目的。

1949年11月在美国的胁迫下成立的输出管制统筹委员会(Coordinating Committee for Export Control/COCOM)即巴黎统筹委员会，就是一个国际性的多边出口管制机构。这个委员会的决策机构由参加国政府派高级官员参加，组成咨询小组，商讨他们对当时的社会主义阵营国家的出口管制问题。1950年初这个小组下设调查小组，主管对原苏联、东欧和中国等国家的"禁运"。1952年又增设一个所谓"中国委员会"(China Committee/CHINCOM)，以加强对我国的"禁运"，妄图通过"经济封锁"和"禁运"来扼杀我国的社会主义经济建设和发展。

巴黎统筹委员会在1949年有美国、英国、法国、意大利、加拿大、比利时、卢森堡、荷兰、丹麦、葡萄牙、挪威和原联邦德国12个国家参加，后来，日本在1952年加入，希腊和土耳其在1953年加入，澳大利亚在1989年加入，共16个国家。这个委员会的主要工作是：编制和增减多边“禁运”货单，规定受禁运的国别或地区，确定“禁运”程序，加强转口管制，讨论例外程序，交换情报等。

不仅如此，美国为了要挟其他国家实行“禁运”，1951 年 5 月操纵联合国通过了对中国与朝鲜实行所谓“贸易禁运”的美国提案。1951 年 10 月美国国会通过了所谓“巴特尔法案”(Battle Act)，授权美国总统随时可以对不遵守巴黎统筹委员会协议的国家停止“援助”。随着国际形式的变化，这个委员会的一些规定相应有所变化。例如该机构的多边禁运货单项目由 20 世纪 50 年代初期大约 300 项减至 70 年代的 150 项左右。由于冷战时期的结束，这种多边管制已经不能适应了，巴黎统筹委员会已于 1994 年 3 月 31 日宣布解散。

1996 年 7 月 12 日，原巴统会的成员国重新在维也纳召开大会，宣布成立一个新的管制出口的组织，总部设在维也纳。该组织定名为“瓦瑟纳尔协定”。新组织包括 33 个成员国和地区，其中俄罗斯、波兰、韩国等成为新成员。新组织的工作重点是打击国际恐怖主义，维护世界和平。成立之初的主要工作任务是对约 110 种产品(包括限制常规武器在内)的出口进行管制，从而防止向有可能威胁到和平的国家提供武器。新组织从 1996 年 11 月 1 日开始正式实施出口管制。

四、管制的程序与手续

虽然巴黎统筹委员会负责编制、修改和审批多边出口管制货单，但有关出口管制的商品的具体管理程序和出口申报手续仍由各参加国自行办理。

一般来说，资本主义国家有关机构根据出口管制的有关法案，制定管制货单(Commodity Control List)和输往国别分组管制表(Export Control Country Group)，然后采用出口许可证制具体办理出口申报手续。现以美国为例加以说明。

美国出口管制由总统指令美国商务部执行，商务部设立贸易管理局具体办理出口管制工作，对不同国家实行出口差别待遇和歧视政策。

(一)制定出口管制货单和输往国别分组管制表

贸易管理局根据有关法案和规定，制定出口管制货单和输往国别分组管制表。在管制货单内列有各种需要管制的商品名称、商品分类号码、商品单位及其所需的出口许可证类别等。在输往国别分组管制表中，把有关输往国家或地区分成八组，进行宽严程度不同的出口管制。例如把朝鲜、越南等国家列为 Z 组，管制全部商业性出口。Z 组的所有出口都必须领取特种出口许可证；把原苏联和除波兰、罗马尼亚、原南斯拉夫以外的东欧国家列为 Y 组，1972 年 2 月美国商务部宣布把中国出口由 Z 组划为 Y 组。对 Y 组国家输出的非战略物资可按一般出口许可证输出，但对于所谓战略物资，则需按特种出口许可证出口。1981 年把中国由 Y 组划为 P

组，到1983年从P组划入V组，对该组的出口管制比对Y组、P组更为放宽。

（二）申请出口许可证

美国出口商出口受管制的商品，必须向商务部贸易管理局申请出口许可证。美国的出口许可证可以分为两类：

1. 一般许可证

根据上述管制货单和输往国别分组管制表，如属于一般许可证（General License）项下的商品，即按一般出口许可证的程序办理出口。这类商品的出口管理很松。为了便于出口，规定出口商出口这类商品，不必向商务部贸易管理局提出申请，只要在出口报关单上填明管制货单上该商品的一般许可证编号，经海关核实，就作为办妥出口许可证手续。

2. 有效许可证

根据管制货单和输往国别分组管制表，如属于该种许可证项下的出口商品，出口商必须向商务部贸易管理局申请有效许可证（Validated License）。出口商在许可证上按管制货单的项目填写商品名称、数量、商品管制编号，并详细说明输出商品的最终用途。如再出口，须注明再出口国家名称和输往目的地的说明。此外，还要附上其他有关证件一起送上审批，经批准后，方能出口。

在其他证件中与买方有关的证件，主要有两种：（1）进口说明书。对于一些极为重要的战略物资，进口商必须提交这种证件，以证明这种商品确实输往该进口国。进口商除了提供进口证明书外，还必须向美国出口商提出交货证明书，证明这些货物输往所批准的国家的目的地。其目的在于防止这些商品转移到美国禁止输出的国家。（2）最后承销人和买主的交易说明书。即对于某些设备，规定进口税必须在说明书中填写该项设备的安装地点及其所生产的产品，必须允许卖方定期进行检查等，以及美国对这些设备和产品的用途进行监督。

（三）贸易管理局审批和颁发出口许可证

该局根据有关法案和规定，并参照当时的对外政策进行审批。其中某些可能与"国家安全"有关的商品，必须提交由有关各部共同组成的出口政策咨询委员会的管理委员会进行审批。属于巴黎统筹委员会管制的商品，必须提交该委员会进行批准。当申请书获得批准后，申请书即作为有效许可证。出口商凭此证向海关报关出口。如未能批准，商务部以"拒发出口许可通知"（Notification of Rejection of Export License Application）驳回，禁止出口。

总之，出口管制是发达资本主义国家对外实行差别待遇和歧视政策的重要工具。20世纪70年代以来，一些发达资本主义国家的出口管制有所放松，但是随着一些发达资本主义国家对外政策的需要，其出口管制政策将会出现时紧时松的变化。

【本章参考书目】

1. 范爱军:《国际贸易》,山东大学出版社,1998 年 2 月。
2. 张锡嘏:《国际贸易》,对外经济贸易大学出版社,2006 年 2 月。
3. 王俊宜、李权:《国际贸易》,中国发展出版社,2006 年 4 月。

【思考题】

1. 什么是出口信贷?有哪些种类?试比较之间的异同。
2. 什么是出口补贴?间接补贴主要有哪几种?
3. 商品倾销有哪几种?企业进行商品倾销时应该如何弥补倾销商品时的亏损?
4. 一国进行货币贬值会对进出口有哪些影响?
5. 什么是出口退税?结合实际说明我国制定和实施出口退税的主要原则。
6. 经济特区主要有哪些类型?各自具有哪些特征?
7. 什么是出口加工区?出口加工区通常有哪些规定?
8. 资本主义国家的出口管制形式有哪几种?

第十章　国际服务贸易

第二次世界大战以来，世界各国尤其是发达经济体的产业结构出现了重大变化，服务经济已经悄然来临。服务业在各国经济发展中的地位不断提升，越来越多的新兴服务业的不断出现。生产和资本的国际化加速了服务性生产要素在国际上的流动，使国际服务贸易迅速发展，成为当今世界经济和国际贸易中推动一国经济增长的重要一极。本章主要介绍国际服务贸易的基本情况、发展格局以及国际服务贸易多边协议及体制等几方面的内容。

【本章学习目标】

1. 熟练掌握国际服务贸易的含义、特征；国际服务贸易发展格局的变化，以及多边协议的大体内容。

2. 学会在实际应用当中区分服务贸易两种统计结果的互补与重叠部分；能够结合世界经济实际解释国际服务贸易格局的变化。

3. 了解国际服务贸易多边协议下关于知识产权的规定，以及 WTO 框架下服务贸易的发展情况。

第一节　国际服务贸易的含义及分类

对于国际服务贸易的认识和关注，无论是从现实发展的角度还是从贸易理论的角度，与货物贸易相比都要晚很多。因此，对于国际服务贸易的一些基本情况有必要做一些系统的介绍。

一、国际服务贸易的含义

经济学上的“服务”是个与有形产品相对的概念，一般是指以劳动形式提供非实物形态的经济物品并取得报酬的活动，它具有特殊的使用价值和价值。正如马克思曾定义服务：“对于提供这些服务的生产者来说，服务就是商品，服务有一定的使用价值(想象的或现实的)和一定的交换价值。”[①]服务本身是商品，服务产品或要素的跨国界交换便形成了国际服务贸易。

(一)《美国和加拿大自由贸易协定》对国际服务贸易的定义

“服务贸易”一词最早出现在1971年经济合作与发展组织(OECD)的一份报告中。1987年10月美国、加拿大正式签署《美国和加拿大自由贸易协定》(FTA)。FTA是世界上第一个在国家间贸易协议上正式定义服务贸易的法律文件。根据服务贸易的内容及项目的广泛性，服务贸易是指“由或代表其他缔约方的一个人，在其境内或进入另一缔约方境内提供所指定的一项服务”。

这里“缔约方的一个人”既可以是自然人，也可以是法人。“指定的一项服务”包括：(1)生产、分配、销售、营销及传递某项所指定的服务及其进行的采购活动；(2)进入或使用国内的分配系统；(3)建立一个商业存在，完成分配、营销、传递或促进等服务；(4)遵照投资规定，任何为提供指定服务的投资以及任何为提供指定服务的相关活动。这里提供服务的“相关活动”包括：公司、分公司、代理机构、代表处和其他商业经营机构的组织、管理、保养和转让活动；各类财产的接受、使用、保护及转让，以及资金的借贷。[②]

(二)《服务贸易总协定》对国际服务贸易的定义

1994年4月15日，“乌拉圭回合”多边贸易谈判对“国际服务贸易”的概念进行了激烈的讨论，最终在达成的《服务贸易总协定》(GATS)中将服务贸易界定为四种模式：

1. 跨境交付

跨境交付(Cross-border Supply)是指从一成员的境内向任何其他成员的消费者提供服务。这里“过境”的是服务，一般并不涉及资金及人员的过境流动，服务的交付方式可以通过比如：电话、传真、因特网或其他多媒体连接等等。

2. 境外消费

境外消费(Consumption Abroad)是指在一成员境内向任何其他成员的服务消费者提供服务。这类服务贸易主要是消费者移动。常见的例子有旅游、教育、医疗服务等。

3. 商业存在

商业存在(Commercial Presence)是指一成员在其他成员境内以商业存在的形式(通过设立服务实体)提供服务。比如：金融分支机构、会计师事务所、律师事务所等。

---

① 《马克思恩格斯全集》第26(3)卷，人民出版社1972年版，第149页。

② 《美国和加拿大自由贸易协定》第14章，第1401～1408条。

4. 自然人流动

自然人流动(Presence of Natural Persons)是指一成员的自然人在其他成员境内提供服务。最常见的是建筑设计与工程承包以及所带动的服务人员输出。

二、国际服务贸易的特征

服务与货物相区别的一些特征决定了国际服务贸易与国际货物贸易相区别的一些基本特征,再有,国际服务贸易所特有的国际环境也对它的特征有一定影响。

(一)国际服务贸易的标的大多数具有无形性

货物的空间形态一般是确定的,有形的,直观的;大多数服务的存在形态基本上是无形的、不能固定也不能触摸或是凭肉眼看见的。一方面,服务的提供者无法向消费者展示服务确定的具体形态;另一方面,服务的消费者在购买服务之前往往也不能感知服务,只能在消费之后感知到服务的结果。但是,也存在一些特殊情况。科学技术的进步已经将一些无形的服务转为有形形式。比如:唱片和软盘,作为服务的载体,其价值主要是由它所提供的服务的价值构成,即服务的物质化。对此,1989 年加拿大经济学家格鲁伯和沃克提出了"物化服务"的概念。

(二)交易过程与生产和消费过程的同时性

除被"物化"的服务以外,大多数国际服务贸易的交易过程与服务的生产和消费过程是不可分割的,而且往往是同步进行的。也就是说,服务价值的形成和使用价值的创造过程,与服务价值的实现和使用价值的让渡过程,以及服务使用价值的消费过程,一般是在同一时间和同一地点完成的。

(三)国际服务贸易主体地位具有多重性

服务的卖方即国际服务贸易的出口方,是服务的生产者,并作为服务消费过程中的物质要素直接加入到服务的消费过程;服务的买方即国际服务贸易的进口方,是服务的消费者,并作为服务生产者的劳动对象直接参与服务产品的生产过程。

(四)国际服务贸易市场具有高度垄断性

一方面,服务具有明显的异质性。服务提供者的技术水平和服务态度,往往因人、因时、因地而不同;再有,不同服务的消费者对服务的要求不也同。即使同一种服务也存在较大差别。服务的这种性质容易导致服务市场的垄断。另一方面,服务业包含的一些行业如保险、通信、教育、广告等直接关系到输入国主权、安全、文化思想等重大问题。因此,各国都不愿意开放国内的服务市场,导致国际服务贸易市场垄断性很强。

(五)国际服务贸易壁垒限制性强

国际服务贸易的壁垒不同于货物贸易,各国对国际服务贸易的保护往往不是以地区性的贸易保护和“奖出式”的进攻型措施为主,而是以行业保护和“限入式”的保护为主。而且,国际服务贸易涉及的法律要复杂得多。各国都以国家立法的形式限制市场准入。

(六)营销管理具有更大的难度和复杂性

这主要体现在两个方面:第一,从国家层面,由于服务自身的特征,国家对服务进出口的管理,不仅仅是对服务自身的管理,还必须涉及对服务提供者和消费者的管理,在很大程度上增加了管理的难度。第二,从企业层面,服务的营销管理过程不确定性因素很多,比如,服务具有异质性,所以服务的质量标准是不确定的,这就使企业的营销和管理变得极为困难和复杂。

三、国际服务贸易的分类

(一)按照与货物的国际转移的关联程度划分

按与货物的国际转移的关联程度可以将国际服务贸易分为国际核心服务贸易和国际追加服务贸易。

国际核心服务贸易是指与国际货物贸易无直接关联的国际服务贸易,在国际服务市场上,这类服务本身是市场需求和供给的核心对象。这类服务包括通信、互联网、律师服务等。按照供需双方的接触方式国际核心服务贸易可以划分为远距离服务(Long-distance Service)和面对面服务(Face to Face Service)两种形式。远距离服务是指无需提供者和消费者的实际接触而完成的跨国境的交易。这种服务贸易的发生必须依据一定的媒介,比如通信、因特网等。而面对面的服务贸易需要服务的供给者和需求者的实际接触才能完成,这种贸易通常要有人员和(或)要素的跨国流动。

国际追加服务贸易与国际货物贸易有着不可分割的直接联系。这类服务贸易只有在国际货物贸易发生时才会发生,它是货物贸易的一种附加形式,它本身并不向其需求者提供直接的、独立的效用,只是围绕货物的核心效用而附加的派生效用。最主要的国际附加服务贸易就是国际运输服务贸易。此外,原本属于核心服务的一些服务形式比如银行、保险、咨询等因越来越多地渗透到国际货物贸易中来,也已经成为附加服务的组成部分。

(二)按照国际收支账户所包含的内容分类

根据国际收支账户所包含的内容(见表 10-1),国际服务贸易统计分类法将国际服务贸易分为要素服务贸易和非要素服务贸易。

表 10-1　　国际收支账户的基本结构(IMF 格式)

1. 经常性项目(Current Account)
1)商品(货物)贸易(Visible Trade) 2)服务贸易(Invisible Trade) 3)单方转让(Unilateral Transfers)
2. 资本性项目(Capital Account) 1)长期资本流动(Long-term Capital) 2)短期资本流动(Short-term Capital)
3. 平衡或结算项目(Balancing or Settlement Account) 1)错误或遗漏(Errors and Omissions) 2)官方储备变动(Official Reserves)

与国际收支账户中的资本项目相关,即同国际资本流动或金融资产流动相关的国际服务贸易流量称作“要素服务贸易”流量,专门指资本服务的收益流量的跨国转移。与国际收支账户中的经常性项目相关,而与国际资本流动或金融资产流动无直接关联的国际服务贸易流量,称作“非要素服务贸易”流量,主要涉及劳务项目、运输服务、旅游服务(旅馆和餐厅)、金融服务、保险服务、咨询、管理、技术等专业服务和特许使用项目等内容。具体见表 10-2。

表 10-2　　国际服务贸易分类

国际服务贸易	
要素服务贸易	非要素服务贸易
股息(包括利润) 利息 国外再投资收益 其他净资本收益	运输 旅游(旅馆和餐厅) 金融服务 保险服务 专业服务(咨询、管理、技术服务) 特许使用项目(许可证等) 其他私人服务

资料来源:国际货币基金组织。

由于非要素服务贸易项目较多,内容繁杂,很难精确地定义并进行统计。因此,一般非要素服务项目主要是通过剩余法进行界定。国际服务贸易属经常性项目,它又包括要素服务贸易项目和非要素服务贸易项目,即非要素服务项目应该等于经常性项目减去国际商品(货物)贸易项目,再减去单方转移项目,再减去要素服务贸易项目。用公式表示如下:

服务贸易项目=经常性项目-国际贸易项目-单方转移项目

非要素服务贸易项目＝服务贸易项目－要素服务贸易项目

(三)按照服务产品的性质分类

通过对服务产品和服务业的分类，将国际服务贸易按照产品的性质分为劳务型服务贸易、资本型服务贸易、专业型服务贸易、权益型服务贸易、知识信息型服务贸易等五类，具体见表 10-3。

表 10-3 国际服务贸易按产品性质分类

服务贸易类型	具体内容
劳务型服务贸易	主要指国际劳务输出、输入。如建筑工程设计与承包等劳务贸易
资本型服务贸易	主要指国际资本输出、输入，包括国际资本流动以及资本投入形成的设备、设施提供的服务贸易
专业型服务贸易	主要指咨询、管理、技术服务等专业服务贸易
权益型服务贸易	主要指运用产权、特许权、专利权等权益型资产提供的服务贸易，如国际租赁、土地与各种设备租用、专利许可证等
知识信息型服务贸易	主要指以提供知识信息及其相关的服务的贸易，如国际电信服务贸易、国际卫星通信服务贸易、文化交流等

(四)按照服务的最终用户不同分类

按照服务的最终用户，可以将国际服务贸易分为生产者服务贸易和消费者服务贸易两类。这种分类实际上是借鉴了货物生产中的两大部类分类方法。

生产者服务是指为其他产业或者服务业提供中间投入的服务。作为其他货物和服务生产的中间投入，生产者服务是促进资本、技术和人力相结合的黏合剂。运输、金融、保险、技术服务、租赁、咨询、财会、工程设计、维修与售后服务等都是生产者服务的范畴。消费者服务主要是指为人们直接消费所提供的服务，包括消费性服务、娱乐性服务及与人本身有关的服务。国际旅游、国际文艺、文化娱乐、国际医疗、国际卫生服务等都属于消费者服务范畴。生产者服务贸易一直占国际服务贸易的较大比例，但随着经济发展水平和消费水平的提高，消费者服务贸易的比例逐渐有所增加。

(五)GATS 对国际服务贸易的分类

GATS 和世界贸易组织从实践和统计角度对国际服务贸易分类作了规定，主要以《联合国中心产品分类系统》(United Nations Central Product Classification System)为基础，以服务业的部门为中心，将国际服务贸易分为 12 大类：即商务服务、通信服务、建筑和相关工程服务、分销服务、教育服务、环境服务、金融服务、健康与社会服务、旅游及相关服务、文化、娱乐及体育服务、运输服务，其他未包括的服务。

四、国际服务贸易的统计方法

目前国际服务贸易主要有两种统计方法：一种是国际收支服务贸易统计(Balance of payments statistics，简称BOP统计)，另一种是外国附属机构服务贸易统计(Foreign affiliates trade in services statistics，简称FAT统计)。

BOP统计是按照国际货币基金组织(IMF)编写的《国际收支手册》第5版的统计口径和项目分类建立起来的国际服务贸易统计体系。它是以经济地理区域为中心进行服务贸易统计，反映的是一国居民与非居民之间的服务贸易。以服务贸易交易活动完成后的资金流——国际收支为中心，依据常住性来确定居民与非居民之间的服务贸易。其中，服务的出口由居民向非居民销售服务，服务的进口是由非居民向居民销售服务。这里的"居民"通常是指在一国境内居住满一年的自然人和设有营业场所的企业法人。

BOP统计主要是统计跨境的服务贸易。不包括对商业存在即在外国建立附属机构的国际服务贸易形式的统计。而据世界贸易组织的估计，通过建立商业存在而发生的国际服务贸易在整个国际服务贸易总额中的比重超过60%，因此，BOP统计不能完全反映出一国国际服务贸易的实际情况。

FAT统计反映外国附属机构在东道国发生的全部货品和服务交易情况，包括与投资母国之间的交易，与所有东道国其他居民之间的交易，以及与其他第三国之间的交易。只要货物与服务的所有权属于不同的经济体，他们进行的服务交易都会被记录在FAT统计中。换句话说，FAT统计的是外国附属机构所进行的全部国际服务贸易，而不管这些贸易是否跨越国境。这里，与直接投资统计的对象不同，只有当外方绝对控股时，即外方投资比例在50%以上的企业才是FAT统计所界定的外国附属机构。此外，根据国际资本的流向，FAT统计又分为内向和外向统计两种：外国在东道国的附属机构的服务贸易称为"内向FAT"，又称为进口FAT统计；东道国在别国的附属机构的服务贸易称为"外向FAT"，又称为出口FAT统计。

FAT统计的重点是BOP统计所不包含的商业存在形式的服务贸易，因此，二者在很多方面互为补充，但是也不能将二者的统计数据简单相加。原因在于，一方面，FAT统计与BOP统计的范围、内容和记录原则不同；另一方面，FAT统计与BOP统计的部分内容有重叠。

第二节 国际服务贸易的发展格局

一、国际服务贸易发展格局的变化

自20世纪80年起国际服务贸易出现增速发展，规模逐步扩大，增长的速度个别年份甚至已经超过了货物贸易，贸易产品结构分布以及地区分布都呈现出新的特征，此外，在WTO和GATS的框架下，各国也在不断加大服务市场的开放程度。

（一）国际服务贸易与货物贸易共同增长

在20世纪70年代，国际服务贸易已经初具规模，并且增长速度比较快，据IMF统计，1970～1980年，服务贸易的年均增长率为7.8%，与货物贸易大体持平。而到了80年代，国际服务贸易的发展规模迅速扩大，增长速度也超过了同期的货物贸易。在1980～1990年，服务贸易总额从7622亿美元扩大到16026亿美元，年均增长率为11%，而同期的货物贸易增长率为8%。90年代服务贸易的增长率呈下降趋势，1990～2000年，年平均增长率为7%，略高于货物贸易6%的水平。进入21世纪以后，国际服务贸易依然发展迅速，增长速度与货物贸易相比，在不同年份表现不同。2000～2008年的服务贸易额及增长情况见表10-4。

表10-4　　2000～2008年世界服务贸易额及增长率

年份	贸易额/亿美元			出口增长率(%)	货物贸易出口增长率(%)
	出口	进口	总额		
2000	14807	14722	29529	6.36	/
2001	14827	14872	29699	0.14	−4
2002	15786	15611	31397	7	5
2003	17626	17427	35053	14	17
2004	21250	20950	41200	18	21
2005	24150	23600	47750	12	14
2006	27290	26010	53300	13	16
2007	32600	30600	63200	19	16
2008	37300	34700	72000	11	15

资料来源：WTO"International Trade Report 2009"。

2000～2008年，国际服务贸易总额从29529亿美元增加到72000亿美元，其中，出口额年均增率达到12%，与同期货物贸易增长率相同。从上表可以看出，

2000年前后服务贸易同货物贸易一样，增长率较低，但是从2002年以后，二者都迅速地恢复了增长，多数年份增长率在两位数以上。

（二）国际服务贸易结构不断改善

二战以后，以旅游、运输、银行、建筑和工程承包等为代表的服务贸易不断扩大，成为国际服务贸易的重要部分。尤其是旅游和运输两项，长期占世界服务贸易出口总额的60%以上。进入20世纪80年代，技术、知识、信息密集型服务业不断涌现，服务贸易增长速度非常快，已经在世界服务贸易总额中占有重要地位。1980年到2007年世界服务贸易出口中各部门金额及所占比重见表10-5。

表10-5　各服务部门出口金额及所占比重　单位：亿美元

	1980		1990		2000		2005		2007	
	金额	比重(%)	金额	比重(%)	金额	比重(%)	金额	比重(%)	金额	比重(%)
运输	1344	36.8	2233	28.6	3485	23.4	5632	23.3	7420	22.8
旅游	1035	28.4	2648	33.9	4778	32.0	6977	28.9	8620	26.4
其他	1271	34.8	2924	37.5	6659	44.6	11538	47.8	16530	50.7

资料来源：WTO"International Trade Report"各年整理。

其他商业性服务贸易占世界服务贸易总额的比重从1980年的34.8%增长到2007年的50.7%。

就增长速度来看，由于世界货物贸易的快速发展，带动运输服务贸易始终保持比较稳定的增速；另外，旅游的增长速度也比较稳定。但一些新兴的服务贸易增长速度在大部分年份都超过了前面二者。2000～2007年，世界服务贸易出口年平均增长率为12%，同期运输服务贸易增长11%，旅游增长9%，而其他商业服务贸易的增长速度则达到了14%。2002年服务贸易出口增长速度为7%，其中，运输增长速度为4%，旅游同样为4%，而其他商业服务贸易的增长速度则达到了10%。2005～2007年的情况（详见表10-6）进一步说明了，近几年国际服务贸易结构的逐年改善。

表10-6　服务贸易各类出口情况

	贸易额(亿美元)	年均增长速度(%)			
年份	2007	2000—2007	2005	2006	2007
服务贸易	32600	12	12	12	18
运输	7420	11	13	9	18
旅游	8620	9	7	9	14
其他商业	16530	14	14	15	19

资料来源：WTO"International Trade Report 2009"。

（三）国际服务贸易地区间差异扩大

首先表现在，国际服务出口地区差异较大。欧洲、北美的服务业竞争力强，服务出口占地区货物贸易出口的份额较高，同时占世界服务市场的份额也很高；亚洲地区服务出口占地区货物贸易出口比重不大，低于欧洲、北美，甚至中南美、非洲国家，然而拥有的世界服务出口市场份额较大，有很大的提升空间。欧洲、北美、亚洲的服务出口总额占世界服务出口总额的90%以上，形成服务出口的“中心”；中南美、非洲、独联体等地区处于“外围”。据WTO秘书处的统计，2007年北美洲服务贸易出口额为5330亿美元，占世界服务贸易出口总额的16.3%；欧洲出口额为1662亿美元，所占比例为51.0%，亚洲出口745亿美元，占22.9%。

另一方面，世界服务贸易差额不断加大，地区间的国际服务进出口不平衡情况持续发展。北美和欧洲是国际服务贸易顺差的两大来源地。北美服务贸易的顺差水平自2000年以来比较稳定，个别年份略有下降；而欧洲的顺差额度则不断攀升；与此相对应，中南美洲的逆差状况开始好转；亚洲服务贸易也始终保持逆差，近几年有小幅好转；但是，独联体、非洲、中东地区逆差状况却不断恶化。

二、国际服务贸易发展格局变化的原因

（一）各国服务业的迅速发展为服务贸易发展奠定了基础

世界各国服务业发展水平的不断提高带动了国际服务贸易的迅速发展。进入20世纪以来，世界各国尤其是经济发展水平比较高的国家，服务业迅猛发展，在国民经济中的地位和作用不断提高。主要表现在以下两个方面：

1.服务业吸收的就业比重逐渐扩大

总结世界各国经济发展的特点，依据国际服务贸易的一些理论，我们可以说，一国的服务业发展水平越高就代表该国的总体经济发展水平越高。而服务经济来临的首要标志就是服务业吸收就业的比重不断上升，并且逐渐超过国民就业总水平的50%。自20世纪初期，世界各国服务业的就业比重已经表现出连年上升的趋势，而且增长速度比较快。1950年美国的服务业就业比重率先超过50%，英国、澳大利亚等发达国家很快也超过了这一比重。目前，经济发达国家和地区的服务业就业比重已经高达70%左右；中等水平的国家和地区在50%～60%；发展水平较低的发展中国家和地区则在45%左右。其中，我国香港特别行政区的服务业吸收就业比重在世界上长期居最高水平，2004年高达89%，2007年为86.6%；相比之下我国大陆的服务业发展水平却比较落后，就吸收就业比重来看，2005年仅有30%多一点，远低于世界平均水平。

2.服务业增加值占国内总产值的比重不断扩大

服务业发展的另一显著特征是增加值占GDP的比重不断扩大。目前，世界的平均水平为68%，发达国家和地区平均在70%左右，美国高达75%以上，而我国香港地区则在89%以上；中等发展水平的国家和地区一般也在50%以上。2004年我

国的服务业增加值占GDP比重为40.4%,2007年有小幅度下降,为40.1%。

(二)服务业FDI的迅速发展成为服务贸易迅速发展的直接推动力

20世纪以来,经济全球化进一步发展,跨国的直接投资不断扩张,其中,服务业的比例上升较快。目前,已经成为投资额最多的行业。2004年9月,联合国贸发会议发表了题为《2004年世界投资报告:向服务业转移》的报告,报告中重点强调全球对外投资已经转向服务业。在20世纪70年代初期时,服务业占世界FDI存量的比重只有1/4;到90年代,提高到接近1/2的水平;发展到2002年这一比重已经达到3/5。

另一方面,长时间以来,服务业FDI主要集中于贸易与金融领域,两者合计占服务业内向FDI存量的47%,占2002年流量的35%。但近几年,电力、供水、基础设施、电信及商务的地位越来越显著。2008年WTO的国际投资报告指出,1990~2006年,全球基础设施产业中的外国直接投资额增加了30倍,达到7860亿美元,发展中国家增加了28倍,达到约1990亿美元。整个期间,大多数基础设施产业中的外国直接投资持续增长:电力和电信行业增长最快,运输和供水行业增长较慢。目前,在全球外国直接投资总存量中,基础设施产业所占比例已接近10%,而1990年仅占2%。

总之,服务业跨国投资的不断加大,形成大量的商业存在,极大地推动了国际服务贸易迅速扩张与发展。

(三)国际货物贸易的带动作用促进服务贸易的进一步发展

在WTO的框架下,货物贸易自由化进一步加强,加上各国经济的进步,货物贸易急剧扩张。这为与之相关的服务行业发展准备了重要的前提。在服务行业中包含的一些具体行业,比如运输、保险、通信、银行等与货物贸易密切相关,因此,货物贸易的快速发展不可避免地带动此类国际追加型服务贸易的快速发展。

此外,经济增长的一个重要表现就是物质产品的产出不断扩大。而物质产品的产出提高,又会带动与之相关的中间性服务产业的快速发展,比如生产上游的研发、工程设计,下游的销售以及售后服务等。

因此说,服务贸易始终伴随着货物贸易的发展。货物贸易的发展对服务贸易有相当大的带动和促进作用。

(四)各国政府对服务贸易的重视为服务贸易的发展提供了很好的制度环境

以美国为首的发达国家和地区,服务业发展水平居世界前列,服务贸易在国际市场上具有很强的竞争优势,因此,他们通过各个层面的努力,积极倡导其他国家开放服务市场,促进服务贸易的自由化发展。而发展中国家也已经充分认识到服务业与服务贸易对一国经济发展的重大作用,在《服务贸易总协定》的规则下,一方面,主动地放宽一些本国具有竞争优势的服务市场,较大程度地促进了服务贸易的发展；另一方面，积极采取措施发展本国的服务产业，培养服务贸易的国际竞争力，使一些原本幼稚的服务产业能够在国际市场上立足，这也在一定程度上提高了发展中国家的服务贸易总量。

第三节　国际服务贸易多边协议及体制

随着国际服务贸易突飞猛进的发展，世界各国尤其是发达国家为了能使国际服务贸易纳入到国际多边贸易体系当中，关税与贸易总协定（GATT）第八个回合——“乌拉圭回合”的谈判首次将服务贸易纳入议程。谈判最终达成的《服务贸易总协定》（General Agreement on Trade in Service，简称GATS）是历史上第一个关于国际服务贸易发展的多边协议。

一、《服务贸易总协定》产生的背景

从1986年10月27日起“乌拉圭回合”正式开始关于服务贸易的谈判，历时近4年的艰苦磋商，前后召开了二十多次会议。于1990年7月拟定出《服务贸易多边框架协定草案》，谈判各方最终在1994年4月15日签署了《服务贸易总协定》（GATS），并于1995年1月1日与世界贸易组织（WTO）同时生效。

关于《服务贸易总协定》产生的历史背景大致有两个方面：

（一）发达国家的积极主张

发展中国家的服务业发展水平普遍较低，服务贸易也不够发达。一般只有劳动密集型的一些服务业发展较好，新兴的一些服务行业，尤其是资本、技术、知识密集型的服务业非常薄弱，缺少竞争力。再有，服务贸易的很多方面，比如通信、金融、教育等都是涉及国家主权、国家安全、文化思想等敏感性领域，发展中国家没有竞争力，尤其不愿意放开这部分的市场。

与之相反，发达国家始终在国际服务贸易中占据主导地位，特别是美国，服务业最先发展起来，服务贸易也最为发达。自1972年美国出现货物贸易逆差以来，该逆差一直由服务贸易顺差部分予以弥补，为了维护和争取更多的利益，迅速占领世界服务市场，美国积极主张实行服务贸易的自由化。

在1984年以后的两年里，美国政府不断对其他国家政府施加压力，试图把服务贸易纳入新一轮的谈判内容之中。在1986年关税与贸易总协定的部长级会议上，美国又代表发达国家提出这一问题。并在随后提出了实现服务贸易自由化的具体建议。美国以外的其他发达国家和地区对在关贸总协定体系内建立服务贸易的谈判框架大多持积极态度。因此，尽管在发达国家和发展中国家之间存在较大

分歧，最终，在大部分发达国家的极力主张下，终于将国际服务贸易的谈判纳入到关贸总协定的谈判当中。

(二)国际服务贸易进一步发展的需要

国际服务贸易的规模不断扩大，世界各国之间的服务经济联系日益紧密。借鉴关贸总协定形成以后对各国货物贸易的促进作用，国际服务贸易的进一步发展也需要有一个国际性的服务贸易规范框架，以约束各国的服务贸易政策，防止国际服务贸易的低效率，促进国际服务贸易更快、更好地发展。因此，《国际服务贸易总协定》的产生已经成为各国加快服务贸易发展的迫切要求。

二、《国际服务贸易总协定》的主要内容及评价

(一)GATS的框架结构

GATS文本由三方面的内容组成，分别是：GATS条款、GSTA附件和各成员方的具体承诺(市场准入减让表)。除序言外，这些内容共有六个部分，分为29个条款、8个附件、9个部长会议决定以及各成员方的承诺表组成(见表10-7)。

表10-7　《服务贸易总协定》的框架

部分	条目	内容
第一部分　适用范围和定义	第1条	范围和定义
	第2条	最惠国待遇
	第3条(1)	透明度
	第3条(2)	机密信息的披露
	第4条	发展中国家的更多参与
	第5条(1)	经济一体化
	第5条(2)	劳动力市场一体化协定
	第6条	国内法规
	第7条	承认
第二部分　一般义务和纪律	第8条	垄断和专营服务提供者
	第9条	商业惯例
	第10条	紧急保障措施
	第11条	支付和转移
	第12条	保障国际收支的限制
	第13条	政府采购
	第14条(1)	一般例外
	第14条(2)	安全例外
	第15条	补贴

续表

部分	条目	内容
第三部分　具体承诺	第16条	市场准入
	第17条	国民待遇
	第18条	附加承诺
第四部分　逐步自由化	第19条	具体承诺的谈判
	第20条	具体承诺减让表
	第21条	减让表的修改
	第22条	磋商
	第23条	争端解决与执行
第五部分　机构条款	第24条	服务贸易理事会
	第25条	技术合作
	第26条	与其他国际组织的关系
第六部分　最后条款	第27条	利益的拒绝给予
	第28条	定义
	第29条	附件
附件		关于第2条豁免的附件
		关于本协定项下提供服务的自然人流动的附件
		关于空运服务的附件
		关于金融服务的附件和第二附件
		关于海运服务谈判的附件
		关于电信服务的附件
		关于基础电信谈判的附件

资料来源：石广生主编：《中国加入世界贸易组织知识读本(二)——乌拉圭回合多边贸易谈判结果：法律文件》，人民出版社2002年版。

(二)《国际服务贸易总协定》的主要内容

前面提到，GATS的主要内容包括六个部分，分别为：适用范围和定义、一般义务和纪律、具体承诺、逐步自由化、机构条款、最后条款。

1.适用范围和定义

GATS适用范围限于各成员方所制定实施的影响国际服务贸易的各项措施。

这里的“各成员方”包括中央政府、地方政府及被授权而行使有关权力的非政府性机构。此外,此次谈判的一个重要议题是服务贸易的定义问题。GATS定义:这里所指的“服务”包括任何部门的任何服务,但在行使政府职权时提供的服务除外。“行使政府职权时提供的服务”是指既不依据商业基础提供,也不与一个或多个服务提供者竞争的任何服务。将服务贸易定义为四种形式:即跨境交付、境外消费、商业存在和自然人流动。

2.一般义务和纪律

一般义务和纪律是适用于所有部门,是GATS的核心内容,是成员方各项权利和义务的基础。具体指表10-7中的第2～15条,共14项条款。

(1)最惠国待遇。GATS第二条规定:“有关本协议的任何措施,每一成员给予任何成员方的服务或服务者的待遇,应立即无条件地给予任何成员方的服务或服务者,提供不低于该成员给予其他任何成员方相同的服务或服务者的待遇。”这里所称的其他任何成员不仅包括世界贸易组织成员方,如果非世界贸易组织成员方与世界贸易组织成员方订立享有优惠待遇的,亦应立即无条件给予。虽然协定中保持了这一原则,但许多国家认为是否适用最惠国待遇应根据各国国内的服务业发展水平来确定,同时也应根据受惠国的发展水平而有所区别,应实行“有条件的最惠国待遇”。但因这里所说的“条件”的标准很难确定,所以,在实际操作中容易导致歧视性待遇,违背服务贸易自由化和公平竞争原则。

(2)透明度。GATS第三条规定,除了不能公开的机密资料外,各成员方都应迅速公布所有涉及或影响GATS实施的有关措施,包括其所参加的有关服务贸易的国际协定等。在不妨碍成员方法律实施以及不损害公共利益和企业正当商业利益的前提下,每一成员方若对现行法律、法规或行政规定进行修订并严重影响所承诺的义务时,应立即或至少每年向服务贸易理事会提出报告。同时要求成员政府还应在协议生效后的两年内建立机构(主要指发达国家),以便在其他成员提出要求时,及时提供有关资料和情况。由于发展中国家服务市场发展不成熟,相关的服务贸易法律、条文等不完备,还有很多规定仍在试行当中,按照GATS的规定实现透明原则存在很大难度,因此,给予发展中国家在透明度方面更宽松的时限。

(3)发展中国家的更多参与。GATS认识到当前各国服务业发展极不平衡,为顾全发展中国家的利益,一方面,允许发展中国家“采用一些特别的并为各方所接受的措施来改善目前服务贸易状况”;另一方面,要求发达国家采取具体措施帮助发展中国家增强国内服务业的实力和竞争力,并对发展中国家的服务出口提供市场准入的条件。比如,信息技术和新的跨国传输是许多服务活动国际化的关键,而发展中国家在这一方面与发达国家差距最大。因此,GATS要求发达国家在这一方面承担更多的义务,为发展中国家提供帮助。

(4)经济一体化。鉴于当前区域经济一体化发展迅速的实际情况。GATS规定“不阻碍参加方之间旨在谋求更高水平服务贸易自由化方面达成协议”，同时也规定“不能在该协议的签约国和本协定其他参加方之间在服务贸易上制造新的或加深原来的障碍”。

(5)国内法规。服务贸易壁垒往往不像货物贸易那样采用关税措施，一般各国都将国内法规作为最有效的影响和控制服务贸易活动的手段。为确保GATS的有效实施，GATS规定：①各成员方在其做出承诺的服务业领域，应确保各种有关服务贸易的普遍适用措施在合理、客观和公正情况下予以实施；②各成员方应尽可能维持或尽快制定切实可行的司法、仲裁、行政手段或程序，以便对有关服务提供者提供公正、适当的补偿；③当一项具体承诺的服务项目须批准时，成员方的主管机构如认为服务提供者的申请符合国内法规时，应在合理时期内将有关决定通知申请者。并且，如果申请者要求，主管机构应毫不迟疑地向其提供有关申请方面的资料；④各成员方有关的资格审查条件和程序、技术标准和许可证等，不应对服务贸易形成不必要的壁垒。⑤在涉及已做出具体承诺的服务业领域，各成员国应制定验证其他成员国提供专业服务能力的适当程序。

(6)承认。为使服务提供者获得授权、许可或证明的标准或准则得以全部或部分实施，一成员可承认其在特定国家已获得的教育或经历、已满足的要求或给予的许可或证明，并最终遵循国际统一的标准。

(7)垄断、专营服务和商业惯例。协定规定每一成员应保证在其领土内的任何垄断服务提供者在有关市场提供垄断服务时，不应违背最惠国待遇原则和服务贸易谈判中所承诺的义务。否则，贸易对方可向成员方全体提出请求，要求给予制裁。商业惯例方面，一成员方应在其他任何成员方的要求下，就取消这类商业惯例进行磋商。

(8)紧急保障措施。GATS规定应就紧急保障措施问题在非歧视原则基础上进行多边谈判。并且谈判结果应在不迟于《WTO协定》生效之日起3年内生效。但是，协定规定任何保护措施都应该是临时性的。并且发达国家对发展中国家为应付国际收支困难采取的一系列措施应予以考虑，不能采取报复性措施。

(9)支付和转移。除了“对保障国际收支的限制”外，任何成员方对服务贸易日常的货币及资本的支付与转让不得限制。如果该成员是国际货币基金组织的成员，则可按货币基金组织的规定行事，而对于资本交易，除国际货币基金组织协议要求或国际收支困难外，不得采取与义务不一致的措施。

(10)保障国际收支的限制。如一成员发生严重国际收支和对外财政困难或威胁，可对其已做出的具体承诺的服务贸易，包括与此类承诺有关的支付和转移，采取或维持限制。

(11)政府采购。各成员方在《世界贸易组织协定》生效之日起两年内，应就政府采购问题进行多边磋商，以减少其对服务贸易的不利影响。

(12)一般例外和安全例外。GATS规定各成员方只要在符合一定条件或在一些特定条件下,可以采取与GATS不一致的措施,前提是这些措施不应造成歧视。就安全例外方面,GATS的规定基本与《关税与贸易总协定》的规定一致。

(13)补贴。各成员方应进行多边谈判,并制定必要的多边规则,来避免补贴给服务贸易带来的扭曲影响。

3.具体承诺

(1)市场准入。《协定》第16条规定,各成员方应为其他成员方的服务和服务供应者能够进入市场提供可行的渠道,而这种渠道必须与各成员方计划表中已达成的和规定的条款、条件或限制相一致。

(2)国民待遇。各成员方以其承诺当中所列服务部门或分部门及所列条件和限制为准,其所采取的与提供服务有关的措施方面给予外国服务和服务提供者的待遇,不应低于给予本国相同服务和服务提供者的待遇。这些待遇不论在形式上相同与否,只要不对外国服务和服务提供者造成歧视,就是符合国民待遇原则。即使待遇相同,但改变了竞争条件,使其有利于国内服务和服务提供者,也属违背了国民待遇原则。

(3)附加承诺。成员方之间根据有关的服务贸易法规,而不是按照国民待遇和市场准入的原则商议承担的义务,也应列入一成员方的义务计划表中。

4.逐步自由化

这部分是《协定》的主要内容,共包括3项条款。"具体承诺的谈判"中规定各成员应不迟于《WTO协定》生效之日起5年开始并在此后定期进行连续回合的谈判,以逐步实现更高的自由化水平。"具体承诺减让表"中规定每一成员应在减让表中列出其根据本协定第三部分(具体承诺)做出的具体承诺。"减让表的修改"中规定,一成员可依照本条规定,在减让表中任何承诺生效之日起3年期满后的任何时间修改或撤销该承诺。修改成员应将其根据本条修改或撤销一承诺的意向,在不迟于实施修改或撤销的预定日期前3个月通知服务贸易理事会。

5.机构条款

机构条款包括磋商、争端的解决和协商的执行、服务贸易理事会、技术合作、与其他国际组织的关系等内容。

(1)争端解决机制。磋商和仲裁是GATS提出的两种解决争端的主要方式。"如果争议有关方在合理的一段时间内不能满意地达成协议,可将此争端提交参加方全体",参加方全体应对此立即着手研究,做出裁决。

(2)组织机构。服务贸易理事会是世界贸易组织下设的执行GATS职责的专门机构,在常务理事会指导下进行工作。服务贸易理事会的成员应从所有成员方代表中产生。可设立分支机构,这些分支机构应当每年度或经常向服务贸易理事会报告工作。

6.最后条款

这一条款主要规定缔约方接受与加入的条件与程序,并申明非参加方政府如加入本协定,需得到缔约方全体中 2/3 的投票通过。非本协定缔约方或不适用本协定的另一缔约方,不享受本协定项下的利益。

三、对《服务贸易总协定》的评价

从全球利益角度考虑,《服务贸易总协定》是第一个促进服务贸易自由化的国际多边协议。协定规定了缔约方所承诺的一般义务与纪律,制定了谈判所应遵循的规则,使缔约方逐步放宽对服务贸易的管制,其结果必然会促进各国服务贸易的合作与交流,加速服务贸易的自由化进程,也会在一定程度上加速各国经济的发展。

从发展中国家利益考虑,协定给予发展中国家一定的灵活性,允许发展中国家在诸如国民待遇、最惠国待遇、透明度和市场准入等方面逐步实现自由化。一定程度上保护了发展中国家的利益。但是总体来说,相当长一段时期内,这个协定将不利于发展中国家服务贸易的发展。原因在于:第一,这个协定制定的标准是经济合作与发展组织的发达国家的服务业发展水平,发展中国家的服务业与之相差甚远,根据协定发展中国家的服务市场逐渐开放,发达国家的服务业必然迅速进入,使发展中国家服务业的发展受到激烈竞争和严峻挑战;第二,协定中关于发展中国家差别待遇的条款缺少一个监督其实际被执行的约束条款,导致发展中国家从中受益有限。

四、关于知识产权的协议

进入 20 世纪下半叶,知识经济时代已经来临。未来服务业和服务贸易发展的趋势是注重知识创新和知识产权保护。因此,在“乌拉圭回合”中,知识产权问题被列为独立的谈判议题,并于 1991 年 12 月达成《关于与贸易有关的知识产权包括冒牌货贸易的协议》,简称《知识产权协议》。

《知识产权协议》包括 7 个部分,其中主要规定了知识产权服务贸易的基本原则、知识产权效力、范围及使用标准、知识产权的实施及转让手续、知识产权服务贸易管理及争议的防止与解决等方面的问题。该协议在很大程度上保护了以发达国家为主的知识产权方面的权益。同时也让世界各国知识产权方面的贸易更加合理化。

五、WTO 体制下的服务贸易

根据 GATS 规定:所有成员方应就旨在为服务贸易自由化逐步达到较高水平问题,进行连续的多轮谈判,并在以后定期举行。2000 年 1 月由 WTO 发起的新一轮的服务贸易谈判正式开始。谈判的重点有两个方面：一是为了进一步完善《服务贸易总协定》的有关法律规定而进行的，目的在于完善框架协议方面的谈判，主要讨论国内法规、建立紧急保障措施机制、服务的补贴和政府采购等方面的问题；二是试图在金融服务、基础电信、海上运输服务和自然人流动等领域改善市场准入。此次谈判通过了《服务贸易谈判的准则和程序》，规定了各成员方进一步谈判的目的和原则、谈判的范围以及谈判的方式和程序。使得各成员方关于服务贸易的后续谈判有了一个共同遵守的国际准则以及谈判的方向，保证了后续谈判切实而有效地进行。此外，2001 年 11 月，在卡塔尔举行的多哈部长级会议上，WTO 又将服务贸易谈判纳入到“一揽子谈判”当中，同时为服务贸易以后的谈判制定了具体的时间表。

总之，WTO 体制为国际服务贸易的发展制定了对成员方具有较强约束力的国际准则，将进一步推动国际服务贸易自由化的发展，推动世界服务业国际分工的进一步深化。

【本章参考书目】

1. 程大中：《国际服务贸易学》，复旦大学出版社，2007 年。

2. 裴长洪：《国际贸易学》，中国社会科学出版社，2007 年。

【思考题】

1. GATS 是如何界定国际服务贸易的定义的？
2. 国际服务贸易有哪些特征？
3. 国际服务贸易分为哪几种类型？
4. BOP 统计与 FAT 统计的主要内容分别是什么？
5. 简述国际服务贸易发展格局的变化。
6. 简述《服务贸易总协定》的大体内容。
7. 分析《服务贸易总协定》对各国国际服务贸易发展的意义，谈谈你的看法。

第十一章　公司内国际贸易

跨国公司在当今世界经济中占据着重要的地位，极大地促进了国际贸易的发展。为了规避外部市场的不完全和不确定性带来的成本与风险，跨国公司通过对外直接投资形成内部市场，在全球范围内组织生产与协调分工，使企业能够根据自己的需要进行内部资金、产品和生产要素的调拨，从而保证效益最优化。跨国公司内部的国际贸易在当今国际贸易中占据了相当大的份额。本章将介绍跨国公司的经营特点，公司内国际贸易及跨国公司对当代国际贸易的影响。

【本章学习目标】

1. 熟练掌握跨国公司及内部化理论的一些基本概念：跨国公司、直接投资、公司内国际贸易、内部化、转移价格等。

2. 学会运用内部化理论分析跨国公司内部贸易迅速发展的动因。

3. 了解跨国公司的产生与发展。

第一节　跨国公司的经营特点

自19世纪下半叶至今，跨国公司经历了不同的发展阶段，最终成为世界经济的主要组成部分。跨国公司相对于一般的企业有其独特的经营特点，跨国公司采取对外直接投资的扩张手段，在全球化的战略目标指导下，采取一体化的经营方式，集中管理，多样化经营，并始终保持着旺盛的技术创新能力。

一、跨国公司的定义

（一）跨国公司的定义

一直以来，人们对从事跨国生产经营活动的经济组织的描述术语并不一致，如跨国公司（Transnational Corporation，简称 TNC）、多国公司（Multinational Corporation，简称 MNC）、多国企业（Multinational Enterprise，简称 MNE）、国际公司

(International Corporation)和全球公司(Global Corporation)等等。1974年联合国经济及社会理事会第57次会议研究决定,把以一国为基地,从事跨国生产经营活动的企业统一称为"跨国公司(TNC)",并设立政府间的跨国公司委员会和跨国公司中心,作为永久性机构。自此,跨国公司(TNC)这一术语得到广泛的认可和应用,特别是联合国的正式文献中均使用该词。另外,在实践中多国公司(MNC)和多国企业(MNE)的应用也比较广泛。

关于跨国公司的权威性定义主要来自于联合国。1974年联合国把跨国公司定义为:"凡是在两个或更多国家里控制有工厂、矿山、销售机构和其他资产的所有企业,不管是私营或是国营、股份公司或合作经营,都包括在内。"1986年联合国跨国公司委员会对跨国公司的定义进行了完善,在其制定的《跨国公司行为守则》(United Nations Code of Conduct on Transnational Corporations)中对跨国公司的定义是:"本守则中使用的跨国公司一词系指由两个或更多国家的实体所组成的公营、私营或混合所有制企业,不论此等实体的法律形式和活动领域如何;该企业在一个决策体系下运营,通过一个或一个以上的决策中心使企业内部协调一致的政策和共同的战略得以实现;该企业中各个实体通过所有权或其他方式结合在一起,从而其中一个或多个实体得以对其他实体的活动施行有效的影响,特别是与别的实体分享知识、资源和责任。"即跨国公司必须具备三个基本要素:(1)包括设在两个或两个以上国家的实体,不管这些实体的法律形式和领域如何;(2)在一个决策体系内经营,能通过一个或几个决策中心采取一致对策和共同战略;(3)各个实体通过股权或其他方式联系起来,其中一个或多个实体有可能对别的实体施加重大影响,特别是同其他实体分享知识、资源和分担责任。20世纪80年代后,国际社会对于联合国提出的跨国公司定义的三大要素已基本达成共识。

(二)跨国公司的界定标准

长期以来,学术界对跨国公司的理解存在分歧,主要是由于对跨国公司界定的标准不同,概括而言主要有以下三种标准:

1.结构标准

结构标准(Structural Criteria),是指以企业从事生产经营活动跨越的地理区域和企业资产所有权作为划分跨国经营的标准与尺度。从地理范围上来看,是指在两个以上的国家进行制造和销售业务。英国著名跨国公司问题专家约翰·邓宁(J. H. Dunning)认为,跨国公司"简单地说就是在一个以上的国家拥有或控制生产设施(例如工厂、矿山、炼油厂、销售机构、办事处等)的企业"。[①] 从企业资产所有权来看,对于拥有国外企业股权的标准,目前普遍使用的权威性标准是国际货币

① 约翰·邓宁:《多国企业》,哈波柯林斯出版社1971年版,第16页。

基金组织提出的，“跨国公司控制境外企业所有权的合理标准不得低于25％”。

2. 经营业绩标准

经营业绩标准(Performance Characteristics Criteria)，是指企业在海外的资产、利润、销售额、产值和雇员人数等必须在整个企业业务中达到一定百分比以上才能称为“跨国公司”。对于其中常用的销售额指标，以美国的雷蒙德·弗农(Raymond Vernon)为代表的观点认为企业在海外的销售额超过1亿美元的才能称之为跨国公司；而联合国贸易与发展委员会(UNCTAD)1993年的文件认为，年销售额在10亿美元以上的才能称作跨国公司。

3. 行为特征标准

行为特征标准(Behavioral Characteristics Criteria)，是指跨国公司应实行全球化经营战略，公司最高决策从公司整体利益出发，以全球范围内利润最大化为目标，而不是局限于某地区市场的盈亏得失。美国经济学家霍华德·巴尔马特(Howard Perlmutter)认为，企业是否能从国内公司成长为具有严格现代意义的跨国公司，必须以其战略决策的取向作为重要标准，只有那些实现了全球取向战略决策，实行全球系统化决策的企业才能称得上是真正的跨国公司。

二、跨国公司的产生与发展

伴随着经济全球化的浪潮，跨国公司以令人瞠目的速度和空前的规模发展，在相当大程度上改变着全球的经济面貌。但跨国公司的发展非一日之功，从16世纪开始，欧洲主要的资本主义国家在全球范围内展开了长达三个多世纪的殖民掠夺，跨国经营活动在全球范围内广泛展开，其中最早的跨国经营企业可以追溯到1600年英国的东印度公司。但是，这一时期的跨国经营企业涉及的领域仅限于商品交换为主的殖民贸易，与现代意义上的跨国公司有着本质的区别，真正现代意义的跨国公司是伴随着国际直接投资引致的跨国生产制造活动而产生并发展起来的。

(一)早期跨国公司的形成

跨国公司是垄断资本主义发展的产物。19世纪60年代，资本主义从自由竞争逐渐向垄断阶段过渡，“过剩资本”的大量形成直接成为资本国际流动的动力和源泉，西方国家的一些大企业开始向海外投资，资本输出成为这一阶段的重要特征。垄断组织通过资本输出把资本主义生产方式扩大到殖民地与半殖民地国家，使得传统的垂直分工体系进一步深化，与此同时，资本输出实现了世界范围的生产国际化和社会化，加强了世界各国的相互依赖及各国对国际分工的依赖。这时的资本输出主要是英、法、德、美等资本主义强国向海外进行以购买铁路证券和政府公债为主的间接对外投资，至于对外直接投资，其数额和比重都很小，并且主要是投资到殖民地和附属国的资源开发项目(如采煤、采油、开矿)以及农业种植园等，只有极少数企业在海外从事制造业生产性投资，并初步具备了以“全球市场”为目标的特征，可以认为是真正具有现代意义跨国公司的雏形。

早期跨国公司形成的主要因素之一是对技术垄断优势的保护，那些最先从事跨国经营的企业往往都掌握着某项产品的发明专利权。例如美国的第一家跨国公司是胜家缝纫机公司(Singer)，它于1851年取得缝纫机发明专利权，1867年在英国的格拉斯哥建立了一家缝纫机装配厂，其产品供应欧洲和其他地区，1880年又在伦敦和汉堡设立负责欧、亚、非业务的销售机构；在欧洲，德国的拜耳化学公司(Bayer)于1865年在美国纽约州的奥尔班尼开设了一家苯胺制造厂，瑞典的诺贝尔公司(Nobel)于1866年在德国汉堡设立了生产炸药的分厂。另外，规避保护性贸易限制是当时跨国经营的另一主要目的。例如，1883年美国爱迪生公司到加拿大建厂，享受了国民待遇；1902年英国的尤尼莱弗公司为规避对荷兰出口的高关税，便在荷兰建立了跨国经营机构。

在第一次世界大战爆发以前，欧美不少大企业通过对外直接投资，在海外设厂从事跨国经营，它们成为现代意义的跨国公司的先驱。据估计，1914年之前，美国在海外拥有的制造业子公司已达122家，欧洲大陆国家为167家，其中英国有60家。

(二)两次世界大战期间跨国公司的发展

两次世界大战期间，发达国家对外直接投资增长缓慢，处于停滞状态。这主要是由于以下几方面原因：第一，战争造成的损失和巨额战后重建费用使欧洲大陆由债权国变为债务国，难以筹措资金进行对外直接投资；第二，1929～1933年爆发的经济危机使资本主义世界受到重创，生产力遭到严重破坏，而且主要发达国家纷纷实行贸易保护政策，对外资进行限制与歧视；第三，世界性经济危机后国际货币秩序混乱，资本主义各国从自身利益出发，纷纷组成货币集团，实行外汇管制，限制国际资金自由流通，直接影响了对外直接投资。但是，这一阶段，美国企业对外直接投资增加快于世界整体水平，到1938年美国海外直接投资增至73亿美元，占世界对外直接投资总额的27.7%，位于英国(39.6%)之后，居世界第二位。一些大型企业向欧洲和世界其他地区积极扩张，建立起遍布世界各地的生产与销售网络，据统计，1913年，美国187家制造业大公司在海外的分支机构有116家，1919年增至180家，1929年为467家，1939年为715家。

(三)第二次世界大战后跨国公司迅速发展

第二次世界大战以后，现代跨国公司进入了大发展的新阶段。国际直接投资的发展速度加快，规模不断扩大，而世界跨国公司无论从发展的广度，还是深度来看，这一阶段与二战前都是不可同日而语的，这也是当代跨国公司发展的关键阶段。

1. 战后初期至20世纪60年代末

这一阶段的显著特征是，跨国公司对外直接投资在战后初期具有恢复性质，然后得到迅速发展，美国跨国公司在其中居主导地位。

第二次世界大战使西欧国家经济受到重创，对外直接投资锐减，而美国在二战期间利用各种有利条件加速进行对外直接投资，二战结束时已成为世界最大对外直接投资国。战后初期，美国垄断资本利用其他国家被战争削弱的机会，凭借在战争期间大大膨胀起来的政治、经济和军事实力攫取了世界经济霸主地位。从战后初期到20世纪60年代末，美国通过实施“马歇尔计划”，参与欧洲和国际经济重建，这为美国跨国公司大规模对外直接投资创造了极好的条件。1945年，主要资本主义国家对外直接投资总额为200亿美元，其中美国占42%，到1967年，对外直接投资总额达1050亿美元，其中美国占50.5%。据统计，1956年世界最大的200家跨国公司中，美国有144家，占70%以上。

2. 20世纪70年代初开始至80年代末

这一阶段的特征是，国际直接投资规模继续扩大，西欧和日本的经济实力增强，其跨国公司迅速崛起，美国跨国公司的地位相对受到削弱，国际直接投资格局逐步由美国占绝对优势向多极化方向发展。

西欧和日本经济在二战后得到迅速恢复与发展，在20世纪50年代初工业生产就几乎接近战前水平，它们的对外直接投资也很快发展起来，跨国公司迅速增加。70年代，西欧和日本的跨国公司积极对外扩张，在全球范围内与美国公司展开了激烈的竞争，对外直接投资年增长率均为20%左右，远远高于同期美国11.1%的年均增长率。西欧跨国公司同美国公司相比，不仅数量增加，而且规模扩大，经济实力和竞争能力迅速增强，在资本、技术、管理和研发方面的差距日趋缩小，日本跨国公司的力量也在不断加强。因此，尽管美国公司在70年代对外直接投资增长较前期迅速，仍处于领先地位，但其相对优势已大大下降。

这一时期，跨国公司的数量稳步增长，据联合国贸易与发展委员会(UNCTAD)估计，到20世纪90年代初，世界跨国公司的母公司约有37000家，他们在国外控制的分支机构约有170000家。与此同时，跨国公司的规模也急剧扩展，出现了一些巨型的跨国公司，最大的100家跨国公司1990年时在全球共拥有3.2万亿美元的总资产。同时，跨国公司向服务业的拓展迅速，1990年美国的国外子公司中有56%属于服务业。另外，跨国公司的国际投资行为开始出现多样化的特征，除了常见的股权安排形式外，合作生产、技术转让、分包、许可证生产、特许经营等非股权形式也大量出现。

3. 20世纪90年代初期至今

这一阶段的特征是，对外直接投资持续大幅度增长，跨国公司数目空前增加，在全球经济一体化时代获得长足发展。

进入90年代以来，尽管受到某些不稳定因素例如东南亚金融危机、发展中国家长期债务危机的影响，随着世界经济全球化趋势的不断增强和国际分工的日益深化，对外直接投资迅猛增长。根据联合国《2008年世界投资报告》，2007年全球跨国公司总数约为63000家，国外分支机构总数超过79万。从跨国公司母公司与其国外分支机构的比例看，1990年为1∶4.6，1998年为1∶8.5，而到2007年则达到1∶10。跨国公司的地理分布广泛，在许多国家和地区设立了子公司，表11-1中列出了2006年以子公司分布的经济体数量排名的全球最大的15家跨国公司，由此可以看出跨国公司的影响范围之大。

表11-1　2006年最大的15家跨国公司(以子公司分布的经济体数量排名)

公司名称	母国	子公司①分布的经济体数量
德国邮政股份公司	德国	111
英荷壳牌集团公司	荷兰，英国	98
雀巢公司	瑞士	96
西门子股份公司	德国	89
巴斯夫股份公司	德国	88
宝洁公司	美国	75
葛兰素史克公司	英国	74
林德公司	德国	72
拜耳股份公司	德国	71
飞利浦电子公司	荷兰	68
道达尔公司	法国	66
国际商业机器公司	美国	66
WPP集团	英国	64
罗氏制药	瑞士	62
诺华公司	瑞士	62

数据来源：UNCTAD/鹿特丹大学数据库。

①仅指拥有多数股权的子公司。

值得注意的是，跨国并购在90年代特别是90年代中期以来交易急剧扩大，已成为国际直接投资的主要方式及其增长的主要推动力量，跨国公司的集中化趋势日益显现。1990年全球跨国并购额为1506亿美元，随后一直保持了旺盛的增长势头，到2000年增长到11438亿美元，尽管2001年由于“9·11”事件的影响，有较大的回落，但是随后又以更快的速度增长，2007年达到16371亿美元。

另一方面，从20世纪70年代开始，随着石油大幅度涨价和某些原材料价格上涨，发展中国家经济实力大大加强，在经济发展的同时，一些发展中国家开始对外直接投资，从事跨国经营。“亚洲四小龙”以及巴西、墨西哥等新兴工业化国家和地区涌现了一批有相当规模与实力的跨国公司，使国际直接投资呈现出多元化、多极化的新格局。表11-2中显示的是以拥有的国外资产数量排名的发展中国家最大的10家非银行类跨国企业。

表11-2　2006年发展中国家最大的10家非银行类跨国企业（以国外资产排名）

公司名称	母国	国外资产（百万美元）	国外子公司数量
和记黄埔有限公司	中国香港	70679	115
马来西亚国家石油公司	马来西亚	30668	4
三星电子	韩国	27011	78
墨西哥水泥公司	墨西哥	24411	493
现代汽车公司	韩国	19581	19
新加坡电讯有限公司	新加坡	18678	103
中国中信集团公司	中国	17623	12
台塑集团	中国台湾	16754	11
怡和控股	中国香港	16704	108
LG集团	韩国	15016	3

数据来源：UNCTAD,《2008世界投资报告》。

三、跨国公司的经营特点

跨国公司相对于一般的企业，有如下的经营特点：

(一)跨国公司以对外直接投资为主要扩张手段

所谓直接投资（Direct Investment），国际货币基金组织（IMF）在《国际收支平衡手册》第五版中定义为："直接投资是指投资者为获得持久的利益，到国外经营所进行的企业投资，投资者不在证券市场进行投资的目的是，要在企业管理中具有有效的发言权。"同时该指南对直接投资的资产拥有权比例作了解释："当一个投资者或一伙同行集中拥有国外企业资产产权时，作为判断是否直接投资所选用的资产拥有权的比例一般都很低，常常在10%到25%之间"。

在国际分工不断深化的条件下，跨国公司凭借其雄厚的资金、技术、组织与管理等方面的力量，通过对外直接投资在海外设立子公司与分支机构，形成研究、生产与销售一体化的国际网络，并在母公司控制下从事跨国经营活动。跨国公司通过对外直接投资，在世界范围内进行生产力配置，从而将跨国公司潜在优势转化为现实效益。对外直接投资不仅是组建跨国公司和实现潜在优势的主要方式，也是跨国公司实现全球战略的重要手段，是实现一体化和控制的不可或缺的基础。不同区位上的不同经营实体，之所以成为跨国公司的有机组成部分，就是由于以对外直接投资作为纽带而发挥的连接作用。

（二）跨国公司拥有全球化的战略目标

所谓全球战略是指跨国公司将其全球范围的经营活动视为一个整体，其目标是追求这一整体利益的最大化，而不考虑局部利益的得失。跨国公司的重大经营决策都以实现全球战略目标为出发点，着眼于全球利益的最大化，它们有全球性的战略目标和战略部署。跨国公司总部根据自己的全球战略目标，在全球范围内进行合理的分工、组织生产和销售，而遍及全球的各个子公司与分支机构都围绕着全球战略目标从事生产和经营。跨国公司全球战略服从于长远利润最大化的宗旨，对公司各方面的活动如研究与开发、生产布局、投资计划、价格体系、市场策略和利润分配等做出统筹安排，力求获得全球性的发展机会，提高整体效率。跨国公司在制定进入战略、经营战略、市场购销战略和科技开发战略时都会按照其全球战略的要求进行，以规范和协调不同时期、不同组成部分的行动。全球战略是跨国公司的灵魂。

（三）跨国公司实行一体化的经营方式

跨国公司经营一体化是指跨国公司在其统一目标和统一战略的指导下进行全球范围内的有计划的直接投资，并对分布在海外的各个分支机构进行一定程度的统一管理，从而使其各项经营业务相互联系、相互配合、形成有机整体。一体化的经营方式在内容上主要包括组织结构的一体化，行为规范的一体化，生产经营活动的一体化，资源、机会和风险、责任的一体化等。不管跨国公司拥有如何庞大的全球生产经营体系，拥有多少个分支机构；不管这些分支机构分布在多少个国家，其具体任务有多么的不同，每个跨国公司始终都是一个整体，一个统一决策和协调行动的市场竞争者。为实现全球战略目标，跨国公司实行全球一体化经营，对全球范围内各子公司与分支机构的生产安排、投资活动、资金调遣以及人事管理等重大活动拥有绝对的控制权，按照全球利益最大化的原则进行统一安排。跨国公司强有力的管理体制和控制手段是实现全球一体化经营必需的组织保证，当代通讯技术的巨大进步和现代化的交通运输则为跨国公司的全球一体化经营提供了必要的物质基础。

（四）跨国公司采取集中化的管理体制

跨国公司的管理体制多种多样，但原则上都是集中决策，分散经营。为实现公司全球战略，需要统一指挥，协调步骤，以符合公司整体利益，形成整体效应。为适应东道国的投资环境及各市场变化，也需要子公司能够灵活反应。因而，一方面通过分级计划管理落实公司的全球战略安排，另一方面则通过互通情报、内部贸易来共担风险。至于集中与分散的程度，则视公司的业务性质、产品结构、地区分布、风险等来酌定。因而，跨国公司虽然拥有众多的子公司，且分布于世界各地，但由于实现了内部一体化，它们就像一个被严密控制的单一企业那样，位于被国界分开的许多市场，在几个国家从事经营。

（五）跨国公司推广灵活多样的经营策略

在实行全球一体化经营的同时，跨国公司也会根据国际政治经济形势、东道国的具体情况及其对跨国公司的政策法规、自身的实力以及在竞争中的地位，采取灵活多样的经营策略安排，以更好地满足东道国当地的实际情况，获得良好的经营效益，也有利于与东道国政府建立融洽的关系。在组织机构上，跨国公司往往会相应的改变原来的集权管理，将原先集中在总部的权力适当下放给下属各子公司与分支机构，实行分权管理。跨国公司的国际一体化生产体系，无论是垂直一体化还是水平、混合一体化，其产品必定是多样化的。多样化是跨国公司发挥其经营优势、降低风险的重要办法，而一般企业限于经营规模和资本实力则难以充分实现多样化。

（六）跨国公司具备领先的技术创新能力

在科学技术迅猛发展的今天，技术进步已成为垄断资本获取高额利润，争夺市场，增强自身在国内及国际市场竞争力的重要途径。大型跨国公司是当代技术创新与技术进步的主导力量，其实力主要体现在它们拥有雄厚的技术优势和强大的开发能力。跨国公司要在国际分工和国际竞争中保持领先，就必须不断地投入巨额资金，加强技术研究与开发，保持自己的技术优势。技术领先地位带来的丰厚市场回报，又激励着跨国公司不断进行技术创新，推动技术进步。联合国贸发会议《2005年世界投资报告》显示2002年世界研发投入最多的700家公司中98%是跨国公司，这些公司的研发投入占世界研发总投入的46%，占世界商业性研发总投入的69%，如果我们把所有的70000家跨国公司的研发投入都计算在内的话，这个比例还会更高。表11-3是2002年全球研发投入最多的10家跨国公司的研发投入与部分国家或地区的研发投入情况，根据表中的数据显示许多跨国公司的研发投入甚至比一些国家或地区的研发投入都要高很多。

研发投入最多的10家跨国公司与部分国家或地区的研发投入的对比(2002)

表11-3

	研发投入(亿美元)		研发投入(亿美元)
福特汽车公司	72	巴西	46
西班牙	68	丰田汽车	46
中国台湾省	65	芬兰	45
瑞士	63	奥地利	45
戴姆勒·克莱斯勒	59	国际商业机器公司	44

续表

	研发投入(亿美元)		研发投入(亿美元)
西门子	57	葛兰素史克	44
比利时	55	丹麦	43
通用汽车	54	松下电器	43
以色列	54	俄罗斯	43
辉瑞制药	48	大众汽车	43

数据来源:UNCTAD,《2005 年世界投资报告》。

第二节 公司内国际贸易

一、公司内国际贸易的含义与类型

(一)公司内国际贸易的含义

20 世纪 90 年代以来,随着经济全球化趋势的不断加强,越来越多的跨国公司正在成为所谓的"无国籍公司"或"超国家公司",在世界范围内实现研发、生产和营销的最优安排,在日趋一体化的全球市场上展开更加激烈的竞争与合作。跨国公司无国籍的趋势使得今天世界经济的组织形式发生了根本性的变化,它不再是历史上那种在相互独立的国家经济体内各国民族企业之间的跨国商业活动,而更多地表现为由国家属性日益模糊的跨国公司通过其内部母公司及其在世界各地的子公司之间的分工协作与生产来组织与协调世界经济。

公司内国际贸易(Intra-firm Trade)即跨国公司的内部贸易,是指跨国公司母公司与国外子公司之间以及国外子公司相互之间在产品、技术和服务方面所进行的贸易。跨国公司内部交易在交易方式和交易动机上,与正常的国际贸易交换大相径庭,公司内部交易的利益原则,即获利动机并不一定是以一次性交易为基础,而往往以综合交易为基础,交易价格不是由国际市场供需关系所决定的,而是由公司内部自定的。从这个意义上讲,跨国公司内部交易是公司内部经营管理的一种形式,是把世界市场通过企业跨国化的组织机构内部化了,可以说公司内部市场是一种理想的真正的国际一体化市场。

跨国公司的内部贸易在国际贸易中占有相当大的比重。据联合国跨国公司研究中心早期对世界上最大的 329 家跨国公司的调查,1977 年母公司出口中平均有三分之一为公司内部贸易,其中美国公司的比例为 45%,西欧公司为 30%,日本公司为17%。联合国跨国公司研究中心的调查报告还显示，自20世纪80年代以来，跨国公司内部贸易一直占全球贸易额的三分之一左右。英国经济学家邓宁1984年的研究发现，在英国的子公司85%的进口和80%的出口属于公司内贸易；利柯鲁1985年研究了日本在东南亚5国轻工业品制造业的111家跨国公司，发现它们的国际贸易额中，有79%的份额属于公司内贸易。跨国公司内部贸易开展比较典型的国家是美国，其跨国公司内部贸易的重要性较强。美国经济分析局根据1999～2006年数据公布的材料显示，美国公司内国际贸易占母公司贸易总量的40%多，占美国货物贸易的20%左右。中国对外贸易中的内部贸易增长也非常迅猛，2002年中国与美国贸易中内部贸易进口占全部中国从美国进口的10.5%，出口占20.5%，而在1992年，进口中内部贸易的比例为10.5%，出口内部贸易比例不过4.9%。中日之间内部贸易的规模也非常巨大，据日本经济贸易工业部调研数据，2001年日本在华子公司销售到母公司的产品占其全部销售的2.79%，从母公司采购约占全部采购的18%。

(二)公司内国际贸易的类型

1.从内部贸易的产品特性来看，跨国公司的内部贸易分为有形内部贸易和无形内部贸易

物质产品的内部贸易称之为有形内部贸易；专有技术、专利技术和商标等知识产品的内部贸易称之为无形内部贸易。

2.从内部贸易的性质来看，跨国公司的内部贸易有三种类型：投资性内部贸易、经营性内部贸易和管理性内部贸易

投资性内部贸易是指贸易的客体被折价并取得了资本的形式被注入海外投资项目，这些被当作资本使用的贸易客体一般是技术及相关设备和物品；经营性内部贸易是指贸易的客体没有取得资本的形式而仅因满足跨国公司内部成员的日常经营之需而进行的跨越国界流动；管理性内部贸易是指跨国公司内部的有关会计、法律、宣传、服务、会议及督导控制等活动的跨越国界的开展。

3.从单个企业跨国经营的发展历程来看，内部贸易主要有以下五种类型

(1)简单内部贸易。当跨国企业的海外投资规模和范围很有限，其海外分支机构的数量也很少的时候，如果其从事海外直接投资的初衷是“当地生产，当地销售”，以绕过各种贸易壁垒，减少运输成本，提高产品在当地市场的竞争能力，则伴随资金的投入，母公司向海外子公司提供其开展生产经营所需的投入品，如技术、设备、原材料等；如果是“当地开采、建设，返销国内”，以达到弥补国内相关资源短缺的目的，母公司不仅提供海外子公司开展开采、建设等业务所需的投入品，而且子公司还向母公司提供各种产出品，如石油、矿产品、农副产品等。

(2)纵向内部贸易。随着企业跨国化经营的发展，全球经营战略的实施，跨国

公司为充分利用各个国家的优势资源，便以产品价值链的各个环节为基础分设海外分支机构，使本属一个国内企业内部就能完成的生产经营线变为了各个海外分支机构的业务首尾相互衔接的跨国生产经营线。其中，处于价值链前一环节的企业为后一环节的企业供应投入品，即跨国公司内部，一企业的产出构成另一企业的投入，且占主体的是大量的中间产品和单向贸易。这种纵向内部贸易是跨国公司实施垂直一体化的主要内容和重要的支持因素。

(3)横向内部贸易。随着企业跨国化经营的进一步发展，海外投资与海外分支机构的增多，跨国公司为追求各个企业的规模效益，一方面根据国际市场的差异性，在最终产品的生产上采取差别化的生产，在不同国家或地区，各子公司专门生产有特色的产品，即在同行业的最终产品生产上实行水平分工。另一方面，在中间产品的生产上，各子公司之间也实行水平分工，分别专门生产不同的零部件或原材料。同时，为追求跨国公司整体的规模经济和范围经济，跨国公司将在全球范围内实行跨行业的生产与经营，在跨国公司总部统一领导下，各个海外分支机构生产不同的产品。由以上各种水平分工而产生的各子公司之间的产品交叉销售是一种横向内部贸易，这种横向内部贸易是跨国公司实施水平一体化的主要内容和支持因素。

(4)混合内部贸易。在实际中，当跨国公司发展到相当的规模和水平时，以上三种内部贸易模式将同时存在，即既有母公司与子公司之间的投入品或产出品的简单内部贸易，也有子公司与子公司之间的价值链中前后各环节上的垂直协作的纵向内部贸易，同时更有建立在子公司与子公司之间的水平分工基础上的横向内部贸易。混合内部贸易是跨国公司实施全球一体化经营和全球战略的黏合剂，它使内部贸易发展到了极点。

(5)战略联盟内部贸易。跨国公司在其内部一体化经营发展到一定规模的基础上，将会发展公司间的一体化，即为共同开发高新技术，攻克独立作战条件下难以逾越的难关，跨国公司将强强联合，形成交融程度不同的国际战略联盟。国际战略联盟的产生，使一般的跨国公司内部贸易发生了变异，与一般的内部贸易相比，国际战略联盟内部贸易，既有相同之处，又有不同之处。这种变异的程度依战略联盟内各跨国公司的联合形式及关系程度而定。

二、关于公司内国际贸易的内部化理论

(一)内部化理论的渊源

内部化理论(The Theory of Internalization)是西方学者在建立所谓跨国公司“通论”的过程中形成的理论观点。所谓内部化，是指把市场建立在企业内部的过程，即以内部市场取代原来固定的外部市场，企业内部的转移价格起着润滑内部市

场的作用，使之与固定的外部市场同样有效地发挥作用。

内部化理论的渊源可以追溯到英国学者罗纳德·科斯（R. H. Coase）于1937年发表的《企业的性质》（The Nature of the Firm）①一文中的产权经济学理论。科斯认为市场参与者之间是有冲突的，为克服冲突就需要谈判、缔约、甚至诉诸法律形式。然而，建立这种有序的联系是需要支付费用的。此外，市场上的交易有时候是没有效率或者低效率的，而这种无效率或者低效率又不能通过市场机制的自发调节来达到一种均衡，因此，必须通过企业的行政手段来减少这些交易成本，减少企业外部经济环境的不确定性。科斯提出的交易成本一共有四种：发现一个正确价格的经纪人成本；交易双方在谈判确定交易关系时，无法完全预知未来可能发生的意外事件，制定风险计划相关投入成本；监督合同的履行要付出的成本；事后以法律手段解决履约过程中发生的纠纷，需要付出诉讼费用等。企业为了避免这些额外增加的成本，便产生了"内部化"，即以企业内部市场取代不完全的外部市场的倾向。但是，科斯并没有把市场的不完全性以及带来的交易费用和跨国公司直接联系。

20世纪60年代，加拿大经济学家海默（S. H. Hymer）提出了对外直接投资的垄断优势论，创造性地将对市场不完全的研究运用到跨国公司的对外直接投资中。在其1976年发表的博士论文《民族厂商的国际经营：一项有关对外直接投资的研究》（The International Operations of National Firms: A Study of Direct Foreign Investment）②中指出：厂商之所以对外直接投资，除了拥有足以抵消与当地企业竞争中的不利因素的特定优势外，还在于存在着市场的不完全，使得厂商能够保持对特定优势的独占性，即具有垄断优势。海默认为，跨国经营常常是与不完全竞争相联系的，垄断优势是市场不完全的结果。跨国公司与东道国当地的竞争者相比，面临一定的附加成本。这些成本可能是由于文化、法律、制度等背景差别引起的，也可能是由于缺乏对当地市场的了解以及东道国政府和消费者的歧视甚至敌意心理影响的结果，还可能是由于远距离交通和通讯的开支造成的。在如此众多的不利条件下，跨国公司仍进行对外直接投资，其必定拥有当地企业所不具备的特定的产权或者所有权优势，以克服在不同的、不熟悉的环境经营带来的额外成本。虽然形成这些优势通常需要花费很大的成本，但这些优势却能以较低的成本转移到新的区位。海默的研究突破了传统古典贸易理论和投资理论的束缚，从市场的不完全性出发，将跨国公司与对外直接投资联系起来，视跨国公司为生产组织而非流通组织，从而实现了对跨国公司的研究从流通领域向生产领域的转变。

---

① Coase. Ronald, "The Nature of The Firm," Economica, November 1937, pp. 386～495.

② Stephen H. Hymer, "The international operations of national firms: A study of direct foreign investment", M. I. T. Press, Cambridge, MA, 1976, pp. xxii+253.

然而首先将内部化概念运用到对外直接投资与跨国公司的活动中，并系统地以内部化为研究出发点来建立跨国公司的一般理论的是英国学者巴克利(Peter J. Buckley)和卡森(Mark C. Casson)以及加拿大学者拉格曼(Alan M. Rugman)。1976年，巴克利和卡森在《跨国公司的未来》(The Future of the Multinational Enterprises)①一书中运用交易成本理论和垄断优势理论，正式提出了内部化理论，主要有三种观点：厂商在不完全市场中实现利润最大化；中间产品市场不完全；正是由于市场不完全性的存在，刺激了企业内部市场的建设，当内部市场的建设跨越国界时，就产生了跨国公司。后来加拿大学者拉格曼在1981年出版的《跨国公司的内幕》和1982年的《跨国公司新理论》中对其作了进一步的发展。拉格曼提出内部化理论是跨国公司的一般理论，将内部化的一些分散理论观点提升到系统的高度。他指出"内部化的精髓就是阻止国际贸易和国际投资有效操作的市场的不完全性，内部化的过程就是允许跨国公司克服由于政府管制带来的外部的不确定性和非政府原因的市场失效。"他认为所有的国际投资理论都可以用内部化理论来解释，并且将内部化领域从商品贸易领域延伸到金融等领域。

1986年，卡森又将内部化理论用于解释跨国公司的内部垂直一体化和由此引起的公司内部贸易，内部化理论又得到进一步的发展。其他的一些学者，如威廉姆森、蒂斯等也从其他方面对交易成本带来的内部化进行了阐述。20世纪90年代以来，西方学者们对跨国公司内部化的研究主要是一些实证分析和对过去提出理论的检验和证实。

(二)内部化理论的基本内容

内部化理论从外部市场不完全与企业内部资源配置的关系来说明对外直接投资的动因。该理论的出发点是市场不完全，各种交易障碍和机制的缺陷妨碍了许多交易以及大量贸易利益的取得；跨国公司可以通过对外直接投资，将交易活动改在公司所属的企业之间进行，从而形成一个内部市场，部分地取代外部市场，借以克服市场的交易障碍和机制缺陷，以获得更大的贸易利益。

内部化理论认为市场不完全不仅在最终产品市场上存在，在中间产品市场上也同样存在，这里的中间产品除了通常意义上的原材料和零部件外，更重要的是指专有技术、专利、管理及销售技术等"知识中间产品"。这些与知识有关的中间产品由于市场不完全，存在定价困难，从而使交易成本增加，当交易成本过高时，企业就倾向于通过对外直接投资开辟内部市场，将原本通过外部市场进行的交易转化为内部所属企业间的交易以降低交易成本。

根据内部化理论，企业通过对外直接投资形成内部市场，在全球范围内组织生

① Peter J. Buckley and Mark Casson, The Future of the Multinational Enterprises, Palgrave Macmillan, September 6, 2002.

产与协调分工，以避免外部市场不完全对其经营产生的影响。同时，在“知识产品”的研发与获得越来越昂贵，知识产权保护越来越困难的情况下，企业内部交易可以有效地防止技术迅速扩散，保护企业的知识财富。而且，在不确定性不断增加的市场环境下，内部交易使企业能够根据自己的需要进行内部资金、产品和生产要素的调拨，从而保证效益最优化。

内部化理论还分析了影响中间产品内部化的四个主要因素，即：①行业因素，主要包括中间产品的特性、外部市场结构、企业的规模经济特征以及行业特点等；②区位因素，是指有关区域内社会文化差异、综合投资环境以及自然地理特征等；③国别因素，是指有关国家的政治体制、法律结构与财政经济状况等；④企业因素，是指企业的竞争优势与劣势、组织结构、管理水平、生产和销售技术以及企业文化等。

（三）对内部化理论的评价

内部化理论从内部市场形成的角度阐述了对外直接投资理论，对跨国公司的内在形成机理有比较普遍的解释力，与其他对外直接投资理论相比，它适用于不同发展水平的国家，包括发达国家和落后国家，因而在跨国公司理论研究过程中具有相当于“通论”和“一般理论”的地位，大大推进了对外直接投资理论的发展。更为重要的是，该理论强调了知识产品内部一体化市场的形成，更加符合当今国际生产的现实状况。

内部化理论的不足之处是该理论过分注重企业经营决策的内部因素，却忽略了对影响企业运作的各种外部因素的分析，对跨国公司的国际分工和生产缺乏总体认识，对对外直接投资的区位选择等宏观因素也缺乏把握。

三、公司内国际贸易迅速发展的动因

（一）防止技术优势的扩散和丧失

贸易内部化可以防止技术优势的扩散，有助于公司增强其在国际市场上的垄断地位和竞争能力，实现全球利益的最大化。对技术的垄断是跨国公司的特有优势，也是其存在和发展的关键，如果公司的技术产品在公司外部交易，有可能被竞争对手模仿而蒙受损失，内部贸易就可避免此类事情的发生。跨国公司内部转让技术，在无泄密风险的同时获得数倍于技术自身价值的收益，产生技术贸易的倍数效应。内部技术贸易创造的巨额利润，一方面激发了跨国公司进行研究和开发的热情，另一方面为跨国公司从事研究和开发提供了大量资金。

随着国际竞争的日趋激烈，保持技术优势成为跨国公司构建竞争力的一条主要途径，为了保持跨国公司技术优势，跨国公司往往让技术和技术含量较高的产品在公司内部流动。根据联合国的统计资料，跨国公司控制了资本主义世界工艺研究的80%,生产技术的90%;国际技术贸易的75%以上是与跨国公司有关的技术转让,而其中70%～80%属于公司内部贸易。美国经济分析局2004年《海外直接投资概览》显示,美国的母公司从其海外的子公司收取了355.51亿美元的专利和许可费,占其专利和许可费收入的65.83%,由此可见,技术产品在跨国公司内部的转移比例非常高。

(二)降低外部市场交易的不确定性

内部贸易可以降低外部市场不完全性造成的经营不确定风险。这里所指的市场不完全性主要是指中间产品市场,包括半成品以及技术、信息(渠道)、营销技巧、管理方式和经验等无形资产市场的不完全性。由于完全受市场自发力量的支配,企业经营活动面临着诸多的风险,即投入供应数量不确定;投入供应质量不确定;投入供应价格不确定;另外不同生产工序和零部件分别由独立企业承担,这在协调上又有可能产生问题。公司内部贸易可以大大降低上述的各种经营不确定性,实行合理计划,科学地安排经营活动。

对于知识产品而言,要实现其专有权的价值,会因市场不完全而遇到困难。在知识产品市场中,卖方一般比买方拥有更多的信息。买方在交易前无法对知识产品的性质、特点和先进程度作全面了解,因而卖者不能使买者相信价格是合理的。而卖者往往有控制技术优势的想法,以防止买方购买知识资产之后发展成为自己的竞争对手。可见,买卖双方的"不确定"会使外部市场难以对知识产品准确定价,只有通过内部贸易的形式,在母公司与子公司之间或各个子公司之间的技术转移才能较好地解决这个问题。

(三)可以减弱国际市场不完全所引致的损失

跨国公司贸易内部化是为了降低国际市场的不完全性带来的交易成本。国际贸易在国际市场上运作的交易成本具体包括:在市场交易中为寻找交易对象、获取价格信息而付出的搜寻成本;为达成合理的交易条件而产生的谈判成本;为保证合同顺利执行而形成的监督成本等等。另外,企业在跨国经营过程中常常会遇到来自东道国方面的各种各样的风险,如政局不稳或政策变化引发的政治和社会风险、汇率变动或外汇管制的货币和外汇风险等。为了防范这些风险,跨国经营企业于是通过开展名义上的内部贸易来进行实质上的内部资金转移,将资本和利润转移到安全区域以实现自我保护。

(四)可以利用转移价格获取高额利润

在要素配置方面,内部贸易可以充分利用转移定价攫取高额利润和规避风险。转移价格(Transfer Price)也称之为公司内部价格,它是指跨国公司内部母公司与子公司、子公司与子公司之间相互约定的出口和采购商品、劳务和技术时所规定的价格。这种价格在一定程度上不受市场供求关系法则的影响,它不是独立各方在公司市场上按“独立竞争”原则确定的价格，而是根据跨国公司的全球战略目标和谋求最大限度利润的目的，由总公司上层决策者人为确定的，通过转移高价和转移低价使整个公司的经营活动在全球战略目标指导下实现内部交换，在协调的基础上使各自的利益得到满足，并可减轻税负，实现内部资金配置，逃避东道国的价格控制，避免外汇汇率风险和东道国的外汇管制。

例如，当跨国公司子公司所在国的外汇管制和利润汇出限制严、营业利润抽税高时，母公司就抬高供应给子公司的机器设备、原材料和劳务价格，使子公司生产成本增加，盈利减少，从而少纳税；当子公司产品面临当地产品竞争时，母公司可以大幅度降低转移价格，从而降低子公司产品的生产成本，加强其竞争能力，以掠夺性价格打垮竞争对手，操纵和垄断当地市场，然后再提高价格；当子公司所在国货币将要贬值时，母公司就可以利用转移价格将子公司的利润和现金尽快汇出去；当子公司所在国货币坚挺时，母公司就利用转移价格使子公司扩资，从汇率变动中牟利。由此可见，转移价格已成为跨公司弥补外部市场结构性和交易性缺陷的重要措施，它既是跨国公司建立内部市场的重要手段，又成为跨国公司内部贸易的强大支撑点，为其最终获取高额利润起了重大作用。

四、公司内国际贸易的特点

与跨国公司之间的国际贸易相比，跨国公司内部贸易有以下特点：

(一)公司内国际贸易在研究与开发密集度较高的产业部门中比例较高

西方学者 1987 年对全世界 32 个国家不同行业的跨国公司内部贸易进行调查的结果表明：母公司内部出口贸易在其总出口中的比重，计算机行业为 91.3%，汽车业为 62.4%，机械业为 52.6%，石油业为 51%，电子业为 36.5%，医药化工业为 35%，纺织业为 12.8%，食品业为 9.8%，造船业为 8.79%。可以看出，除造船业外，公司内部贸易在高新技术产业中的比例较高，技术密集程度与跨国公司内部贸易规模呈现正相关关系。公司内部贸易呈现这种特点的原因，主要是研发密集度较高的产业部门的产品对中间投入品的专业化要求较高，很难在市场上找到符合标准的产品，因此只能依靠公司内部生产；另外，此类产品的加工工序中往往包含有特有的专利信息，为了避免这些专利信息的泄露，内部化生产是一个明智的选择；而且交易跟技术或专利有关的产品的买卖合同很难签订和履行，因此此类产品也更倾向于在公司内部交换。表 11-4 中的数据显示，美国研发投入较高的行业其公司内贸易的比例一般也较高。

美国母公司研发投入额前8位行业的公司内贸易情况(2006)

表 11-4 单位:百万美元

行业	研发投入额	公司内贸易额	占美国公司内贸易总额的比例
化工业	44914	65059	14.28%
交通运输设备	42850	152929	33.57%
计算机与电子产品	41727	63092	13.85%
出版业	10329	537	0.12%
机械设备	5893	24168	5.30%
杂项制品制造业	4397	8601	1.89%
电子设备工具和配件	2748	9271	2.04%
石油及煤制品	2316	33235	7.30%

数据来源:美国经济分析局。

(二)公司内国际贸易的产品构成主要是待售的最终产品

跨国公司内部贸易的产品主要由初级产品、有待加工和组装的中间产品和待售的最终产品构成。经系统的研究证明,公司贸易的内部化率与产品的加工程度成正比关系,即产品的加工程度越高,其内部化率越高;反之,则内部化率越低。根据海林纳(Gerald K. Helleiner)对美国跨国公司的研究发现,1977 年美国初级产品的内部化率为 23.5%,半制成品的内部化率为 37.6%,而最终产品的内部化率为 53.6%。[①] 最终产品的内部化率较高,反映了跨国公司全球一体化生产的特点,他们充分利用不同地区的优势和特点,特别是发展中国家的成本优势,在国外的子公司安排加工,将最终产品返销国内的母公司。美国非银行类子公司的出口构成中基本为最终产品。

(三)公司内国际贸易采用转移价格的方式进行

内部交易和转移定价为跨国公司克服贸易障碍,减轻税收负担,降低交易风险,提高经济效益提供了合法的有效手段,使跨国公司在市场中获得竞争优势。东道国在以下情况下会促使跨国公司采取从母公司或其他子公司到该子公司的内部贸易低价策略:东道国的进口关税以从价税方式征收,并且税率较高;子公司所得税税率低于母国的相应税率;东道国激烈的竞争;当地贷款以子公司的财务状况为依据;出口补贴或出口优惠贷款;通货膨胀率低于母国;政府对商品进口的价值实行最高量限制。以下情况会促使跨国经营企业采取从母公司到设在该东道国的子公司的高划拨价格策略:有当地合伙者存在;来自子公司劳工方面争取更多分享子

① Gerald K. Helleiner, intra firm trade and the developing countries, Palgrave Macmillan, July 1981, pp29.

公司利润的压力；有被东道国国有化或被没收的政治风险存在；限制利润或红利汇款；东道国政局不稳定；存在大量的关联销售协定；东道国政府以成本为依据对最终产品价格实行控制；子公司高利润可能引诱竞争者的进入。

(四)制造业的跨国公司内部贸易重要性更大

制造业无论是母公司的内部进出口，还是子公司的内部进出口，都大大超过行业的平均水平，尤其在母公司进出口依赖公司内部贸易方面比行业平均水平高出近一倍。这也说明在制造业方面跨国公司的国际生产一体化水平达到最高层次。从表 11-5 我们可以看出 2006 年美国公司内贸易的行业分布情况，制造业在其中占据了最主要的份额，其次是批发贸易。

然而另一个值得注意的动向是，随着通信和计算机技术的高速发展，某些服务业，特别是信息密集型产业的可贸易性增强，跨国进行服务交换的可能性大大提高，目前已经出现欧美国家的服务企业在劳动成本较低、人力技能较丰富的国家建立从事数据信息加工处理的子公司。由母公司提供需处理的信息和数据，由国外的子公司进行加工处理后返回母公司。这种趋势的发展必将使跨国公司内部形成跨国服务的一体化生产体系，加强跨国公司服务贸易内部化。跨国公司的内部贸易不仅仅围绕母公司展开，而且可以围绕带有管理职能的某一子公司展开，内部贸易不仅仅体现为零部件之间或零部件与成品之间的贸易，而进一步发展为跨国公司内部服务的互相提供，形成跨国公司内部的服务贸易。如瑞士航空公司的会计服务由设在印度的一家子公司承担，德国西门子公司设在美国的子公司负责整个公司的金融信息收集和传输工作。

表 11-5　　按行业分的美国公司内贸易(2006)　　单位：百万美元

	采矿业	制造业	批发贸易	信息产业	专业、科学、技术服务业	其他产业	合计
母公司对海外子公司的出口	863	181251	7499	554	5319	7866	203352
母公司从海外子公司的进口	1237	216065	18438	57	—	13073	252173

数据来源：美国经济分析局。

第三节　跨国公司对当代国际贸易的影响

二战后，随着科学技术的发展和世界市场的逐步形成与完善，国际直接投资迅猛增长，跨国公司已经成为当今世界经济的一支重要力量。跨国公司无论在国际技术贸易、国际劳务贸易、国际贸易结构，还是在贸易内部化等方面对国际贸易的内容、方式、领域等发挥了强有力的推动作用，是战后国际贸易获得空前发展的重要的积极因素。

一、跨国公司推动了战后国际贸易的大发展

战后跨国公司获得巨大的发展，50多年内全球母公司数增加了115倍多，到2004年9月已达73000家。战后国际贸易同样获得巨大发展，按出口值计算，世界贸易在1952～2004年间增长了90多倍，其增长速度高于世界工业生产和生产总值的增长速度，这与跨国公司的参与和发展是分不开的。当前，国际贸易的三分之一是在跨国公司内部进行的，三分之一是在跨国公司之间进行的，三分之一是在国家与国家之间进行的。也就是说，与跨国公司有关的贸易已占国际贸易的三分之二之多。由此可见，跨国公司的发展推动了国际贸易的同步增长，跨国公司已经在国际贸易中占据了举足轻重的地位。

跨国公司对国际贸易的推动主要表现为：

(1)跨国公司利用国际分工来实现国际生产的专业化、协作化，使得企业内部的各种零部件半成品和制成品的相互往返运输大大增加，而这种跨国公司内部的跨国界的商品交易，增加了跨国公司的内部贸易量，也造成了国际贸易量的扩大。

(2)跨国公司为了实现对外扩张获取高利润的目的，不断在海外投资兴建、扩建、兼并和重组企业，使大量的机器设备、商品和劳务流向国外的分公司和子公司，从而促进国际贸易的扩大。

(3)为了绕过实行贸易保护国家的关税和非关税壁垒，跨国公司还采取就地生产、就地销售的方针，不仅将自己的产品在东道国的市场上进行销售，而且还利用东道国的对外贸易渠道扩大对其他国家的出口，这样既利用了东道国廉价的资源和劳动力，又保证了生产的延续性，促进了全球的商品生产和流通，从而促进了国际贸易的扩大。

(4)跨国公司还通过大企业合作的方式，进入更完善的国际销售渠道。

二、跨国公司影响国际贸易商品结构

国际贸易商品结构是指一定时期内各大类商品或某种商品在整个国际贸易中的构成，即各大类商品或某种商品贸易额与整个世界出口贸易额相比，以比重表示。为便于分析比较，世界各国和联合国均以联合国《国际贸易商品标准分类》(SITC)公布的国际贸易和对外贸易商品结构进行分析比较。国际贸易商品结构可以反映出整个世界的经济发展水平、产业结构状况和科技发展水平。

第二次世界大战以前，在国际贸易的商品结构中，初级产品所占比重超过了工

业制成品。但是,二战后,这种商品结构发生了相反的变化,初级产品在国际贸易商品结构中所占的比重由战前63%下降到70年代的30%左右,而制成品则由37%上升到70%左右。这种变化与二战后跨国公司的对外扩张,特别是大量的资本输出有着密切关系。二战前,主要资本主义国家垄断组织的资本输出,大部分是购买外国公债、证券为主的间接投资,或者是在国外经营铁路、公用事业、码头、开发资源等,而在制造业的直接投资并不多。二战以后,在主要发达国家中,投资主要集中在资本密集型的新兴工业部门,如电子设备、化工等部门;而在发展中国家和地区,除继续在某些原料部门进行投资,还逐渐地把资本投入劳动密集型的工业部门,如纺织、服装、制鞋、金属加工、电子元件等部门。这种投资策略的变化,加深了工业部门间和工业部门内部的国际分工,增加了工业制成品和中间性商品的贸易。同时,随着化工部门的发展,跨国公司加强了人造原料和合成材料的研究和生产,使得天然原料逐渐为人造原料和合成材料所代替,从而导致了天然原料在国际贸易中的比重缩减,工业半制成品和制成品比重上升。自上世纪80年代以来,农产品、燃料及矿产品和制成品的世界出口总额虽然都保持了上升的趋势,但是制成品的上升势头明显迅速,在整个国际贸易中占据了非常大的份额。

三、跨国公司影响国际贸易地理方向

国际贸易地理方向亦称“国际贸易地区分布”,用以表明世界各洲、各国或各个区域集团在国际贸易中所占的地位。计算各国在国际贸易中的比重,既可以计算各国的进、出口额在世界进、出口总额中的比重,也可以计算各国的进出口总额在国际贸易总额(世界进出口总额)中的比重。

二战后,国际贸易地理方向的变化也与跨国公司密不可分。二战后,整个国际贸易获得迅速增长,其中发达国家的进出口增长尤快。据统计,1950～1995年,发达国家出口额增加了34.6倍,进口额增长了23.6倍,发达国家进出口贸易额在世界进出口贸易总额中所占份额同步增长。应该指出,发达国家进出口额的迅速增长与跨国公司的经营活动有着直接关系,跨国公司海外投资的3/4集中在发达国家和地区,其2/3的子公司也设立在发达国家和地区,据有关资料分析,跨国公司的出口额在上世纪70代初已占发达国家出口总额的一半以上。

发展中国家和地区仅吸收了少部分的对外直接投资,并且主要集中在附加值较低的劳动密集型产品和初级产品,故其在世界贸易中的份额也较小。但是,应该看到,上个世纪90年代以后国际直接投资的方向在发生变化,发展中国家的投资吸引力逐渐增大,特别是一些新兴市场,如中国、印度、巴西、俄罗斯等,经济增长快,投资环境改善,吸引了大量的国外资本,跨国公司在这些国家设立了大量的分支机构,使这些国家成为国际上重要的加工制造基地,在国际贸易中的份额也在逐渐增大。2007年美国爆发了次贷危机,危机很快在世界范围内蔓延,导致了世界

性的金融危机，因此给国际直接投资蒙上了不确定性的阴影。在此情况下，发达国家的投资吸引力大大下降，也必然导致未来的国际贸易地理方向继续向发展中的新兴国家倾斜。据联合国贸发会议对跨国公司的调研结果发现，2008～2010年，最具投资吸引力的国家是中国，其次为印度、美国、俄罗斯、巴西、越南、德国、印度尼西亚、澳大利亚、加拿大、墨西哥和英国。

表11-6中的数据显示发达国家较集中的地区商品贸易占世界商品贸易总额的比重较高，而发展中国家较集中的地区则占的比重较低。另外随着时间的推移，国际贸易地理方向也在发生着变化，北美地区的贸易比重在逐渐下降，而亚洲地区的比重在迅速上升。

表11-6　各个区域商品贸易占世界商品贸易总额的百分比(%)

	1948	1953	1963	1973	1983	1993	2003	2007
北美	23.30	22.65	18.00	17.25	17.65	19.70	19.15	16.50
南美	10.85	9.00	6.20	4.35	4.10	3.15	2.75	3.50
欧洲	40.20	41.55	49.90	52.10	43.85	45.00	45.45	42.90
独联体	—	—	—	—	—	1.35	2.15	3.20
非洲	7.70	6.75	5.45	4.35	4.55	2.55	2.25	2.85
中东	1.90	2.40	2.75	3.40	6.50	3.40	3.40	4.50
亚洲	13.95	14.25	13.30	14.90	18.80	24.85	24.85	26.60
世界总贸易量	100	100	100	100	100	100	100	100

数据来源：WTO，2008年国际贸易数据库。

四、跨国公司促进了技术贸易的迅速增长

国际技术贸易是当前国际贸易的重要组成部分，据统计，技术贸易额在国际贸易总额中占的比例在20世纪90年代初仅为1/3，而到20世纪90年代中期，则接近国际贸易总额的1/2，目前已超过国际贸易总额的一半以上。1994～1998年国际技术贸易平均年增长率为17.5%，1998年技术贸易额与1978年相比，在20年间增长了26倍多，其增长速度之快，是一般有形商品贸易所无法比拟的。国际技术贸易的发展，加速了生产要素的国际转移，促进了科学技术在世界范围内的普及和提高，加快了国际技术贸易参与国家的经济发展，缩短了有关国家经济现代化和科学技术现代化的进程，技术贸易主要在发达国家以及一些新兴工业化国家和地区进行。

跨国公司对国际技术贸易的发展起到了相当大的作用。跨国公司的竞争力首先是表现在它拥有无形资产和知识资本，包括技术、专长、品牌、商誉和营销技巧等，这是他们进行跨国经营的必要条件。跨国公司拥有庞大的研究和发展机构，故在很大程度上垄断了世界技术贸易。一方面，跨国公司通过其国外分支公司出售

技术，既可收取大量技术使用费，又可提高分支公司生产技术水平，加强竞争能力，控制所在国的经营和对外贸易。另一方面，一些跨国公司往往根据自身的需要引进先进技术，它不仅可以缩短某些科研项目的研究时间，节省研究费用，减少生产成本，而且可以较快地提高劳动生产率和改进产品质量，增加新产品，增强竞争能力。跨国公司是当代新技术的主要源泉，技术贸易的主要组织者和推动者。西方跨国公司操纵，主要采取以下三种方式：

(1)由母公司向国外子公司进行技术转让。在这种转移方式下，关键技术仍控制在母公司手里，只是将部分技术转移给国外的子公司。这样，既可以保持母公司对技术的垄断权，又可以通过向子公司出售技术和工艺获得收益，增加利润。

(2)跨国公司通过技术许可贸易向外转让技术。国际贸易中技术许可贸易主要由三部分内容组成：一是技术专利使用权的转移；二是技术诀窍的转移；三是商标使用权的买卖，跨国公司通过技术许可贸易，有助于打入直接投资无法进入的市场和部门。

(3)跨国公司向合资经营企业转让技术。跨国公司也向其国外合资经营企业提供转让，这样既可获得技术使用费收入，还可从合资经营企业的盈利中获得分成，甚至可获得东道国的一些优待。有时，跨国公司与东道国组成的合资经营企业本身就是以技术折价入股的。

五、跨国公司在促进自由贸易和自由竞争的同时，也一定程度地制造了国际贸易中的障碍和垄断

跨国公司的发展对国际贸易的发展来说是一把双刃剑，跨国公司在促进国际贸易发展的同时，也带来了相应的问题。由于跨国公司在财力上可以得到母公司的帮助，在生产技术和产品销售方面与国际市场有着广泛和深厚的联系，所以，与一般的企业相比，跨国公司在国际市场竞争中占据优势。然而这种优势往往会形成跨国公司的垄断地位，使得其在国际贸易中对公平公正的贸易秩序造成重大影响，主要表现有：

(1)跨国公司在垄断了某些产品和市场之后，往往操纵国际市场价格，进行不等价交换，不仅损害了别国的经济利益，而且造成了不断的国际贸易摩擦，阻碍了国际贸易和投资的正常开展，严重影响了国际贸易秩序的公平公正。特别是其对技术的垄断，不仅影响到了一些国家的生产安排和商品构成，甚至会威胁到国家安全。

(2)部分跨国公司以外商投资的名义，将在其本国被禁止或者限制的可能对环境造成污染或者危险的相关产业转移到环保监管较松的国家（主要是发展中国家），导致这些国家环境污染和生态破坏严重，影响了它们的可持续发展。

(3)跨国公司最主要的经营目标是全球税后利润最大化，而要实现这一目标，

在全球范围内尽其所能减少税款的缴纳是跨国公司的方略。减少税款包括减少关税和所得税税款。针对东道国平均关税税率较高的现象，为了提高产品的竞争力，跨国公司利用转移定价手段使集团内的出口企业以低价向东道国的关联企业销售产品。另外，由于各国公司所得税税率高低不一，且存在着大量国际避税地，因此，跨国公司集团可以利用自己全球经营的优势，通过转移定价，在不同国家关联企业之间分配业务收入和费用开支，将其所得尽可能从高税国企业转移到税率相对较低的东道国关联企业，减少应税所得。

【本章参考书目】

1. 约翰·邓宁：《多国企业》，哈波柯林斯出版社，1971 年。

2. 海默：《民族厂商的国际经营：一项有关对外直接投资的研究》，麻省理工出版社，1976 年。

3. 巴克利和卡森：《跨国公司的未来》，Palgrave Macmillan 出版集团，2002 年。

【思考题】

1. 跨国公司有哪些经营特点？
2. 什么是公司内国际贸易？公司内国际贸易迅速发展的动因是什么？
3. 公司内国际贸易的特点是什么？
4. 简述公司内国际贸易的内部化理论。
5. 试述跨国公司对当代国际贸易的影响。

第十二章　区域经济一体化与国际贸易

区域经济一体化又称为地区经济一体化或区域集团化，是经济全球化发展进程中出现的一个重要趋势，泛指国际上以地缘关系为基础开展的国家或地区之间经济的整合过程，这个过程往往涉及区域性一体化组织的形成与运作。区域经济一体化组织类型多样、层次不一，但一般认为，任何形式的一体化组织都涉及关税同盟式的贸易制度安排，这种具有法律约束力、贸易自由化程度较高的区域经济一体化合作对国际贸易产生着深远的影响。20 世纪 80 年代以来，区域经济一体化发展形成一股强劲的浪潮，这种浪潮不仅表现为制度安排的一种必然趋势，形成与 WTO 相互补充与促进的关系，而且在某种程度上也构成对 WTO 多边贸易体制的挑战。

【本章学习目标】

1. 掌握区域经济一体化的主要形式；区域经济一体化的主要理论；区域经济一体化对国际贸易的影响。

2. 学会运用区域经济一体化理论分析现实中不同类型区域贸易集团的经济效应和对成员国及世界福利的影响。

3. 了解区域经济一体化的内涵、特点和发展趋势；世界主要区域经济一体化组织。

第一节　区域经济一体化概述

一、区域经济一体化的含义

(一)"区域经济一体化"含义来源于"经济一体化"

区域经济一体化实质上是经济一体化的形式之一。在经济学界还没有对"经济一体化"给予明确的定义。一体化的英文为 integration，其源于拉丁文。"经济一体化”这一专有名词在西方经济学文献中的出现不早于1942年。开始时它几乎包括了国际经济的所有方面，从贸易、货币关系到资本、劳动力的国际流动等等。直到20世纪50年代初，人们才开始用它来表示将各个分立的国民经济结合成更大范围的经济区，但很多情况下意思并不完全一致，使用也不规范。

荷兰经济学家丁伯根（Tinbergen）在1954年第一个提出了经济一体化的定义。他认为：“经济一体化就是将有关阻碍经济最有效运行的人为因素加以消除，通过相互协作与统一，创造最适当的国际经济结构。”他把经济一体化分为消极一体化和积极一体化，消极一体化是指在区域贸易自由化过程中产生的，只涉及消除歧视与管制制度等方面的经济一体化过程；而积极一体化是指运用强制力量打破旧的制度和框架，建立新的自由化政策和制度。

美国经济学家巴拉萨（Balassa）在1961年提出了至今仍被广泛引述的见解。他认为，经济一体化既是一个过程，又是一种状态。就过程而言，它包括旨在消除各国经济单位之间差别的种种措施；就状态而言，则表现为各国间各种形式差别的消失。他进一步解释说：“一体化是将各个国家联合起来而形成一个整体，即两个或两个以上的国家不仅允许各种生产要素和商品在它们之间自由流动，而且还必须就消除因各国的经济政策而可能存在的无形的歧视，做出一定程度的政策协调。”

（二）“区域经济一体化”的基本内涵

由于经济学界对“经济一体化”的理解存在差异，因此对于区域经济一体化至今没有形成明确的定义。但综合前述观点，结合区域经济一体化运动的实践，理论界趋同的理解对区域经济一体化的基本内涵达成的共识如下：

区域经济一体化是指某一地理区域内或区域间，某些国家或政治实体为实现彼此之间在货物、服务和要素的自由流动，实现经济发展中各种要素的合理配置，促进相互间的经济与发展，而达成的逐步消除关税和非关税壁垒，促进协调产业、财政和货币政策，并相应建立起超国家的组织机构的过程。表现形式是各种经济贸易集团的建立。

一般由中央政府出面，通过签订区域经济一体化文件或签署自由贸易协定等形式，由缔约国共同组成区域经济集团。在组成区域经济集团的成员国之间逐步消除贸易壁垒，实行自由贸易，进而实现生产要素在成员国之间的无阻碍的流动，并为此而协调成员国之间的社会经济政策，乃至将来形成共同的贸易、货币、财政和社会政策。目的是达到促进区域内部资源整合，提高区域竞争力和促进区域经济的发展。

区域经济一体化组织一般具有如下特征：

(1)区域经济一体化组织是两个或两个以上的独立经济体，通过签订区域经济一体化文件或签署自由贸易协定的形式成立,是一种政府间的、官方的、契约性的组织。

(2)区域经济一体化组织成员国在商品、服务、要素、信息、技术等方面联合,从消除壁垒,促进贸易、投资自由化开始,进而实现要素市场自由化和全面经济技术合作。

(3)区域经济一体化组织具有排他性,实行内外有别的歧视性政策。对内加强合作以提高集团的国际竞争力,推行贸易自由化政策;对外构筑共同的壁垒,实行贸易保护政策。

(4)区域经济一体化将涉及成员国之间在不同程度上的政策协调和需要各成员国让渡部分国家主权,由一体化组织共同行使,实行经济的国际干预和调节。区域经济一体化组织的各成员国制订的经济政策和措施的内容,可以分为内部经济政策和外部经济政策两个方面。前者为成员国之间实行统一的经济贸易政策,后者为对非成员国实行的统一的经济贸易政策。

二、区域经济一体化形式

目前存在的区域经济一体化组织,由于参加国家和地区存在着经济规模、合作程度和经济发展水平方面的差异,从内容和层次看都各具特色。按照不同的分类标准,经济学家将现有的区域经济一体化组织给予了不同的分类。

(一)按照一体化程度的高低划分

按照贸易壁垒取消的程度和要素流动的程度,以及各成员国让渡国家自主决策权给超国家权力的区域经济一体化组织的程度不同,经济学家李普西(R. G. Lipsey)将经济一体化分为六种等级递增的形式。

1.优惠贸易安排

优惠贸易安排(Preferential Trade Arrangements, PTA)也叫特惠贸易协定,它是指两个或两个以上成员国之间通过签订协定或其他形式,对全部商品或部分商品实行特别的关税优惠,也可能包含小部分商品完全免税的情况。这是最初级和最松散的组织形式,典型的PTA如早期的"东南亚国家联盟"。

2.自由贸易区

自由贸易区(Free Trade Area,FTA)是指两个或两个以上的成员国之间通过签订自由贸易协定组成的贸易区。在贸易区内,各成员国之间消除关税和非关税壁垒,实行商品的完全自由流动;但对区域外,每个成员国仍按照各自独立的关税标准和贸易政策,保持对非成员国的贸易壁垒。其最大的特点是:只将商品的自由流动限制在成员国之间。由于成员国各自对外关税差别很大,这就为非成员国出口避税提供了可能。为了避免非成员国的产品从对外关税较低的成员国进入自由贸易区后，再进入关税较高的成员国而造成成员国对外贸易政策的失效，通常FTA需要制订统一的“原产地规则”，这一规则要求产品价值的一定百分比是在成员国生产的方可享受免征进口税的特殊待遇，从而保持了对非成员国的排他性。例如，1960年1月成立的欧洲自由贸易联盟(EFTA)和1994年1月建立的北美自由贸易区均属此类。

3. 关税同盟

关税同盟(Customs Union，CU)是在自由贸易区基础上发展的更高一级的一体化形式。它是指成员国之间完全取消关税和非关税壁垒，并对非同盟成员国家实行统一的关税税率和其他贸易措施。关税同盟由于实行共同的、统一的对外关税，在贸易政策上取得了某种程度的统一，从而增强了对区域市场的垄断。关税同盟开始带有超国家的性质，有更强的排他性。世界上最早、最著名的关税同盟是比利时、卢森堡和荷兰组成的关税同盟；其他如加勒比共同体、安第斯条约组织等都属于这一层次。

关税同盟规定成员国之间的共同对外关税，实际上是将关税的制定权让渡给经济一体化组织。它不像自由贸易区那样，只是相互之间取消关税，而不作权利让渡。因此关税同盟对成员经济体的约束力比自由贸易区大。

4. 共同市场

共同市场(Common Market，CM)是指成员国之间完全取消贸易壁垒，允许商品自由流动，建立对非成员国的共同关税，并且在此基础上实现劳务、资本和人员等生产要素的自由流动。与关税同盟相比，共同市场是更高一级的一体化组织，除了统一贸易政策外，各国还实现生产要素的自由流动，市场化程度更高。最具典型的是1993年1月1日启动的欧洲共同体统一大市场。

共同市场的建立需要成员国让渡多方面的权利，主要包括商品进口关税的制定权；非关税壁垒，特别是技术标准的制定权；国内间接税率的调整权；干预资本流动权等等。在劳动力自由流动方面，有学历和技术等级的相互承认制度等。这些权利的让渡表明，一国政府干预经济的权利在削弱，而经济一体化组织干预经济的权利在增强。

5. 经济同盟

经济同盟(Economic Union，EU)是指成员国之间不仅取消贸易壁垒，实现商品和生产要素自由流动，并建立对外共同关税，制定和执行某些共同经济政策和社会政策，它是程度更高的区域经济一体化组织。经济同盟的特点是：在实现共同市场一体化的基础上，进一步协调成员国之间的经济和社会政策，包括货币、财政、经济发展和社会福利政策，以及有关的贸易和生产要素流动政策，并拥有一个制订这些政策的超国家的共同机构。共同市场启动后，《马约》生效之前的欧洲经济共同体处于该阶段。

经济同盟意味着各成员国不仅让渡了建立共同市场所需让渡的权利，更重要的是成员国让渡了使用宏观经济政策干预本国经济运行的权利。而且成员国不仅让渡了保持内部平衡的权利，如统一货币，实行共同的财政和货币政策等；也让渡了维持外部平衡的权利，如汇率政策等。

6. 完全经济一体化

完全经济一体化(Complete Economic Integration，CEI)是指在经济联盟的基础上，还要进一步实现成员国之间在政治、外交和军事上的合作或政策协调，向拥有共同的外交政策和安全政策的政治联盟迈进。完全的经济一体化的特点是，逐步实现经济制度、政治制度、法律制度及其他方面制度的一体化。这是最高层次的一体化组织，欧盟已经迈向完全经济一体化的道路。1993 年 11 月 1 日诞生的欧洲联盟，是带有政治意义的经济共同体。

以上六种形式是按照一体化的程度由低到高顺次排列的，它们的主要区别如表 12-1 所示。需要说明的是，在现实中，并不意味着一体化的过程必然按照顺序依次发展和过渡。它可以从某一较高的起点开始，也可以跳跃某一阶段加快进程，大多数一体化组织是不能明确地归于某一类的。因此掌握各种形式的区别，对现实存在的区域经济一体化组织具体研究和分析很重要。

表 12-1　　各类区域经济一体化组织形式的区别

主要内容 组织形式	关税优惠	取消内部关税	对外实行共同关税	生产要素自由流动	协调经济和社会政策	统一的中央机构和政治联盟
优惠贸易安排	√					
自由贸易区	√	√				
关税同盟	√	√	√			
共同市场	√	√	√	√		
经济同盟	√	√	√	√	√	
完全经济一体化	√	√	√	√	√	√

(二)按照一体化的范围划分

1. 部门一体化

部门一体化(Sectional Integration)是指区域内各成员国的一种产业或几种产业(或商品)的一体化。如 1952 年建立的欧洲煤钢共同体与 1958 年建立的欧洲原子能共同体均属此类。

2. 全盘一体化

全盘一体化(Overall Integration)是指区域内各成员国的所有经济部门一体化，如欧洲联盟就属此类。

(三)按照参加国的经济发展水平划分

1.水平一体化

水平一体化(Horizontal Integration)又称为横向一体化,是由经济发展水平相同或相近的国家所形成的经济一体化形式。现存的区域经济一体化组织大多属于这种形式。水平一体化分为"北北型"区域经济一体化和"南南型"区域经济一体化两种类型。"北北型"区域经济一体化组织是发达国家之间组成的一体化组织,它出现的比较早,层次一般较高,市场规模较大,合作领域广,贸易效应明显,发展的也最为成功。欧盟最具代表性。"南南型"区域经济一体化组织是发展中国家之间建立的一体化组织,这类一体化组织虽然数量较多,但由于成员的经济发展水平较低,合作内容有限,一体化程度一般较低,合作效果并不理想。代表性的有东南亚国家联盟,安第斯共同市场以及南方共同市场等。

2.垂直一体化

垂直一体化(Vertical Integration)又称为纵向一体化,是由经济发展水平不同的国家所形成的一体化。随着区域经济一体化的发展,区域经济一体化突破了地域限制。发达国家为了扩大市场,发展中国家为了寻求更好的合作伙伴,垂直一体化得到进一步发展。表现为"南北型"的区域经济一体化组织不断增加。比较代表性的有:1989年成立的亚太经合组织(APEC),1994年成立的北美自由贸易区(NAFTA)以及2008年签署的中国—新西兰自由贸易协定等。垂直区域经济一体化使成员国家之间在经济上具有更大的互补性。

三、区域经济一体化的发展及特点

(一)区域经济一体化的发展阶段

最早的区域经济一体化组织可以追溯到1241年成立的普鲁士内部各城邦之间建立的"汉萨联盟"。19世纪中期,普鲁士等德国北部邦国又在汉萨联盟的基础上成立了德意志关税同盟。20世纪初,先后出现了南部非洲关税同盟、比利时卢森堡关税同盟以及英联邦特惠关税区。真正现代意义的区域经济一体化组织则是第二次世界大战以后逐步兴起的,1948年1月成立的比荷卢关税同盟是第一个代表性组织。

区域经济一体化在二战后经历了三个发展阶段,出现两次高潮:

1.第一阶段:区域经济一体化的起步与第一次浪潮(20世纪50年代～70年代初)

在这一阶段,现代的区域经济一体化组织开始出现。最早成立的是经济互助委员会和欧洲经济共同体,它们是二战后欧洲国家为了摆脱战争的阴影,在美国的支持下建立的。其中经互会建立于1949年1月,是以前苏联为首的社会主义国家的经济集团，目标是建立社会主义的统一世界市场。该组织成员国的构成是以意识形态为标准的，并不是出于地缘关系、经贸关系和分工的需要，因此，这一区域组织并不是主流的区域经济一体化组织。

欧盟的前身的出现标志着区域经济一体化开始起步。1957年3月，西欧的法国、西德、意大利、比利时、荷兰和卢森堡6个国家在罗马签订了建立欧洲经济共同体和欧洲原子能共同体条约，统称《罗马条约》，并于1958年正式组建了欧洲经济共同体。随后英国、瑞典、丹麦、挪威、瑞士、奥地利和葡萄牙于1960年签订了《建立欧洲自由贸易公约》，建立了欧洲自由贸易联盟。20世纪60年代后，新独立的一大批亚、非、拉、美地区的国家纷纷效仿，在发展中国家建立起了20多个区域经济和贸易组织，形成第一次经济一体化浪潮。这期间成立的有代表型的组织有：东南亚国家联盟、拉美一体化协会、中美洲共同市场、安第斯条约组织、加勒比共同体、东非经济共同体等。

2. 第二阶段：区域经济一体化的停滞时期(20世纪70年代～80年代中期)

20世纪70年代的经济危机使西方国家普遍陷入"滞胀"境地。受国内经济的困扰，各国无暇顾及区域间的合作。除欧洲共同体内部一体化保持缓慢发展外，绝大多数一体化组织遭受了挫折，许多组织陷入停滞瘫痪状态，多数中断活动，个别甚至解体。70年代到80年代中期前，成为一体化组织停滞不前的寒冬时期。

3. 第三阶段：区域经济一体化的加速发展与第二次浪潮(20世纪80年代中后期至今)

20世纪80年代中期以后，伴随经济全球化趋势的加强，区域经济一体化重新高涨，进入加速发展的新时期。许多一体化组织纷纷建立起来，在世界范围内出现了一个经济一体化的新浪潮。这一阶段的区域经济一体化组织不仅在数量上猛增，规模不断扩大，而且在体制、机制和结构上都出现了新的特点。根据世界银行的统计，截至2004年底，世界上绝大多数国家都参与至少一个区域经济一体化组织，全球只有12个岛国和公国没有参与任何地区经济一体化组织。全球已有174个国家和地区至少参加了一个区域经济一体化组织，这些国家或地区参加区域经济一体化组织的数量平均为5个。根据WTO的资料，截至2008年8月，向WTO通报并仍然生效的各类区域经济一体化组织已达213个。全球贸易一半以上发生在各个区域集团内部，以优于WTO最惠国待遇的条件进行。在这些迅速发展的区域经济一体化组织中，自由贸易区(FTA)的增长最为迅速。发展中国家也加速了参与区域经济一体化的进程。

(二)区域经济一体化发展的特点

20世纪80年代中期以后，区域经济一体化的发展呈现出如下特点：

1. 区域经济一体化发展速度加快

区域经济一体化沿着三条途径不断发展，一是不断升级现有的区域经济一体化层次；二是扩展现有组织的成员；三是缔结新的区域贸易协议。在上述背景下，各种类型的区域经济一体化协议和组织的数目急剧增加，尤其是WTO成立以来这一变化更加突出。在GATT时代的四十多年时间里，向关贸总协定备案的区域经济一体化协议平均每年不足3个，而1995年1月之后，平均每年向世界贸易组织备案的区域经济一体化协议有20个左右。区域经济一体化组织的数目从1972年前的50多个跃升到2008年的213个，其中80%的一体化组织是近十年组建的。

2. 区域经济一体化合作向纵深化发展

伴随全球区域经济一体化速度加快和规模扩大，区域经济一体化合作的内容也开始深化和广化。合作领域一般均从货物贸易领域扩展到了服务贸易、竞争政策、投资、知识产权等领域。

以自由贸易区为例，传统的FTA绝大多数仅涉及货物贸易，而如今FTA尤其是双边FTA已经大大超越了传统FTA所涵盖的内容，不仅涉及传统的货物贸易自由化，而且还包括服务贸易自由化，农产品贸易自由化，投资自由化，贸易争端解决机制，统一的竞争政策，知识产权保护标准，共同的环境标准，劳工标准，甚至还要求具备共同的民主理念等等，区域贸易自由化的程度已经大大超越了WTO的管辖范围。美国与新加坡自由贸易协定就涉及：新加坡对美开放金融、法律、建筑设计与工程等专业服务领域，并且扩大知识产权保障范围，将美国在新加坡的版权的有效期从50年延长至70年，以向美国提供本区域最好的知识产权保障。

3. 双边或多边的自由贸易区发展成为潮流

20世纪90年代以来，在WTO的全球贸易自由化目标倡导下，建立自由贸易协定（Free Trade Agreements，FTA）和区域贸易协定（Regional Trade Agreements，RTA）的国家和地区日益增多。由于FTA和RTA既不违背GATT第24条和《服务贸易总协定》（GATS）第5条的规定，也完全符合WTO一贯奉行的自由贸易原则，因此以它们为主要形式的区域经济一体化作为国际多边贸易体制的过渡阶段和补充形式显示出强劲的发展势头。自由贸易区之所以受到各国的青睐，主要有两个原因：第一，是因为建立FTA只涉及成员间相互取消贸易壁垒，比较容易达成。第二，各成员国所处的经济发展水平和关税与贸易政策相差悬殊，选择FTA形式能比较现实地推进贸易自由化。

据WTO统计，到2010年RTA将达400个之多。其中，FTA和拥有FTA部分内容的协议占RTA总数的90%以上，关税同盟所占比重不足10%。这些RTA中有90%是1995年世贸组织成立10多年来签订的。双边或多边自由贸易区的迅猛发展成为当前世界经济贸易发展的客观趋势，它的发展成为经济全球化背景下推动贸易自由化的一种潮流。

4. 突破地缘限制的广泛性和多层次合作加强

20世纪80年代以前，人们总是把社会经济制度和政治制度相同、经济发展水平相近、地理位置相邻和有共同历史文化背景作为建立区域经济一体化组织的基本条件。20世纪90年代以来，区域经济一体化的范围开始突破了地缘因素的限制，区域经济一体化组织之间开始尝试越洋的洲际间经济合作以及交叉重叠的区域一体化合作。于是在全球范围出现了区域性的、次区域性的、洲际间的、不同一体化组织之间的、隶属于不同组织的成员国之间的广泛的、多层次的合作。

1989年成立的亚太经合组织（APEC）是广泛性、多层次合作的典型例子，在其中不仅有东盟这样的区域性组织，而且还出现了一些参与主体可以是主权国家也可以是主权国家某地区"自然形成"的"经济成长三角"，如东南亚的"新柔廖成长三角"和东北亚的"图们江三角洲开发区"等，这类次级区域经济合作圈目前业已形成并颇有成效。另外，一国参与多个区域经济一体化组织的现象也很多，例如美国既是北美自由贸易区的成员、美以自由贸易区成员、美新自由区成员又是亚太经合组织等多个组织的成员。墨西哥甚至与40多个国家或国家集团签署了自由贸易协定。多数国家都不止隶属于某一个而是多个区域经济一体化组织。

跨区域的合作既可以充分发挥本地区的影响力，又能够实现与对方的优势互补，同时还有助于加深不同地区的相互理解和尊重，实现不同文化的共存与交融。通过跨区域实现多层次、多渠道、多领域的对话与合作，不仅对区域的发展与稳定，而且对建立全球的自由贸易体系和21世纪公正、合理、均衡的国际政治经济新秩序都起到了巨大的推动和促进作用。

5. 发展中国家在区域经济一体化发展中的作用逐渐突出

在世界经济全球化的进程中，广大的发展中国家认识到经济全球化对经济增长的作用，开放和参与的意识不断加强。欧洲、北美的区域经济一体化极大刺激或催化了其他区域经济一体化发展，将发展中国家也卷入区域经济一体化的潮流。而20世纪90年代以来，区域经济合作的发展突破了仅在经济水平相近的国家间形成的传统做法，出现了由经济发展水平悬殊的发达国家和发展中国家共同建立并实现区域贸易自由化的新趋势，新出现的区域贸易组织呈现出向"南北型"发展的特征。更多的发展中国家开始进行南北合作的尝试，希望通过区域经济一体化提升自己的经济实力，并通过此种方式参与全球经济秩序和经济规则的制订。1994年成立的北美自由贸易区是落后的发展中国家墨西哥与发达国家美国和加拿大合作的成功范例。目前世界上另外两个有代表性的区域经济一体化组织——东扩后的欧盟和亚太经合组织也都显示发展中国家参与，以及发展中国家在区域经济一体化中的重要作用。

6. 区域经济一体化组织的运作方式更具开放性

排他性是区域经济一体化组织的重要特征，早期的区域经济一体化组织往往具有很浓的地区贸易保护主义色彩。随着区域经济一体化组织形式多样化的发展，这种排他性的贸易保护在某种程度上受到削弱，区域组织的开放性特点明显增强。各区域组织力求通过不断推行成员国间全面降低关税、实现商品的自由流通、取消非关税壁垒、放宽内部的投资限制、促进本地区的资本和其他生产要素的自由流动，从而达到降低成本、改善资源配置的目的。因此在合作中，多数区域经济一体化组织不但重视内部开放，而且也重视对外部的开放，开放的地区主义成为当前区域经济一体化的突出标志。

APEC 就是这种开放性组织的典型。APEC 把坚持对外开放作为其组织的宗旨和原则之一，其在《茂物宣言》中强调，"亚太经合组织成员强烈反对成立一个同全球贸易自由化目标相偏离的内向型贸易集团"。欧盟也一再强调其否定封闭性和排他性，实行开放性。拉美国家首脑会议在其原则宣言中也强调，"在美洲建立泛美自由贸易区，决不是要建成一个封闭的贸易集团"。显然，越来越多的区域经济组织都强调开放性与合作的多样性，在开放性原则思想的指导下，世界主要的区域经济一体化组织不断吸纳新的成员。例如，欧盟历经五次大规模成员扩大，由原来的 6 个创始成员国发展至 27 个成员国；东盟也由原来的 6 国扩大到现在的 10 个成员国。

第二节　区域经济一体化理论分析

二次大战后，区域经济一体化现象引起了学术界的广泛关注，许多经济学者对它进行研究、探讨。美国经济学教授维纳(J. Viner)等人的研究建立了最早的区域经济一体化贸易理论——关税同盟理论，此后的区域经济一体化理论以此为核心不断扩充，范围不断扩大，至今理论涉及了共同市场、投资、货币、政治等各个领域，但现有的比较成熟的区域经济一体化理论主要还是一体化贸易理论。

一、关于区域经济一体化贸易理论的发展

按照基本前提的不同，经济学界把区域经济一体化贸易理论大致分为一体化古典贸易理论、一体化新古典贸易理论和一体化新贸易理论三个发展阶段。

第一个阶段是一体化古典贸易理论。代表理论是 Vinner 的关税同盟理论。结论是，无论采取哪一种形式，它们对社会福利的影响都是不确定的：一方面，如果加入协定导致国内的高成本产品生产被其他成员国的进口产品所取代(贸易创造效应)，该国从中受益；另一方面，如果加入协定导致原来从非成员国进口的便宜产品被其他成员国的高成本产品所取代(贸易转移效应)，该国则从中受损。

第二个阶段是一体化新古典贸易理论。代表理论是 Meade 的"米德模型"，凯姆普—旺(Kemp-Wan，1976)定理，麦克米兰和麦克凯恩(Macmillan and Mccann，1981)模型。一体化新古典贸易理论不同于一体化古典贸易理论的地方在于，不仅

仅局限于一体化古典贸易理论的贸易创造效应和贸易转移效应的静态分析。而扩展到了贸易条件效应、成本效应、投资效应、资本积累效应、技术进步效应和竞争效应等比较静态和动态分析，从静态的比较优势上升到动态的比较优势。分析方法从局部均衡分析扩大到一般均衡分析。

第三个阶段是一体化新贸易理论。随着区域经济一体化发展，产业内贸易成为一体化集团内部贸易增长的一个显著特征。以前的理论是完全竞争结构下的理论，它们无法解释现实的贸易现象，如大多数市场是不完全竞争的，贸易大部分是在产业内进行的而不是在产业间进行的，生产的边际报酬递增等。于是新贸易理论进一步放宽了分析的前提。新贸易理论强调规模经济效应，由于产品异质性引起的产业内贸易。这些新的理论工具及新思想在一体化分析中的具体应用还未完全定型，在动态经济效益的分析上也有很多欠缺，主要是因为这些理论把一体化的经济利益作为一体化产生的原因和分析的基础，这样的分析不全面。更重要的是，这些理论分析的都是资源配置、贸易利得和专业化分工，没有或很少涉及利益分配。而利益分配对一体化成员国贸易的可持续发展起着至关重要的作用。另外，对发达国家经济一体化现象的理论探讨较多，对发展中国家经济一体化现象的理论探讨很少。对产业内贸易进行系统性研究的代表人物是格鲁贝尔(Grubel)和劳埃德(P J. Lloyd)，其代表作为1975年出版的《产业内贸易:差别化产品国际贸易的理论与度量》。随后，迪克西特(Dxilt, A. k.)、斯蒂格利茨(Stiglitz, J. E.)、克鲁格曼(Krugman, P.)、赫尔普曼(Helpman, E.)和伯兰德尔(Brander, J.)等人也围绕此现象进行了深入的研究。

二、区域经济一体化的代表理论——关税同盟理论

对关税同盟理论研究较多的有美国普林斯顿大学的教授维纳(J. Viner)、李普西(R. G. Lipsey)，关税同盟理论主要研究关税同盟形成后，对内取消关税，对外设置共同关税对国际贸易产生的影响，以及由于贸易的改变对成员国经济福利、整个区域经济一体化组织和其他国家福利的影响。该影响分为静态效应和动态效应两种。

(一)关税同盟的静态效应

关税同盟的静态效应主要是指贸易创造和贸易转移效应。

1. 贸易创造效应

(1)含义。贸易创造效应(Trade Creating Effect)是指，缔结关税同盟之后，同盟内部各成员国之间相互取消关税，导致成员国一部分原先在关税保护下由国内供应的商品被来自同盟内其他成员国的较低生产成本的进口商品所替代，于是同盟成员国之间的贸易量扩大，带来资源利用效率的改善和福利水平的提高。

(2)图示分析关税同盟的贸易创造效应。图 12-1 说明了关税同盟的贸易创造效应。图中 D_X 和 S_X 分别表示 B 国 X 商品的国内需求曲线和供给曲线。假定 A 国 X 商品的自由贸易价格 $P_X=1$ 美元，C 国（或世界上其他国家）X 商品的自由贸易价格 $P_X=1.5$ 美元，并且假定 B 国是小国，不能影响这些商品的价格。如果 B 国首先对所有进口 X 商品施加一个非歧视性的、百分之百的从价税，那么 B 国将从 A 国以 $P_X=2$ 美元的价格进口 X 商品，在这一价格下，B 国消费 50 个单位 X(GH)，其中国内生产 20 单位(GJ)，另外 30 单位(JH)从 A 国进口。B 国还获得 30 美元的税收($JMNH$)。图中，S_1 是 A 国对 B 国在自由贸易下 X 商品的完全供给弹性曲线。S_1+T 代表包括一切税收在内的供给曲线。B 国没有从 C 国进口 X 商品，因为从 C 国进口 X 的价格包括税收在内将是 $P_X=3$ 美元。

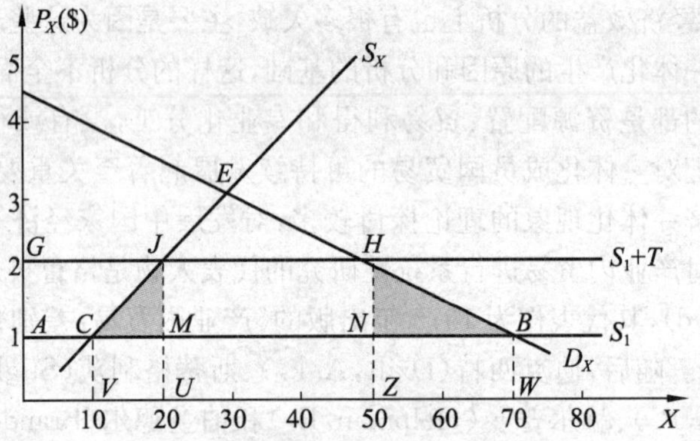

图 12-1 关税同盟的贸易创造效应

如果 B 国现在和 A 国建立关税同盟（从 A 国进口商品的关税将被取消），B 国 X 商品的价格 $P_X=1$ 美元。在此价格下，B 国消费 $70X(AB)$，其中国内生产 $10X$(AC)，另外 $60X(CB)$从 A 国进口，在这种情况下，B 国没有税收收入。B 国的消费者由于关税同盟的建立获得的福利等于 $AGHB$。然而从 B 国整体来看，仅仅是这其中的一部分才能代表他的净赢利，也就是说，$AGJC$ 代表了一个租金上的减少，或者说是生产者剩余的减少，这部分是国内生产者向国内消费者转移的福利。$MJHN$ 代表了税收损失，剩下的阴影三角形 CJM 和 BHN 共 15 美元才是 B 国静态的净福利所得。

三角形 CJM 代表了从贸易创造中获利的产量组成部分，它来自于将 $10X$(CM)的产量从生产效率较低的 B 国（成本为 $VUJC$）转变为 $60X(CB)$的从生产效率较高的 A 国进口（成本为 $VUMC$）。三角形面积 BHN 是从贸易创造中获得的消费组成部分，它来自于 B 国增加 $20X$ 的消费(NB)，仅耗费 $ZWBN$ 就获得了 $ZWBH$ 的收益。

2. 关税同盟的贸易转移效应

(1)含义。贸易转移效应(Trade Diverting Effect)是指缔结关税同盟之后,成员国间相互取消关税,导致贸易流向发生变化,成员国的部分进口商品供给从低成本非成员国转移至成本较高的成员国,从而恶化世界资源配置,造成福利损失。

(2)图示分析关税同盟的贸易转移效应。图 12-2 说明了关税同盟的贸易转移效应。图中 D_X 和 S_X 分别表示 B 国 X 商品的国内需求曲线和供给曲线。S_1 和 S_2 分别代表 A 国和 C 国在自由贸易条件下 X 商品的完全供给弹性曲线。以非歧视性百分之百的关税,B 国从 A 国按 $P_X=2$ 美元的价格进口 X 商品,沿 S_1+T 线购买(与图 12-1 完全一样)。如前面所见到的,在价格 $P_X=2$ 美元下,B 国消费 $50X$(GH),其中,$20X$ 国内生产(GJ),另外 $30X$ 从 A 国进口(JH),B 国获得 30 美元的税收收入($JMNH$)。

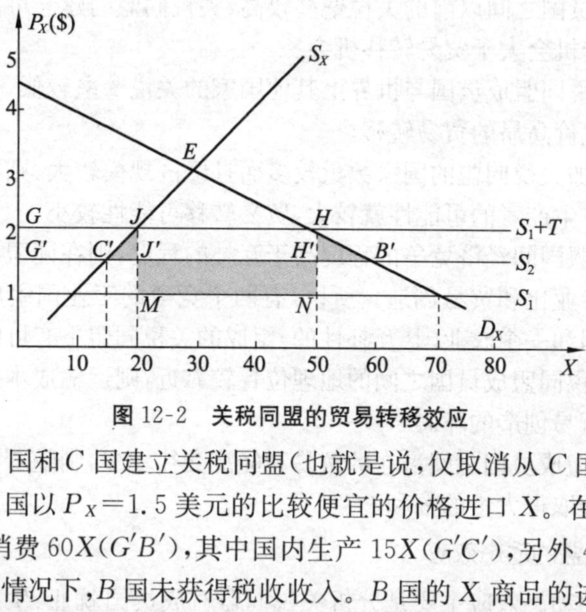

图 12-2　关税同盟的贸易转移效应

如果现在 B 国和 C 国建立关税同盟(也就是说,仅取消从 C 国的进口关税)。B 国发现可从 C 国以 $P_X=1.5$ 美元的比较便宜的价格进口 X。在 $P_X=1.5$ 美元的价格下,B 国消费 $60X$($G'B'$),其中国内生产 $15X$($G'C'$),另外 $45X$($C'B'$)从 C 国进口。在这种情况下,B 国未获得税收收入。B 国的 X 商品的进口现在已从生产效率较高的 A 国转移到生产效率较低的 C 国,这是因为对 A 国收取歧视性进口关税(A 国不在同盟国内)。注意 B 国进口的商品在关税同盟建立之前是 $30X$,而建立以后是 $45X$。这样,关税同盟的贸易转移效应也产生了一定程度的贸易的扩大。

B 国由于与 C 国建立关税同盟所得到的静态福利效应能够通过图 12-2 的阴影部分计算出来。三角形阴影 $C'JJ'$ 和 $B'HH'$ 面积之和(3.75 美元)的福利所得仅仅来源于贸易创造。但矩形阴影面积 $MNH'J'$(15 美元)的福利损失是由于将 $30X$ 的进口从较低成本的 A 国转移到了较高成本的 C 国所造成的。特别需要指出的是,$G'GHB'$ 的消费者剩余是由关税同盟产生的,$G'GJC'$ 代表 B 国的剩余由生产者转移到消费者的部分。四边形 $JMNH$(30 美元)是 B 国与 C 国建立关税同盟前的关税收入,四边形 $J'JHH'$ 是 B 国由于关税同盟的建立导致 X 的价格下降从而转移到消费者的所得部分。这样仅仅留下阴影三角形 $C'JJ'$ 和 $B'HH'$ 作为 B 国的净所得,阴影四边形 $MNH'J'$ 为其仍未计算的关税收入的损失。

由于阴影矩形的面积(15 美元)即衡量 B 国在贸易转移中的损失的数额超过阴影三角形(3.75 美元)贸易创造所获得的数额,因此这个关税同盟导致 B 国的净损失就是 11.25 美元。然而情况并不总是这样,从图 12-2 中我们可以看到,S_X 曲线与 D_X 曲线越平缓(即弹性越大),并且 S_2 越靠近 S_1,那么,阴影三角形的面积就越大,阴影四边形的面积就越小。这样,甚至对于一个参加贸易转移关税同盟的国家来说,他获得净福利所得的机会就更大。

3.关税同盟产生更多贸易创造需要的条件

(1)如果成员国之间以前的关税壁垒较高,关税同盟的建立可能在成员国之间出现的贸易创造机会大于贸易转移机会。

(2)如果关税同盟成员国与世界上其他国家的关税壁垒较低,关税同盟的建立不大可能导致代价高昂的贸易转移。

(3)如果参加关税同盟的国家数量较多而且经济规模较大,则在同盟成员国范围内产生低成本生产者的可能性就较大,贸易转移可能性较小。

(4)如果同盟国间经济竞争的程度高于互补的程度,则在同盟国中就有更多的机会实行生产专业化和贸易创造。所以,有两个竞争的工业国组成的关税同盟要比由一个工业国和一个农业国(互补性的)组成的关税同盟更有可能增加福利。

(5)如果关税同盟成员国之间的地理位置较靠近,则运输成本就不大可能成为各成员国之间贸易创造的障碍。

(6)如果同盟成员国之间潜在的贸易和经济交往较多,则随着关税同盟的成立就有较大的机会取得大量的福利。

(二)关税同盟的动态效应

关税同盟的动态效应主要是分析关税同盟对成员国就业、生产、国民收入、国际收支和物价水平的影响。这是由于建立关税同盟后竞争的加强,投资的扩大以及经济资源的有效利用而产生的。

1.关税同盟由于取消了内部关税,使成员国之间的竞争加强,专业化程度加深,资源使用效率提高

西陶斯基认为,关税同盟建立后,促进了商品的流通,加强了商品的竞争,打破了垄断,经济福利因此而提高。但对此也有人持相反的看法,认为削除贸易壁垒后,市场扩大容易达到生产的规模经济,反而容易产生垄断,从而使经济福利下降。

2.获得规模经济

关税同盟建立后,成员国结为一体,自由市场扩大,因此可以获得专业化与规

模经济的利益。巴拉萨(B·Balsas)认为，建立关税同盟后可以使生产厂商获得重大的内部与外部规模经济利益。但金斯伯格认为，欧共体成员国生产厂商原有的生产规模已经很大，关税同盟建立后生产规模再扩大不一定更有利，因为生产规模太大，效率反而可能下降。

3. 刺激投资

关税同盟建立后，随着市场的扩大，风险与不稳定性降低，从而吸引成员国新的厂商增加投资。关税同盟建立后，商品的自由流通会使竞争加剧，为了提高竞争能力，关税同盟成员国原有的厂商会增加投资，以改进产品品质，降低生产成本。关税同盟建立后，成员国之间完全取消关税，对外则征收统一关税，结果会吸引关税同盟以外的国家到关税同盟内建立避免关税工厂(Tariff factory)，以求获得免税的利益。但也有人认为，关税同盟建立后，成员国之间彼此侵占对方的市场，一国遭受贸易创造效果打击的产业将会减少投资；关税同盟非成员国到成员国内投资，将会使成员国的投资机会减少，使关税同盟厂商遭到不利的影响。因此，关税同盟建立后，其成员国的投资不一定增加。

4. 促进技术进步

关税同盟建立后，壁垒取消，市场扩大，竞争加强，投资增加，生产规模扩大，以上因素将促使生产厂商更愿意投资于研究和发展计划，导致技术不断进步。

5. 提高要素的流动性

关税同盟建立后，市场趋于统一，生产要素可以在各成员国之间自由流动，因此，提高了生产要素的流动性，促进了生产要素的合理配置。

6. 促进了经济增长

如果以上有利之点都能成立，则关税同盟的建立，必将促进成员国经济加速增长。

三、其他区域经济一体化理论

(一)大市场理论

大市场理论是以共同市场为研究对象的理论，它是超越静态关税同盟理论的动态的理论。大市场理论是分析共同市场成立与效益的理论。共同市场要求生产要素自由流动，比关税同盟层次又提高了一步，共同市场的目标是消除保护主义的障碍，把被保护主义分割的小市场统一起来，结成大市场，通过大市场内的激烈竞争，实现专业化、批量化生产等方面的利益。其代表人物是德纽(J. F. Deniau)和西托夫斯基(T. Scitovsley)。

这种理论认为，以前各国之间推行狭隘的贸易政策，只顾本国利益，把市场分得过于细小而缺乏弹性。由于市场狭窄，企业无法实现规模经济和获得大批量生产的利益。大市场理论的核心是通过国内市场向统一的大市场延伸，扩大市场范围，创造激烈的竞争环境，进而达到实现规模经济和技术利益的目的。

德纽对大市场理论做了表述："大市场化导致机器的充分利用、大量生产、专业化、最新技术的应用、竞争的恢复，所有这些因素都会使生产成本和销售价格下降；再加上取消关税也可能使价格下降一部分。这一切必将导致购买力的增加和实际生活水平的提高。购买某种商品的人数增加之后，又可能促使这种消费增加和投资进一步增加。""这样一来，经济就会开始如滚雪球式地扩张。消费的扩大引起投资的增加，增加的投资又导致价格下降、工资提高、购买力的全面增加……只有市场规模迅速增大，才能促进和刺激经济扩张。"

西陶斯基从西欧的情况出发，提出了一个西欧曾存在的"高利润恶循环"或"小市场与保守的企业家态度的恶性循环"的命题。他认为，在组成共同市场之前，由于人们交往于狭窄的市场，竞争趋于消失，陷入高利润率、低资本周转率、高价格的矛盾中。由于价格高，很多现代的日用消费品到不了大众之手，普及率很低，企业不能进行大批量生产，却自以质量高为荣。形成共同市场之后，撤除了成员国之间的贸易壁垒，各国厂商必须迎接集团内其他国家厂商的竞争，从而刺激劳动生产率的提高和成本的下降，并刺激新技术的开发和利用。产品成本和价格下降了，再加上人们收入水平随生产发展而提高，过去只供少数富人消费的高档商品将转为多数人的消费对象，从而形成良性循环。当然，在竞争增强的同时，一体化经济集团往往会出于同集团外部国家竞争的需要，促成集团内企业的合作与兼并，有导致集团内企业厂商之间形成垄断的可能，并导致竞争淡化，效率下降。但这些问题可以通过反垄断法来加以制止。

德纽认为，只有市场规模迅速扩大，才能促进和刺激经济扩张。由于市场扩大，使得机器、设备得到充分利用。大量生产、专业化、最新技术的应用、竞争的恢复，所有这些因素都会使生产成本和销售价格下降，再加上取消关税也可能使价格下降一部分，这一切都将导致购买力的增加和实际生活水平的提高，进而促使消费增加和投资增加，经济就会开始滚雪球式地扩张。

大市场理论分析了共同市场的意义和作用，提出了经济一体化的动态效果。但是，西陶斯基和德纽的论述面太窄，因此，人们对大市场理论仍存在疑问：实现规模经济这一目的与竞争激化这一手段是否能导致共同市场内部贸易创造和谐地扩大？因为竞争激化的结果往往是垄断，这对于共同市场内部的分工是不利的。

(二)协议性国际分工

日本经济学家小岛清认为，为了各国互相实现规模经济，和谐地扩大共同体内的贸易，就需要一种修正补充的，与过去的比较优势原理不同的国际分工理论。这要从成本长期递减的角度来寻找国际分工的动因。以前的国际经济学家所讲的只是在成本递增下通过比较优势形成的国际分工和平衡，而对成本递减或成本不变的情况却没有提及，现实世界经济的状况却是成本递减成为一种普遍现象。经济一体化的目的在于通过市场扩大化来实现规模经济，这实际上就是成本递减问题。小岛清是沿用“两个国家、两种商品”的模式来说明这个问题的，如图 12-3。

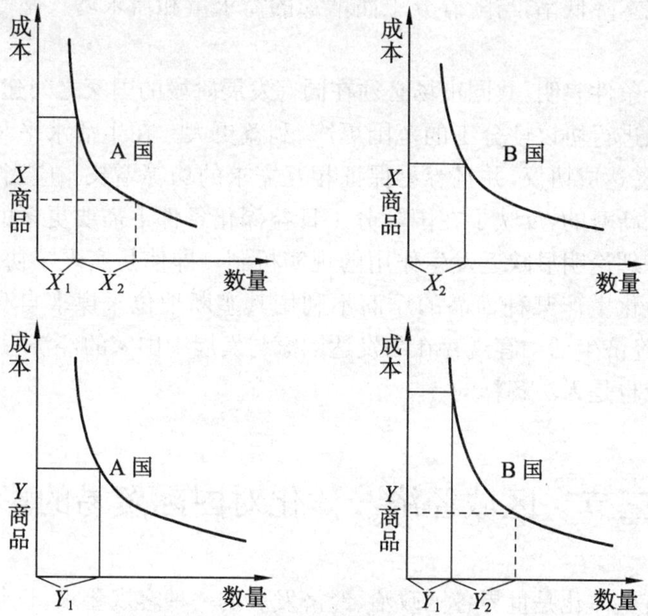

图 12-3　协议性国际分工示意图

图中所画的是 A 国和 B 国 X、Y 两种商品成本递减曲线，实线的高度表示两国分别生产两种商品的成本。现假定 X 商品完全由 A 国生产，并且 B 国把 X_2 量的市场提供给 A 国；Y 商品完全由 B 国生产，并且 A 国把 Y_1 量的市场提供给 B 国。专业化生产后，两种产品的成本都会明显下降(如图 12-3 所示)。当然，这只是分析每种商品的产量与专业化前两国产量之和相同的情况，如果考虑到因成本下降而引起的需求的增加，那么两种产品的成本还存在进一步下降的可能。

小岛清认为，如果两个国家达成相互提供市场的协议，在协议基础上进行国际分工，就可实现规模经济。这一规模经济的实现依靠的是两国的合作而不是竞争。如果听任竞争机制去发挥作用，那么 A、B 两国都会去扩大两种商品的生产规模，以谋求降低成本和增强竞争力。但需求的增长是有限度的，它并不是无限地适应各国生产的增长。因此，单纯通过竞争，规模经济在两国都很难实现。

对于两个国家来讲，达成相互提供市场的协议是实现其规模经济的关键。要达成相互提供市场的协议必须存在一些条件，因为协议性分工远不如竞争机制具有强制性。小岛清提出了三个条件：(1)两个国家的资源禀赋差别不大，经济发展阶段大致相同，协议性分工对象商品在任何一个国家都可进行生产。(2)作为协议对象的商品，必须是能够获得规模经济的商品。这种效应，在重化工业中最大，轻工业较小，农业几乎难以实现。(3)不论对哪个国家，生产X商品或生产Y商品的利益都不存在大的差别，即一国实行专业化的产业和转让给对方的产业之间，在规模扩大后的成本降低率，与随着分工而增加的需求量和需求增长率等方面没有优劣之分。

以上三个条件表明，共同市场必须在同等发展阶段的国家之间建立，在发达工业国之间可以进行协议性分工的范围更广、利益更大。在生活水平和文化互相接近的地区，容易达成协议，并且容易保证相互需求的均等增长。应当承认，协议性分工理论是有新意的，反映了在国际分工日益深化条件下需要更多的国际协调的事实。但这一理论明显缺乏发生作用的现实机制。即使是实现了协议性分工，又如何保证专业化生产某种商品的厂商不利用其垄断地位来谋求自身利益呢？而且，对于现实经济生活中客观存在的发达国家与发展中国家的经济一体化问题，协议性分工理论也是无法解释的。

第三节　区域经济一体化对国际贸易的影响

区域经济一体化是世界各国政治、经济发展的一种客观要求，近年来的迅速发展也是世界经济全球化的一种必然趋势和结果。由于区域经济一体化组织无一例外地实行对内推进自由贸易、对外坚持贸易保护的歧视性政策，这种政策无论是对成员国的分工和贸易还是对世界分工和贸易都产生了一系列重大影响。同时，随着在全球范围内世界各个国家和地区之间的经济日益融合，以跨国公司为主体的生产国际化带动了要素流动和资源配置全球化发展，区域内和区域间的贸易与投资一体化同时加快推进。区域经济一体化又极大地促进了世界经济和贸易的发展。区域经济一体化的影响是广泛的、复杂的，尤其是在双边、区域和多边贸易体制并存，不同类型的经济体共同追逐贸易自由化利益的经济现实中，区域经济一体化不仅影响到贸易流向、贸易规模而且影响到贸易规则、贸易体制以及与贸易相关的整个经济领域。

一、区域经济一体化对区域内经济和贸易的影响

(一)区域经济一体化促进了区域内部贸易的自由化，促使内部贸易迅速增长

区域经济一体化组织成立后，成员国间取消关税壁垒和非关税壁垒，使成员国间的贸易量显著增长。商品、技术、人力和资本等生产要素在内部的自由流动，进

一步推动了统一大市场的形成和发展，市场容量扩大，成员国经济的相互依赖加强，必然会促使集团内部贸易在成员国对外贸易中所占的比重显著提高。

(二)区域经济一体化有助于成员国之间加强科技和经济合作，增强区域总体竞争实力

当今的国际贸易竞争越来越体现在物化在贸易商品中的科学技术含量的竞争，科技越先进，产品性能和质量越好，生产成本越低，竞争越有利。现代科技项目不仅需要投入大量的科技力量和研究经费，培养大批科技人才，而且风险大，周期长。单靠某一国难以承担这样重大的科研项目，如空间技术的开发，原子能的利用等。往往需要借助于集体力量来实现。区域经济集团的建立可以使成员国之间在科技研究和开发领域进行广泛的合作，为区内企业的生产提供科技成果。

(三)区域经济一体化促进了区域内的相互投资，有利于促进生产、增加就业以及优化区内资源配置

由于区域内成员国之间消除了投资的壁垒，因而大大促进了区域内的相互投资，区域内投资增长明显快于区域间投资。由于区域内市场的扩大，使其成员国的企业获得了内部市场扩大和规模效益提高以及从其他成员国获得廉价原材料、中间产品的好处，增加了就业和生产。区域市场扩大、投资增长的同时，竞争也随之加剧，生产者为了应对竞争，必须使资源利用更合理，更有效率，生产自己在市场上最具优势的产品。区域内成员国之间的资源分配因竞争的强化而更为合理。广阔的内部统一市场，给区域内企业提供了重新组织资源和提高竞争能力的机会和客观条件。通过兼并或企业间的合作和大市场内资源的优化配置，促进了企业效率的提高。

(四)区域经济一体化增强了一体化组织的谈判力量

组成区域经济集团，增强了区域组织的经济实力，加强了其对外谈判的力量，从而有利于成员国贸易条件的改善。从现实状况来看，区域集团化在发展中国家之间的进展远远落后于发达国家之间，与发达国家不断改善的贸易条件相比较，发展中国家的贸易条件则十分不利。

(五)区域经济一体化改变了国际贸易的地区分布，加强了区域经济一体化集团的经济力量

随着区域经济一体化内部贸易迅速增长，区域内成员国之间的贸易往来更为密切，而与非成员国的贸易有所减少。因此，区域经济一体化改变了国际贸易的地区分布，不仅使各成员国对外贸易额占整个一体化集团贸易比重上升，而且使整个集团对外贸易额在世界贸易中的比重也上升。从而增强了区域经济一体化集团经济实力。

(六)区域经济一体化加速了集团内部资本的集中和垄断

关税同盟的建立,加剧了成员国间市场的竞争,一些中小企业遭到淘汰和兼并,资源流向大企业。大企业在市场扩大和竞争的压力下,力求扩大生产规模,进一步增强企业实力,因而趋于结成或扩大为一国或跨国的垄断组织。而垄断组织的形成反过来又会对内部市场的自由竞争造成不利的影响。

二、区域经济一体化对国际经济与贸易的影响

(一)区域经济一体化对国际经济与贸易的有利影响

1. 区域经济一体化促进了国际贸易的发展

在各个区域经济集团内部都程度不同地规定了消除和减免关税和其他贸易限制,保证工农业产品在集团内部自由流通的政策和措施,这显然有利于改善集团内部各成员国之间的商品贸易条件,推动区域内贸易的发展。区域内贸易的增加,会大大促进国际贸易量的增长和提高。

2. 区域经济一体化促进了国际分工和生产专业化

区域经济一体化使成员国之间取消了关税和非关税壁垒,生产要素能够自由流动,为各国在国际分工中发挥优势,发展专业化生产创造了条件,使国际分工能顺利开展。区域经济一体化既是国际分工不断深化的要求,又促进了国际分工深化的进程。

3. 区域经济一体化改变了国际直接投资方式和流向

区域经济一体化促进了区域内的贸易自由化和生产专业化的发展,生产规模扩大,再加上区域内跨国界投资障碍的减弱和消除,投资风险的降低,使得区域内资本首先在区域内寻找投资机会。对于区域外的资本,由于一体化组织对外实行歧视政策,面对区域内更好的经济前景,为了享受区域内的国民待遇,原来以商品出口方式进入市场的外国公司改以直接投资的方式进入区域内部市场。在总量一定的情况下,对某一地区投资增加,就意味着对其他地区投资的减少。

(二)区域经济一体化对国际经济与贸易的不利影响

1. 对国际贸易的消极影响

由于任何区域经济贸易集团的各种优惠措施大都仅仅适用于区域内的各个成员国,而对集团外的国家依然维持一定程度的贸易壁垒,从而影响了成员国与非成员国的贸易扩大。

2. 降低了集团外国家在区域经济一体化组织成员国中的地位

区域经济一体化组织具有“贸易创造”和“贸易转移”两种效果,都有助于区域经济一体化组织贸易内向性的增强,降低了区域外国家在其成员国中的地位,从而使区域外国家的贸易环境不利。区域经济集团国家谈判力量的增强和各项政策的

协调一致，都有可能对区域外国家造成不利影响和较严重的损害。例如，欧共体的"共同农业政策"对美国的农产品出口和世界农产品贸易都产生了很大影响。

3. 不利于区域外国家吸收外部投资，改变了国际投资流向

区域经济一体化的发展使外部国家的商品进入区域内部遇到了障碍，国际投资作为一种冲破区域贸易壁垒的工具，已日益成为各个国家加紧向外渗透、打入区域经济集团内部的有利手段。目前，各主要发达国家都加强了相互间的对外直接投资，从而使国际投资流向越来越多地密集于一体化组织内部。比如，在欧洲一体化和北美自由贸易区的发展过程中，美国对外直接投资主要集中于欧盟国家，日本企业的海外投资的主要对象是美国和西欧。这种因区域经济一体化而引起的国际投资流向的变化，对于区域外部国家吸收投资是十分不利的。

4. 对发展中国家的经济发展造成不利影响

区域经济一体化使发展中国家，特别是没有参加区域集团化的发展中国家的贸易条件日趋恶化。随着区域经济一体化的建立，集团内部成员国间的贸易比重在提高，而与集团外部国家的贸易比重在下降。绝大多数的发达国家都已成为各种一体化组织的成员国，其对区域经济集团之外的需求相对减少。由于发展中国家的主要贸易对象是发达国家，出口品主要是初级产品和初级的制成品，结果会使发展中国家的贸易条件恶化。

5. 加剧了世界经济发展的不平衡

区域经济一体化趋势使得世界范围内发达国家和发展中国家的经济不平衡进一步加剧，其根源是大多数发展中国家被排除在发达国家组成的区域经济集团之外。区域经济一体化使国家之间的竞争演化为集团之间或国家与集团之间的竞争，使发达国家之间的摩擦和矛盾激化，这将使世界经济的不平衡更加突出。区域经济一体化的发展也并不能消除集团内部经济发展的不平衡，甚至会因生产要素等的自由流动而使区域内部的不平衡加剧。

三、区域经济一体化对多边贸易体制的影响

(一)区域经济一体化对 WTO 多边贸易体制构成挑战

1. 对 WTO 原则的挑战

区域经济一体化集团对内自由贸易与对外保护的政策和 WTO 多边贸易体制的非歧视原则是相背离的。任何区域经济一体化集团都具有一定排他性，往往形成了事实上的对外贸易保护壁垒，这也不符合多边贸易体制的精神。但是 1947 年关税与贸易总协定和 1995 年成立的 WTO 有关协定和协议中，对区域经济一体化的内部优惠采取例外，即不实施最惠国待遇条款。这实际上默认了对非集团成员的不平等待遇。

2. 对 WTO 宗旨的挑战

区域经济一体化建成都会产生一定程度的贸易转移效应，即成员国内厂商采购产品可能从高成本的一体化组织内部进口，取代了成员外更低成本产品的进口，这不仅不利于世界范围资源的优化配置，而且有损世界福利水平的提高，有悖于多边贸易体制的宗旨。

3. 削弱了多边贸易体制的作用

区域经济一体化集团强化了国际上的垄断力量，抑制了市场竞争，削弱了多边贸易体制的影响。区域一体化内部的经济一体化和贸易自由化安排使成员国把追求自由贸易的努力由多边贸易协定转向区域贸易协定，导致区域贸易保护主义盛行，制约了多边贸易体制作用的发挥和自身的发展，对推动全球范围平等、公平、互惠、共赢地实现贸易自由化的世界贸易组织构成挑战。区域经济一体化以牺牲全球贸易自由化换取局部范围贸易自由化，在一定阶段会成为经济全球化的障碍。需要更加完善的 WTO 多边贸易体制对其进行规范和协调。

(二)区域经济一体化建立的制度安排是对多边贸易体制的补充

1. 区域经济一体化是推进全球自由贸易的一个"次优"选择

多边贸易体制为推动世界范围内的贸易自由化发展，作出了巨大贡献。但是在全球范围内推行贸易完全自由化尚缺乏一个现实的基础，因此区域经济一体化作为推行全球自由贸易的一个"次优"选择，与多边贸易体制构成了互补关系。

2. 区域经济一体化和多边贸易体制有着一定的同构性

区域经济一体化和多边贸易体制有着一定的同构性，区域一体化目标的实现对多边贸易体制有着很强的示范作用，为其提供了试验场，有利于多边贸易体制目标的实现。多边贸易体制对于区域一体化的建立进行了一定约束，如 GATT 第二十四条第五款，这也增加了二者之间的协同作用。

3. 区域制度安排与多边贸易体制相互补充和促进

区域经济一体化建立的制度安排有效地推动了区域内部贸易、投资的增长，进一步拉动了全球贸易和投资水平的提高。区域范围内的贸易壁垒的消除、经济的融合有利于推进全球范围贸易自由化进程和一定程度上资源的合理配置。

WTO 框架毕竟是一种日趋成熟的互动机制，区域经济一体化会促使 WTO 相关的各方行为主体更加积极于利用 WTO 解决某些区域集团解决不了的问题，比如说知识产权问题、技术标准问题以及一些非关税壁垒问题等；而且区域经济一体化促成的世界贸易自由化新水平也可能为 WTO 工作开展提供新起点。

第四节　主要区域经济一体化集团的发展与实践

一、欧洲联盟

欧洲联盟(European Union, EU)是目前世界上一体化程度最高、制度建设最完备的区域经济一体化组织。其前身是欧洲共同体。欧洲共同体是欧洲煤钢共同体、欧洲经济共同体和欧洲原子能共同体的统称。

(一)欧洲联盟的建立与扩大

第二次世界大战给西欧各国以严厉的打击,使它们经济实力和经济地位下降,战后依靠美国的援助,经济才得以恢复,但随着经济的恢复和发展,西欧与美国的矛盾也在加深。前苏联及东欧社会主义的发展也让西欧倍感威胁。为了遏制前苏联的扩张,与美国抗衡,西欧各国考虑联合起来,通过在经济、政治、防务方面的联合,来提高自己的地位。

1951 年 4 月,法国、德国、意大利、荷兰、比利时、卢森堡六国签署了《欧洲煤钢共同体条约》(又称巴黎条约),成立欧洲煤钢共同体(ECSC);欧洲煤钢共同体成功运转后,各成员国决定把联营推广到其他方面,1957 年 3 月 25 日,六国政府在罗马签订了《欧洲经济共同体条约》和《欧洲原子能共同体条约》(合称《罗马条约》),1958 年 1 月 1 日起生效,标志着欧洲原子能共内本(EAEC)以及欧洲经济共同体(EEC)正式成立;1965 年 4 月,六国签订了《布鲁塞尔条约》,决定将上述三大共同体进行合并,统称为"欧洲共同体"简称"欧共体",条约于 1967 年 7 月 1 日生效。

欧洲共同体自成立以来成员不断扩大,1973 年,英国、丹麦和爱尔兰三国加入欧共体,使欧共体由最初的六国增加为九国。随后,希腊于 1981 年、葡萄牙和西班牙于 1986 年先后成为欧共体的正式成员国,使成员国总数扩大到 12 个。1993 年 11 月 1 日《马斯特里赫特条约》正式生效后,欧共体改称欧盟。1995 年 1 月 1 日奥地利、瑞典、芬兰正式加入欧盟。欧盟扩大为 15 个成员国,成为一个具有近 330 万平方公里土地、3.675 亿人口、7.4 万亿美元国内生产总值和占全球贸易量 43%的区域性经济贸易集团。2004 年 5 月 1 日,欧盟正式吸收塞浦路斯、匈牙利、捷克、爱沙尼亚、拉脱维亚、立陶宛、马耳他、波兰、斯洛伐克和斯洛文尼亚 10 个中东欧国家入盟,扩大后的欧盟从 15 个成员国增加到 25 个,人口增加到约 4.55 亿,整体国内生产总值增加到 10 万多亿美元。2007 年 1 月 1 日,罗马尼亚和保加利亚正式加入欧盟,这是欧盟的第六次扩大。欧盟的成员国达 27 个,人口超过了 4.8 亿。而且欧盟扩大的进程仍在继续,土耳其和克罗地亚已经启动了与欧盟的入盟谈判,马其顿等国已被欧盟接纳为入盟候选国。

(二)欧盟经济一体化进程的主要成果

1. 第一阶段成果(1958～1969 年):共同体成立、关税同盟建成和实施共同农业政策

根据《罗马条约》的规定,共同体内部实行自由贸易,取消相互间的进出口关税和数量限制,对外则实行一致的贸易政策,建立工业品的关税同盟和实行共同农业政策。在削减内部关税方面,共同体成员国从 1959 年起基本上每年削减 10%的关税,到 1968 年就全部取消了内部关税。在调整统一的对外关税方面,工业品经历了 1931 年、1963 年和 1968 年三次调整。农产品也经历了 1962 年、1966 年和 1968 年三次调整。各成员国经过共同努力,到 1968 年 7 月,关税同盟比《罗马条约》规定的时间提前一年半实现,共同农业政策也开始进入实施阶段。

在共同农业政策实施方面,20 世纪 60 年代初,确立了共同农业政策的基本原则,1962 年通过了建立农产品统一市场的协议并逐步着手实施。共同农业政策的主要目标是提高农业生产效率、稳定市场、保障供给以及保证农业收入等。到 1968 年 7 月,主要农产品已纳入各类农业共同市场组织,实现了各成员国的农产品统一价格,建立了共同农业基金。1969 年欧共体内部完全取消农产品关税,对外征收差价税,实现了主要农产品在欧共体市场内的自由流通。

2. 第二阶段成果(1969～1992 年):实现关税同盟、建立欧洲货币体系和建立内部统一大市场

关税同盟建立以后,关税同盟的福利效应逐渐发挥,成员国数量不断增加。欧洲一体化向更高一级的共同市场迈进。1969 年 12 月,原共同市场六国在荷兰海牙举行首脑会议,决定建立一个完整的经济和货币联盟。1979 年欧共体正式宣布建立稳定货币汇率的欧洲货币体系。它是为促进各成员国内部贸易,保证各成员国货币相对稳定而建立的国际货币联合。这个体系包括:创建"欧洲货币单位",扩大欧洲货币的联合浮动体系,建立"欧洲货币基金"。这是欧共体向实现货币联盟迈出的重要一步。1985 年 6 月,欧共体首脑米兰会议决定 1992 年底建立内部统一大市场。大市场于 1993 年 1 月 1 日如期启动,初步实现了商品、服务、资本和劳动力的自由流动。

3. 第三阶段成果(1993～1999 年):实现统一市场,建立经济同盟

1993 年欧洲共同市场启动以后,继续铲除在人员和服务等领域的贸易壁垒,实现完全的自由流动。同时另一个对欧盟发展起决定作用的条约《马约》在 1993 年 11 月 1 日生效。《马约》是在 1991 年 12 月,在荷兰的马斯特里赫特城召开的欧盟首脑会议上通过的《经济与货币联盟条约》和《政治联盟条约》(统称《欧洲联盟条约》,简称《马约》)。《马约》为欧盟的发展提出了三个目标:第一,1999 年以前(分

三阶段进行)建成经济货币联盟,发行单一货币,建立欧洲中央银行;第二,实施共同的外交和安全政策;第三,实行司法内政合作,建立统一的警察力量,协调反毒、移民、避难、引渡、入境管理方面的政策。

从此,欧共体改成为欧洲联盟,这标志着欧共体朝着经济同盟的方向开始迈出实质性步伐。

4. 第四阶段成果(1999 年以后):启动欧元、实现货币一体化并向政治经济一体化迈进

1999 年 1 月 1 日欧元诞生,欧盟 15 个成员国家中除英国、丹麦、瑞典和希腊之外的 11 各成员国成为欧元国。经过 1999 年 1 月 1 日至 2002 年 1 月 1 日为期三年的过渡,欧洲中央银行(ECB)发行统一的欧元从非现金流通领域进入现金流通领域,到 2002 年 3 月欧元替代包括希腊在内的 12 国货币成为欧元区单一的货币。欧元的成功表明欧洲经济同盟向前迈出了重要一步。此后经过 1997 年的《阿姆斯特丹条约》、2001 年的《尼斯条约》和 2004 年的《欧盟宪法条约》,欧洲联盟向一个完全政治经济一体化方向发展。

(三)欧盟的主要组织机构

作为一个经济政治实体,欧盟建立了一个庞大的超国家管理体系。总部设在布鲁塞尔,部分机构设在卢森堡的首都卢森堡和法国的斯特拉斯堡。其主要官方机构设置如下:

1. 欧洲理事会

欧洲理事会(European Council)即首脑会议,是欧盟的最高权力机构。由成员国国家元首或政府首脑及欧盟委员会主席组成;负责讨论和决定欧洲联盟的内部建设、重要的对外关系及重大的国际问题。欧洲理事会在决策过程中采取协商一致通过的原则。理事会下设总秘书处。

2. 部长理事会

部长理事会(Council of European Union)是欧盟的最高决策机构,由各成员国的部长组成,拥有绝大部分立法权,分为总务理事会和专门理事会。部长理事会主要负责制订欧盟法律、法规和有关欧盟发展、机构改革的各项重大政策;负责制定为执行欧盟条约所需要的决定和共同外交和安全政策、司法、内政等方面的政府间合作与协调事务;任命欧盟主要机构的负责人并对其进行监督。主席由各成员国轮流担任,任期半年。部长理事会设在布鲁塞尔。

3. 欧盟委员会

欧盟委员会(Commission of European Union)是欧盟的常设执行机构。负责起草政策、法规、报告和建议,实施欧盟有关条约、法规和欧盟理事会做出的决定;向理事会和欧洲议会提交报告和决议草案,处理欧盟日常事务,代表欧盟进行对外

联系和贸易等方面的谈判。委员会任期为5年。委员会总部设在布鲁塞尔。

4. 欧洲议会

欧洲议会(European Parliament)是欧盟立法、监督和咨询机构,欧洲议会除和欧盟理事会共享立法权外,在欧盟内部执行法律监督和咨询。拥有欧盟部分预算的决定权。议会大厦设在法国斯特拉斯堡,秘书处设在卢森堡。

5. 欧洲法院

欧洲法院(European Court of Auditors)是欧盟最高司法仲裁机构。欧洲法院以欧盟规章法律为准绳,负责维护欧盟所有决议的执行,保证欧盟规章得到尊重,并对条约和规章作出终裁性解释,审理和裁决在执行欧盟条约和有关规定中与成员国同类规定相矛盾的各种争议。法院设在卢森堡。

6. 欧洲审计院

欧洲审计院(European Court of Auditors)负责欧盟的审计和财政管理。审查欧盟收支状况,审计欧盟各机构的财务,确保欧盟财政的正常管理。审计院设在卢森堡。

二、北美自由贸易区

北美自由贸易区(North America Free Trade Area,NAFTA)是在美加自由贸易协定基础上,由美国、加拿大与墨西哥三国联合签订北美自由贸易协定,在北美地区建立的区域经济一体化组织。它开创了发达国家与发展中国家建立自由贸易区的先例。

(一)北美自由贸易区的进展

1. 美加自由贸易区

美国和加拿大两国毗邻,都是发达国家,长期以来在生产、投资和贸易等领域联系密切。1983年加拿大提出关于建立北美自由贸易区的设想,1985年5月,美国和加拿大开始正式谈判,1988年11月,两国政府正式签署《美加自由贸易协定》,并于1989年1月1日正式生效。其目标是消除商品贸易、服务贸易和投资等领域的一切障碍。协定的内容涉及关税减免、非关税壁垒、原产地规则、农产品贸易、能源、倾销与补贴、政府采购、服务、金融、投资、知识产权以及纠纷的解决等。协议的核心内容是:从1989年1月1日起,在10年内逐步削减并取消双边贸易的全部关税,对从区外第三国进口的商品,双方仍适用各自现行的关税;为防止第三国利用自由贸易区逃避关税,双方确立了原产地规则。

2. 北美自由贸易区

在美加自由贸易协定生效以后,美国决定将这一自由贸易区扩大到南部的墨西哥。1992年8月12日,美国、加拿大和墨西哥三国结束了历史14个月的谈判,就建立统一的北美自由贸易区问题达成协议。1992 年 12 月，三国正式签署《北美自由贸易协定》，随后又经过数月的谈判，于 1993 年 8 月就环保、劳动就业等问题达成协议，签署了一个 NAFTA 的附属协定——《北美环境合作协定》(the North American Agreement on Environmental Cooperation，简称 NAAEC) 和北美劳动事务合作协定(North American Agreement on Labor Cooperation，NAALC)，作为《北美自由贸易协定》的补充文件。1994 年 1 月 1 日，《北美自由贸易协定》及其《附属协定》正式生效。北美自由贸易区涵盖人口 4.2 亿，国内生产总值达 11 万亿美元，是当今世界上最大的自由贸易区。

1994 年 12 月，《北美自由贸易协定》生效后不久，在美国迈阿密召开的首届美国国家首脑会议上，美国总统克林顿就提出了在 2005 年前建立一个北起阿拉斯加南到火地岛，包括除古巴以外所有美洲国家的泛美自由贸易区建议。此后，美洲 34 国举行了 4 次贸易部长会议和多次副部长会议来商议此事，谈判取得了一定进展。2001 年 4 月 23 日，《美洲自由贸易协定》(FATT) 签署。预示着未来北美自由贸易区的扩展方向以及以美国为首的美洲国家加强区域经济一体化合作的愿望。

(二)《北美自由贸易协定》的主要内容

北美自由贸易区建立的宗旨是消除贸易壁垒，促进平等竞争，增加投资机会，保护知识产权，建立调节三方间贸易争端解决机制以保证贸易自由化进程的顺利进行，促进三边区域合作和多边合作。因此，北美自由贸易协定涉及的内容十分广泛。

《北美自由贸易协定》一共包括 19 个主要条款，约 2 万条规定，内容主要涉及(1)关税相互减免；(2)取消进口限制；(3)坚持产地规定；(4)政府采购协定；(5)鼓励投资；(6)扩大相互金融服务；(7)发展相互自由运输；(8)鼓励保护知识产权；(9)协商争端解决机制等。补充协议涉及有关环境保护和劳工平等方面的内容。根据该协定，三国将在 15 年内分阶段逐步取消 9000 多种商品的关税和非关税壁垒，取消进口配额和进口许可证，相互放宽对投资的限制和领域，特别是在第三产业方面，墨西哥将开放自己的电信、金融和保险市场，允许加拿大和美国进入竞争和投资，三国同意对北美地区的金融公司给予国民待遇，并对原产地规则制定了更严格的规定。三国均同意严格遵守国际知识产权保护法的规定，对成员国登记的药品及其他专利产品至少保护 20 年。

与欧盟相比，北美自由贸易区没有正式的组织形式，但机制化程度仍是很高的。三国所签订的《北美自由贸易协定》以法律形式规范着三国的经贸关系，具有很强的约束力。其成立时的约束性法律文件就达 2000 页之多。《北美自由贸易协定》给成员国规定了一套固定的运行机制以及宏观经济政策的定期协商机制，包括：(1)贸易委员会；(2)该委员会下设的不同的特别工作委员会和工作小组；(3)秘书处;(4)咨询机构;(5)仲裁法庭;(6)保护仲裁法庭的程序特别委员会。这些机构具有相应的职能,对三国的争端冲突进行全方位和多层次的协调。

三、亚太经济合作组织

亚太经济合作组织(Asia-Pacific Economic Cooperation,APEC),简称"亚太经合组织",是环太平洋地区的区域经济一体化组织,也是世界上最大的区域国际经济合作组织。成立之初,只是一个区域性经济论坛和磋商机构,经过20年来的发展,已逐步演变成为亚太地区重要的经济合作论坛,也成为亚太地区最高级别的政府间经济合作机制。自成立以来,亚太经合组织在推动区域和全球范围的贸易投资自由化和便利化、开展经济技术合作方面不断取得进展,为加强区域经济合作、促进亚太地区经济发展和共同繁荣做出了突出贡献。

(一)亚太经合组织的成立与发展

20世纪80年代,国际形势因冷战结束而趋向缓和,世界经济全球化、贸易投资自由化和区域集团化的趋势逐渐形成潮流。在欧洲经济一体化进程加快,北美自由贸易区已显雏形和亚洲地区在世界经济中的比重明显上升等背景下,澳大利亚前总理霍克1989年1月提出召开亚太地区部长级会议,讨论加强相互间经济合作的倡议,得到美国、加拿大、日本和东盟的响应。

1989年11月,亚太经合组织第一届部长级会议在澳大利亚首都堪培拉举行,标志着亚太经合组织的正式成立。1991年11月,亚太经合组织第三届部长级会议在韩国首都汉城(现称"首尔")举行,会议通过的《汉城宣言》正式确立该组织的宗旨和目标为:"为本地区人民的共同利益保持经济的增长与发展;促进成员间经济的相互依存;加强开放的多边贸易体制;减少区域贸易和投资壁垒。"1994年11月在印度尼西亚茂物举行第2次领导人非正式会议是APEC的标志性会议。会议通过的《亚太经合组织经济领导人共同决心宣言》(简称《茂物宣言》),确立了亚太经合组织贸易区域合作的时间表,提出发达成员和发展中成员分别不迟于2010年和2020年实现贸易投资自由化。

亚太经合组织的成员最初成员12个,后来不断发展,中国内地同中国台北和中国香港在1991年11月一起加入该组织。目前亚太经合组织共有21个成员:中国、澳大利亚、文莱、加拿大、智利、中国香港、印度尼西亚、日本、韩国、墨西哥、马来西亚、新西兰、巴布亚新几内亚、秘鲁、菲律宾、俄罗斯、新加坡、中国台北、泰国、美国和越南。1997年温哥华领导人会议宣布APEC进入十年巩固期,暂不接纳新成员。此外,APEC还有3个观察员,分别是东盟秘书处、太平洋经济合作理事会和太平洋岛国论坛。亚太经合组织总人口达26亿,约占世界人口的40%;国内生产总值之和超过19万亿美元,约占世界的56%;贸易额约占世界总量的48%。这一组织在全球经济活动中具有举足轻重的地位。

(二)亚太经合组织的组织机构及历次会议

APEC 的组织机构由领导人非正式会议、部长级会议、高官会、委员会和专题工作组、秘书处等组成。

领导人非正式会议是亚太经合组织最高级别的会议。亚太经合组织领导人非正式会议截止到 2008 年已先后举行了 16 次。会议就有关经济问题发表见解,交换看法,会议形成的领导人宣言是指导亚太经合组织各项工作的重要纲领性文件。首次领导人非正式会议于 1993 年 11 月在美国西雅图召开,此后每年召开一次,在各成员间轮流举行,由各成员领导人出席。

部长级会议是亚太经合组织决策机制中的一个重要组成部分,在每年领导人非正式会议前举行。会议的主要任务包括:为领导人非正式会议召开进行必要的前期准备,贯彻执行领导人会议通过的各项指示,讨论区域内的重要经济问题,决定亚太经合组织的合作方向和内容。

高官会议是亚太经合组织的协调机构,始于 1989 年,通常由当年举办领导人非正式会议的东道主主办,每年举行 3～4 次会议,主要负责执行领导人和部长级会议的决定,审议各工作组和秘书处的活动,筹备部长级会议、领导人非正式会议及其后续行动等事宜。高官会议下设 4 个委员会和 11 个专业工作小组。

秘书处于 1992 年 9 月在新加坡设立,为 APEC 各层次的活动提供支持与服务。

(三)亚太经合组织的特点

与欧盟和北美自由贸易区相比,APEC 的区域经济一体化具有以下特点:

1. 开放性

APEC 坚持"开放的地区主义"原则,成员国间的所有优惠性措施或安排也适用于非成员国经济体。它即对区域内开放,也对区域外开放,有利于全球贸易投资自由化进程。亚太经合组织主张在加强区域经贸合作的同时,不应对外设置贸易壁垒,不能损害该地区与区域外国家的经贸联系。

2. 多样性

APEC 几乎囊括了亚太地区的所有具有影响力的国家和地区,参与国家广泛而复杂。成员国之间社会、经济、文化上差异很大。组织内部既有发达经济体,也有新兴工业经济体和发展中经济体。APEC 的多样性表现为:生产方式的多样性,如发达工业化成员内涵型生产方式和发展中经济成员外延型生产方式;产业结构不同及由产业结构决定的产品的多样性;综合国力的多样性;生活方式、文化、政治体制的多样性,这些多样性决定了 APEC 应采取 APEC 方式。

3. 灵活性和渐进性

APEC 在长远目标确定以后,为实现长期目标,各成员可采取灵活的渐进的方式，最终在规定的不同时间内达到APEC所规定的目标。APEC的灵活性是指不一味追求统一性，例如，在APEC马尼拉会议上，18个成员为实施《大阪行动计划》提交了各自的单边行动计划(IAP)，IAP充分体现了APEC方式的灵活性，规定各成员的贸易投资自由化进程同时起步，而其速度和进程由各成员国自我确定；APEC的渐进性表现为虽然APEC允许成员国自由的选择速度和进程，但要求其成员应毫不延迟地同时启动自由化、便利化及合作进程，每一个成员应做出持续和重要的贡献，以完成贸易投资自由和开放的长期目标。即要循序渐进地实现。《茂物宣言》规定发达经济体在2010年，发展中经济体到2020年实现贸易投资自由化也体现了APEC的渐进性。尤其使发展中成员国有时间和机会逐步调整自己的经济政策和产业结构以适应经济发展的需要。

4. 合作多层次性

APEC既是一个整体的区域性合作组织，同时内部又包含各种次区域性组织和各种"经济圈"和"增长三角"，如北美自由贸易区、东盟自由贸易区、澳新自由贸易区、曼谷协定、南亚区域合作联盟、东北亚经济圈以及为数不少的被称作亚洲经济合作细胞模式的"增长三角"。这种广泛性和差异性决定了APEC的合作方式不同于欧盟和北美自由贸易区，它的合作不仅表现在APEC的一致行动上，而且表现为区内不同层次、不同形式和不同内容的多样化的合作模式。

APEC的特点决定了亚太地区一体化的进程并不是一帆风顺的。APEC方式虽然深得APEC发展中成员的赞同，但是到目前为止，在推动贸易投资自由化的过程中，其坚持的"自主自愿"、"协商一致"、"领导人承诺"的单边自主行动原则，因为缺乏完善的监督机制而降低了承诺的严肃性，难以为APEC内部推进贸易投资自由化与便利化提供足够的动力。而缺乏明确长远目标的阶段性渐进也必将影响一体化进程。

四、东盟自由贸易区

东盟自由贸易区(ASEAN Free Trade Area，AFTA)是东南亚国家联盟建立的区域经济一体化组织，是发展中国家区域合作的代表，是典型的南南型的自由贸易区。

(一)东南亚国家联盟的建立和发展

1. 东盟的成员、宗旨和目标

东南亚国家联盟(the Association of Southeast Asian Nations, ASEAN)简称东盟。东盟的前身是由马来西亚、菲律宾和泰国3国于1961年7月31日在曼谷成立的东南亚联盟。1967年8月，印度尼西亚、泰国、新加坡、菲律宾4国外长和马来西亚副总理在曼谷举行会议，发表了《东南亚国家联盟成立宣言》，即《曼谷宣言》，正式宣告东南亚国家联盟成立。8月底，马、泰、菲三国在吉隆坡举行部长级会议，决定由东南亚国家联盟取代东南亚联盟。文莱于1984年独立后加入东盟，随后越南(1995年)、老挝(1997年)、缅甸(1997年)和柬埔寨(1999年)5国先后加入该组织，使东盟由最初成立时的5个成员国发展到目前的10个成员国。此外，巴布亚新几内亚是东盟的观察员国。

东盟成立之初，在《成立宣言》中确立了ASEAN的宗旨和目标。具体如下：

(1)以平等与协作精神，共同努力促进本地区的经济增长、社会进步和文化发展；

(2)遵循正义、国家关系准则和《联合国宪章》，促进本地区的和平与稳定；

(3)促进经济、社会、文化、技术和科学等问题的合作与相互支援；

(4)在教育、职业和技术及行政训练和研究设施方面互相支援；

(5)在充分利用农业和工业、扩大贸易、改善交通运输、提高人民生活水平方面进行更有效的合作；

(6)促进对东南亚问题的研究；

(7)同具有相似宗旨和目标的国际和地区组织保持紧密和互利的合作，探寻与其更紧密的合作途径。

2.东盟的组织机构

东盟自成立以来，根据形势的变化和自身的需要，不断设立组织机构。但一直没有形成一个超国家的决策机构，组织架构松散。到目前为止，东盟的组织机构主要有：

(1)首脑会议：是东盟的最高权力机构。主要讨论和确定东盟的基本方针，就东盟发展的重大问题和发展方向做出决策。每年召开一次首脑会议；

(2)外长会议：是东盟重要的磋商和决策机构。外长会议由东盟成员国的外长组成，每年轮流在成员国举行年度会议。东盟外长会议还定期举行非正式会议；

(3)常务委员会：由当年主持外长会议的东道国外长任主席，委员由其他成员国驻该国的大使组成，负责筹备和主持召开外长会议，会议后负责督促执行外长会议的决议，并有权代表东盟发表声明；

(4)经济部长会议：是东盟经济合作的决策机构，在区域经济合作方面发挥主导作用，每年不定期地召开一两次会议；

(5)秘书处：为东盟的行政总部，设在印度尼西亚首都雅加达，是常设机构。东盟秘书长由各成员国轮流担任，任期两年。主要负责协调各成员国秘书处和主持召开秘书长会议等日常工作。

除此之外，东盟还设立了专门委员会、东盟与对话伙伴国会议、东盟地区论坛、“10+3”合作机制、“10+1”合作机制、东盟—欧盟部长级会议、东盟—美国对话会议和东盟环境部长会议等多渠道和类型的协调决策机制。

为确保推进自由贸易区建设，1992年9月设立了部长级的东盟自由贸易区理事会(AFTA Council)，协助东盟经济部长会议负责推进和协调与AFTA有关的事务。在它之下还设立了一个专门的高官会。东盟投资区还设立了一个东盟投资理事会。

在东盟组织机构的基础上形成了东盟自由贸易区的组织领导体系：首脑会议—东盟经济部长会议—AFTA理事会—经济高官会。甚至可以认为，东盟与东盟自由贸易区实际上是同一套机构。

(二)建立东盟自由贸易区

1. 东盟自由贸易区的启动与实施

1992年1月在新加坡举行的第四次东盟首脑会议决定，“将从1993年1月1日起的15年内建成东盟自由贸易区”，批准了建立东盟自由贸易区主要机制的《共同有效优惠关税计划》(CETP)，规定通过分阶段实施，在2008年将在区域内贸易的工业制成品的关税减到5%以下。1994年9月召开的东盟经济部长会议决定将自由贸易区建成的时间从原定的15年缩短为10年，即在2003年1月1日前东盟内部贸易关税必须降低到5%以下。随后根据4个新的成员国的经济发展情况，同意越南的关税减让时限可以推迟至2006年，老挝、柬埔寨和缅甸推迟至2008年。1999年9月东盟经济高官会议上，部长们同意新加入的柬埔寨关税减至5%以下的时间延至2010年。

1998年10月在马尼拉召开的第30届东盟经济部长会议提出在2010年建成“东盟投资区”。1998年12月在河内召开的第六次东盟首脑会议通过的《河内宣言》、《河内行动计划》和《大胆措施声明》，将原东盟6国自由贸易区启动的时间提前一年，即从2003年1月1日提前到2002年1月1日。

为早日实现东盟内部的经济一体化，东盟自由贸易区于2002年1月1日正式启动。自由贸易区的目标是实现区内贸易零关税。印尼、马来西亚、菲律宾、新加坡、泰国、文莱东盟原六国已于2002年将绝大多数产品的关税降至0%至5%之间，到2003年其CETP关税清单中60%的项目实现零关税。1999年11月在马尼拉召开的第三次东盟首脑非正式会议上，东盟领导人同意原东盟6国提前它们实现零关税的时间，即从2015年提前至2010年，而新成员则从2018年提前到2015年。

2. 东盟自由贸易区的内容

东盟自由贸易区涉及内容十分广泛。不仅涉及贸易投资领域，而且扩展到生产及其他领域。主要包括以下几个方面：

(1)关税减让：快速减税、正常减税、一般例外清单、敏感产品清单、临时例外清单；

(2)最惠国待遇；

(3)取消数量限制和非关税壁垒；

(4)原产地原则；

(5)开放服务原则；

(6)建立东盟投资区(AIA)，实现投资自由化；

(7)东盟工业合作计划(AICO)；

(8)东盟一体化优惠制度(AISP)；

(9)东盟运输便捷化；

(10)标准和质量统一措施；

(11)电子东盟(E-ASEAN)和信息通讯产品贸易自由化。

五、中国参与区域经济一体化的进展及成果

(一)紧密经贸关系推动中国全面一体化进程

1. 内地与香港、澳门的更紧密经贸关系安排协议(CEPA)

2003年，内地与香港、澳门特区政府分别签署了内地与香港、澳门《关于建立更紧密经贸关系的安排》(简称CEPA)，标志着内地与香港和澳门两个特别行政区之间正式建立起自由贸易关系。2004年、2005年、2006年又分别签署了《CEPA补充协议》、《CEPA补充协议二》、《CEPA补充协议三》。进一步促进内地与港澳经济的融合。

CEPA内容涉及货物贸易自由化、服务贸易自由化和贸易投资便利化三大领域的各项措施。从2004年1月1日开始，内地对港澳进口商品开始部分实施零关税。2005年10月签署的《CEPA补充协议二》进一步扩大零关税范围。2006年6月签署的《CEPA补充协议三》在服务贸易领域对港澳进一步扩大开放，并加强在贸易投资便利化领域的合作。CEPA的实施突破了内地与港澳经贸交流中的一些制度性障碍，推进内地与港澳经济一体化的实现，实现内地与港澳互惠双赢。进口商品零关税政策提高了港澳产品竞争力，带动了港澳经济的全面增长，CEPA在促进港澳经济结构升级的同时会带动内地服务业的发展。随着CEPA自由贸易区的进一步发展，内地与港澳将在知识产权保护、节约利用能源、环境保护等方面进行突破性合作。

2. 双边或多边自由贸易区(FTA)谈判全面启动

中国顺应区域经济一体化的发展趋势并考虑自身的需求，加速了与其他国家以自由贸易区谈判为代表的一体化进程。自由贸易区谈判的核心内容是有关成员在WTO多边承诺的基础上，取消绝大多数货物的关税和非关税壁垒，相互间进一步开放服务和投资市场。中国内地与香港、澳门《关于建立更紧密经贸关系的安

排》已经实施并不断扩大之后，中国自由贸易区谈判全面启动。截至目前，中国已建和正在商建的双边或多边自由贸易区情况是：中国—东盟自贸区降税进程全面启动；《中国—巴基斯坦自贸协定早期收获计划》和《中国—智利自贸协定》正式签署；中国—新西兰、中国—澳大利亚、中国—海合会自由贸易区谈判也在稳步推进之中；中国与南部非洲关税同盟自由贸易区谈判已宣布启动；《中国—冰岛自由贸易协定》第一轮谈判于2007年4月开始。

(二)水平区域经济一体化进展及成果

1.水平自由贸易区谈判及成果

(1)中国—东盟自由贸易区。2001年11月，中国与东盟各国领导人共同决定在十年之内建立"中国—东盟自由贸易区"，2002年11月朱镕基和东盟10国领导人共同签署了《中国—东盟全面经济合作框架协议》(简称《框架协议》)，标志着中国与东盟的经贸合作进入了一个新的历史阶段。《框架协议》是未来自贸区的法律基础，共有16个条款，总体确定了中国—东盟自贸区的基本架构。根据《框架协议》，中国—东盟自贸区将包括货物贸易、服务贸易、投资和经济合作等内容。其中货物贸易是自由贸易区的核心内容，除涉及国家安全、人类健康、公共道德、文化艺术保护等WTO允许例外的产品以及少数敏感产品外，其他全部产品的关税和贸易限制措施都应逐步取消。2004年11月《中国—东盟全面经济合作框架协议货物贸易协议》正式签署并于2005年7月中国与东盟开始全面关税减让。到2010年，中国和东盟老成员将建成自由贸易区，与东盟新成员将在2015年基本实现货物贸易自由化。2007年1月14日，在菲律宾举行的第十二届东盟峰会上，中国与东盟领导人共同签署《服务贸易协议》，第一批减让表确定中国在WTO承诺基础上首先在建筑、环保、运输、体育和商务等5个服务部门的26个分部门向东盟国家开放市场，东盟10国分别在金融、电信、教育、旅游、建筑、医疗等行业向中国开放市场。协议于2007年7月1日实施。

中国—东盟自贸区是中国建立的第一个自由贸易区，是参与区域经济合作迈出的重要一步，未来的中国—东盟自贸区将是亚洲地区最大的自由贸易区，也将是发展中国家之间最大的自由贸易区。目前，货物贸易收获显著，服务贸易和投资谈判正在加快进行。到2010年，这一目前涵盖18.5亿人口、2万亿美元国内生产总值、2.3万亿美元贸易总额的自由贸易区将最终建成。

(2)中国—智利自由贸易协议。2005年11月18日，中智两国在韩国釜山签署了《中华人民共和国政府和智利共和国政府自由贸易协议》。这是继《中国—东盟全面经济合作框架协议货物贸易协议》之后中国对外签署的第二个自由贸易协定，也是中国与拉美国家的第一个自由贸易安排。协议规定：两国将在2006年下半年全面启动货物贸易的关税减让进程。占我国税目总数97.2%的产品和占智利税目总数98.1%的产品将于10年内分阶段取消关税。此外，两国还将在经济、中小企业、文化、教育、科技、环保、劳动和社会保障、知识产权、投资促进、矿产、工业等领域进一步开展合作。2006年10月1日起协议正式实施。中国对原产于智利的7391个税目项下的进口货物实施协定税率。

(3)中国—巴基斯坦自由贸易协定。2005年4月，中国和巴基斯坦宣布启动中巴自由贸易区谈判，并签署了《中巴自贸协定早期收获协议》。2006年1月1日《早期收获协议》中的商品关税减让安排开始实施。协议为未来建立中巴自由贸易区打下良好的基础。

2006年11月24日，《中华人民共和国政府和巴基斯坦伊斯兰共和国政府自由贸易协定》正式签署。根据该《协定》，中巴两国将分两个阶段对全部货物产品实施降税。第一阶段在《协定》生效后5年内，双方对占各自税目总数85%的产品按照不同的降税幅度实施降税，其中，36%的产品关税将在3年内降至零。第二阶段从《协定》生效第六年开始，双方将在对以往情况进行审评的基础上，对各自产品进一步实施降税。目标是在不太长的时间内，在照顾双方各自关注的基础上，使各自零关税产品占税号和贸易量的比例均达到90%。除了货物贸易自由化外，《协定》就投资促进与保护、投资待遇、征收、损害补偿以及投资争端解决等事项作出了规定，将继续促进双向投资。协定还就原产地规则、贸易救济、技术性贸易壁垒、卫生和植物卫生措施等作出了详细的规定。

(4)中国—海合会自由贸易区。海合会是海湾地区的一个区域经济组织，包括沙特阿拉伯、阿联酋、科威特、阿曼、卡塔尔和巴林六个成员国。中国超过40%的石油进口来自于海湾地区。海合会成员国是中国最大的石油进口国。与海合会的合作对中国的能源供给具有战略意义。2004年7月，中国与海合会签署了《中国—海合会经济、贸易、投资和技术合作框架协议》，宣布正式启动中国—海合会自由贸易区谈判。2005年4月，中国与海合会就关税减让等问题开始自由贸易区首轮谈判。2006年1月就市场准入和原产地规则等问题进行了深入磋商，并就海关核查程序、贸易技术壁垒(TBT)、卫生和植物卫生措施(SPS)、贸易救济、与货物贸易有关的法律问题、自贸协定文本等问题交换了意见。2006年7月中国与海湾6国达成长期石油供货协议。2008年4月由商务部和中石化组成工作组前往中东就中国—海合会自由贸易区有关问题进行了非正式磋商，双方同意回复中断一年多的谈判，现在双方正在积极努力争取早日签署自由贸易协议。

2.其他区域优惠贸易安排

(1)大湄公河次区域经济合作规划未来五年行动纲领。大湄公河次区域国家包括中国、柬埔寨、老挝、缅甸、泰国和越南。这些国家地缘相邻，文化相通，经贸往来密切，都处在发展的重要阶段，开展互利合作既有共同需要，也有许多有利条件。十多年前，亚洲开发银行发起了大湄公河次区域经济合作。次区域合作机制启动以来，各国在交通、能源、电信、贸易、投资、旅游、环境、人力资源、农业等领域不断加强合作，成功实施100多个合作项目，建成了一批标志性工程，促进了各国经济和社会发展。2005年7月，大湄公河次区域经济合作第二次领导人会议在昆明成功举办。批准了《次区域贸易投资便利化战略行动框架》，决定次区域各国将在简化海关手续、协调检验检疫程序、促进贸易物流和便利商务人员流动这四大优先领域开展合作。

(2)亚太贸易协定。《亚太贸易协定》(PTA)的前身《曼谷协定》签订于1975年，是在联合国亚太经济社会委员会主持下，在发展中国家之间达成的一项优惠贸易安排，现有成员国为中国、孟加拉、印度、老挝、韩国和斯里兰卡。该区域贸易安排覆盖近26亿人口的大市场，2004年GDP达到3万亿美元，贸易规模近2万亿美元。

2005年11月2日，《曼谷协定》第一届部长级理事会上，各成员代表共同宣布协定正式更名为《亚太贸易协定》。从2006年7月1日起，各国将提供合计4000多个税目产品的关税削减。根据2005年海关税则计算，中国将向五国的1697项8位税目产品提供优惠关税，平均减让幅度27%，同时向最不发达成员国孟加拉和老挝的161项8位税目产品提供特别优惠，平均减让幅度77%。中国则可享受印度570项6位税目、韩国1367项10位税目、斯里兰卡427项6位税目和孟加拉209项8位税目产品的优惠关税。2007年9月开始第三轮降税，享受优惠和特惠税率的产品包括农产品、药品、化工产品、纺织品、金属制品、机电产品和汽车及其零件等。2008年亚太贸易协定关税下调至6%。关税的减让必将有利于我国与亚太贸易协定各成员国经贸往来，加强区域间合作。

(三)垂直区域经济一体化进展及成果

1. 中国参与APEC

1991年11月，在"一个中国"和"区别主权国家和地区经济"的原则基础上，中国以主权国家身份，中国台北和中国香港以地区经济名义正式加入亚太经合组织。自加入APEC起，中国一直高度重视参与APEC合作，国家领导人每年都出席APEC领导人会议。中国倡导的"相互尊重、协商一致；循序渐进、稳定发展；相互开放、不搞排他；广泛合作、互惠互利；缩小差距、共同繁荣"五项原则已经成为APEC合作的基本原则。特别是2001年10月，在中国上海召开了第九次亚太经合组织领导人非正式会议，会议签署了包括《上海共识》在内的重要文件，取得了一系列重要成果，也使中国与APEC的关系迈上了一个新台阶。中国和APEC其他成员有着十分密切的经贸关系。中国与APEC成员的贸易额占中国贸易总额的三分之二。在中国的十大贸易伙伴中，除欧盟外，其他都是APEC成员，包括日本、美国、中国香港、东盟、韩国、中国台北、澳大利亚、俄罗斯和加拿大。

中国政府一贯认为，推动贸易投资自由化与便利化和开展经济技术合作是APEC两个同等重要的任务。由于各成员的经济发展水平不同，APEC贸易投资自由化应采取积极稳妥和循序渐进的方式，坚持自主自愿、协商一致、灵活性等基本原则和两个时间表的精神。中国认为，单边行动计划是实现贸易投资自由化与便利化的主渠道，并采取积极措施，不断改进并落实自己的单边行动计划。在1996年、1997年和1998年的单边行动计划中，中国已经分三次降低进口商品关税，使中国进口商品的平均关税税率从39.5%降到16.7%。2001年1月，中国政府又宣布关税总水平从16.4%降到15.3%。到2007年1月1日，中国的关税总水平降至9.8%，其中农产品平均税率为15.2%，工业品平均税率为8.95%。中国的自主降税行动极大地支持了APEC贸易自由化进程，为亚太地区建立更加稳定和开放的贸易环境起到了重要作用。

2. 中国—新西兰自由贸易区

近年来，中新双边经贸关系发展迅速，2005年双边贸易额达26.8亿美元，是2000年的2.5倍。双方在服务贸易、投资等领域的合作也日益加深。中新自由贸易区建设是从2004年5月《中国—新西兰经济贸易合作框架》签署之后开始的。根据该《框架》，新西兰成为世界上第一个承认中国市场经济地位的发达国家。之后，两国对中新自由贸易区可行性进行了研究，经济模型证明建立自贸区有利于两国的经济发展。2004年11月，胡锦涛主席与新西兰总理克拉克共同宣布启动中新自由贸易区谈判后，双方分别在中国与新西兰举行了十五轮谈判。2008年4月《中国—新西兰自由贸易协定》正式签署。中新自由贸易协定是中国与发达国家签订的第一个自由贸易协定。未来的中新自由贸易区将涵盖货物贸易、服务贸易、投资、贸易救济、知识产权、争端解决、原产地规则、海关合作、动植物检验检疫措施及技术贸易壁垒和经济技术合作等领域，必将全面推动中国和新西兰经济贸易的发展。

3. 中国—澳大利亚自由贸易区

中国和澳大利亚是亚太地区乃至世界上有着重要影响的国家，两国在很多领域拥有广泛的共同利益。2005年两国贸易额达到272.5亿美元。目前，澳大利亚是中国第九大贸易伙伴，中国已成为澳大利亚第二大贸易伙伴。澳大利亚是一个发达国家，人均国内生产总值3.2万美元，在技术密集型和资本密集型货物贸易、服务贸易等很多方面具有竞争优势，与中国的贸易具有互补性。2005年4月，极具突破性的《中澳和平利用核能合作协定》和《核材料转让协定》，将令中国在2010年开始的10年内从澳大利亚进口大约2万吨铀矿。因此中澳自由贸易区的建设对中国具有战略意义。

2005年5月，澳大利亚承认了中国的“市场经济地位”，成为目前认可中国市场经济地位中最具影响的经济体。同时，备受关注的中澳自由贸易协定(FTA)谈判正式开始。截至2007年10月，中澳双方已经进行了10轮谈判，在谈判的原则、框架等问题上达成了许多共识。2007年10月21日～27日，中国—澳大利亚自由贸易区第10轮谈判会议在澳大利亚首都堪培拉举行。谈判内容包括关税配额管理、原产地规则、SPS/TBT、电子商务、跨境服务、交通物流、政府采购、知识产权等众多议题，其中农产品关税配额管理问题是两国农业谈判的核心内容。澳大利亚将成为首个与中国建立自由贸易区的最具影响力的发达国家。中国也将会成为继美国、新加坡、泰国、新西兰之后，第五个与澳大利亚结成自由贸易伙伴的国家。这不仅有利于扩大中澳双边贸易，加强中国在世界经济中的地位，而且对中国与主要发达国家的自由贸易区战略推广具有重要借鉴价值。

【本章参考书目】

1. Dominick Salvatore:《国际经济学》，清华大学出版社，1998年。
2. 盛洪昌:《国际贸易》，中国人民大学出版社，2007年。

【思考题】

1. 如何理解区域经济一体化的含义?
2. 按照区域经济一体化的程度划分，区域经济一体化有哪些组织形式?
3. 区域经济一体化有哪些特点?
4. 图示分析关税同盟的贸易创造和贸易转移效应。
5. 简述大市场理论。
6. 协议性国际分工理论的主要内容是什么？它有哪些不足?
7. 区域经济一体化对国际贸易有何影响?
8. 各类区域经济一体化组织的最新进展及前景如何?

第十三章　世界贸易组织

世界贸易组织(WTO)是一个在全球范围内倡导自由贸易、协调各国的对外贸易政策、规范各国的对外贸易行为、协助解决国际贸易摩擦的全球性多边贸易组织。世界贸易组织成立于1995年1月1日,前身是关税与贸易总协定(GATT)。作为一个永久性的机构,世界贸易组织与世界银行和国际货币基金组织并驾齐驱,成为当今世界经济体系的三大支柱之一。

【本章学习目标】

1. 了解从关贸总协定到世贸组织建立的过程。
2. 掌握世贸组织与关贸总协定的区别。
3. 掌握世贸组织的职能、基本原则和运作机制。
4. 了解中国入世的历程并掌握中国加入世贸组织后的机遇和挑战。

第一节　关税与贸易总协定

一、关税与贸易总协定的产生

关税与贸易总协定(General Agreement On Tarriff and Trade,GATT),简称关贸总协定或总协定,是关于关税和贸易准则的国际多边协定。关贸总协定于1947年10月30日由23个国家在日内瓦签订,1948年1月1日生效,1995年1月1日为世界贸易组织所取代。在世贸组织正式运行之前,关贸总协定是协调和规范缔约方之间关税减让及经济贸易关系和相互权利、义务的主要多边协定。

关贸总协定的产生可以追溯到二战结束后,当时各参战国家的经济一片衰败,无论战胜国还是战败国都遭受到了战争的磨难,各国政府也都在忙于战后的重建工作。同为战胜国的美国情况却大不相同,由于国土处于战争的大后方而未受到破坏,加上受到战时军需品大量生产的刺激,美国经济急剧膨胀和强大起来。在这种背景下,美国积极策划在战后世界经济、政治领域中建立霸权地位,从国际金融、投资和贸易各方面进行扩张。为此，美国开始大力推动自由贸易，提议建立一个倡导自由贸易政策的国际贸易组织，把它作为与国际货币基金组织、国际复兴与开发银行（即世界银行）并重的、支撑全球经济的第三大支柱来协调各国对外贸易政策和国际经济贸易关系。

1946年2月，联合国经社理事会第一次会议通过了美国关于召开世界贸易与就业会议和成立国际贸易组织的建议，并成立了筹备委员会。同年10月，在伦敦召开了第一次筹委会，审议美国提出的《国际贸易组织宪章》草案，并决定成立起草委员会对草案进行修改。1947年4月～10月，美、英、中、法等23个国家参加了在日内瓦举行的筹备委员会第二次会议，进行了关税问题的多边谈判，签订了123项关税减让协议。1947年4月，联合国主持的第一次世界贸易与就业会议在哈瓦那召开，会上讨论通过了《国际贸易组织宪章》（即《哈瓦那宪章》）草案，并送交各国政府批准。《哈瓦那宪章》草案包括有关就业与经济活动、经济开发与复兴、限制性贸易做法、政府间商品协定及建立国际贸易组织的条款。由于当时各国之间存在诸多方面的分歧意见，一时无法调和，因而短期内通过该宪章草案是不可能的。此后有关国家遂将《哈瓦那宪章》中关于贸易政策方面的规定和各国在关税减让谈判中取得的协议汇在一起形成了"关税与贸易总协定"，并经过谈判达成一项《临时适用协议书》。关贸总协定的23个发起国于1947年10月30日签订了《临时适用协议书》，并于1948年1月1日起开始生效。由于《哈瓦那宪章》后来未获得有关国家政府的批准，所以成立国际贸易组织的计划成为泡影。关贸总协定这个"临时多边协定"一直运作了几十年，到1995年1月1日才被世界贸易组织这个正式的国际组织所取代。

二、关税与贸易总协定的主要内容

关税与贸易总协定的原文分为序言和四大部分，共有38条，另附若干附件和一份暂时适用议定书。

序言部分阐明了总协定的宗旨，即：缔约各国政府认为，在处理它们的贸易和经济事务的关系方面，应以提高生活水平、保证充分就业、保障实际收入和有效需求的巨大持续增长、扩大世界资源的充分利用以及发展商品生产与交换为目的。通过达成互惠互利协议，大幅度地削减关税和其他贸易障碍，取消国际贸易中的歧视待遇等措施，以对上述目的作出贡献。

关税与贸易总协定第一部分包括第1条和第2条，主要规定各缔约国之间在关税与贸易方面相互提供无条件的最惠国待遇和关税减让事项，是关贸总协定的核心内容。第二部分从第3条到第23条，主要规定国内税和国内规章的国民待遇，取消进口数量限制和在某种商品大量进口使某缔约国的同类产品遭受重大损害和威胁时，该缔约国可以采取的紧急措施，其中大部分属于对非关税措施的约束，是关贸总协定的重要条款。第三部分从第 24 条到第 35 条，主要规定总协定的适用范围，参加和退出总协定的手续及程序等方面的问题。第四部分从第 36 条到第 38 条，主要规定对发展中国家的贸易与发展尽量给予关税和其他方面的特殊优惠待遇，是因发展中国家的加入于 1965 年增加的 3 条内容。关贸总协定的附件主要是对条款作了一些注释、说明和补充规定。暂时适用议定书主要规定各缔约国应当全面实施第一部分和第三部分，并且在各缔约国现行法令的许可范围内实施第二部分。

随着国际经贸形势的发展变化，关贸总协定的最初条款已经很难适应形势的变化。因此，在乌拉圭回合多边贸易谈判中，各缔约国对原先总协定的部分条款进行了修改，变成了新的《1994 年关税与贸易总协定》，它成为此后建立的世界贸易组织的有关协定和条款的组成部分，继续作为国际贸易的重要法律准则发挥作用。

三、关税与贸易总协定的历次多边贸易谈判

(一)历次多边贸易谈判概况

自关贸总协定生效以来，共组织了八轮多边贸易谈判(又称“回合”)。这八个回合的贸易谈判取得了丰硕的成果。前五个回合的谈判都把关税减让作为主要议题，使关税水平大幅下降。20 世纪 60 年代进行的“肯尼迪回合”谈判加进了反倾销的新内容。70 年代进行的“东京回合”谈判达成了一系列限制非关税壁垒的协议。1986 年开始的“乌拉圭回合”谈判，是关贸总协定有史以来历时最长、参加方最多、谈判议题最广、难度最大的一次多边贸易谈判。其谈判范围涉及三项新内容，即服务贸易、知识产权以及与贸易有关的投资，并最终达成 45 项协议，其中一项便是关于建立世界贸易组织(WTO)的协议(详细内容见表 13-1)。

表 13-1　　关贸总协定历次多边贸易谈判概况表

名称	地点与起止时间	参加国家和地区	谈判主要议题	谈判主要成果
第 1 轮 日内瓦回合	瑞士日内瓦 1947.4～10	23	关税减让	1. 达成双边减让协议 123 项，涉及约 45000 项产品的关税减让，使占进口值约 54%的应税商品平均降低关税 35%。 2. 促使 GATT 于 1948 年 1 月 1 日起临时生效。

续表

名称	地点与起止时间	参加国家和地区	谈判主要议题	谈判主要成果
第2轮 安纳西回合	法国安纳西 1949.4～10	33	关税减让	达成双边减税协议147项，就近5000多项产品达成新的关税减让，使占应征税进口值5.6%的商品平均降低关税35%。
第3轮 托奎回合	英国托奎 1950.9～1951.4	39	关税减让	达成关税减让协议150项，涉及约8700项产品的关税减让，使占应征税进口值11.7%的商品平均降低税率26%。
第4轮 日内瓦回合	日内瓦 1956.1～5	28	关税减让	达成约3000项商品新的关税减让，使占应征税进口值16%的商品平均降低税率15%。
第5轮 狄龙回合	日内瓦 1960.9～1962.7	45	关税减让	达成约4400项商品关税减让，使占应征税进口值20%的商品平均降低关税20%。
第6轮 肯尼迪回合	日内瓦 1964.5～1967.6	54	1.关税减让 2.反倾销问题	1.达成60000多项商品关税减让。 2.分阶段降低工业品关税，至1972年1月1日工业品进口关税平均下降35%。 3.通过第一个反倾销协议。
第7轮 东京回合 尼克松回合	日内瓦 1973.9～1979.4 （在东京发起）	99	1.关税减让 2.减少、消除非关税壁垒 3.框架协议	1.达成27000多项产品的关税减让，全部关税减幅为25%～35%。 2.产生一系列关于非关税壁垒的协议，涉及反倾销、反补贴、政府采购、海关估价、进口许可证程序、贸易技术壁垒等。
第8轮 乌拉圭回合	日内瓦 1986.9～1993.12 （1994.4签字） （在乌拉圭发起）	117	共15项议题，大致可以分为4大类：市场准入；贸易竞争规则；“新领域”的议题和贸易体制程序的议题	1.达成涉及21个领域的45个协议，货物贸易关税全面降低近40%，近20个产品部门实行了零关税。 2.将农产品贸易、纺织品贸易纳入GATT。 3.首次将GATT规则范围扩大到服务贸易、知识产权和与贸易有关的投资。 4.建立WTO。

(二)历次多边贸易谈判的特点

1. 参与多边贸易谈判的成员不断增加

在第一轮“日内瓦回合”中,仅有 23 个缔约方参与谈判。随着总协定的不断发展,每次参加多边贸易谈判的国家也在增加,到“日内瓦回合”,参加谈判的国家已经达到了 117 个,这也从一个侧面说明了战后贸易自由化在世界范围内不断扩大。

2. 多边贸易谈判涉及的内容和范围日益扩大

长期以来,总协定的多边贸易谈判以传统的货物贸易谈判特别是关税谈判为主。随着世界经济结构的变化,贸易内容的复杂,加上各缔约方经济贸易发展的不平衡,使得谈判的内容从关税减让扩展到非关税壁垒,谈判所涉及的商品从有形商品贸易扩展到无形商品和服务贸易。在“东京回合”中,谈判重点从过去降低关税转向了限制非关税措施的谈判上来。在“乌拉圭回合”中则首次对服务贸易、与贸易有关的知识产权和投资措施进行了谈判。

3. 发达国家在多边贸易谈判中占主导地位

美国是关贸总协定的倡导者和支持者,总协定是在美国的积极策动下产生的,而且历次的多边贸易谈判也都是在美国的提议下进行的,因此,多边贸易谈判往往是美国争夺国外市场和维持本国市场的重要手段。它一方面胁迫其他国家放宽进口限制,另一方面对于本国可能受到外国商品竞争的商品,尽量不列入谈判中。除美国之外,其他的发达国家,如欧洲经济共同体和日本也在谈判中竭力维护自身的利益,因而谈判的主要受益者是发达国家,许多发展中国家无法积极参加制定协议的主要条款的工作。

4. 多边贸易谈判的时间逐渐拉长

多边贸易谈判中所达成的各项协议通常是发达国家之间暂时妥协的产物。这些国家,实际上是矛盾重重,它们为了在协议中订入有利于自己的条款,经常在谈判中争吵不休。再加上谈判内容的增加,范围的扩大,牵涉面的越来越广,使得谈判的时间逐渐拉长。从早期的谈判几个月就可以完成,到“乌拉圭回合”则历时 7 年之久。

四、关税与贸易总协定的作用

(一)关贸总协定的作用

关贸总协定从 1948 年正式生效,到 1995 年被世贸组织取代,共存在 47 年。在这 40 多年里,总协定的成员国不断增加,从最初的 23 个发展到遍布于世界各大洲的 100 多个国家。它的活动范围也在不断扩大,所涉及的问题从商品贸易到服务贸易和技术贸易，从商品流通到资本的流动等。它在国际贸易领域内所发挥的作用越来越大，主要表现在以下几个方面：

1.它对促进世界贸易的发展起到了一定的积极作用

在总协定的主持下，经过八大回合的多边贸易谈判，达成了一系列关税减让和消除非关税壁垒的协议，使关税税率有了较大幅度的下降。发达国家的平均关税已从1948年的36%降到20世纪90年代中期的3.8%，发展中国家和地区同期降至12.7%。这种大幅度地减让关税是国际贸易发展史上所未有的，极大地推动了国际贸易的发展。在最后两次谈判中，就减少非关税壁垒措施的某些协议，对于实现贸易自由化也起到了一定的积极作用。

2.它对稳定国际贸易的秩序起到了一定的积极作用

总协定为各成员国规范了一套处理它们之间贸易关系的原则及规章，如非歧视待遇原则、贸易自由化原则、公平竞争原则、对发展中国家特殊优惠待遇原则和透明度原则等，这些原则为国际贸易提供了共同遵守的守则。此外，总协定通过签署大量协议，不断丰富、完善多边贸易体制的法律规范，对国际贸易进行全面的协调和管理。这些原则和协议对于各缔约国具有一定约束力，在一定程度上成为总协定各成员方制定和修改对外贸易政策和措施以及从事对外贸易活动的主要法律依据。

3.它对缓和成员国之间的矛盾和纠纷起到了一定的积极作用

总协定为解决各成员国在相互的贸易关系中所产生的矛盾和纠纷提供了场所和规则。总协定为了解决各成员国在国际贸易关系中所产生的矛盾和争议，制定了一套调解各成员国争议的程序和方法。总协定虽然是一个临时协定，但由于其协调机制有较强的权威性，它使缔约国之间的贸易纠纷，往往经过长期艰苦的谈判、磋商和调解，最终能够通过达成某些暂时的妥协性协议得到解决。

4.它对维护发展中国家的利益起到了一定的积极作用

总协定的许多条款虽然是按照发达国家的旨意拟定，维护发达国家利益的。但随着发展中国家成员国的增多和力量的增大，总协定不再是发达国家一手遮天的“富人俱乐部”，已经增加了若干有利于发展中国家的条款，为发展中国家与发达国家在贸易上进行对话提供了场所。另外，关贸总协定与联合国合办的“国际贸易中心”，通过整理资料发给各成员国和举办各类培训班，为推动发展中国家经贸人才的培训也起到了积极的作用。

(二)关贸总协定的局限性

关税与贸易总协定本身并不完善。它不是一个正式的国际组织，只是一种临时性的、过渡性的多边贸易协定，这使它在体制上和规则上有着多方面的局限性。

1. 总协定不是一个正式的国际经济组织，有些规则缺乏法律约束，也无必要的检查和监督手段

例如，规定一国以低于“正常价值”的办法，将产品输入另一国市场并给其工业造成“实质性损害和实质性威胁”就是倾销。而“正常价值”、“实质性损害和实质性威胁”难以界定和量化，这很容易被一些国家加以歪曲和用来征收反倾销税。

2. 总协定中存在着“灰色区域”，致使许多规则难以很好地落实

所谓“灰色区域”是指缔约国为绕开总协定的某些规定，所采取的在总协定法律规则和规定的边缘或之外的歧视性贸易政策措施。例如，规定一国禁止使用配额限制进口数量，但是一些国家采取施压的手段，迫使对方“自愿出口限制”。这种“自愿”就既难说它是合法的，也难说是非法的。“灰色区域”的保护措施实施范围较广，它损害了关贸总协定的权威性。

3. 总协定的条款中对不同的社会经济制度带有歧视色彩

例如，对“中央计划经济国家”进入关贸总协定设置了较多的障碍。

4. 总协定解决争端的机制不够健全

虽然关贸总协定为解决国际商业争端建立了一套制度，但由于总协定解决争端的手段主要是调解，它的贯彻执行，在很大程度上依赖于各缔约国的自觉性和相互制约的经济实力，缺乏强制性，因此容易使争端久拖不决。

5. 允许纺织品配额和农产品补贴长期存在，损害了总协定的自由贸易原则

正是由于关税与贸易总协定的上述种种局限性，使这个临时性国际贸易组织的作用难以进一步扩大，最终在 1995 年 1 月 1 日被世界贸易组织(WTO)所取代。

第二节　世界贸易组织的建立与职能

一、世贸组织的建立

如前所述，早在关税与贸易总协定成立以前，已有一个建立广泛协调各国之间经济贸易关系的世界性组织的构想。当时，各国还就建立这个世界性组织——国际贸易组织进行了筹划。这种筹划后来在古巴的哈瓦那会议上结束，与会代表签署了这个组织的宪章，即《哈瓦那宪章》。但是，这一构想最终因各国之间存在诸多分歧意见无法调和而流产。然而，在《哈瓦那宪章》中有关贸易政策方面的协议和谈判各方就关税减让达成的协议却被认同和付诸实施，并由此而成立了世界贸易

组织的前身——关税与贸易总协定。它作为一个临时性的多边贸易机构在战后存在了近50年并不断发展壮大。但是随着国际经济贸易形势的发展,关贸总协定因其法律地位、职能范围、管辖内容和运行机制等方面的局限性,它的作用难以再进一步扩展。

(一)"乌拉圭回合"谈判与世界贸易组织建立

在发起了"乌拉圭回合"谈判的埃斯特角城部长宣言中明确地将"建立一个更广泛、更强有力、更具有生命力的多边体系"作为该次谈判的主要目标之一。但在谈判开始时所拟定的谈判议题中并没有引入建立世界贸易组织问题,而只是设立了一个关于修改和完善关贸总协定体制职能的谈判小组。然而,在新议题中已涉及货物贸易以外的问题,如知识产权保护、服务贸易以及与贸易有关的投资措施等。这些非货物贸易的重要议题,很难在关贸总协定的旧框架内来谈判,而有必要创立一个正式的国际贸易组织通过分别谈判来解决。因此到1990年初,当时担任欧共体主席国的意大利首先提出建立一个多边贸易组织(MTO)的倡议。后来以12个欧共体成员国的名义正式提出,得到了加拿大、美国等主要西方发达国家的支持。1990年12月,"乌拉圭回合"布鲁塞尔部长会议正式做出决定,责成关贸总协定下属的体制职能小组负责"多边贸易组织协定"的谈判。该小组经过一年的谈判,于1991年12月形成了一份《关于建立多边贸易组织协定草案》。1993年12月15日,"乌拉圭回合"结束时,又根据美国的建议把"多边贸易组织"(MTO)改名为"世界贸易组织"(WTO)。《建立世界贸易组织协议》于1994年4月15日在摩纳哥的马拉喀什部长级会议上获得通过,被104个参加方政府代表签署。根据该协议,世贸组织于1995年1月1日开始运行,与关贸总协定并存一年后,于1996年1月1日起完全取代关贸总协定,成为规范和协调当代全球经济贸易关系的最权威的组织。

(二)《建立世界贸易组织协议》的构成

《建立世界贸易组织协议》由序言、正文16条和4个附件组成。正文本身并未涉及规范和管理多边贸易关系的实质性原则,只是就WTO的结构、决策过程、成员资格、接受、加入和生效等程序性问题做了原则规定。有关协调多边贸易关系和解决贸易争端以及规范国际贸易竞争规则的实质性规定均体现在四个附件中。具体内容见图13-1。

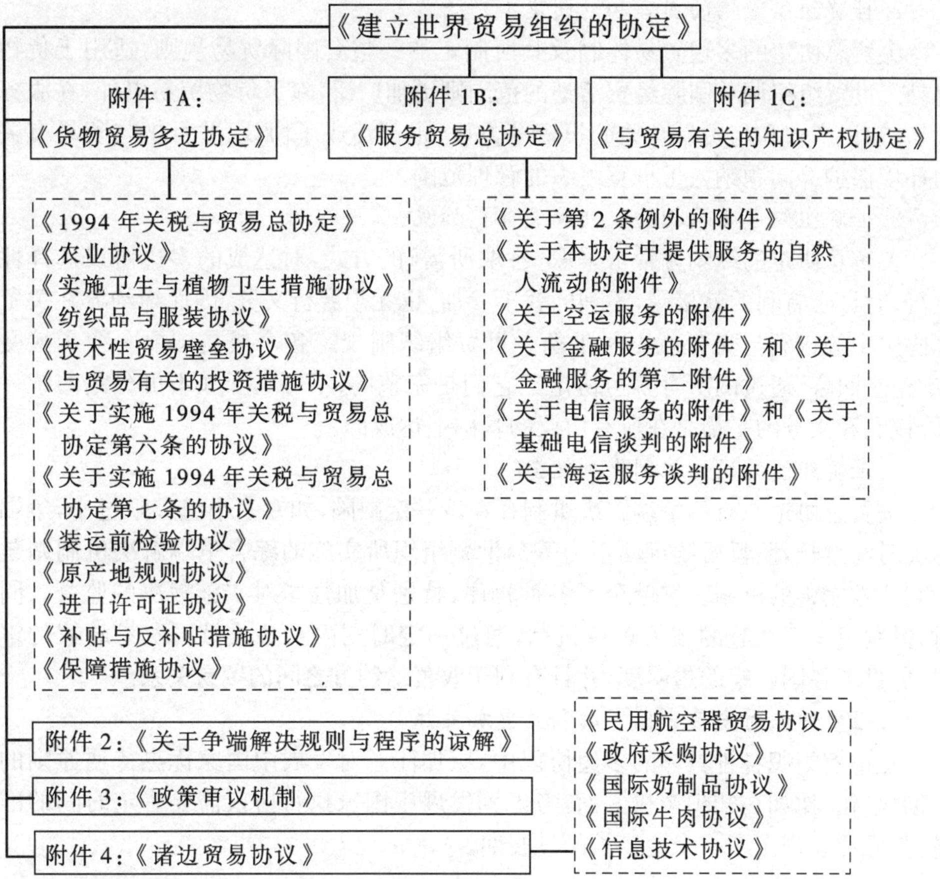

图13-1　建立世界贸易组织的协定

二、世贸组织与关贸总协定的比较

世界贸易组织的建立，不仅继承和维护了关贸总协定形成的多边贸易体制，二者在很多主要方面是相同的，比如基本精神和基本原则、成员的权利与义务等，而且世贸组织的建立还加强和健全了这种多边贸易体制。二者相比较，区别主要有以下几个方面：

1.世贸组织是一个正式的国际组织

关贸总协定最初并不是一个组织，也没有常设机构，它只是一个临时性的协定，是个“准国际组织”。世贸组织的成立，则改变了关贸总协定临时适用和非正式性的状况。世贸组织是一个具有法人地位的正式的国际组织，它与国际货币基金组织、世界银行具有同等地位，都是国际法主体，是经成员国的立法机构批准而具有凌驾于国内法之上的权威性的国际正式协定。

2.世贸组织管辖的内容和范围更加广泛

关贸总协定的多边贸易体制及其所制定的一整套国际贸易规则,适用于货物贸易。世贸组织调节国际经贸活动的范围则更加广泛,除了货物贸易以外,在服务贸易、知识产权和与贸易有关的投资等方面,也都达成了协议,并且把与贸易有关的环境保护等问题纳入了世贸组织的管理范围。

3.世贸组织成员承担的权利和义务更加统一

关贸总协定的缔约方常常采取"各取所需"的方式,对达成的多边协议选择性执行,对自己有利的就接受,不利的就不参加,也无须履行义务,因而缔约方在关贸总协定中的权利与义务就不尽平衡。世贸组织则规定各个成员国要一揽子接受"乌拉圭回合"通过的所有多边协定。它们是完整的、不可选择和不可分割的统一体,权利和义务的平衡是在所有协议的基础上达成的。

4.世贸组织的运作机制更加健全

关贸总协定原有的争端解决机制存在着一定缺陷,如专家小组权限过小,争端解决时间过长,监督后续行动不力等。世贸组织所实施的综合争端解决机制则是一套比较完善的机制。它健全了各种程序,特别是加强了对实施裁决的监督。同时,世贸组织建立起的政策审议机制,通过一定时期内对各成员国贸易政策的审议,促进了各国政策的透明度,并且有利于改善缔约方之间的贸易关系。

5.世贸组织对发展中国家的利益更加关注

在世贸组织各种具体的多边协议中,更加注意对发展中国家优惠待遇原则的贯彻执行。比如在知识产权方面,考虑到发展中国家执行协议需要一定时间的准备,因此协议规定了一个比较长的过渡期。

三、世贸组织的宗旨

《建立世界贸易组织协议》的前言中规定,世贸组织的宗旨是:提高生活水平,保证充分就业,大幅度和稳定地增加实际收入和有效需求量;扩大货物与服务的生产与贸易;按照持续发展的目的,最优运用资源,保护和维护环境,并以不同经济发展水平下各自需要的方式,加强采取各种相应的措施;积极努力确保发展中国家,尤其是最不发达国家在国际贸易增长中的份额,与其经济发展需要相称。

由此可见,世贸组织的宗旨不仅重申了关贸总协定的目标,而且又加入了下列新内容:第一,扩大服务的生产与贸易;第二,按照持续发展的目的,保护和维护环境;第三,积极努力确保发展中国家,尤其是最不发达国家在国际贸易增长中获得与其经济发展相适应的份额。

四、世贸组织的职能与机构

(一)世贸组织的职能

根据《建立世界贸易组织协议》,世贸组织主要有六大职能。

1. 管理职能

世贸组织制定和实施的一整套多边贸易规则涵盖面非常广泛,已经从原先纯粹的货物贸易延伸到服务贸易、与贸易有关的知识产权、投资措施等。世贸组织的主要职能之一就是负责管理世贸组织协议及各项多边协议的执行和运作,促进各协议目标的实现,并对诸边贸易协议的执行管理实施和运作提供框架。

2. 组织谈判职能

世界贸易组织及其前身关贸总协定通过八轮回合的多边谈判,已经使各成员方大幅度削减了关税和非关税壁垒,极大地促进了国际贸易的发展。世贸组织成立以来也在多边贸易谈判的组织方面进行了不懈的努力,组织的谈判主要有两类,一类是《关于建立世界贸易组织协议》及各项协议所涉议题的多边谈判,一类是世贸组织部长级会议可能决定的谈判。

3. 解决争端职能

世贸组织对成员国之间未能通过双边磋商达成谅解的贸易纠纷,按统一的争端解决机制,通过独立的专家所组成的专案小组主持解决。世贸组织为成员国提供了解决贸易纠纷的场所,它的争端解决机制在保障世界贸易组织各协议实施以及解决成员间贸易争端方面发挥了重要的作用,为国际贸易顺利发展创造了稳定的环境。

4. 审议贸易政策职能

世贸组织按其贸易评审机制,对各成员国实施的与贸易相关的国内经济政策进行定期审查,以更好地了解成员的贸易政策和实践。同时作为监督者,世贸组织通过定期审议,确保各成员国遵守和实施多边协议的纪律和承诺,避免贸易摩擦。

5. 帮助发展中国家的职能

为促进发展中国家的经济发展,世贸组织专门设立了"贸易与发展委员会"等专门机构,为发展中国家提供服务。通过对发展中国家提供技术援助和培训,增强它们参与多边贸易体制的能力。

6. 与其他国际组织合作的职能

为促进全球经贸政策的进一步融合,世贸组织以适当的方式与国际货币基金组织、世界银行等国际组织进行合作,以便更好地协调和制定全球经济政策。

(二)世贸组织的机构

为执行其职能,世贸组织建立了相应的组织机构(见图13-2),总部设在瑞士日内瓦。

1. 部长会议

部长会议是世贸组织的最高权力机构和决策机构。它不是一个常设机构,只是一个由全体成员方的部长参加,至少每两年举行一次会议,对国际贸易重大问题做出决策的会议制度。

2. 总理事会

总理事会是除部长会议之外的最高权力机构,由所有成员方代表组成,定期召开会议。它主要在部长会议休会期间履行部长会议的职责,负责日常对世贸组织的领导与管理。

3. 分理事会

理事会为总理事会下属机构,由所有成员方代表组成,每一理事会每年至少举行8次会议。其中,货物贸易理事会、服务贸易理事会和知识产权理事会为最重要的理事会。

4. 专门委员会

根据世贸组织协议规定,部长会议可根据需要建立某些委员会,使其分管某方面的事务。目前有四个隶属部长会议的委员会:贸易与环境委员会、贸易与发展委员会、收支平衡限制委员会和预算财务与行政委员会。

5. 秘书处及总干事

秘书处是世贸组织的日常办事机构,由部长会议任命的总干事领导。总干事的权力、职责、服务条件和任期由部长会议通过规则确定。总干事有权指派其所属工作人员。秘书处的主要职责是给部长会议、各理事会以及各专门委员会提供专业性服务。

6. 争端解决机构和贸易政策审议机构

这两个机构都直接隶属于部长会议或总理事会。争端解决机构下设专家小组和上诉机构(上诉庭),负责处理成员方之间基于各有关协定、协议所产生的贸易争端。贸易政策审议机构主要负责定期审议各成员方的贸易政策、法律与实践,并做出一定指导。

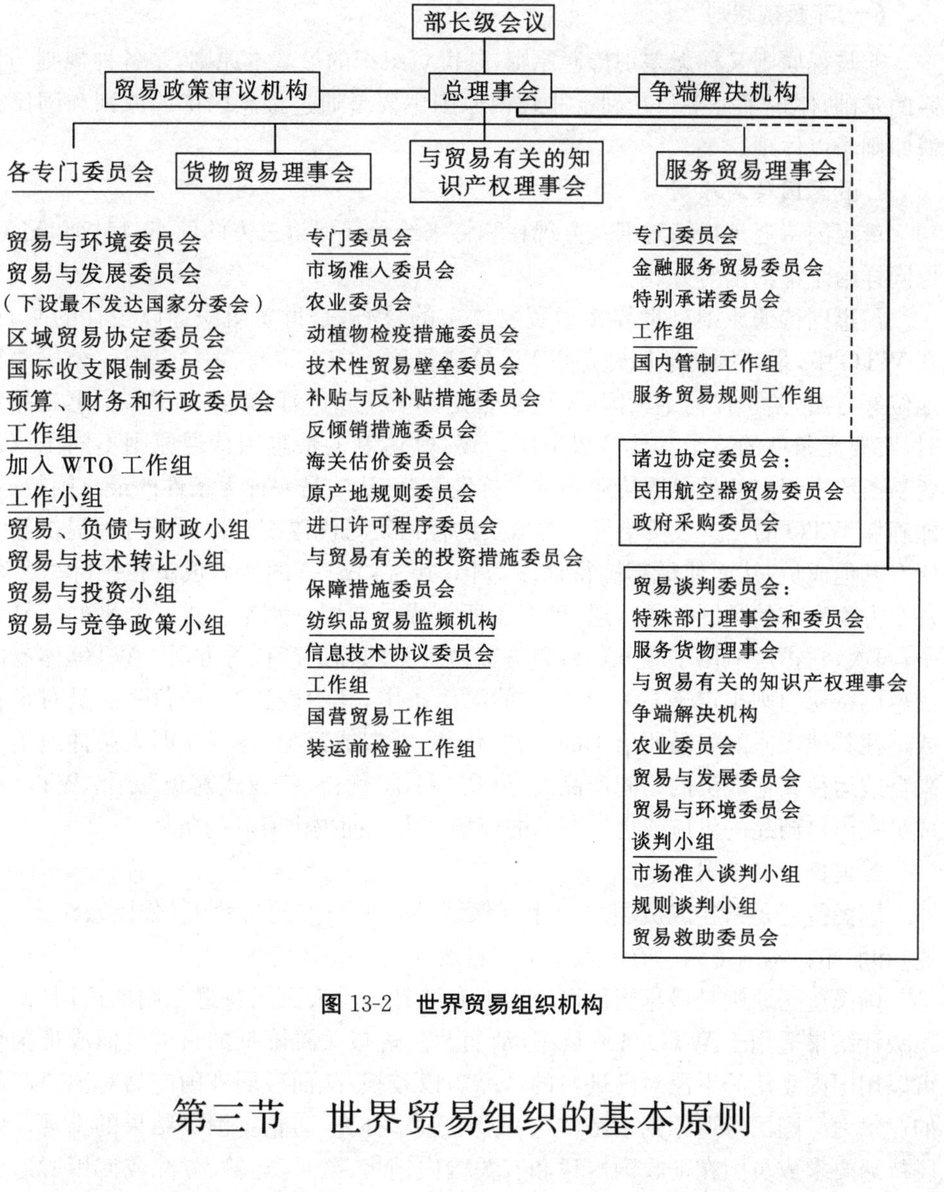

图 13-2　世界贸易组织机构

第三节　世界贸易组织的基本原则

一、世贸组织的基本原则

为了有效地实现其宗旨，世贸组织的各项协议与条款中贯穿了一系列的基本原则。这些基本原则主要来自于《1994 年关税与贸易总协定》，并在其所管辖的国际货物贸易领域以及服务贸易、与贸易有关的知识产权和投资措施新的领域中予以适用和加以扩展。具体原则如下：

(一)非歧视原则

非歧视原则又称无差别待遇原则，是世贸组织的最基本原则，是各种规则与体系的基础，体现了公平与互利。非歧视原则主要是通过最惠国待遇原则和国民待遇原则予以体现。

1.最惠国待遇原则

最惠国待遇是指缔约国一方现在和将来给予任何第三方的优惠、特权和豁免，也同样给予缔约国对方。

最惠国待遇原则是世界多边贸易体系的核心，是世贸组织赖以生存的基石。在WTO中，最惠国待遇原则是指WTO成员国一方在贸易、关税、航运、公民法律地位等方面，给予任何第三国(无论是否是WTO成员)以减让、特权、优惠或豁免时，都要无条件的给予其他各成员国。WTO体制的最惠国待遇原则不同于双边贸易条约中规定的最惠国待遇条款。首先，它确认的是一种无条件的最惠国待遇，即确保WTO的一方成员给另一方成员的任何贸易优惠都立即无条件地提供给予所有其他成员，从而使最惠国待遇多边化；其次，WTO的所有成员在国际贸易的各个方面享有的是同等的待遇，确保了所有成员在同一水平上进行公平的贸易竞争；再次，它扩展适用于服务贸易和与贸易有关的知识产权等方面。WTO体制的最惠国待遇原则规定于GATT文本的第1条中，其中表述“……每一成员对来自或运往其他国家的产品所给予的利益、优待、特权或豁免，应当立即无条件地给予来自或运往其他成员的相同产品”。所谓“利益、优待、特权或豁免”是指WTO的成员在出口商品的供应或进口商品的市场准入方面提供有利的条件。

2.国民待遇原则

国民待遇是指在成员国之间相互保证给予另一方的自然人(公民)、法人(企业)和船舶在本国境内享有不低于本国自然人、法人和船舶的待遇。

国民待遇原则是最惠国待遇原则的有益补充。最惠国待遇原则的适用，使关税减让结果适用于WTO各成员国，从而达到进口关税降低的目的。但成员国仍可以用国内立法的手段对已进口的产品施以歧视，从而减弱外国产品对国产产品的竞争力。国民待遇原则正是在这一点上做了补充，防止了消极结果的出现。国民待遇要求成员国在征收国内税和有关国内销售、购买、运输、分配或使用所适用的法令、法规、条例等方面，对进口产品和国产产品应一视同仁。除征收关税以外，一旦外国商品进入国内市场，其所受待遇不得低于相应的国内商品，不应对进口商品实行差别待遇。

但是，这项原则的应用，常有一定的范围，并非把本国公民的一切权利均包括在内，例如沿海航行权、领海捕鱼权、购买土地权、零售贸易权等。通常，这些权利都不包括在国民待遇原则的范围内，一般不给予外国侨民，只准本国公民享有。此外，与最惠国待遇一样，国民待遇原则的贯彻也有某些例外。

（二）互惠原则

互惠原则又称对等原则，是指 WTO 成员国之间要互惠互利，贸易特权与贸易利益要相互让与。互惠原则是 WTO 的重要原则之一，它不仅是成员国之间进行贸易谈判并维持正常贸易关系的基础，而且是 WTO 得以发挥作用的主要机制。

世贸组织协议是以权利和义务的综合平衡为原则的，这些平衡是通过互利互惠的开放市场的承诺获得的。尽管在世贸组织的协议中没有十分明确地规定“互惠原则”，但在实践中，只有平等互惠互利的减让安排，才可能在成员国之间达成协议。在 WTO 体制下，成员国在关税和非关税壁垒削减的谈判中只有做出对等的妥协，相互之间给予贸易上对等的优惠待遇，才能在双方之间建立起一种互惠互利的贸易关系，最终使双方进出口按大致相当的规模增长。关税互惠一直在国际贸易政策中占有重要地位，而在各种对外贸易管制措施上所做的减让及商标、版权与专利权待遇等等的互惠原则也已成为国际贸易关系中的一项基本原则。

互惠原则的例外，主要体现在世贸组织允许成员方在某些特殊情况下，可以援引“免责条款”撤销已做出的关税减让，例如发展中国家出现严重的国际收支困难时，可以暂时免除互惠义务。

（三）透明度原则

透明度原则是指缔约方正式实施的有关进出口贸易的政策、法律、法规、法令、条例及签订的有关贸易方面条约等都必须予以正式公布，否则不得实施。

透明度原则是世贸组织的重要原则，体现在世贸组织的主要协定、协议中。透明度原则要求成员国在互惠的基础上公布有效实施的有关关税及其他税费和有关进出口贸易措施的所有法令、条例和普遍采用的司法判例以及行政决定，成员国之间缔结的贸易协定等；要求成员国采取的可提高进口货物关税或其他费用征收的方式及限制或禁止普遍适用的措施，非经正式公布，不得加以实施；要求成员国以统一、公正和合理的方式实施所有应予以公布的贸易政策和法规。透明度原则的目的在于防止成员国之间进行不公开的贸易，并防止国产产品与进口产品间出现不公平条件和不公平竞争，从而造成歧视性的存在。

但是，透明度原则不要求成员方公布那些可能会影响到法令的贯彻执行、会违反公共利益或会损害某一公私企业正常商业利益的机密资料。

（四）市场准入原则

市场准入原则旨在通过减少和取消关税、数量限制和其他非关税壁垒，以及通过各国对开放本国特定市场作出的具体承诺，切实改善各成员国市场准入的条件，使各国在一定期限内逐步放宽市场开放的领域，加深市场开放的程度。市场准入原则主要表现在：

1.关税保护和关税减让原则

关税保护原则是指各成员国只能通过关税对其国内产业实行保护，而不能采取其他非关税措施。换言之，各成员国只能通过制定关税税则，如对某些商品征收较高的关税来调节进口，以达到保护本国产业的目的，但不能采取实施进口限额或其他非关税形式的保护手段来达到这一目的。

关税减让原则是指成员国彼此作出互惠与平等的让步，达成关税减让表协议。成员国之间通过谈判达成的关税税率的削减，必须稳定在一定水平上，任何缔约方无权单方面予以改变，至少在三年之内不得随意提高。三年后如要提高，必须同当初进行对等谈判的国家协商，而且要用其他产品的税率减让来补偿，促使成员国的关税水平稳定下降。

2.取消数量限制原则

取消数量限制原则是指在商品的进出口贸易活动中不允许用数量限制（如规定配额）的方法进行管理。数量限制是通过规定进出口数量来管制进出口贸易的一种行政方法，是影响国际贸易发展的一种非关税壁垒。在各种形式的非关税壁垒中，数量限制最为普遍，保护效果难以估量，并带有很大的隐蔽性，容易使贸易发生扭曲，使企业缺乏正确的国际市场导向，不利于市场经济的发展。同时，数量限制滞缓贸易自由化的进程，使谈判复杂化，还易导致出口国受歧视性待遇，与WTO的精神相悖。

由于目前要求完全禁止进口数量限制难以做到，因此，WTO允许在国际收支陷入窘境、为促进发展中国家经济发展、为稳定本国农产品市场等几种情况下有例外。

3.稳定服务贸易原则

稳定服务贸易原则是指各成员国通过谈判，按不同的服务部门做出承诺，明确列入各成员国的市场准入减让表，并根据本国立法，在减让表中列入对其他成员服务提供者进入本国市场的限制条件。在服务贸易领域，市场准入原则的实施对各缔约国而言不是一般性义务，而是具体承诺的义务，只适用于各成员国所承诺开放的部门。虽然获得对外开放服务市场的具体承诺是一个极其艰难的过程，但稳定服务贸易原则的确立已形成了一个可以逐步开放市场的机制，其影响将持续于今后长期谈判的过程中。

(五)公平贸易原则

公平贸易原则又称公平竞争原则，是指各成员国在外贸业务中不应采取不公平的贸易手段进行国际贸易竞争，尤其是不能以倾销和补贴的方式销售本国产品。WTO允许成员国在某些情况下，可以采取征收反倾销税或反补贴税等措施来抵消因别国的倾销或出口补贴对本国所造成的损害。

针对倾销与反倾销行为，WTO规定，如果经过调查证明进口商品确有倾销的事实，而且证明倾销的产品与进口国某项工业所遭受的损害之间具有因果关系，则该受损的成员国可根据规定，对该项倾销的产品征收反倾销税，但反倾销税的数额不得超过这种产品的倾销差额。反倾销税是暂时性的，仅限于消除因倾销所造成的损害后果所需要的时间，而且在征收反倾销税时应遵守非歧视原则。WTO对出口补贴与反补贴行为也作了若干规定，如果出口补贴对另一成员国国内工业造成重大损害或产生重大威胁，该国可征收反补贴税。但此条对发展中国家也有不同的规定，发展中国家不仅对初级产品，而且对工业制成品也可以给予出口补贴，不受发达国家所承担的对工业品不得给予出口补贴的义务的约束。

但是，世贸组织中有一些协议构成公平贸易原则的例外，如《与贸易有关的知识产权协议》旨在改善涉及智力成果和发明的竞争条件；《服务贸易总协定》规范与改善服务贸易的竞争条件；《政府采购协议》则对政府机构的采购活动予以约束。这些协议与货物贸易相比贯彻公平贸易原则的力度较小。

(六)对发展中国家特别优惠原则

《建立世界贸易组织协议》的前言中指出，世贸组织各成员有必要做出积极的努力，以确保发展中国家，尤其是最不发达国家，在国际贸易增长中获得与其经济相应的份额。为此，世贸组织在其负责实施管理的协议和协定中主要采取以下措施：

(1)发展中国家可以不必给予发达国家互惠的关税和其他壁垒的减少或撤除。

(2)发达国家应尽可能多地承担义务，优先降低或撤除与发展中国家之间存在的和潜在的与出口利益有关的贸易壁垒，并不再建立新的关税或非关税壁垒。

(3)全体成员国应共同采取措施，包括通过国际安排和建立某些必要的机构来促进发展中国家的贸易与发展。

(4)成员国可以给予发展中国家差别的和更为优惠的待遇，而不必按照最惠国待遇原则给予其他成员国。

(5)发展中国家可以有较长时间履行义务或有较长的过渡期，在履行义务时可以有较大的灵活性，并规定发达国家对发展中国家提供技术援助，以便发展中国家更好地履行义务。

二、世贸组织的运作机制

世贸组织健全的运作机制贯穿在该组织的很多方面。较为典型的是贸易政策审议机制和贸易纠纷解决机制。

(一)贸易政策审议机制

世贸组织的贸易政策审议机制主要由以下内容构成：

1.审议机构

世贸组织设有贸易政策审议机构(Trade Policy Review Body),该机构直接隶属于部长会议或总理事会,负责定期审议成员方的贸易政策、贸易法规和贸易实践等。

2.审议周期

世贸组织所有成员方的贸易政策和实践无一例外地受到评审,但不同的成员方可以有不同的审议周期。成员方的贸易政策和贸易实践对多边贸易体制运作的影响是决定审议周期长短的主要因素,而成员方对多边贸易体制运作影响的大小又取决于该成员在某一时期内在世界贸易中所占份额的大小。以此为依据,四个最大的贸易实体,即欧盟、美国、日本、加拿大,每两年接受一次审议;排列其后的16个实体每4年接受一次审议;其他成员每6年审议一次;最不发达国家的审议周期可以更长。在例外的情况下,当某一成员方的贸易政策和实践发生大的变化,并对贸易伙伴发生重大影响时,贸易政策审议机构在与该成员磋商后,可对其进行提前审议。

3.定期报告

凡轮到接受评审的成员,必须在当年向贸易政策审议机构提交其贸易政策和做法的详尽报告。该报告的写作是按照贸易政策审议机构规定的统一格式进行的。在两次审议中间,若一成员的贸易政策发生重大变动,必须及时向贸易政策审议机构提供简要报告。此外,每一成员还必须按照统一格式提供最新年度统计数据。最不发达国家可在其提交的贸易政策报告中,详细说明其所面临的困难,以便贸易政策审议机构在审议中予以特别考虑。

4.审议过程

审议过程分为下面几个步骤:第一步,贸易政策审议机构应与接受审议的成员方磋商,确定每年的审议方案,同时完成其他审议前的准备工作。接受审议的成员方可以派出人员在审议过程中介绍有关情况。第二步,被审议的成员方提供一份贸易政策和实践报告。世贸组织的秘书处,根据其所掌握的有关资料以及其他有关成员提供的资料,另外做成一份报告。在此过程中,秘书处可要求有关成员对其贸易政策和做法加以澄清。第三步,贸易政策审议机构召开会议,审议接受评审的成员方呈交的报告以及秘书处起草的报告。由贸易政策审议机构任命的主发言人以个人身份引导贸易政策审议机构的讨论。任何与接受审议的国家有利害关系的成员均可出席审议会议,并针对有关的贸易政策和实践提出质询、批评或表扬。第四步,接受审议方的贸易代表针对各方提问进行答辩。

审议结束后,世贸组织秘书处负责将成员方提交的报告、秘书处的报告以及贸易政策审议机构会议记录概要三份文件合订在一起。所有这些文件将提交给部长会议,部长会议对这些文件记录在案。

(二)贸易纠纷解决机制

世贸组织的贸易纠纷解决机制主要由以下内容构成：

1. 纠纷解决机构

世贸组织设立了专门负责解决争端的机构——纠纷解决机构(Dispute Settlement Body,DSB),该机构直接隶属于部长会议或总理事会。纠纷解决机构由一位主席主持,负责处理成员方之间所产生的贸易纠纷。

2. 解决纠纷的工作时限

世贸组织条文对纠纷解决的各个阶段都确定了具体的工作时限:(1)接到磋商(谈判)的请求后,纠纷解决机构应在10日内做出响应,并于30日内开始磋商;(2)若有关成员在10日内对磋商要求置之不理,或在60日后磋商未果,则申诉方可要求成立专家组进行仲裁。专家组的职责范围应在20日内确定,专家组的人员组成应在30日内完成;(3)专家组的审案时间一般不超过6个月;遇有紧急情况,则应在3个月内完成。但无论遇到何种情况,审案时间都不得超过9个月;(4)争端解决机构应在专家组提出仲裁报告后60日内通过该报告,除非当事一方已通知其有意上诉,或纠纷解决机构以“反向一致”的方式反对该报告;(5)若进行上诉,其程序一般不应超过60日,最多不超过90日,上诉庭就应做出裁决。

3. 上诉庭

世贸组织解决纠纷的程序中设立了上诉程序,并建立了相应的常设上诉庭(Appellate Body),受理上诉的案件。上诉庭可以维持、修改或推翻专家组的结论。上诉庭所做的裁决具有法律效力,当事人必须执行。纠纷解决机构应在上诉庭提出裁决报告30日内通过该报告,除非有“反向一致”的意见反对该报告。

4. 对仲裁或裁决的执行

世贸组织规定,在专家组的仲裁报告或上诉庭的裁决报告通过的30日内举行的纠纷解决机构会议上,有关方必须表明其执行裁决的意向。如果立即执行做不到,可在“一段合理时间内”做到;如果仍然做不到,则须与申诉方谈判,以确定可相互接受的补偿。如果在20日内,谈判仍未达成协议,则申诉方可要求纠纷解决机构授权其对另一方中止减让或其他义务,即实施贸易报复。

三、世贸组织的运行及对世界经济的影响

世界贸易组织建立后,根据有关协定和协议的原则和规则,展开了一系列活动,如推进贸易自由化进程;处理成员间的某些争端;举行部长会议等,虽然困难重重,但也取得了一定的成果。在WTO框架下也开始了新一轮的多边贸易谈判——“多哈回合”。

(一)世贸组织的"多哈回合"谈判

1."多哈回合"谈判的背景和主要内容

"多哈回合"谈判是指世贸组织成员之间的多边贸易谈判。2001年11月,世贸组织在卡塔尔首都多哈举行第四次部长级会议,启动了新一轮多边贸易谈判,人们称之为"多哈回合"。世贸组织承诺,"多哈回合"要给发展中国家带来真正的好处,因此这一轮谈判也被称为"发展回合"或"多哈发展议程"。世界银行认为,"多哈回合"如果能成功结束,将使世界经济额外增加3000亿美元的好处,发展中国家将最受益。

"多哈回合"谈判的宗旨是促进世贸组织成员削减贸易壁垒,通过更公平的贸易环境来促进世界各国特别是较贫穷国家的经济发展。

"多哈回合"谈判的主要内容包括8个议题:农业、非农产品市场准入、服务贸易、规则谈判、争端解决、知识产权、贸易与发展以及贸易与环境等。谈判的关键是农业和非农产品市场准入问题,主要包括削减农业补贴、削减农产品进口关税及降低工业品进口关税三个部分。

"多哈回合"谈判虽是多边谈判,但真正谈判主角是美国、欧盟以及由发展中国家组成的"20国协调组"。"20国协调组"也称G20,是发展中国家的集体性称呼,这个集团是2003年9月在世界贸易组织第五次部长级会议时首次展露。G20拥有全球65%的人口、72%的农场主以及22%的农作物输出。G20的核心会员主要有四个国家:印度、巴西、中国以及南非,因此也经常合称为G4 bloc。(bloc为"团体、联盟、集团"之意。)

2."多哈回合"谈判历程艰难

"多哈回合"按计划应在2005年1月1日前结束。但因涉及各方利益的进退取舍,致使"多哈回合"启动以来的谈判进程一波三折。其主要谈判历程如下:

(1)新一轮全球多边贸易谈判在多哈启动。关贸总协定时期有过八轮多边贸易谈判,"多哈回合"是世界贸易组织取代关贸总协定后启动的第一轮多边贸易谈判。2001年11月在第四次部长级会议上发起的"多哈回合"谈判,最初计划在2004年年底达成协议,并确定了8个谈判领域,是到目前为止目标最宏伟、参与方最多的一轮多边贸易谈判。

(2)世贸组织第五次部长级会议中,"多哈回合"陷入僵局。2003年9月,在墨西哥坎昆举行的世界贸易组织第五次部长级会议上,由于各成员国无法达成共识,"多哈回合"谈判陷入僵局,不能按最初计划在2005年1月1日前结束。其中,农业问题成为分歧的核心。

(3)达成《多哈回合框架协议》。2004年8月,世贸组织总理事会议上经各方协商达成《多哈回合框架协议》,同意将结束时间推迟到2006年底。协议明确规定美国及欧盟逐步取消农产品出口补贴及降低进口关税，为全面达成协议跨出了重要一步。

(4)世贸组织第六次部长级会议中，“多哈回合”再陷僵局。2005年12月13日，在香港召开的这次会议重点是推进世贸组织“多哈回合”谈判，使之能够在2006年底最后期限前结束。但是由于各方利益的冲突和矛盾，2006年7月27号，“多哈回合”谈判全面中止。

(5)谈判在多种不确定因素下再次恢复。2007年1月，谈判再次恢复，但依旧无果而终。这不禁让人们担心本次“多哈回合”谈判能否走出困境。甚至有分析人士认为，如果2007年年底前无法达成协议，“多哈回合”谈判将面临被长期搁置的风险。

(6)世贸组织小型部长级会议在日内瓦举行，谈判艰辛，各方依然未能达成妥协。2008年7月21日，来自35个主要世贸组织成员的贸易和农业部长在日内瓦聚会，试图在一周时间内就“多哈回合”谈判农业和非农产品市场准入问题取得突破。但谈判难以取得进展，原定一周的会期被迫延长。旨在寻求“多哈回合”谈判关键性突破的世界贸易组织小型部长级会议在经过9天的讨价还价后，最后还是以失败告终。

3.“多哈回合”谈判的主要分歧和障碍

在“多哈回合”谈判中，各方争论的焦点主要集中在农业和非农产品市场准入问题上，具体包括削减农业补贴、削减农产品进口关税及降低工业品进口关税等。

多年来，美国和欧盟通过实施巨额农业补贴和高关税壁垒保护着自身农业利益。这种做法严重扭曲了国际农产品贸易，不仅导致发展中国家本应具有成本优势的农产品无缘于发达国家市场，而且让享受补贴的美国等发达国家农产品在国际市场上大行其道，严重挤压了发展中国家农业的发展空间。因此，发展中国家一直要求美国和欧盟削减农业补贴和降低进口关税。但美国和欧盟出于自身利益考虑，不仅提出的削减额度有限，还往往以此为筹码要求发展中国家降低工业品进口关税，开放工业品市场。

“多哈回合”谈判的关键争议，是美国和印度这两个国家在“特保”触发水平上的差距无法弥合，从而导致了谈判的最终失败。所谓“特保”，即农产品特殊保障机制，是指发展中成员可在农产品进口激增的情况下，采取提高关税等特殊保障措施以保护本国农业免受冲击。美国等国家将激增的底线定为40%。以印度为代表的发展中成员则希望能收紧动用特殊保障措施的底线，比如20%，来充分保护本国相对脆弱的农业生产和农户生计，维护粮食安全。由于国内有大量贫穷农民，印度等发展中成员担心，如果没有从紧执行的特殊保障机制，发达国家成员大规模生产的低价农产品会让国内自给自足的农民大范围破产。在这一问题上印度得到了上百个发展中成员的支持。但美国拒绝让步，因为对于美国来说，严格限制发展中国家动用特殊保障措施，就能够保护美国农产品顺利涌入发展中国家市场。

美国之所以不让步的另一个目的，是为了在农产品特殊保障机制问题上把谈判拖死，不让其进入下一个敏感问题，即美国谈判的软肋——棉花问题。在棉花问题上，美国一方面始终不肯完全取消国内棉花补贴，另一方面却要求发展中成员削减棉花进口关税。美国的巨额棉花补贴扭曲了国际市场中的棉花贸易，而发展中成员有限的棉花进口关税则是保护农民基本生计的合法手段，两者不应成为谈判的交换条件。

由于谈判双方均不让步，"多哈回合"再次陷入僵局。2008 年 7 月日内瓦谈判的破裂，只是"多哈回合"进程中的一个挫折，并不意味着"多哈回合"的完全失败。世贸组织成员更应该放远目光，弥合分歧，才能更好地推进和维护多边贸易体制。

(二)世贸组织对世界经济的影响

世贸组织的建立，对国际贸易乃至世界经济产生了深远的影响。不论从缔约国数量，还是从国际贸易额来看，所占的比重都是巨大的。世贸组织所管辖的内容无所不包，从货物贸易延伸到服务贸易乃至知识产权和国际投资。从法律地位上看，它已经成为国际法人，从决策和实施上已加强了一致性，这势必对世界经济贸易发展产生重大影响。

1. 有利于世界经济和贸易的发展

世贸组织成立之后，各成员国的关税水平不断下降，非关税壁垒也有所削减，这些都会遏制贸易保护主义的蔓延，促使贸易自由化向纵深发展，有利于世界经济贸易的增长。而且，随着贸易自由化向多层次发展，全球范围内的经济竞争将更趋激烈，竞争压力将迫使各国加速产业结构的调整与优化，加强科研与发展能力，这又进一步促进了世界经济贸易的发展。

2. 有利于世界经济和世界市场全球化的发展

世贸组织有越来越多的成员加入，随着这些国家和地区融入多边贸易体制，并接受世贸组织各种法规的管辖，势必会增加市场准入，促进各国、各地区之间的经济相互渗透、相互依存和互为市场的发展，提高世界经济和世界市场的融合度，从而有利于世界经济和世界市场的全球化进展。

3. 有利于国际服务贸易和国际投资的发展

世贸组织的管辖范围，已经从国际货物贸易延伸到服务贸易、知识产权和投资措施等领域。在这些新领域，随着服务贸易和投资措施自由化的加强，国际投资增长将继续快于国际商品贸易，国际服务贸易的增长速度也将继续高于国际商品贸易增长速度。

4. 有利于发展中国家经济贸易的发展

世贸组织给予发展中成员的某些特殊优惠待遇，在一定程度上维护了发展中成员的正当贸易利益，有利于发展中成员经济贸易的发展。同时，发展中国家加入世贸组织后，为了符合世贸组织的某些规则，加速了其自身经济贸易体制的改革与完善，从而进一步促进发展中国家经济贸易的增长。

但是，世界贸易组织体制自运作以来，也暴露了一些问题，出现了一些不正常现象。如大国操纵多边决策现象依然存在；实施某些规则时忽略成员方经济发展水平的差异；接纳新成员谈判的内容与世界贸易组织协议的规定相脱节等。对此，世贸组织应采取有效措施制止和纠正各种不正常现象，解决存在的问题，确保各成员方，尤其是发展中国家得到相应的利益，最大限度地推动世界经济贸易的发展。

第四节　中国与世界贸易组织的关系

中国曾是关贸总协定的原始缔约国之一。由于种种历史原因，中国与关贸总协定的关系中断了几十年。20 世纪 80 年代之后，中国一直以积极的态度申请恢复关贸总协定原始缔约国地位和之后申请加入世界贸易组织，并于 2001 年正式成为 WTO 的成员。中国改革开放的形势和世界经济发展的形势越来越表明了一个道理：中国的发展需要世贸组织，世贸组织的发展也需要中国。

一、中国与 GATT/WTO 关系的演变

（一）中国是关贸总协定的原始缔约国

中国是关贸总协定的 23 个原始缔约国之一。1948 年 3 月 24 日，当时的中国政府签署了世界贸易和就业会议通过的最后文件，成为“国际贸易组织临时委员会”执委会成员，并于同年 4 月 21 日签署了总协定《暂时适用协定书》，自 1948 年 5 月 21 日起成为“关贸总协定”的缔约国。1948 年与 1949 年，中国政府连续两届派出代表参加了 GATT 最初两轮多边贸易谈判。

1949 年 10 月 1 日中华人民共和国成立之后，逃亡到台湾的国民党当局以“中华民国”的名义，在 1950 年 3 月单方面宣布退出关贸总协定，并经总协定的简单讨论于当年 5 月获准退出。之后，中国与 GATT 失去了联系。1971 年 10 月第 26 届联合国大会通过了《恢复中华人民共和国在联合国合法权利》的 2758 号决议，同年 11 月关贸总协定根据凡属政治性质的问题服从联合国决定的精神，取消了我国台湾地区在总协定中的观察员身份。

20 世纪 70 年代之前，由于特定的历史背景和国内外政治环境，中国与西方发达国家及各种国际组织进行的交往甚少，对台湾当局非法代表中国退出关贸总协定一事，当时没做任何反应，对是否应重返关贸总协定问题也未列入政府的议事日

程。70年代，我国与西方各主要发达国家逐步恢复了正常关系，同时也开始较积极地参加各种国际组织的活动。

1980年8月，我国派代表出席了国际贸易组织临时委员会执委会会议，参加了第三任总干事邓克尔的选举。1981年中国列席了关贸总协定纺织品委员会第三个多种纤维协议的谈判。1981年4月，中国正式参加了第三个多种纤维协议，同年5月取得了关贸总协定观察员资格。1982年11月，中国首次派团以观察员的身份列席了关贸总协定第38届缔约国大会。1986年7月，中国政府正式提出了恢复在关贸总协定缔约国地位的申请。1987年3月，GATT成立了一个专门处理中国缔约方地位的工作组，这标志着中国复关、入世谈判的开始。

(二)中国复关的历程

中国政府早在1982年就确立了重返关贸总协定的三项基本原则：第一，中国要求恢复关贸总协定的创始缔约国席位，而不是加入或重新加入；第二，以关税减让为承诺条件，不承担具体进口义务；第三，以发展中国家的身份复关，享受发展中国家的待遇。

1986年7月11日，中国驻联合国代表团大使钱嘉东代表中国政府正式向关贸总协定总干事邓克尔提交了恢复中国关贸总协定原始缔约国地位的申请。1987年2月13日，中国政府又向关贸总协定提交了《中国外贸制度备忘录》。1987年3月，关贸总协定成立了中国问题工作组，负责审议中国的复关问题，从此便开始了中国复关的谈判历程，这一历程大致可分为三个阶段：

第一阶段从1986年7月中国提出复关申请开始，到1989年5月结束，为谈判顺利推进阶段。中国提出复关申请后，于1987年2月向GATT提交了关于外贸体制的备忘录。此后，GATT中国工作组要求所有缔约方就中国的外贸体制提出问题，并对此进行了答疑和综合评估。正式复关谈判是在1987年6月开始的，一直到1989年5月，谈判都非常顺利。期间，中国与GATT主要缔约方进行了十多次双边磋商，中国工作组召开了7次会议。中国复关议定书框架草案基本形成。

第二阶段从1989年6月开始，到1992年1月结束，为谈判停滞阶段。1989年6月以后，以美国为首的西方国家对中国实行经济制裁，并把暂时不让中国复关作为其经济制裁的一项主要内容，加之我国国内经济处于治理整顿阶段，致使中国复关问题复杂化，复关谈判涉及的双边磋商和多边谈判均陷入停滞阶段。

第三阶段从1992年2月开始，到1994年12月结束，为谈判突破与受挫反复阶段。在1992年2月举行的第十次中国工作组会议上，中国的复关谈判出现转机。同年12月，中国工作组在日内瓦召开的第十二次会议上，对中国缔约方地位议定书进行了实质性谈判，并形成了一份非正式的议定书初步框架。这个结果本应促成中国复关谈判的结束，然而由于冷战时期复杂多变的国际形势，极少数缔约方将中国复关谈判政治化了，在谈判中漫天要价，致使接下来的谈判屡屡受挫。在1994年12月召开的GATT中国工作组第十九次会议上，中国代表团未能就市场准入及复关议定书与GATT主要缔约方达成协议，中国复关谈判最终功亏一篑。

进入1996年后，GATT自动取消，WTO成为唯一的全球性贸易组织。由于GATT已不复存在，中国复关问题的谈判也就难以为继。从1996年开始，中国问题工作组所讨论的已经是“中国申请加入世贸组织”的问题了。

(三)中国入世的历程

世贸组织成立后，中国恢复关贸总协定地位的谈判转为加入世贸组织的谈判。在“入世”谈判中，中国明确表示愿意在“乌拉圭回合”达成的协定和协议的基础上，根据中国自身经济发展的水平，以发展中国家身份和按照权利和义务平衡的原则，本着灵活务实的态度，与世贸组织各成员方进行谈判。

1996年3月，中国的“入世”谈判正式开始，然而，谈判进程充满坎坷，西方国家虽然表示支持中国“入世”，实际上却要价很高，个别成员甚至曾提出不承认中国的发展中国家身份，并将中国视为非市场经济国家。1999年11月中美双方就中国加入世贸组织达成双边协议，才使中国跨过了入世最高的一座门槛。2000年5月，中国与欧盟就中国入世问题达成双边协议，又使中国在入世道路上迈进一大步。2001年9月中国与墨西哥结束了关于中国入世的双边谈判。至此中国与要求与中国进行双边谈判的37个世贸组织成员方全部结束了谈判。中国入世法律文件于2001年9月17日下午在日内瓦获得通过，2001年11月10日，世贸组织第四届部长级会议以全体协商一致的方式，审议并通过了中国加入WTO的决定。2001年11月11日，中国政府代表签署了中国加入WTO议定书，并向世贸组织秘书处递交了中国加入WTO批准书，2001年12月11日，中国正式成为WTO成员国。

二、中国加入WTO的基本承诺及履行

(一)中国加入WTO法律文件的构成

中国加入世界贸易组织的法律文件主要包括：《马拉喀什建立世界贸易组织协定》、《关于中华人民共和国加入的决定》、《中国加入工作组报告书》、《中华人民共和国加入议定书》及9个附件。附件内容包括：附件1A：中国在过渡性审议机制中提供的信息；附件1B：总理事会依照《中国加入议定书》第18条第2款处理的问题；附件2A1：国有贸易产品(进口)；附件2B2：国有贸易产品(出口)；附件2B：指定经营产品；附件3：非关税措施取消时间表；附件4：实行价格控制的产品和服务；附件5A：根据《补贴与反补贴措施协定》第25条作出的通知；附件5B：需逐步取消的补贴；附件6：实行出口税的产品；附件7：WTO成员的保留；附件8：第152号减让

表——中华人民共和国;附件9:服务贸易具体承诺减让表第2条最惠国豁免清单。

(二)基本承诺及履行进程

纵览中国入世有关法律文件,对于中国加入WTO的承诺,大体上可以归纳为六大类:

第一,关税减让。按照《议定书》及其附件,中国就关税减让的税目、幅度和时间作出了具体承诺。这一承诺包括两个因素,一是关税的绝对水平,例如降到5%或是10%;另一个是时间,在哪一年达到什么样的关税水平。我国的关税减让承诺,到2008年关税总水平达到10%(详见表13-2)。

表13-2　　中国关税减让时间表

年份	关税总水平(%)	工业品平均(%)	农产品平均(%)
2002	12.7	11.7	18.5
2003	11.5	10.6	17.4
2004	10.6	9.8	15.8
2005	10.1	9.3	15.5
2006	10.1	9.3	15.5
2007	10.1	9.3	15.5
2008	10	9.2	15.1

第二,消除非关税措施。这方面的承诺广泛而庞杂,其中最主要的承诺也可以用表13-3予以概括。

表13-3　　中国取消非关税措施时间简表

时间	措施种类	商品种类(比重)	代表性商品描述
加入之时	进口配额及进口许可证	09(28.9%)	部分食糖、烟草、化肥、汽车轮胎、纺织品原料等
	取消特定进口招标措施	54(14.4%)	部分冷冻机、空调及其压缩机、起重机、纺织机械、洗衣机、录音设备、无线接收器、光缆、牵引车、冷藏船、光学仪器、医疗设备
	单一许可证	47(100%)	23种粮油制品、9种酒精饮料制品、15种感光材料
2002年	进口配额及进口许可证	58(15.4%)	部分化肥、汽车轮胎、空调、录音录像设备、无线接收机、监视器、运输车
	取消特定进口招标措施	22(5.8%)	部分载客电梯、压路机、造纸机械、机床、无线通信设备

续表

时间	措施种类	商品种类(比重)	代表性商品描述
2003 年	进口配额及进口许可证	16(4.2%)	部分手表、照相机、发动机
2004 年	进口配额及进口许可证	39(10.3%)	部分成品油、天然橡胶、汽车轮胎、客车、运输车、起重车、摩托车、汽车零部件
	取消特定进口招标措施	44(11.7%)	部分机床、胶印机部件、油船、货船及其他船舶
2005 年	进口配额及进口许可证	35(9.3%)	绝大部分机动车

第三，贯彻执行透明度原则。《议定书》明确承诺：

(1)中国只执行已公布的、且其他 WTO 成员、个人和企业可容易获得的有关或影响货物贸易、服务贸易、TRIPS 或外汇管制的法律、法规及其他措施。

(2)中国应设立或指定一官方刊物，用于公布所有有关或影响货物贸易、服务贸易、TRIPS 或外汇管制的法律、法规及其他措施，并且在其法律、法规或其他措施在该刊物上公布之后，应在此类措施实施之前提供一段可向有关主管机关提出意见的合理时间，但涉及国家安全的法律、法规及其他措施、确定外汇汇率或货币政策的特定措施以及一旦公布则会妨碍法律实施的其他措施除外。中国应定期出版该刊物，并使企业和个人可容易获得该刊物各期。

(3)中国应设立或指定一咨询点，任何个人、企业或 WTO 成员的请求，在咨询点可获得根据本议定书要求加以公布的措施的有关所有信息。

第四，贯彻执行非歧视性原则(包括国民待遇原则)。我国在加入世贸组织前，已对与我国签订双边优惠贸易协定的国家实施了双边最惠国待遇，因此，在加入的法律文件中有关非歧视原则的问题主要是指对进口产品的国民待遇问题。实行国民待遇实际上是要体现平等竞争原则。我国承诺在进口货物、关税、国内税等方面，给予外国产品的待遇不低于给予国产同类产品的待遇。并对不符合国民待遇原则的做法和政策进行必要的修改和调整。

第五，开放农产品市场。在加入世界贸易组织的过程中，就农产品贸易问题，中国承诺：

(1)降低农产品的进口关税，《第 152 号减让表——中华人民共和国》详细地列出了关税减让率和时间。

(2)消除非关税措施，中国承诺“不迟于加入之日，中国将不在国家或地方各级维持、采用或重新采用管理进口产品数量、质量或待遇、或者形成进口替代做法或其他非关税措施的指导计划或行政指导”。

(3)中国控制农产品进口的唯一手段是实施关税配额。《农产品进口关税配额管理暂行办法》规定，配额内的农产品进口，适用于配额内的税率；配额量外的农产品进口适用于配额外的税率。

第六，开放服务贸易市场。在我国加入议定书附件9——服务贸易减让表中，对我国各项服务贸易领域市场的开放作了具体承诺的规定。主要内容有：

(1)电信。增值电信和寻呼：加入后2年内取消地域限制，外资比例不超过50%；基础电信：移动话音和数据服务在加入后5年内取消地域限制，其他业务在加入后6年内取消地域限制，外资比例不超过49%，所有国际通信业务必须经由中国电信主管部门批准设立的出入口局进行。

(2)银行。加入时允许外资银行向所有中国客户提供外汇服务，加入后5年内允许外资银行逐步在全国向所有中国客户提供人民币本币业务。允许外资非银行金融机构提供汽车消费信贷。

(3)保险。加入时，允许设立外资比例不超过50%的合资寿险公司，加入后2年允许设立独资非寿险公司；加入后3年内取消地域限制；加入后4年内取消强制分保要求；加入后5年内允许设立独资保险经纪公司。

(4)证券。加入时允许设立合资证券投资基金管理公司，加入后3年内允许外资比例达到49%。加入后3年内允许设立合资证券公司，外资比例不超过33%，可以从事A股的承销，从事B股和H股、政府和公司债券的承销与交易基金的发起。

(5)音像。在不损害中国审查音像制品内容的权利的情况下，允许设立中外合作企业，从事除电影以外的音像制品的分销和录像带的出租。允许每年以分账形式进口20部外国电影；允许外商建设和或改造电影院，但外资比例不得超过49%。

(6)分销。加入后3年内，取消对外资参与佣金代理及批发服务（盐及烟草除外）和零售服务（烟草除外）的地域、股权、数量限制，取消对外资参与特许经营的所有限制；加入后5年内取消对外资参与分销领域的所有限制。但销售多个供货商的不同种类和品牌产品的连锁店，如其分店数量超过30家，且销售粮食、棉花、植物油、食糖、图书、报纸、杂志、药品、农药、农膜、成品油、化肥，则不允许外资控股。

三、中国入世后的机遇与挑战

中国加入世界贸易组织，符合中国的根本利益和长远利益，标志着中国对外开放进入一个新阶段，并对经济发展起着重大影响。

(一)中国入世后享有的权利和获得的机遇

1.中国可以在更大范围内和更深程度上参与经济全球化进程

加入世贸组织可以使我国经济与世界经济运行全面接轨。这有利于我国经济体制改革和企业制度改革。加入世贸组织使我国社会更加开放，我国的经济体制改革和企业改革也会更多地借鉴别国的成功经验，在保留公平机制的前提下，更多地加入效率机制，使我国经济能够长期持续快速地增长。

2. 中国可以享有在多边贸易体制中参政议政的权利

入世前，中国在 WTO 中以观察员身份参加，只有表态权，没有表决权。加入世贸组织后，中国可以参与各个议题的谈判，与其他成员平等地参加有关规则的制定、修改和发展以及多边贸易体制的建设。这可以增强我国在国际贸易活动中的发言权和主动权，维护中国在世界贸易中的合法权益，巩固和提高我国的国际政治地位，使我国能在国际事务中更多、更好地发挥作用。

3. 中国可以享有多边的、无条件的和稳定的最惠国待遇

入世前，中国只能通过双边贸易协定在某些国家获得最惠国待遇，而这种双边的最惠国待遇是非常不稳定的，容易遭到双边政治关系的影响。加入世贸组织后，中国可以在所有的一百三十多个成员方中享受多边的、无条件的和稳定的最惠国待遇。这将使中国产品在最大范围内享受有力的竞争条件，从而促进进出口的发展。

4. 中国可以享受发展中国家应得到的各种特殊优惠待遇

入世前，中国只能在一定范围和一定程度上从向我国提供普遍优惠制的发达国家享受普惠制。加入世贸组织后，中国享有的普惠制则来自所有的给惠国。除了普惠制这种最重要的优惠外，在世贸组织实施管理的多边协议中，还规定了对发展中国家成员的某些特殊优惠，这些优惠都是单方面给予的，发展中国家无需做出对等的回报。这些权利都将使我国以更有利的条件在经济上追赶发达国家。

5. 中国可以享有利用争端解决机制解决贸易争端的权利

目前有些西方国家常常以本国的是非准则和贸易法案（例如美国的“301 条款”）去评判和制裁其他国家，这是有失公允的。世贸组织既为我们提供了一个场所，也提供了一套各国都赞同的机制，来审议和裁决国际上的贸易摩擦与纠纷，这对近些年经常遇到贸易争端的中国来说是有利的。

（二）中国入世后承担的义务和面临的挑战

1. 中国要逐步削减关税并取消非关税措施

世贸组织的一项主要目标就是实施关税减让，而中国目前平均税率仍高于发展中国家的平均水平。因此，中国要逐步削减关税水平，这将使中国很多产业更直接地面临国外产品的竞争，同时国家财政收入有可能会相应减少。除关税外，中国也存在种种非关税措施，因此在复关和“入世”谈判中主要议题之一就是要求中国削减如进口许可证、配额以及外汇管制、技术检验标准等非关税措施，这会大幅度减弱我国对落后产业的保护力度。虽然我国政府向世贸组织寻求了一段保护时期，但不断降低的贸易壁垒仍然会使此类行业中的部分企业破产或开工不足。

2. 中国要逐步开放服务业市场

乌拉圭回合谈判所达成的《服务贸易总协定》(GATS)，要求成员方对服务贸易执行与货物贸易同样的无歧视和无条件的最惠国待遇、国民待遇、透明度和逐步地降低贸易壁垒。中国承诺开放服务贸易的领域几乎涉及所列举的所有服务贸易的类别。而我国的服务业处于相对落后的状态中，在政府的保护政策下尚有生存和发展的余地。如果受到外部压力而取消保护，可能会把这些行业逼到绝路上去。

3. 中国要扩大知识产权的保护范围

在知识产权保护方面，中国与“乌拉圭回合”谈判通过的《与贸易有关的知识产权协定》还存在一定距离。如果把知识产权保护范围扩大到对化工产品、药品、食品、计算机软件等，将使有关的企业必须通过支付专利许可证费用来合法地购买发达国家的知识产权专利，政府也将严惩任何有损国家和企业名誉的侵权行为。这对我国现行的知识产权制度是一种挑战。

4. 中国要增加贸易政策、法规的透明度

世贸组织的贸易政策审议规则规定成员国的贸易政策要定期进行审查，作为发展中国家的中国也要接受 6 年 1 次的审查条件。这就要求中国的贸易政策要有透明度，必须把转型时期的总体目标以及各个阶段的实施计划，把关税减让及非关税壁垒的取消，市场经济新政策的实施等及时通报给世界贸易组织。

5. 中国经济发展会受到世界经济周期波动的影响

我国经济以前较好地受到政府政策的保护，才有了 20 世纪 90 年代中前期世界经济出现衰退时中国经济一枝独秀的结果。全面开放国内市场，中国经济发展就进入了世界经济运行的总轨道，外部的风浪会不可避免地通过各种传导机制传入中国，中国经济长期平稳增长的局面就会受到干扰。例如，2008 年的世界性金融危机给正在快速增长中的中国经济造成较大的不利影响。

综上所述，加入世界贸易组织使中国经济发展既获得机遇，又面临挑战。为此，我国政府的有关部门和企业应该研究世贸组织的有关协议及其可能产生的影响，制定相应的措施和对策，以增强我国的综合国力和行业与企业的竞争力，促进我国经济持续、快速和稳定健康地发展。

(三)相应的措施和政策

1. 继续坚持市场导向的经济改革，使我国经济更全面地对外开放

市场导向的改革将会从内部提高我国企业和产品抵御竞争风浪的能力；全面开放的环境将会使我国的企业和产品从外部逐渐磨炼出生存竞争的应变能力。只有如此，我们的企业和产品才能经受得住外国竞争者的冲击。

2. 大力宣传加入世贸组织的意义

加入世贸组织对我国经济发展来说既是一种机遇，也是一种挑战。我们应该

紧紧抓住机遇，勇敢面对挑战。应通过宣传，让我们的企业家们认识到这一点，从而树立起敢于在严酷的竞争中求生存、求发展的新观念。

3. 强化企业的质量竞争意识

如果说我国的产品近些年在国际市场中还具有一定竞争力的话，那也主要是体现在价格竞争方面，而在质量方面却不具竞争优势。加入了世贸组织后，关税水平不断降低，我国产品的价格优势也会在一定程度上变小。要想保住现有的市场份额，我国的企业必须在产品质量和售后服务方面多下工夫。竞争实践表明，只有质量竞争优势才是能够长期保持住的优势。

4. 重视加强人才培养，尤其要重视加强对熟悉国际经贸业务和涉外法律人才的培养

5. 学习和掌握国际贸易惯例，包括熟悉世贸组织规则，以便进行合法竞争，维护自身权益，争取更多利益

【本章参考书目】

1. 陈同仇、张锡嘏编著:《国际贸易》，对外经济贸易大学出版社，2005 年。
2. 尹忠明主编:《国际贸易学》，西南财经大学出版社，2004 年。

【思考题】

1. 关贸总协定历次多边贸易谈判的特点有哪些?
2. 简述关贸总协定的作用。
3. 世界贸易组织与关贸总协定有何不同?
4. 世贸组织的宗旨是什么？职能是什么?
5. 试述世贸组织的基本原则。
6. 简述世贸组织的政策审议机制和贸易纠纷解决机制。
7. 简述“多哈回合”的谈判历程。
8. 简述中国与世贸组织关系的历史与现状。
9. 简述中国加入 WTO 的基本承诺及履行过程。
10. 试述中国加入世贸组织的机遇与挑战及相应措施。

第十四章 国别贸易

本章介绍分析了主要发达国家和发展中国家的对外贸易概况和特点，以及各自的对外贸易政策和管理体制，并重点介绍了发展中国家的外贸发展战略和选择该战略的影响因素。

【本章学习目标】

1. 重点掌握发展中国家的贸易发展战略。
2. 了解美国、日本和欧盟对外贸易的发展概况。
3. 掌握美国、日本的对外贸易管理及其对外贸易政策演变和欧盟贸易政策的内容与目标。

第一节 美国的对外贸易

一、美国贸易状况概述

美国拥有3.02亿人口(2007年)，国土面积937.26万平方公里。2007年美国国内生产总值达到138438亿美元，以2000年不变美元计算，同比增长2.2%，人均GDP达到45700美元。以2006年三季度开始的次级房贷危机为诱因，美国已进入新一轮的经济衰退或至少是经济增长放缓的周期，2008年第四季度和2009年第一季度的情况日益严重。

长期以来它是世界上最大的贸易国，同时也是最大的贸易逆差国，美国对外贸易及其进出口差额可参见图14-1。2007年，美国进出口总额为39916.6亿美元，其中进口23459.83亿美元，增长6%；出口16457.26亿美元，增长12%，逆差7002.58亿美元。已是连续第三年逆差在7000亿以上。实际上整个20世纪60年代及其以前，美国的对外贸易都是顺差。它的逆差开始始于1971年，期间除1973和1975两年是顺差外，其他年份全部为逆差。从90年代初开始，贸易赤字越来越大。

1960～1980年期间，进出口占美国制造业增加值的比重增长了一倍多。1960年，美国制造业产品主要面向国内消费者，企业的竞争对手也主要是国内厂商。即便是出口，通常也是比较次要的行为；即使有来自其他国家厂商的竞争，通常也不足为患。但到了20世纪80年代，很多企业严重依赖出口，更多的企业在美国市场上面临外国企业的激烈竞争。这种国际因素质的转变是左右美国贸易政策制定的总体背景。

美国的服务贸易刚好与货物和总体贸易差额的变动情况相反。服务贸易在1971以前全部为逆差，在此之后全部为顺差。图14-2显示了货物与服务贸易截然相反的变动趋势。2007年美国货物贸易逆差8193.73亿美元，服务贸易却实现了1191.15亿美元的顺差，增长40.16%，说明美国在服务业上具有全球优势及竞争力。1971～2007年间，服务出口年均增长率为10.23%，而同期的货物出口年平均增长率只有9.87%。

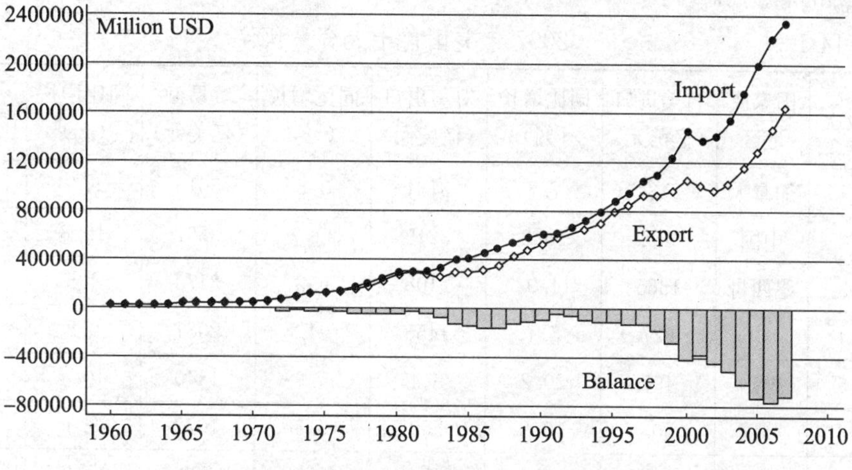

图14-1 美国进口、出口及盈余：1960～2007

数据来源：美国人口调查局，对外贸易部。

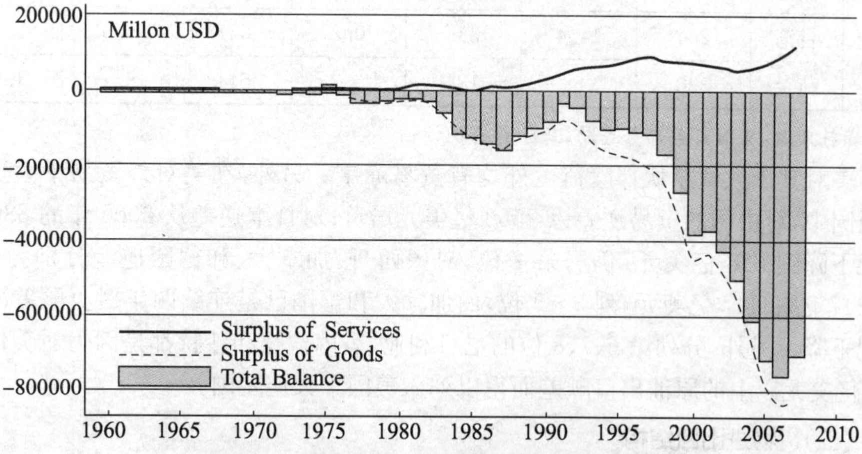

图14-2 美国货物、服务贸易盈余及总差额

数据来源：美国人口调查局，对外贸易部。

(一)美国的主要贸易伙伴

2007年美国前十大贸易伙伴(货物贸易)按序为加拿大、中国、墨西哥、日本、德国、英国、韩国、法国、台湾地区、荷兰,与2006年排名相比,仅有的变化是荷兰替代马来西亚成为美第十大贸易伙伴(见表14-1)。其中,加拿大以5616亿美元遥遥领先,中国为3868亿美元,墨西哥是3473亿美元,与中国相差394亿美元。从绝对值来看,美与前十大贸易伙伴的贸易额均有不同程度增长,与中国的贸易额以12.8%的增幅排在增幅第一位。但从占美贸易总额的比重来看,只有中国所占份额上升,德国、英国、韩国和台湾地区基本保持不变,其他五个国家和地区所占份额则有所下降。与这十大贸易伙伴的贸易额占美国货物进口总额的64.9%和出口总额的58.7%。

表14-1　　2007年美国前十大贸易伙伴

位次	国家或地区	自美进口(亿美元)	同比增长(%)	对美出口(亿美元)	同比增长(%)	贸易额(亿美元)	同比增长(%)	占总额比重(%)
1	加拿大	2484	7.7	3131	3.5	5616	5.3	18
2	中国	652	18.2	3215	11.7	3867	12.8	12.4
3	墨西哥	1365	1.9	2108	6.3	3473	4.5	11.1
4	日本	627	5.1	1455	−1.8	2081	0.2	6.7
5	德国	497	20.2	944	5.9	1440	10.4	4.5
6	英国	503	10.8	569	6.3	1072	8.4	3.4
7	韩国	347	7	476	3.8	823	5.1	2.7
8	法国	274	13.2	416	12.3	690	12.6	2.2
9	台湾	264	14.4	383	0.2	647	5.6	2.1
10	荷兰	330	6	184	6.2	514	6.1	1.6

资料来源:美国商务部普查局,基于普查统计。

美对其十大贸易伙伴除荷兰外均有贸易赤字。另外,在美对外贸易十大逆差来源国中,对中国的贸易逆差以2563亿美元居首;对日本逆差从2006年的886亿美元下降到828亿美元,仍居第2位;对墨西哥、加拿大、和德国逆差分别为743亿、647亿和447亿美元,列3～5位,而加拿大和德国已是连续两年对美顺差净值出现下降。另外,分列第6、7、8位的尼日利亚、委内瑞拉和沙特都是因为对美保有300亿美元以上的原油出口顺差而得以列入美国十大逆差国。

(二)货物进出口结构

按商品最终用途分类,资本货物(主要包括客机、半导体、计算机及附件、电信、医疗和机械设备等)仍是美最大的出口类别,2007 年出口额达 4459 亿美元(普查标准、季节调整后数据,下同),增长了 7.7%。工业物资和原材料(含石油及其制品)与消费品以 3155 亿美元和 1464 亿美元分列二、三位。汽车及零部件出口 1209 亿美元,增长 12.9%。进口量最大的是工业物资和原材料,达 6307 亿美元,增长 4.8%,消费品以 4749 亿美元居第二位,资本货物仅列第三,为 4447 亿美元,汽车及零部件进口了 2589 亿美元(见表 14-2)。进出口排名差异说明了美国是高科技产业居主导的制造业产业结构——进口大量原材料和初级产品,制成各类技术含量更高的产品(资本货物类)出口。同时,美国经济增长以消费为主要驱动力量,对一般消费品、食品和汽车类产品的强大需求也是推动美进口增加的重要动力。

表 14-2　　2007 年美国进出口商品主要类别统计(按最终用途)　单位:亿美元

商品类别	出口		进口	
	金额	同比增长(%)	金额	同比增长(%)
食品、饲料和饮料	842	27.7	817	9
工业物资和原材料	3155	14.3	6307	4.8
资本货物(汽车除外)	4459	7.7	4447	6.3
汽车及其零部件	1209	12.9	2589	0.9
消费品	1464	12.6	4749	7.3
其他	502	15.1	624	4.9
总额	11492	12.3	19646	5.5

资料来源:美国商务部普查局,基于普查统计标准。

(三)服务贸易

服务业是美国经济最大的组成部分,也是具有很强出口竞争力的产业,多年来一直保持较大贸易顺差。美国商务部普查局将服务业分为旅行、乘客费用、其他运输服务、版税和许可费、其他私人服务、美国军售合同项下转移(直接防务支出)和美国政府杂项服务等七大类进行统计计算。2007 年美国服务贸易出口增加 566 亿美元,增长最多的类别是其他私人服务(包括专业、技术、保险和金融服务等),增长了 288 亿美元,旅行服务增长了 114 亿美元,版税和许可费增长了 89.7 亿美元。同期,服务进口增长了 294.5 亿美元,其中其他私人服务增长最多,达 187.6 亿美元,旅行服务增长 44 亿美元。由此可以看出,美服务贸易顺差主要来自于旅行服务、版税和许可费及其他私人服务三项(见表 14-3)。

表 14-3　　2007 年美国服务贸易情况　　金额:亿美元

类别	出口		进口	
	金额	同比增长(%)	金额	同比增长(%)
旅行	971	13.3	764	6.1
乘客费用	253	14.2	286	3.9
其他运输服务	519	12	671	2.8
版税和许可费	714	14.4	279	5.6
其他私人服务	2066	15.4	1353	16.1
美国军售合同项下转移	157	−8.2	328	5.7
美国政府杂项服务	12	4.8	42	4
合计	4792	13.4	3723	8.6

资料来源:美国商务部普查局。

二、美国的对外贸易管理

(一)制定对外贸易法律和政策的主管部门

美国国会负责制定对外贸易重要的法律和政策。以总统为首的行政部门,包括贸易代表办公室、商务部、财政部和农业部等负责法律和政策的实施。在对外贸易管理方面,美国政府行政部门的主要职责包括三方面:一是征收关税,具体由财政部和海关执行;二是进口管理和服务,具体由商务部、农业部和海关等机构执行;三是对外贸易谈判,主要由总统辖下的国家经济委员会和美国贸易代表负责,前者提供美国宏观经济和国家安全等政策指导,后者具体负责多、双边贸易谈判。商务部等其他部门为贸易谈判提供参考意见,并在必要时通过部际咨询与协调委员会参与决策。

1. 国会

美国宪法明确规定,国会管理对外贸易。它根据国家经济与安全利益确定对外贸易宏观政策目标,制定相关法律,并授权总统进行谈判,国会的外贸管理主要通过四种形式实现:一是制定对外贸易相关法律;二是事先授权或事后审批政府行政部门制定的重要贸易政策或签署的重要国际贸易协定;三是制定有关行政部门的年度财政预算;四是任命有关行政部门的重要官员。

国会参议院和众议院设有十余个涉及对外贸易管理事务的专门委员会,其中众议院的筹款委员会和参议院的财政委员会是其核心机构。

2. 商务部

商务部是负责对外贸易管理及出口促进的主要政府部门,其主要职能是:实施美国对外贸易法律和法规,包括推销和反补贴措施;执行促进美国对外贸易和投资的政策;监督多、双边贸易协定的实施,为美国企业提供咨询和培训。

商务部负责对外贸易管理的主要部门是国际贸易管理局和出口管理局。国际贸易管理局主要负责促进美国出口贸易的发展;进行贸易设计,收集关税税率信息;监督市场准入和美国签署的国际贸易协议的执行情况,消除国外市场准入壁垒;实施反倾销、反补贴调查等。出口贸易局主要负责涉及国家安全和高技术等产品的出口限制。

3. 美国贸易代表

美国贸易代表的前身是根据《1962 年贸易拓展法》而设立的特别贸易代表,1980 年改为现名。作为美国总统的主要贸易顾问和对外贸易谈判代表,美国贸易代表具体负责促进与协调美国的国际贸易和直接投资政策,与其他国家在上述领域开展谈判。具体职能包括:就对外贸易管理事务向美国总统提供咨询意见;在总统、国会、行政部门和私营部门之间协调对外贸易政策和多、双边谈判策略;代表美国政府在多、双边场合进行对外谈判。此外,美国贸易代表还负责普惠制事务、301 条款调查及与贸易救济相关的其他事务。

4. 美国国际贸易委员会

国际贸易委员会是根据美国宪法设立的政府顾问机构,本身并不属于行政职能部门。国际贸易委员会的主要职能包括:在反倾销和反补贴调查中,负责产业损害调查;对贸易和关税问题进行研究,并就此向国会、总统和其他政府机构提供信息和建议。

(二)美国对外贸易管理法律体系

目前美国制定的涉及对外贸易管理方面的主要法律有四部。经修改后的《霍利—斯姆特关税法》是关于关税制定和征收的主要法律,并就反倾销和反补贴问题作出了规定。经修改后的《1974 年贸易法》就非关税壁垒、对发展中国家的普惠制待遇、保障措施及"301 条款"调查等问题作出了规定,是美国对外贸易管理的主要法律依据。《1979 年出口管理法》就出口管制等问题作出了规定。《1988 年综合贸易与竞争法》是关于国内和国际经济活动的综合性法律,并就对外贸易管理中的一些问题,主要对"特别 301 条款"(关于知识产权)、"超级 301 条款"作出了规定。

美国"一般 301 条款"是美国《1974 年贸易法》第 301 条规定的俗称,它最早见于《1962 年贸易扩展法》,后经《1974 年贸易法》修订,主要是针对贸易对手国所采取的不公平措施。根据"一般 301 条款",当有任何利害关系人申诉外国的做法损害了美国在贸易协定下的利益或其他不公正、不合理或歧视性行为给美国商业造成负担或障碍时,美国贸易代表可进行调查,决定采取撤销贸易减让或优惠条件等制裁措施。美国贸易代表也可根据上述情况决定是否自行启动调查。该条款授予美国总统对外国影响美国商业的“不合理”和“不公平”的进口加以限制和采用广泛报复措施的权力。

美国“特别301条款”始见于美国《1974年贸易法》第182条，《1988年综合贸易与竞争法》第1303条对其内容做了增补。“特别301条款”专门针对那些美国认为对知识产权没有提供充分有效保护的国家和地区。贸易代表每年发布“特别301评估报告”，全面评价与美国有贸易关系的国家的知识产权保护情况，并视其存在问题的程度，分别列入“重点国家”、“重点观察国家”、“一般观察国家”以及“306条款监督国家”。对于被美国贸易代表办公室列入“重点国家”的，公告后30天内对其展开6～9个月的调查并进行谈判，迫使该国采取相应措施检讨和修正其政策，否则美国将采取贸易报复措施予以制裁；一旦被列入“306条款监督国家”，美国可不经过调查自行发动贸易报复；而被列入“重点观察国家”、“一般观察国家”则不会立即面临报复措施或要求磋商。

“超级301条款”始见于美国《1974年贸易法》第310条，《1988年综合贸易与竞争法》第1302条对其内容进行了补充。“超级301条款”的核心是“贸易自由化重点的确定”，除不公平措施与知识产权保护问题外，还涉及出口奖励措施、出口实绩要求、劳工保护法令、进口关税及非关税壁垒等，是针对外国贸易障碍和扩大美国对外贸易的规定。“超级301条款”通过确定外国的不公平贸易做法和重点国家，加强美国在与这些重点国家进行贸易磋商的谈判力量，旨在为美国寻求开拓国际市场的突破口。通过公布“重点不公平贸易做法”和“贸易开放重点国家名单”，贸易代表可与被确定的“重点国家”进行谈判，与对方达成消除不公平做法或补偿美国贸易损失的协议。

除“301条款”之外，还有“337条款”，且“337条款”已经成为美国企业阻止竞争者的货物进入美国市场的最省钱、最省时的法律途径。“337条款”最早见于1930年美国关税法的第337条而得名，而对现行“337条款”的实体构架与运作程序影响最大的正是《1988年综合贸易与竞争法》。“337条款”规定，任何一家美国企业如果认为某一进口货物的进口侵犯了它的知识产权，就可以发起“337”程序。一旦该企业可以证明进口产品确已构成侵权，美国国际贸易委员会就有权力暂时或者永久禁止该产品的进口。“337”程序案件的审理一般不超过15个月，这在准司法程序中是最快的。一般来说，案件的取证和庭审都限制在7个月内，取证与听证则必须在调查通知公布起3个月内完成。因此，“337条款”正越来越多地被美国企业所采用。

三、美国对外贸易政策的演变

在美国的战后贸易政策变化中，始终贯穿着自由贸易和贸易保护主义之间的斗争，但其基本理念均是“互惠”。战后的政策实践可以根据政策理念和贸易政策基调划分为3个阶段，即二战后到20世纪70年代中期的自由贸易(Free Trade)时期，20世纪70年代末期到80年代末期贸易政策过渡期，以及随后的公平贸易(Fair Trade)或管理贸易(Managed Trade)时期，布什政府在贸易政策上将公平贸易发挥到了极致。

(一)二战后到20世纪70年代中期的自由贸易时期

战后至70年代中期，美国的对外贸易政策以自由贸易为主线，贸易政策主要依托多边框架进行，当然，这种自由贸易是对盟国的自由贸易，而对社会主义阵营则采取了禁运等贸易保护主义手段，服务于冷战的需要。

在美国强烈主张下，建立了第一个全球性多边贸易体制——关贸总协定(GATT)，成为战后半个多世纪国际贸易自由化的基石。1947～1962年，美国分别同西欧、拉美、东南亚各国签订关税减让协定157项，并于1949起在GATT的范围内开展了大规模的多边关税减让谈判，推进了国际贸易领域内的多边主义、非歧视以及商品和要素自由流动的实现；60年代欧、日的经济力量复兴，部分发展中国家经济有所发展，美国国际收支逆差出现一定恶化，但美国政府仍坚持贸易自由化的大方向。1962年，国会通过贸易拓展法，授予总统减税和同欧共体谈判的权力。在该阶段内，美国对外关税税率一直呈下降趋势。20世纪30年代美国工业品进口平均关税率为43.6%，40年代下降至24.1%，50年代又下降了一半，降低至12%，70年代降为7.4%。当然，该阶段内也有贸易保护主义浪潮高涨之时，1950年朝鲜战争爆发，国会修订了1934年以自由贸易为精神的《互惠贸易协定法》，增列了用以保护农产品的国家安全条款和可以因进口产品对国内产业造成损害而提起申诉的免责条款等，且禁止总统将关税税率减至严重损害国内产业和生产的程度，这一修改导致GATT第3轮谈判没有取得实质性进展。1967年，总统经济顾问委员会向国会关税委员提供的一份报告表明了政策的变化。报告称，“自由贸易符合全世界的利益，也为美国的利益服务。然而，美国的外贸政策的标志是自由贸易哲学，它有别于具体的各项政策措施”。报告把自由贸易作了政策与哲学的区分，它的意义在于表明，美国奉行的是自由贸易的哲学，这并不意味着它在各项贸易领域中的每项政策和作法都是自由贸易的。

总的来说，该阶段的内在思想是“自由贸易将促进贸易双方福利”，因而表现在贸易政策上，美国积极推进全球贸易多边化体制的建立，推动降低关税等促进多边贸易的手段。当然，它的外贸政策又具有强烈的反共色彩，这表现了它的外贸政策及其国际经济政策很大程度上服从于它的外交政策。因此，这一时期的自由贸易政策只是相对于美国的同盟国而言的。

(二)20世纪70年代中期至80年代末期的贸易政策转变时期

这一阶段的主要特征是自由贸易主义和以非关税措施为主的新贸易保护主义

并行，贸易政策出现由自由贸易向“公平贸易”或“管理贸易”的转变。

随着日本经济的崛起和欧洲经济的恢复，美国同日、欧之间的贸易冲突有所上升，浮动汇率制度加大了贸易摩擦和国际协调的难度，美国的贸易政策开始日趋保守。1974 年国会通过贸易改革法，成为美国对外贸政策的一个分水岭，该法律使得贸易代表能够针对其他国家所谓不公正、不合理或歧视性的贸易做法进行反击，保证实现美国各项贸易协定下的权利。1978 年，卡特总统提出“自由贸易也必须是公平的贸易”，从而使“公平贸易”成为贸易政策的基调之一。1979 年，美国国会又通过了新的贸易法案。该法案除批准政府在“东京回合”谈判中的协定和就若干技术问题作出修订外，引人注目的是，该法案声称美国坚持的是“自由而公正”的贸易原则。自 1974～1979 年的 5 年中，美国国会共通过带有保护主义色彩的法案 70 多项，涉及钢铁、汽车、纺织品、机床、机械加工产品、多种农产品等等。与此形成对照，从 1951～1969 年的 18 年中，国会通过的此类性质的法案仅 50 多项，而且多与农产品有关。仅此足见保护主义浪潮的猛烈。1985 年 9 月 23 日，里根总统在“贸易政策行动计划”中正式提出“自由和公平贸易”的概念，并组成以商务部长为首的贸易反击小组，以查明和制止外国的不公平贸易行为。美国的贸易政策理念从自由贸易、多边主义转向强调公平贸易、对等互惠主义。1986 年美国通过《综合贸易法案》，强调要对实施“不正当、不合理、不公平的贸易政策或做法”的国家采取报复行动，从而进一步强化了贸易政策向公平贸易转变的趋势。

(三)20 世纪 80 年代末期以来的公平贸易时期

在这一阶段公平贸易全面成为美国贸易政策的主导思想，尽管仍然推行贸易自由化和开放，但开放的对等条件要求日益上升，同时新单边主义力量有所增长。

“新互惠主义”的“公平贸易”理念，主张贸易伙伴之间就开放全部市场及全部关税及非关税限制问题谋求互惠及平衡，其主要内容是：(1)强调产品、部门或行业内部平衡，而非不同部门之间按比较优势的相互大体对等减让；(2)以政治决定的“成效导向”标准替代市场决定的“规则导向”标准，即不以“事前”竞争法规而以“事后”自己最终的实际出口量来决定外国市场的开放程度；(3)采用固定份额或数量指标，将“自动出口限制”和“自动进口扩大”相结合，保障本国产品在外国市场的最低占有率，并限制外国产品在本国市场的渗透率；(4)单边标准和治外法权，以美国国内法作为判别“公平”之标准，对其单方面认定的“不公平”或“歧视性”贸易行为加以制裁或报复，当美国按其标准认为对手的减让程度低于本国时，美国将不再采取行动而只等待对方作出单方承让。由此，在贸易政策上，美国进一步形成了以多边主义为核心，地区主义、双边主义和单边主义为辅的多轨制方式，这是美国对历史上长期单纯依赖和信奉多边主义的重大矫正。

克林顿政府执政期间，经济繁荣之下贸易逆差却逐步扩大，国内保护主义势力上升，克林顿政府开始把“公平贸易”和对等原则作为贸易政策的基调，强调贸易伙伴在进入美国市场的同时必须对等地向美国开放市场。1988 年，美国国会通过了《1988 年综合贸易与竞争法案》，标志着公平贸易取代自由贸易成为美国贸易政策的基本原则。《综合法》授权美国政府有权对外国从事的“不公平贸易活动”进行调查，总统的贸易谈判代表可决定对外国进行报复，即报复的授权从总统下移给了贸易谈判代表，同时报复的范围有所扩大，可以因贸易顺差、政府采购、侵犯劳工权利、保护知识产权等问题而实施报复，可单方面暂时停止或终止美国对该国所给予的优惠，或对其产品课征高额进口附加关税，以及采取其他进口限制措施。该条款强化了“301 条款”，称为“超级 301 条款”；而“特别 301 条款”则加强美国在知识产权保护方面利益的立法。

自此以后，美国贸易政策及其意识形态开始由自由贸易主义退守到贸易保护主义，由全球主义退守到区域主义，由多边主义退守到单边主义，这不仅体现了美国经济地位的相对变化，也对全球多边贸易体制造成了巨大的冲击。

(四)小布什政府强化了单边主义贸易政策

小布什上任以来，由于国内经济衰退，失业和“双赤字”问题严峻，以努力推行全球贸易的竞争自由化为目标，以“公平贸易”为借口，单边贸易保护主义更是大行其道。

新单边主义是美国贸易保护主义政策的一种表现形式，其含义是，只要美国认为其贸易伙伴进行不公正、不合理的活动，美国就可以单方面采取行动，迫使其贸易伙伴改变其贸易政策，甚至迫使其修改有关的法律、法规，以利美国产品的出口而减少贸易逆差。新单边主义对贸易伙伴的国内政策施加了巨大的压力，给全球贸易体系带来了新的不稳定性因素。为保护本国钢铁行业，美国试图于 2002 年 3 月对大多数进口钢材征收 30%左右的进口关税，并对厚钢板实行进口限额，同年 5 月，布什签署农产品补贴法案，不但包括对农作物的补贴，还包括对农产品出口、农业区的发展，以及消除饥饿等方面的补贴，并且随后恢复了贸易代表的快速处置权(TPA)，使美国政府加强了对国外贸易的紧急决断权，由此招致了欧盟、日本及中国等贸易伙伴的强烈不满和贸易战威胁，这种单边行动置多边贸易规则于不顾，动摇了全球贸易体系的稳定性。

第二节　日本的对外贸易

一、日本贸易概况

日本是一个岛国，由本州、北海道、九州、四国 4 个大岛和 3900 个小岛组成。

国土总面积为37.79万平方公里,2007年人口1.28亿。日本是一个后起的发达国家,在二战后,日本成为战败国,经济遭到严重破坏。但是战后日本经济恢复很快。日本的国民生产总值1954年就恢复到战前最高水平,在1968年超过原联邦德国,仅次于美国。2007年GDP相当于美国的1/3,达到4.38万亿美元,人均GDP约34254.6美元。

2007财年(2007年4月~2008年3月),日本的贸易顺差为10.2246万亿日元,比上年增加13.4%。这是日本贸易顺差连续第2年保持增长。出口额为85.1177万亿日元,同比增加9.9%;进口额为74.8931万亿日元,同比增加9.4%,均为连续6年保持增长。

2007财年,日本对美国贸易顺差为8.2570万亿日元,同比减少9%,4年来首次出现下降;对欧盟的贸易顺差为4.9184万亿日元,同比增加16.7%,为连续6年保持增加;对亚洲的贸易顺差为9.2739万亿日元,同比增加34.1%,为连续两年保持增加。

(一)日本的主要贸易伙伴

日本最大的出口国一直是美国,2007年日本对美国出口占其总出口的20.12%,2006年为22.5%。中国是日本的第二大出口国,2007年15.3%的出口流向中国,而对整个欧洲出口也不过是15.78%。日本的出口48.14%在亚洲,22.39%出口流向"亚洲四小龙"。简而言之,就出口方向而言,"亚洲四小龙"与美国相当,而中国抵得上整个欧洲。

进口则刚好相反,日本的第一大进口国是中国,2007年日本22.55%的进口来自中国,美国则排名第二,占11.41%。从区域来讲,11.4%来自"亚洲四小龙";11.67%来自欧洲。因此就日本进口而言,美国、"四小龙"、欧洲所占的份额大体相当。另外,中东还占了相当大的份额,2007年为18.33%,2006年则为18.9%,日本对中东石油的依赖可见一斑。

(二)日本的贸易结构

日本的服务贸易向来逆差。2007年日本的货物贸易顺差为1046.54亿美元,服务贸易逆差为211.75亿美元,服务贸易逆差占货物贸易顺差的20.2%,而2000~2007年这一比重的平均值为33.8%。所以日本对外贸易优势不在于服务贸易。

就货物贸易而言,日本贸易结构的新动向是从2005年起,运输设备超越电子产品成为日本货物出口的最大类商品。2005~2007年,运输设备分别以占主要出口商品比重的23.2%、24.2%、24.8%而跃居第一。运输设备中以机动车辆为主,而机动车辆中以小汽车为主,船舶仅占2%的比重。第二大类出口品是电子类产品,2007年占了20.2%的份额。其中半导体所占份额最高。第三大类则是机器设备,占19.8%。

日本进口货物贸易占比重最大的是矿物燃料,2007 年占日本主要商品进口的 27.7%,单石油一项就达 16.8%。进口的第二大类是电子产品,占 12.7%。进口中原材料和食品所占比重并不很高,2007 年分别为 7.7%和 8.3%。

二、日本的对外贸易管理

日本贸易政策的制定一般是由通产省的有关局提出初步法案,送交通产省审查并组织讨论,还要接受有关省厅次官会议审查。凡需征求民间意见的,则送通产省进出口贸易审议会讨论和审议,然后经通产省大臣提交阁僚会议讨论通过后或颁布政令,或送国会立法。对进出口商品的具体管理办法,由通产省大臣批准后,不必再送阁僚会议讨论。通产省是制定政策的主要部门,它直接对内阁总理大臣负责。

日本实行对外贸易一体化管理体制,外贸管理权集中在中央,由通产省统管,日本政府声称实行自由贸易政策,实际上仍通过各种立法和行政手段进行严格管理。

(一)日本的进口管理体制

在相当长的时间内,日本的进口实行数量配额和外汇配额管理制度,商品进口必须申请许可证。申请许可证的商品分为两类:一类是自动许可的商品,原料和食品属于这一类,这一类商品较易得到批准;另一类是分配外汇的商品,或称“限额进口”商品,进口这类商品要向通产省申请特别许可证,通产省视具体情况审批。除了外汇和数量限制外,日本还运用诸如支付的规则、时间的约束、进口保证金等手段管制进口。日本对引进外资也有严格的管理,直至经济起飞后并在欧美各国的压力下,日本才逐步自由化。1967 年,日本已有 93%的商品实行了贸易自由化,外汇管理也逐步放宽,但日本对食品的进口进一步加强了卫生检验制度,对进口商品的商标也有严格的管理。

目前,日本的进口管理体制基本上可分为四个部分。

1.进口许可证

凡需要进口下列外国商品者,应先得到通产省的许可:

(1)贸易管理法细则中规定的限额进口商品;

(2)商品的原产地和装运地在进口报告中规定的;

(3)商品的付款方式在外汇管理法,或有关特殊结算的内阁条例中有规定的;

(4)进口公告中公布的必需商品。

第一类和第四类商品的进口许可证应向认可的外汇银行申请。当有通产省等部门的许可,或向海关递交了有关单据时,它们就可以进口。

2.进口配额制

这种制度主要是为了限制进口数量。日本根据国内供求关系,对进口商品的数量或金额实行限制。

3.进口汇报制

要求进口或已进口的一方，需在规定时间内，通过该进口商品的付款银行，向通产省递交进口报告。

4.无需进口手续的自由进口商品

日本进口法规定，有些商品或临时进口的某些商品不需要许可或申报，由海关决定哪些商品属于自由进口的范围。

(二)日本的出口管理体制

日本对出口实行低度管理，仅涉及下列五种情况的商品出口需要批准：

(1)特定的出口货物管理；

(2)对特定地区的出口进行管理；

(3)委托国外加工商品的管理；

(4)对外汇结算的管理；

(5)质量管理和产品设计管理。

此外，日本有一些半官方的民间机构，如日本机械输出入组织、纤维输出入组织、陶瓷输出入组织，以此加强对行业的管理。

但是，日本市场最令人生畏的是烦琐复杂的国内商业规定，这些无形的壁垒往往使国外的厂商难以适应。

三、日本的对外贸易管理政策演变

(一)20世纪90年代以前日本的贸易政策

二战后，日本从60年代起到70年代中期，推行了以提高本国重化工业国际竞争力为主要目标的保护贸易政策。第二次世界大战导致日本经济处于崩溃边缘，为了重建经济，日本经济学界经过激烈争论，逐步形成初级阶段战略贸易政策构想，日本政府则于60年代初予以推行。其主要内容包括确立贸易立国基本发展战略，通过优惠政策扶持具有规模经济效应的出口产业，实现日本经济重工业化。

到70年代中期，日本通过引进并消化世界先进技术，迅速提高了日本工业整体技术水平。在贸易政策和产业政策的有力配合下，提高了日本产业结构的层次，实现了日本经济的重工业化，日本产业的国际竞争力得到了极大的提高，日本出口贸易迅猛发展，日本经济在整个60年代实现了两位数的年增长率。

日本初级阶段战略贸易政策之所以能够推行，并且能够取得如此成功，与当时日本面临的国内外政治、经济环境有着密切联系。从外部条件看，美国出于冷战战略的需要以及一度对规模经济产业国际竞争力重要性的认识不足，形成了日本单方面扶持规模经济产业却不招致贸易报复的特殊外部环境。从内部条件看，日本以边际改进为特征的经济制度，迫切需要战略贸易政策来支撑。当时阻碍日本经济体制建设和经济发展的是市场需求不稳定，因此，稳定市场需求成为日本经济发展的关键因素。而战略贸易政策无疑会有效改善日本的市场需求条件，使得作为日本经济增长发动机的日本市场经济制度最终得以形成。

日本通过对规模经济产业率先实行扶持政策，获得垄断利润和产业国际竞争力的贸易立国战略在70年代中期开始经受严峻的考验。

冷战结束后，国家竞争战略重点由军事和意识形态的对垒，转变为以经济和科技为基础的综合国力竞争，而且由于石油危机冲击，西方发达国家经济增长乏力，市场需求不足矛盾日益增长。以美国为首的西方发达国家不再容忍对日本严重的贸易收支失衡，要求日本改变发展战略，改善市场准入条件的呼声日益高涨。更重要的是，美国逐渐认识到国家政策干预对规模经济产业国际竞争力的重要意义，展开了与日本针锋相对的产业和贸易竞争。而曾经创造出经济奇迹的以边际改进为特色的日本经济体制同样出现了明显的失灵现象，日本资源配置出现了比较严重的效率损失，缺乏弹性的经济结构已经不能适应以信息产业及其技术为主体的第三次产业革命竞争的要求。因此，日本必须向高级阶段战略贸易政策演进，重建以要素密集度为基础的国际分工体系，实现与世界其他国际贸易利益的公平分配。

日本80年代以后贸易政策实践，也正是沿着推行高级阶段战略贸易政策展开的。首先，日本政府提出以"美日共霸"为基础的国际分工战略构想，即"环太平洋经济圈构想"。其次，日本积极促进与其他国家的经济政策协调，加强多边贸易和发展全球经济。80年代日本全球经济的战略重点向亚太地区倾斜，试图通过APEC来实施其亚太战略并谋求对亚太地区的主导权，策划推动亚太经济合作组织向制度化、集团化方向发展；推动亚太地区的贸易自由化进程，意图通过双边和多边贸易谈判推动亚太地区国家开放市场，主导亚太地区的贸易秩序。

总结90年代以前的日本贸易政策的发展过程，可以简单概括为：利用各种可行的手段提高出口商品的竞争力及在国外市场所占的份额；通过直接进口限制到进口商品种类的自由化到降低进口关税到消除非关税壁垒的路径逐步走向贸易的自由化。

(二)20世纪90年代的日本贸易政策

90年代以来日本贸易政策与90年代之前相比有了较为显著的变化。一是进一步坚持自由主义的立场。这种立场具体表现为进口壁垒的削弱和对待外资的态度由以前的限制逐渐转化为采取各种措施大力吸收外国直接投资；二是进一步融入了以WTO为首的多边贸易体制，并利用其为自身的利益服务；三是顺应了区域经济一体化的潮流，开始选择有关国家与地区进行区域双边甚至多方位的贸易经济合作。但是，不论日本在贸易政策上出现何种变化，其最终目的都是为了维持国际收支的平衡和国际贸易与整体经济的健康发展。

90年代以来，日本经济形势以及其贸易政策有关的国际经济形势与之前相比都有了明显的变化：日本经济在经济泡沫破灭之后一直处于萧条与调整之中，与之相对应的结构改革也没有取得明显的成效；世界其他国家尤其是美国与东亚等国家的发展，对日本在工业品上的竞争力提出了强有力的挑战，日本原有的、在工业品上的竞争力已经开始走下坡路；以“乌拉圭回合”为标志，在WTO领导下，国际多边贸易体制进一步向自由化方向迈进，日本面临着开放市场的压力。在这个背景下，日本对外贸易政策在内外部双重压力之下也随之作了调整。这种调整在进口与出口政策上的基本特点是进一步开放国内市场与国际竞争力的再造。

由于日本经济的长期停滞，在国内政策没有取得相应效果的条件下，日本政府试图借助外部经济政策来达到启动国内经济的目的。这种外部经济政策主要有两种：吸引对外直接投资与区域一体化制度安排。日本实施这样的对外经济政策的过程，实质上是日本商品市场与要素市场进一步对外开放的一个过程。日本政府希望借助于这样的贸易与投资政策能够促进国内各个市场间要素的流动性，增加竞争的充分性，以此来激活疲惫不堪的经济。总体看来，日本90年代末所实行的内外政策协调是日本市场进一步向其他国家开放的过程，是日本在内外压力的作用下进一步走向自由主义的一个标志。

90年代以来，多边贸易体制的最大变化之一就是WTO的成立。WTO的成立不仅仅是多边贸易体制的易名，更重要的是多边贸易体制在许多方面得到了加强。对于日本来讲，如果想避免同美国、欧盟的贸易摩擦，同时又维护自身的利益就必须利用以WTO为首的多边贸易体制，这意味着日本必须履行在WTO下开放市场的义务。

90年代以来，区域经济一体化进入高涨时期，北美自由贸易区、欧盟、亚太经济合作组织等相继成立。北美自由贸易区与欧盟在性质上并不是一个开放性的组织，因而其区内一体化政策并不适用于区外的国家，从而带有一定的歧视性，这就使三大经济体之一的日本受害最大。虽然日本产品仍然可以通过加拿大、墨西哥迂回进入美国，但想要绕过欧盟的壁垒却不那么容易。日本为了摆脱这种被动局面，除了在多边贸易体制与区域经济合作方面签订了有关开放市场的协议之外，在这一时期日本政府为了提高国内产业的竞争力，还在各个领域实行了自主的放松管制政策。从1988年日本内阁会议指定放松管制框架起，日本政府先后实行了放松管制计划（1995～1997年）、推进放松管制三年计划（1998～2000年），前后共涉及了大约3000个项目。从已经实施的情况来看，日本放松管制的主要措施就是运用各种可行的手段来降低或者削弱产业进入壁垒，以增强产业的竞争性。

(三)21世纪日本国际贸易政策发展的趋势

1. 优化出口商品结构,从传统的"加工贸易体制"向经济成熟条件下的贸易体制转变

第二次世界大战后,日本"加工型的外贸体制"的建立及运行,为日本经济实现复苏和高速增长做出了贡献,如今日本已成为世界第二经济大国和最大的债权国,贸易收支连年顺差。日本的出口增长率远远高于进口增长率,造成贸易收支不平衡,因而同贸易伙伴国的经济摩擦愈演愈烈。

与此同时,日本与发达国家中产业内贸易水平较低,与发达国家之间发展产业内贸易的空间很大。因此,日本开始致力于从以产业间贸易为主的体制向以出口工业制品和进口工业制品的产业内贸易为主的新体制转变。

2. 升级产业结构,促进服务业,尤其是金融业和高科技产业贸易的发展

20 世纪 90 年代,美国成功地实现了产业结构的升级,使产业发展的重点从制造业转向服务业,与此相反,日本则落后于美国。这也是进入 90 年代美日经济差距拉大的重要原因。1997 年亚洲金融危机爆发,东亚各国为摆脱困境迫切需要外界帮助,而国际货币基金组织以及世界经济大国美国基本上采取作壁上观的态度,所提供的援助也是杯水车薪,且只是在危及美国大门——南美洲时才出面干涉。在这种情景下,日本政府倡导亚洲各国建立亚洲货币基金。日本的目的也是扩大本国在亚洲金融服务领域的影响,并由此带动国内产业结构的调整。

3. 利用直接投资推动对外贸易

由于亚洲邻国处于 1997 年金融危机后的转型时期,国内经济萧条,贸易摩擦加剧,从而限制了日本外贸的发展。为此,日本采取了"迂回生产,迂回出口"的战略来替代"出口导向"战略。日本将继续扩大在东西的投资,将国内生产不具有比较优势的产业或夕阳产业移入东亚邻国。

第三节 欧盟的对外贸易

一、欧洲联盟的对外贸易概况

欧洲联盟的前身是欧洲共同体,1993 年 11 月 1 日,《马斯特里赫特条约》正式生效,欧洲联盟宣告诞生。2007 年 1 月 1 日,欧盟第五次扩大,随着保加利亚和罗马尼亚的加入,欧盟共有 27 个成员国,面积达 442 万平方公里,人口 4.89 亿。

如果不考虑欧盟内部贸易,将欧盟 27 国作为一整体,则欧盟是最大的货物贸易出口区,全球第二大进口地,2007 年其进出口总额以占世界 17.4%的比重超过

美国的14.9%而居世界第一(如表14-4)。

2007年,欧盟27国对外贸易逆差为1851亿欧元,同比减少3.7%。欧盟27个成员国中只有德国、捷克、丹麦、爱尔兰、荷兰、芬兰、瑞典等7国在对外贸易中是顺差,其中德国顺差最大为1954亿欧元。英国逆差最大,为1326亿欧元。

表14-4　　2007年世界货物贸易的领先国家与地区

不包括欧盟内部贸易											
排名	进口	10亿Э	(%)世界	排名	出口	10亿Э	(%)世界	排名	进出口	10亿Э	(%)世界
	世界	7803.9	100.0		世界	7498.3	100.0		世界	15302	100.0
1	美国	1443.4	18.5	1	欧盟27国	1238.1	16.5	1	欧盟27国	2661.1	17.4
2	欧盟27国	1423.0	18.2	2	中国	873.2	11.6	2	美国	2272.7	14.9
3	中国	622.1	8.0	3	美国	829.3	11.1	3	中国	1495.3	9.8
4	日本	431.4	5.5	4	日本	483.2	6.4	4	日本	914.6	6.0

数据来源:欧洲统计(Eurostat)。

(一)欧盟的贸易方向

欧盟的前三大进口国分别是中国、美国和俄罗斯,2007年他们分别占欧盟进口总额的16.2%、12.7%和10.1%。排名第四至九位的进口来源国分别是日本(5.5%)、瑞士(5.4%)、挪威(5.4%)、土耳其(3.3%)、韩国(2.8%)、巴西(2.3%)。

欧盟的前三大出口国分别是美国、瑞士和俄罗斯,这一排名近些年来一直比较稳定,其中美国所占份额最大,2007年为21.1%,其他两国只占7.5%和7.2%。其后的几大出口贸易伙伴依次为中国(5.8%)、土耳其(4.2%)、日本(3.5%)、挪威(3.5%)。

总体说来(从进出口总额来看),欧盟最重要的贸易伙伴是美国、中国、俄罗斯、瑞士和日本。2007年欧盟与各主要贸易伙伴的贸易量大多是增长的。出口方面,对俄罗斯、印度、巴西的出口量分别增长了23%、21%和20%,而对美国和日本的出口量分别减少3%和2%。进口方面,从巴西、中国、印度的进口量分别增长了20%、19%和16%。

2007年,欧盟对美国的贸易顺差为804亿欧元,同比下降14.3%;对中国的贸易逆差扩大到1592亿欧元,同比增长21.5%;对日本、巴西、俄罗斯、挪威、韩国的贸易逆差分别为342亿、112亿、543亿、333亿、146亿欧元。

(二)欧盟的贸易结构

按 SITC 的分类标准[①],SITC7 机械及运输设备是欧盟的第一大出口商品,约占其出口总额的 44%。其他 SITC6+SITC8 类制造品约占欧盟出口的 25%。第三大类是 SITC5 化学产品,约占其出口的 16%。其他 SITC0+SITC1(以食品为主)约占 5%,SITC2+SITC4(以原材料为主)只占 2.4%,SITC3(能源为主)5%左右。这一分布比例与美国十分相似,中国则在 SITC5 上低于欧美,在 SITC6+SITC8 上高于欧美。

欧盟的进口中最大类商品仍然是 SITC7,但所占比重在逐渐下降。实际上在 2006 年和 2007 年,SITC7 与 SITC3 和 SITC6+SITC8 占比已相对平均,约为 29%、25%和 26%。第四大类进口品 SITC5 化学品则只占 8%左右的份额。其他 SITC0+SITC1(食品)约占 5.3%,SITC2+SITC4(原材料)约占 4.9%。欧盟的这一进口结构与日本颇为相似。

二、欧盟的对外贸易管理

目前,欧盟制定共同贸易政策(包括对外开展贸易协定谈判)时,首先需要欧委会提出相关建议并经咨询 133 条款委员会后,再由欧盟理事会(有时需与欧洲议会共同)做出决定。在欧委会内部制定共同贸易政策时,会与成员国政府所指定的部门或专家共同工作,同时也征询有关方面的意见,特别是欧盟工商界及相关中介组织等利益方的意见。

(一)欧盟部长理事会

欧盟部长理事会是欧盟共同贸易政策的决策机构,简称欧盟理事会。欧盟理事会根据一定的表决程序,决定采取某项政策决定与第三国进行贸易协定谈判,批准某项协定,向欧委会发出谈判指令,为欧委会设定谈判目标等。在对外谈判过程中,欧委会应通过 133 条款委员会向成员国通报情况并进行咨询,但欧盟理事会掌握最后决定权,且该项权利不得由其他机构代为行使。

欧盟理事会做出某项决定时,通常应遵循“有效多数”原则,在特定情况下适用“协商一致”原则。

(二)欧洲议会

根据欧盟有关条约规定,在贸易协定的谈判过程中,欧委会应就有关问题咨询欧洲议会。在日常工作中,欧委会通常向议会通报有关贸易事务。对某些特定的

---

① SITC 将货物商品分为 0～9 十类:0 食品与活动物,1 饮料与烟草,2 非食用原料,3 矿物、润滑油及有关原料,4 动植物油脂、蜡,5 化学及有关产品,6 轻纺、橡胶、矿冶产品,7 机械及运输设备,8 杂项制品,9 其他未分类商品。0～4 为初级产品,5～8 为工业制品。

贸易法规的制定，欧洲议会与欧盟理事会共享决定权。

(三)欧盟委员会

欧盟委员会是欧盟的政策执行机构，简称欧委会。欧委会在贸易方面的职能主要是：执行欧盟理事会的决定；为实施共同贸易政策向欧盟理事会提出建议；就对外谈判方案提出建议；在欧盟理事会的授权和指令规定的范围内与贸易伙伴进行贸易协定谈判等。在某些领域，欧委会拥有自己的决定权，如发布反倾销的规定和决定等。

欧委会内设 34 个总司，其中贸易总司具体负责欧盟共同贸易政策实施和管理。

(四)133 条款委员会

133 条款委员会是指依据《阿姆斯特丹条约》第 133 条，由欧盟成员国代表组成的咨询委员会，其作用是为制定欧盟共同贸易政策提供咨询。

三、欧盟贸易政策的主要内容

在推动欧洲统一的进程之中，以追求和分享集团排他性利益为主体的战略始终贯穿于一体化的各项计划与行动之中。把区域经济联合的集团利益突出展现于其成员国国家利益之上，这也是当今世界经济与政治格局向多极化方向发展、国际经济竞争日趋激烈的选择。欧盟的贸易政策与经济一体化以及欧洲结合的战略目标紧密相关，因此，欧盟贸易政策的内容必然反映出经济一体化的发展和欧洲联合以及加强欧盟的国际政治、经济地位的要求。

(一)欧盟的进口贸易政策

欧盟制订进口贸易政策的主要目的和重要内容就是贸易保护政策。这要求在统一的贸易政策下，通过内部产品消除流通障碍，并尽力阻止外部产品的进入，以保证欧盟成员国产品在欧盟市场的自由流通。典型的政策体现是关税同盟政策、共同农业政策(主要是农产品贸易保护政策)等。其主要手段：一是消除成员国相互间的关税以及与关税有同等作用的其他课税，二是设定统一的对外关税率，三是设定价格控制目标(主要适用于农产品)，四是资金支持。

(二)欧盟的市场准入政策

欧盟于 1996 年 2 月公布了一份题为“面临国际贸易的总体挑战：欧盟关于市场准入的战略”文件，标志着欧盟在共同对外贸易政策上的战略性发展和变化，即以过去的以贸易保护措施为主的统一市场规则，逐渐转向以打开他国市场作为战略重点的共同对外贸易政策。欧盟的这一变化无疑将影响欧盟的全球经贸战略，也必将对整个国际贸易产生深远影响。

欧盟的市场准入战略是以其统一市场的开放为条件来换取他国市场的相应开放，这是欧盟在“乌拉圭回合”谈判中所坚持的主张。欧盟将以市场准入为目标，在多边范围内监督实施这一国际贸易规则。欧盟将通过诸如 WTO 等国际组织来要求其他国家改选所加承诺的义务，以求各国在同等条件下向欧盟开放市场。在双边贸易关系中，如果贸易对象国不改选协议义务，欧盟可以根据贸易壁垒法规或新普惠制法规来采取单方面的贸易制裁措施。欧盟的贸易壁垒法规，即“3286/94 号法规”，类似于美国的贸易法“301 条款”，是欧盟采取市场准入措施的基本法规。根据该法规，欧盟可以单方面暂停履行所承担的协议任务，提高进口关税或采取进口数量限制。欧盟也可以根据新普惠制法规对受惠国单方面终止或取消普惠待遇，以打开该国市场。

与反倾销所具有的区域内保护效力不同，市场准入措施拥有打开他国贸易壁垒的区域外效力尤其是欧盟以统一市场的开放为后盾，其影响不可轻视。根据欧盟的贸易壁垒法规规定，只要有欧盟内的工业企业或成员国提出申诉，执委就有权受理市场准入案件，进行立案调查，并与对象国谈判解决。其结果往往是对象国或者开放市场，或者受到欧盟方面的制裁而影响对欧盟的出口。因此，不应低估或忽视欧盟市场准入措施的威慑力。

四、欧盟贸易政策的目标

（一）促进成员国之间货物、人员、服务和资本的自由流通

对外贸易对于欧盟各成员国的经济发展具有重要意义，保持和发展对外贸易是整个集团的重要推动力。因此，如何确保货物、人员、服务和资本的自由流通就成为欧盟贸易政策的主要目标。《马约》明确规定：内部市场应包括一个没有内部边界的区域，在此区域内，货物、人员、服务和资本得以自由流通。因此，货物、人员、服务、资本的自由流动是欧洲共同体立法的核心，直接影响和规范共同体的各项政策，可视为《欧洲共同体条约》的支柱。

（二）加强欧盟作为集团在世界贸易中的地位

欧盟作为世界上一个重要的贸易集团之一，在世界经济贸易中占有相当的比重，欧盟目前约占世界国内生产总值的 1/4，国际贸易的 2/5（包括欧盟成员国之间的贸易）。单就欧盟的内部贸易来看，就足以显示出其在世界经济贸易中的地位。从另一角度来看，欧盟对内部贸易依赖性的不断加强促使成员国在经济一体化的深度上不断强化，这种发展和强化既是一体化的结果，也是经济一体化发展的动力。作为世界上最大的贸易集团，欧盟的贸易不仅要继续提高和保持欧盟在国际贸易和国际经济事务中的地位，而且还要承担保护欧盟大市场的重任。

(三)贯彻实施欧盟的国别与地区政策

在当今两极世界已经瓦解、多极化格局正在形成的发展形势下,作为经济一体化发展程度最高的国家集团,欧盟势必利用其经济实力以求在国际事务中发挥重要作用,从而能够成为重要一极。这必然要求和美国在各个方面展开既有合作又有争夺的竞争。为了不至于在这场竞争中落后,欧盟特别注意发展同世界各种类型国家的关系,实行不同的国家与地区政策,国际贸易成为具体贯彻实施的重要途径和手段。

第四节　发展中国家的对外贸易

发展中国家大多分布在亚洲、非洲和拉丁美洲。很多的发展中国家过去都是帝国主义统治下的殖民地、半殖民地。二战后,随着殖民体系的瓦解,大批殖民地半殖民地国家取得政治独立,走上了发展民族经济的道路。

一、发展中国家对外贸易概况

(一)发展中国家在世界贸易中的比重不断提高

20 世纪 70 年代,由于石油价格上涨,发展中国家在世界出口贸易中的比重迅速提高。受石油价格下降和 80 年代初债务危机的影响,发展中国家在世界贸易中的比重有所下降。1990 年,非洲、拉丁美洲和加勒比海许多发展中国家在世界贸易中的比重甚至低于 1970 年的水平。

20 世纪 90 年代以来,发展中国家对外贸易的增长速度高于发达国家,发展中国家在世界贸易中的比重不断提高。发展中国家在世界出口贸易中的比重由 1970 年的 19.2%升至 2003 年的 32.1%;在世界进口贸易中的比重由 1970 年的 18.8%升至 2003 年的 29.0%。

(二)发展中国家的对外贸易发展很不平衡

由于经济发展和经济结构的不同,由于发达国家需求结构的变化和跨国公司投资方向的变换,使发展中国家对外贸易发展很不平衡。

1.制成品出口国家的出口在世界贸易地区分布中呈上升趋势,而其余国家呈下降趋势

1955～1989 年,石油出口国家在世界出口贸易中的比重从 7.3%下降到 5.3%,制成品出口国家所占比重从 4.4%提高到 10.4%,而其余的发展中国家所占比重从 14.2%下降到 5.7%。

2. 发展中国家出口贸易中，制成品出口贸易增长率高于其他商品

3. 在整个发展中国家和地区贸易中，石油出口国家贸易始终处于顺差地位，制成品主要出口国从逆差转为顺差，而其余的发展中国家和地区贸易始终处于逆差地位

（三）发达国家与发展中国家的矛盾呈现出新的特点

如今，贸易与环境、贸易与劳工标准、贸易与竞争政策、贸易与商业腐败等问题已经成为发展中国家与发达国家贸易矛盾的新领域。一方面，美欧等少数发达国家以抵制“生态倾销”、“劳工倾销”及“不公平竞争”为借口、以贸易制裁相威胁，力图将这些问题纳入多边贸易体制之中；另一方面，广大的发展中国家则以这些问题不符合国情、“政治倾销”为由，坚决反对。

目前，发达国家在世界贸易体系中仍占绝对主导地位。不仅如此，发达国家还是世界贸易“游戏规则”的制定者和维护者。发达国家利用其政治、经济和科技优势，制定了有利于发达国家利益的国际贸易规则，为本国企业在21世纪参与国际分工和竞争营造良好的国际环境，而发展中国家的对外贸易仍没有改变在世界贸易中的从属地位，随着发展中国家经济实力的不断增强和贸易地位的不断提升，其与发达国家的贸易矛盾和斗争仍将继续。

二、发展中国家的贸易发展战略

战后以来，多数发展中国家都相继制定了经济发展战略，对外贸易发展战略在其中占了重要部分。贸易发展战略主要有进口替代和出口导向两种。

（一）进口替代发展战略

所谓进口替代发展战略，就是通过保护和鼓励政策，建立和发展本国的制造业，用本国生产的制成品、半制成品和其他工业品替代外国的制成品进口，以带动经济增长，实现工业化，减少贸易逆差，平衡国际收支。

战后的50年代，发展中国家实现工业化，一般都是从实施进口替代贸易发展形式开始的。如当时一些拉丁美洲大国巴西、墨西哥、阿根廷，亚洲的印度、巴基斯坦和菲律宾等。这是因为许多发展中国家感到，只有改变自己畸形的经济结构，改变以前进口制成品、出口初级产品的状态，才能改善自己在国际经济关系中的不平等地位。因此，从50年代到60年代上半期，进口替代发展战略十分盛行。

1. 进口替代发展战略的种类与政策措施

由于发展中国家各国具体条件不同，各国实施进口替代的进程有很大差异。一般可分为两类：一类是原来工业基础比较薄弱的国家，它们的进口替代一般是从建立非耐用消费品工业入手；另一类国家，在二战前已建立一定规模的工业，特别是轻工业，战后它们的进口替代的内容，一般侧重于建立耐用消费品和基础工业。

为实现进口替代的目标，他们都采取了保护和鼓励政策：

(1)执行贸易保护政策。它是实施进口替代的一项基本政策。其内容有：对制成品，特别是消费品进口，通过关税和非关税手段以限制直至完全禁止外国某些工业品的进口；

(2)实行比较严格的外汇管制政策，以将有限的外汇用于经济发展最急需的一些领域；

(3)实行优惠的投资政策。为加速国内资金积累，国家在财政税收、价格和信贷等方面给予进口替代工业以特殊优惠，以促进它们的发展。

2.进口替代发展战略对经济发展的影响

(1)积极作用。

①由于提供了一个有保护的、有利可图的市场，使这些国家的工业，特别是制造业得到了发展；

②进口替代促进了这些国家经济结构的改造，单一畸形的经济结构有了改变。它表现在：在国内生产总值中，工业特别是制造业的比重上升较快，而农业的比重相对下降；

③进口替代发展战略加强了一些发展中国家的经济自立程度。具体表现在：进口的制成品在国内总供给中的比重大大下降，一些国家的设备自给率有所提高。

(2)消极影响。

①市场不足，替代工业的产品销售困难。由于这些国家人民较贫困，购买力低，限制了国内市场的扩大，使进口替代工业出现市场不足、产品销售困难、生产力闲置的情况；

②忽视对基础工业，尤其是农业的建设，导致国民经济发展的不平衡；

③未能改善国际收支上的困难。进口替代固然使国外工业消费品的进口大大减少，从而节约了外汇。但是机器设备、中间产品和原材料的进口急剧上升。同时，贸易保护措施和汇率措施，使工业品成本高、质量低而缺乏出口竞争能力；传统的初级产品出口也因本币高估而受到影响。结果，进口替代没有缓和国际收支上的困难，相反使情况日趋恶化。

(二)出口导向发展战略

所谓出口导向发展战略，就是扶植和鼓励发展出口加工工业，使本国的工业生产面向世界市场，并以制成品和半制成品出口逐步代替过去传统的初级产品出口。其主要目的是利用扩大出口来积累资金，带动整个工业和国民经济的增长。

1.出口导向发展战略的政策措施

由于实施进口替代发展战略暴露出来的矛盾，迫使一些国家或地区寻求新的办法。在20世纪60年代中期前后，首先是东亚和东南亚一些国家和地区如新加坡、韩国、中国的台湾省，在实行一个短暂的进口替代之后，很快转向"面向出口"的贸易发展形式。

它们指望利用自身廉价的劳动力优势，通过积极引进外国资本和技术，进口国外廉价的原料和能源，发展劳动密集型的加工装配工业，并通过出口来带动经济的增长，缓和国际收支的严重压力。

在此以后，其他国家如巴西、墨西哥、菲律宾、马来西亚、泰国等，都先后不同程度地转向面向出口的贸易发展形式。

出口导向发展战略，关键是提高出口商品的竞争能力，开拓和扩大国际市场。为此，实行这一贸易形式的发展中国家相应采取了一系列不同于进口替代期间的政策与措施。

(1)在外贸政策上，主要是适当地放松进口限制，大力鼓励出口。为此采取的措施有：对出口制成品减免关税，外销退税（退还原材料进口关税），对出口给予补贴；对产品出口提供信贷和保险；对出口部门所需的原材料、零配件和机器设备进口，减免关税或减少进口限制；给出口商提供一定比例的进口配额和许可证等；

(2)在外汇和汇率政策上，除给出口企业和出口商优先提供外汇或实行外汇留成、出口奖金等措施外，还拟订合理的汇率，以改变本币高估，不利于本国产品出口的情况。为此，在此期间许多国家都实行了本币对外贬值的办法；

(3)在投资政策上，对面向出口的企业提供减免企业所得税、营业税等优惠；

(4)在外资政策上，为解决资金和技术的缺乏，吸收外国先进管理经验，打开国家市场销售渠道，一些国家和地区先后实施了有吸引力的鼓励外国投资的政策，给外国投资者提供各种优惠和方便。为此采取的措施主要有：享受"国民待遇"，放宽利润和资本汇出的比率，放宽持股比例和投资部门的限制，享受税收和信贷方面的优惠，优先提供基础设施和公用事业服务，简化投资审批手续，给外国投资者及其家属以居住的方便等。一些国家与西方发达国家还签订了投资保证协定和避免双重税收协定。

2.出口导向发展战略对经济发展的影响

这一贸易发展形式，对推动一些发展中国家和地区的对外贸易和国民经济的发展，起了积极作用，使之成为"新兴工业化国家"。同时也出现了一些问题。

(1)积极作用。

①对外贸易增长较快，出口商品中制成品所占比重迅速上升；

②由于吸引了国外资金、技术和采取了一系列鼓励出口的政策，这些国家的制成品，尤其是劳动密集型产品如纺织、服装、玩具、制鞋、电子电器等，逐渐在世界市场上打开了销路。这些国家和地区的对外贸易发展迅速，制成品在出口中所占比重迅速提高；

③增加了资金积累，使国民经济出现较快的增长。新兴工业化国家制成品出

口增长，不仅为这些国家和地区积累了资金，为提高国内投资率和扩大国外机器、设备及原材料进口提供了可能，同时也直接推动了与出口工业有关的经济部门的发展，带动了国民经济的增长；

④制造业在国内生产总值中所占比重显著上升，某些国家在工业结构上，轻重工业的比重进一步调整，重工业有较大的发展。

(2)存在的问题

①容易受到世界市场波动的冲击。在面向出口战略下建立起来的工业，主要是为了出口，使这些国家和地区经济严重依赖于世界市场。由于这些国家的制成品大多是轻纺产品，市场竞争比较激烈，只要西方发达国家市场出现较大波动，就会直接影响这些国家的出口和经济发展；

②建立的工业自主性差。由于实行外资进出自由化的政策，其结果是一方面为这些国家带来资金和技术，但也有一些不良后果。

一是国内一些重要工业部门，特别是机械、化工、电子电器、医药、汽车等新兴工业，程度不同地为外商控制。二是许多出口工业部门是加工装配型的“孤岛型”工业，生产的“前向”和“后向”连锁作用薄弱，从而加强了对国外技术和原材料的依赖。三是跨国公司通过利润、股息、利息、技术转让费、运输差价和公司内部的转移价格等形式，使大量资金流出国外；

③债务负担加重。实行出口导向战略虽推动了出口，但进口也同步加快，尤其是一些严重依赖国外粮食、能源和其他资本货物进口的国家。在20世纪70年代中期以后，能源和资本货物价格猛烈上涨，大大加重了进口负担。同时，一些国家国内投资计划规模过大，引进外资过多，使还本付息的负担日益加重。结果使许多发展中国家出现严重的国际收支困难，迫使一些国家陷入借新债还旧债的恶性循环之中。

三、外贸发展战略选择的影响因素

各种外贸发展战略都只适用于一定的经济条件，其成功与否要受到多种因素的制约。一国在选择外贸发展战略时，必须要综合考虑国内外多种因素。

(一)国内因素

在影响国家对外贸易发展战略选择的因素中，起决定作用的是国内经济情况。

1. 一国的经济发展水平

经济发展水平的衡量指标有两个：一个是一国经济所处的发展阶段，属于纵向指标；另一个是人均GDP等在世界经济中所处的地位，即排序情况，属于横向指标。对于经济发展水平较低的国家，比较可行的初始贸易发展战略是发展资本技术含量较低的劳动密集型进口替代产业，而不宜选择出口替代战略；相反，对于经济发展水平较高的国家，则可以发展具有较强国际竞争力的资本技术密集型的出口导向产业，而不宜采取进口替代的发展战略。

2. 经济发展规模

小国经济比较容易受到外部市场和国际资金流动的影响，可以借助于对外经济联系来发展本国经济。一般的，小国在经济发展初期可以实行进口替代战略，等经济发展到了一定水平，具备一定的国际竞争力后，则可以快速转向出口导向战略。大国经济发展的主要动力来自于国内市场，初始贸易发展战略则可以采用进口替代战略来建立和发展较为齐全的国内经济体系，等经济发展到了一定阶段后，再发展一部分的出口导向产业，以与进口替代产业相互补充。

3. 利益集团的影响

进口替代或者出口导向均需要以国家具体的外贸政策为指导，这些政策包括税收、投资政策、补贴等。这些政策均对国内既定的产业或利益集团形成影响。具有影响力，尤其是政治影响力的利益集团会根据自身利益需要，反过来又对进口替代或出口导向政策施加影响。

(二)国际因素

贸易发展战略的制定还会受到国际因素的影响。主要表现在：

1. 其他国家贸易政策的制约

国际贸易具有相互性，一国的进出口不仅会给本国带来贸易利益，也会给别的国家造成影响。当一国的进出口给贸易伙伴带来不利影响时，对方一定也会运用某种贸易政策加以抵制。

2. 世界经济发展水平

一般的，当世界经济发展水平普遍较低时，各国为本国产品寻找国外市场的压力较小，实行进口替代所面临的外部压力也相应要低些；当世界经济发展水平较高时，情况则相反。

3. 国际政治的影响

政治总是与经济联系在一起的。如果综合国力较强、政治地位较高，则一国在选择和实施外贸发展战略时就比较主动。

【本章参考书目】

1. WTO：Annual report

2. 李滋植：《国际贸易》，东北财经大学出版社，2006 年 4 月。

【思考题】

1. 美国对外贸易政策是如何制定的？
2. 战后日本对外贸易政策的演变有哪些特点？
3. 欧盟贸易政策的内容和目标是什么？
4. 发展中国家的对外贸易发展战略有哪些？
5. 选择外贸发展战略的影响因素主要有哪些？

第十五章　国际贸易理论与政策前沿领域

国际贸易理论与政策前沿领域是在比较成熟的国际贸易学科研究基础上的拓展,重点研究的是近年来普遍为经济学界、多边贸易组织(WTO等)和各国政府关注的领域,包括对国际贸易前沿理论的探讨、贸易与环境、与贸易相关的知识产权保护、国际农产品贸易、区域经济一体化的发展。这些领域问题复杂、矛盾尖锐,任何单边或多边政策和措施的出台都可能影响到各国或国家集团潜在的贸易利益。因此,也是当前贸易实践中最易引起贸易摩擦争端的主要领域。本章目的是追踪国际贸易的焦点、热点问题,把握国际贸易理论和政策发展的动向。

【本章学习目标】

1.掌握国际贸易理论和政策前言领域的基本知识:传统国际贸易理论的研究思路,边际产业扩张理论,知识产权基本概念,许可证贸易,农产品价格支持等。

2.学会关注把握焦点和热点问题:贸易与环境冲突表现,国际知识产权贸易保护的原则和纷争领域,发达国家和发展中国家的农产品贸易政策及改革方向,区域贸易安排对WTO多边贸易体制的挑战等。

3.了解国际贸易理论和政策发展动向:国际贸易理论与其他领域理论的融合趋势,涉及前沿领域的WTO的相关规定及未来谈判方向等。

第一节　国际贸易理论前沿

一、传统国际贸易理论的思路

传统国际贸易理论产生于18世纪中叶,完成于20世纪30年代。以亚当·斯密的绝对成本论、大卫·李嘉图的比较成本论和赫克歇尔—俄林的资源赋予论为代表。

绝对成本论的主要内容是:在两个国家生产两种商品的情况下,其中一国在一种商品的生产中具有较高效率,另一国在另一种商品的生产中具有较高效率,则两国在不同商品的生产上分别拥有绝对优势，此时如果两国根据各自的绝对优势进行专业化分工，并相互进行交换，双方均能从中获益。大卫·李嘉图将绝对成本论进一步发展，他认为：每个国家不一定要生产各种商品，而应集中力量生产那些利益较大或不利较小的商品，然后通过国际交换，在资本和劳动力不变的情况下，生产总量将增加，如此形成的国际分工对贸易各国都有利。可以简单概括为“两优取重，两劣取轻”，这就是经典的比较成本论。亚当·斯密与大卫·李嘉图的贸易理论是古典经济学理论体系的一部分，被称为古典贸易理论。古典国际贸易理论建立在劳动价值论基础上，假定劳动是唯一的生产要素，生产技术是给定的，生产规模报酬不变。

20 世纪初，瑞典经济学家赫克歇尔和俄林提出了资源赋予论。资源赋予论用各国生产要素禀赋的差异来解释国际贸易产生的原因。认为：各国生产要素禀赋不同，供求关系不同，导致两国间要素的价格差异，而投入要素价格的差异导致两国商品生产成本的差异，生产成本的差异形成不同国家商品的价格差异，进而导致国际贸易的产生。贸易可以使各国生产要素的优势得到比较充分的发挥。在 H—O 定理中，俄林将贸易模式进一步表述为：一国出口的应该是那些密集地使用本国较为丰裕的要素生产的产品，而进口的是那些需要在生产上密集地使用本国相对稀缺要素生产的产品。因此，其结论与亚当·斯密和大卫·李嘉图一样，认为自由贸易对于各个贸易参加国都是有利的。赫克歇尔—俄林的贡献在于进一步丰富了传统国际贸易理论体系。在赫克歇一和俄林的模型中，劳动不再是唯一的投入，但生产的技术条件及规模报酬仍然不变。要素禀赋理论被称为新古典贸易理论，曾经在很长时期内成为国际贸易的主流理论。

从“绝对成本论”到“比较成本论”，进而到 H—O 四大定理，传统国际贸易理论的发展一直遵循着完全竞争、报酬不变、同质产品等古老的假定。总体看来，传统国际贸易理论没有脱离比较优势的理论框架。

二、新现象挑战国际贸易理论

第二次世界大战以后，随着科学技术的进步、发展中国家的出现以及国际分工的纵深发展，国际贸易呈空前发展态势。然而，与经典贸易模型所预测不相符的是战后的贸易模式并没有完全遵循传统国际贸易理论。首先发现这样问题的是美籍学者瓦西里·里昂惕夫。他运用经验资料对模型进行检验，结果发现美国的贸易有悖于 H—O 理论。这就是著名的“里昂惕夫之谜”。“里昂惕夫之谜”的出现构成了对传统国际贸易理论的挑战，也促使战后一系列重要的国际贸易理论的诞生。包括新要素理论、国际贸易产品的生命周期理论、产业内贸易理论等等。这些理论的诞生都依托战后国际贸易中出现的一些新现象，战后的国际贸易理论也在解释新出现的现实问题中不断完善和发展。

当代国际贸易中相继出现的如下新现象构成对传统贸易理论的挑战：

1. 发达国家之间的"水平贸易"发展

按照传统的比较优势和资源赋予理论，国际贸易更应该在不同发展水平的国家之间进行，即应该以垂直贸易为主。然而，战后发达国家之间的水平贸易占主导地位是一个不争的事实，而且这种主导地位至今没有改变。根据联合国发布的《2008年统计手册》公布数据，2007年发达工业国商品出口占世界的58.6%，服务出口占全球的71.9%。这一现象是传统贸易理论无法解释的。

2. 制造业内部贸易发展

由于制造业存在规模经济的特点，战后制造业内部的国际分工更加精细化，一些发达国家制造业开始向发展中国家转移。因此，制造业内部贸易呈不断上升趋势。基于规模报酬不变的传统贸易理论无法解释同一产业内部贸易的增长。

3. 跨国公司内部贸易增长

伴随着经济全球化，制造业的国际分工正由垂直分工发展到水平分工，甚至网络分工。以跨国公司为主导，以产业链细分为特征的制造业国际转移成为新的趋势。公司内贸易不断增长。偏重于从国家利益角度进行宏观研究的传统贸易理论缺乏解释跨国公司内部贸易增长的力度。

4. 区域集团内部贸易发展

区域经济一体化经历20世纪50年代～70年代初第一次浪潮，20世纪80年代中期以后重新高涨。全球贸易一半以上发生在各个区域集团内部。适用于全球范围自由贸易的古典国际贸易理论不能解释当今区域范围内部贸易量的增长。

5. 加工贸易和软件外包等新的贸易方式出现

20世纪80年代，在产业内贸易发展的不断推动下，加工贸易成为国际贸易的主要形式之一。90年代中期以来，加工贸易升级的步伐明显加快；同时全球外包和转包等垂直专业化现象成为一种全新的生产经营方式，产品内贸易进一步引起经济学家的关注。对整合和创新国际贸易理论研究提出新的要求。

为了解释上述国际贸易新现象，以基辛(D. B. Keesing)、凯南(P. B. Kenen)、格鲁伯(W. Gruber)、费农(R. Vernon)为代表提出的新要素贸易理论扩展对生产要素定义范围，将人力资本、技术、信息等作为一种新的要素投入，考察资本和劳动以外要素的作用，来建立和阐述各自假说和理论。出现了所谓的熟练劳动说、人力资本说、技术差距说，并提出了将比较优势动态化的国际贸易产品的生命周期理论，林德(S. B. Linder)第一次从需求方面寻找贸易的原因，提出了偏好相似理论。指出收入水平是影响需求结构的最主要因素。这些理论很好地解释了发达国家之间的水平贸易。

针对现实中国际贸易大量发生在同类产业内部这一现象，20世纪70年代末以来，保罗·克鲁格曼提出"规模经济作为国际贸易产生原因"的解释。他推翻了传统国际贸易理论中完全竞争和规模经济不变的假设，建立了一个不完全市场、存在规模经济和产品异质性的产业内贸易模型。阐述了规模经济、不完全竞争市场结构与国际贸易的关系，成功地解释了战后国际贸易的新格局。由于产业内贸易规模的不断扩大，80 年代以来许多经济学家陆续建立模型对这一问题从不同角度进行进一步的探讨。

20 世纪 90 年代，跨国公司的进一步发展和区域经济一体化浪潮的出现以及加工贸易、外包业务的出现，推动了包括跨国公司内贸易理论、一体化贸易理论以及产品内贸易理论的进一步发展。

三、国际贸易理论的微观发展

(一)研究内容向微观拓展

传统国际贸易理论的研究内容是以国家作为主体进行的宏观研究，主要探讨：一国为什么参与国际分工和贸易？如何参与？以及贸易利益如何分配？而当代国际贸易理论研究表现为在现有国际贸易理论框架下，研究微观领域的国际贸易现象。涉及的主体既包括国家，也包括区域集团、跨国公司等。研究的内容从战后初期的产业间贸易延伸到 70 年代末以后的产业内贸易，并进一步向微观延伸。

20 世纪 90 年代中期以来，经济学家对产品内贸易现象的关注代表着贸易理论进一步微观化趋势。产品内贸易是由垂直专业化引起的中间投入品贸易，加工贸易是产品内贸易主要的表现形式。经济学家从垂直专业化的角度对国际贸易内容进行了新的划分，并且在古典贸易理论、新古典贸易理论、新贸易理论以及产业组织与契约理论等不同理论下对产品内贸易进行研究。在以产品内贸易为对象的理论框架下对标准国际贸易理论体系进行新的理论整合和补充，将国际贸易理论的分析框架延伸到了产品生产的工序和区段层面。

(二)研究方法的微观化

从研究方法上看，传统的贸易理论都假定比较利益产生的前提是各国的供给、生产条件不可改变，资源和生产要素不能在国家间流动，市场完全竞争，规模报酬不变以及固定边际成本等。这种研究方法具有传统的静态特征。新贸易理论中的产品的生命周期理论将比较优势理论动态化。克鲁格曼的产业内贸易理论首次突破了传统国际贸易理论的假设条件，引入不完全竞争、规模报酬递增等假设前提。从动态角度出发考虑需求情况，使理论更符合实际。20 世纪 80 年代以来，以杨小凯为代表的一批经济学家用超边际分析法将古典经济学中关于分工和专业化的经济思想形式化，将消费者和生产者合二为一，力图将外生的比较利益因素引入到基于规模报酬递增的新兴古典经济学的贸易理论模型中，把传统贸易理论和新贸易理论统一在新兴古典贸易理论框架之内。用非线性规划(即所谓的超边际分析法)和其他非古典数学规划方法将被新古典经济学遗弃的古典经济学中关于分工和专业化的高深经济思想形式化，其中，亚当·斯密用分工来解释国际贸易的论述被杨小凯等人以个人专业化水平的决策以及均衡分工水平的演进为基础发展成新兴古典贸易理论，又称内生贸易理论。至此国际贸易理论的研究实现了从静态到动态，从外生到内生，从宏观到微观的演变。

四、国际贸易理论与其他领域理论的融合

由于当代国际贸易发展表现为以跨国公司为主体，全球化与集团化并存，管理贸易盛行等特点，贸易理论开始注重与其他领域理论之间的融合。

(一)贸易理论与企业理论的融合

1966年美国哈佛大学教授雷蒙德·弗农(Raymond Vernon)在其《产品周期中的国际投资与国际贸易》一文中首次提出产品生命周期理论。该理论认为，由于技术的创新和扩散，产品从进入市场到退出市场具有一个生命周期。典型的产品生命周期一般可以分成四个阶段，即引入期、成长期、成熟期和衰退期。在产品生命周期的不同阶段，各国在国际贸易中的地位不同，产品的比较优势是可以变化的，因此使得国际市场上贸易商品的生命周期得以延长。产品的生命周期和企业制定产品策略以及营销策略有着直接的联系，因此可以说这一理论第一次将国际贸易理论延伸到生产和管理领域，将比较优势理论动态化，是贸易理论和企业理论的一次融合。

1990年，美国著名管理学家，哈佛大学商学院教授迈克尔·波特(Michael Porter)在《国家竞争优势》一书中指出，大卫·李嘉图和俄林的比较利益分工理论脱离了当代国际贸易实际，波特在对以生产要素为基础的比较优势理论考察后，提出当代竞争理论必须从比较优势理论提升到国家竞争优势理论上来。提出以国家竞争优势理论取代他们的分工理论。国家竞争优势理论的主要观点认为：一国竞争优势取决于生产因素、需求条件、企业策略、企业结构和同业竞争、相关与支持产业的环境。另外，在国家环境和企业竞争力关系上，还有“机会”和“政府”两个变数影响。这种将贸易理论和企业理论结合起来进行考察的研究路线，很可能成为今后一段时间国际贸易理论发展的一个重要方面。

(二)贸易理论与投资理论的融合

在传统的理论中，对外直接投资更多地被视为是企业绕过贸易壁垒的被动选择。早在1957年，诺贝尔奖获得者罗伯特·蒙代尔(Robert A. Mundel)就对贸易与投资的替代关系进行了研究，他的研究是这方面最早的代表性文献。蒙代尔利用标准的两个国家、两种产品、两种生产要素的模型分析了两国在技术水平相同、生产函数一致的情况下，国际贸易与国际投资的关系。Mundel的结论是，在两国产出效率相同的情况下，国际投资与国际贸易之间存在相互替代的关系。贸易壁

垒的存在会导致资本的流动，而资本流动受阻则会产生贸易。

然而，随着经济全球化的发展，国际贸易与国际投资的互动关系越来越密切。越来越多的学者研究和探索有关国际贸易和国际直接投资两种理论在新形势下的融合，并试图建立起一个融国际贸易和国际直接投资于一体的理论分析框架。小岛清的边际产业扩张理论是国际贸易与投资理论融合的代表理论。

20 世纪 70 年代，日本学者小岛清通过对日本对外直接投资的研究发现，对外直接投资对贸易不仅会产生替代效应，而且也存在贸易创造的效应。他将国际直接投资理论建立在与国际贸易理论相同的比较优势基础上，提出边际产业扩张理论。认为：外商直接投资是一种将资本、技术、经营、知识等一起转移的活动，是由投资国的特定产业中的特定企业向东道国同一产业中的特定企业的要素转移。投资国的对外投资应从处于或即将处于比较劣势的边际产业依次进行，提高东道国具有潜在比较优势的产业的生产函数，并使之成为显在的比较优势产业。对外直接投资与东道国的技术差距越小，技术就越容易为东道国所吸收和普及，东道国潜在的比较优势就越容易被挖掘出来。这样，投资国和东道国双方的产业结构都将高级化，两国的比较优势会更加明显，相互之间的贸易会进一步扩大。小岛清模式以“比较优势原理”为基础，研究的结果是：对外直接投资并不是代替贸易，而是补充、创造和扩大贸易。

(三)贸易理论与空间经济理论的融合

空间经济学是一门区域科学、城市经济学、国际贸易学等众多学科融合和交叉的学科。空间经济学的发展也使国际贸易理论的内容更加丰富，贸易理论和空间经济理论的融合使国际贸易理论解释现实能力更强。

在 20 世纪 70 年代末期，包括克鲁格曼、迪克西特、诺曼和兰卡斯特在内的一些学者都各自独立地形成了相对一致的结论，认为即使不存在比较优势，垄断竞争和规模经济依然能够促使贸易的发生。克鲁格曼基于规模报酬递增与不完全竞争市场创建了国际贸易新理论模型，将外部经济及区域产业聚集和贸易联系起来。

1980 年，克鲁格曼在论文《规模经济、产品差异和贸易模式》中引入了运输成本这一因素，他把运输产品看做是“冰山”，即每一单位运往外地的产品中仅有一部分到达目的地，而其余的都消耗在途中。此后，克鲁格曼更加关注市场的中心效应，因为在存在收益递增和运输成本的情况下，企业倾向于关注或选址于市场份额较大的区域。在这样的区域集中可以使规模经济效应得到更充分的发挥，并降低运输成本。1991 年，克鲁格曼在《报酬递增和经济地理》一文中，建立了“中心—外围”(core-periphery)模型①，假设农业是完全竞争的、生产单一的同质产品，而制造

① Krugman, P., Increasing Return and Economic Geography[J]. Journal of Political Economy, 1991, (3): 483～499.

业部门是垄断竞争的、供给大量的差异化产品，具有收益递增的特征；两个部门分别使用劳动力这一种资源：农业雇佣劳动力要素不可流动，而制造业工人可以自由流动；农产品无运输成本，而制造品则存在"冰山成本"。在满足运输成本足够低、制造业的差异产品种类足够多、制造业份额足够大这三个条件时，经济的演化就有可能导致制造业"中心"和农业"外围"这样的格局。

这些观点对解释当代产业内贸易现象，以及理解和分析中心及外围国家的国际贸易特点提供了很好的理论支持。

(四)贸易理论与制度经济理论的融合

20世纪90年代以来，一些西方学者运用新制度经济学的分析方法，将制度因素和交易成本引入国际贸易理论，对制度在国际贸易中的作用进行了比较深入的研究。这种引入了制度因素和交易成本的新研究范式，体现了国际贸易理论的新突破，使国际贸易理论的研究更加接近现实。

制度分为正式制度和非正式制度。正式制度主要是由一个或多个国家政府制定的，表现为明确的、成文的规范性文件，如法律、法规、规章、政策、决策等等。非正式制度则是指不是由国家制定并强制实施的规则、程序，通常表现为文化传统和约定俗成的习惯、惯例、常规等行为规范和交往规则。包括以跨国公司为代表的所有权制度，具有一定垄断势力的中介组织行为，对等贸易制度安排等。政府的干预使贸易与制度联系起来。诺斯从历史演进的角度考察制度对贸易的影响，提出了"制度启动国际贸易"的命题(诺斯，1990)，对比较优势理论不能解释的一些理论问题作出重要的补充。

杨小凯则在以新兴古典经济学的超边际分析方法研究分工与贸易问题时，引入交易成本，并试图将制度因素形式化。Anderson and Young (2000)认为，国际贸易活动中的交易成本的性质属于沉淀成本。对于一个理性贸易方来说，只有当他预期的贸易利得大于这些沉淀成本时，贸易才有可能发生，而当交易成本大到足以抵消潜在比较优势时，国际分工与贸易就可能不会发生。杨小凯的研究成果为国际贸易理论提供了新的视角。

新研究范式特别强调，在国际贸易中制度常常会为许多以自利为目的的机会主义行为提供方便，从而给贸易增加额外的交易成本。因为国际贸易的双方是属于不同主权国家的，国家制度规则的强制执行止于国界。由于各国的利益是不相同的，在各国的制度规则的背后都可能设置着潜在的贸易壁垒。

第二节　贸易与环境

自20世纪60年代以来，全球性环境恶化开始成为世界各国关注的焦点。环境问题日益突出，不仅是由于人类社会经济发展对环境的压力迅速增大，而且更重要的是随着各国经济的日益融合，环境污染的负外部性通过国际贸易、国际投资等方式跨国界转移。与贸易相关的环境问题不仅引起各国的普遍重视，而且在1996年成为WTO谈判的一个新议题。进入21世纪以来，贸易与环境的冲突进一步引发全球范围的广泛关注和思考，贸易与环境问题也成为各国决策层和学术界研究的主要问题之一。

一、贸易与环境的理论和现实冲突

贸易与环境从属于两个不同的层面，贸易是经济层面的概念，环境则是社会生态层面的概念。贸易规则的制定与实施是为了减少交易成本，即克服由于人为设置绿色障碍而产生的交易成本，促进贸易自由化。环境目标和规则的制定和实施是克服人类行为所产生的环境负外部性，把外部环境成本内在化，实现环境的可持续发展。现实中，环境政策对贸易的冲击和贸易对环境保护的影响不断交织，有关环境与贸易问题的争论愈演愈烈，而争论的内容和范围也由于新问题的出现而不断延伸和扩展。

（一）贸易与环境的理论冲突

1.关于贸易与环境问题的争论

迄今为止，有关贸易和环境关系问题的学术争论已出现两次浪潮。一次在20世纪70年代，另一次出现在90年代。概括这些争论，焦点问题是：贸易自由化是否会导致环境恶化？对此，坚定的自由贸易者和环境保护者持有不同的观点。自由贸易者认为，自由贸易有助于实现环境资源的最优配置，从而保证生产活动能够按照最有效的方式进行。自由贸易不仅有助于克服一个国家所面临的资源对经济增长潜力的限制，还有助于增加有利于环保的清洁产品、服务和技术的交换；另外，贸易自由化还有利于消除那些扭曲贸易的政策措施如补贴和税收等，所以自由贸易对环境保护是有利的。环境保护者认为，环境问题通常是因为现代社会生产产品的过程所引起的，在自由贸易法律体制下，生产加工方式几乎不予考虑，只有某个产品的最终产品特性属于考虑范围。自由贸易所带来的经济活动的增加会导致大气污染，增加对非再生资源的使用，过多地消耗可再生资源等，从而引致众多的环境问题。

2.贸易与环境关系的两种相反的理论观点

一些乐观的经济学家提出了环境的库兹涅茨曲线，即当收入达到某个水平以后，结构效应和技术效应的总和将会超过规模效应，从长期看，贸易自由化有助于收入的提高，当人们收入到达一定水平后会增加对环境的投入，对环境质量的改善是有帮助的。

另一些学者通过研究却提出了相反的理论，这些理论包括“北南贸易模型”，“环境标准竞次”和“肮脏产业转移”等理论。“北南贸易模型”，Copeland 和 Taylor (1994) (Barrett, 2001)研究显示：第一，自由贸易减轻了北方国家的环境污染，但是增加了南方的污染，结果世界范围内的污染物总量可能是增加的；第二，富裕的北方国家的生产扩张将增加污染，而类似的生产扩张在贫穷的南方国家却可能减少污染；第三，北方国家对南方国家的转移支付能够减少全球范围的污染总量。“环境标准竞次”和“肮脏产业转移”学说及相关研究者包括 McGuire (1982)，Dua 和 Esty (1997)，Geradin(1997)，Hettige(1992)，Lopez(1997)。他们的观点包括：在开放经济中，某国的污染产业将转移到环境规制宽松的国家，即所谓的“肮脏产业转移”。作为自由贸易的结果，各国会纷纷降低各自的环境质量标准以维持或增强竞争力，出现所谓“向(环境标准)底线赛跑”(race to the bottom)，甚至出现阻挠环境立法等漠视环境管制的现象。当环境政策规定的环境边际损害很低时，生态倾销会由于某些策略性原因而出现。自由贸易的批评者担心“向底线赛跑”会令某些国家的环境标准崩溃，因为污染者有可能将其生产设备转移到发展中国家，使发展中国家成为环境的“污染避难所”。

3. 环境管制与国际竞争力

就环境管制对国际竞争力的影响而言，国际学术界形成了两派截然不同的观点。

传统学派(Conventional School)声称环境管制的实施会降低本国企业的国际竞争力，因为较高的环境标准将导致国内厂商生产成本的上升进而损失其在国际市场上的竞争力，而严厉的环境管制所产生的环境收益(如环境质量的改善等)有可能低于将本国市场让给国外竞争者所遭受的损失，因此采用较高的环境标准可能是得不偿失的做法。代表人物有 Palmer，Simpson 和 Bradford 等。这些理论根据的侧重点是贸易的效率损失，而忽视了环境质量的改进。

修正学派(Revisionist School)则主张新的较严厉的环境管制将会带来更多的创新活动，引起生产成本的下降，于是，较高的环境标准反而提高了国际竞争力。这是因为，只要新的环境管制标准是建立在激励基础之上的，且受管制的厂商能够适应新的环境标准积极进行创新活动，那么较严厉的环境管制就能够提升厂商的国际竞争力。修正学派代表 Porter 和 Van der Linder 对现有的环境政策与比较优势的观点提出质疑，首创性地提出环境规制可能产生正外部性的思想。Eliste 和 Fredriksson 为修正学派提供了理论支持，在他们的模型中，显示环境质量需求的增加将导致两个政策变量即污染税和生产补贴的同时增加。结果，由于税收和补贴政策的变化，环境质量需求的增加可能导致出口的增加和进口的减少，该国的国际竞争力不降反升①。

4. 贸易政策的调整与保护环境问题

贸易与环境政策之间的冲突集中表现为，究竟是利用国际贸易政策工具还是单边环境规制来实现环境目标。对于用贸易工具来实现环境目的既有支持者也有反对者。

反对采用贸易工具以实现环境目标的学者认为，大多数环境问题并非产生于国际贸易，而是源于市场失灵。因此，解决环境问题的最优选择并非贸易措施，而是对消费或生产进行干预，或者界定明晰的产权。

赞成采用贸易工具以实现环境目标的学者认为，贸易工具是解决全球或区域环境问题、跨境污染和严格环境规制导致的竞争劣势的有效途径，贸易工具有助于实施环境公约。此外，使用贸易工具来实现环境目标的另一个动机是减少严格的环境规制所导致的劣势。如果一国试图保持较高的环境标准并防止其产业竞争力在国际市场下降，该国的选择就是对污染密集型产品征收进口关税或对其污染密集型产业提供补贴（Shrybman，1990）②。

环境经济学家将贸易政策视为控制跨境污染的一种可行办法。认为：如果一国的出口产品在制造过程中造成了跨境污染，进口国就会向这些进口品征税以弥补污染损害。一般而言，通过对排放国征收国际庇古税（IPT）难以实现帕累托最优。以环境保护为目的的污染税很可能引起贸易摩擦。但征收污染税会促使污染国进行谈判。

（二）贸易与环境的现实冲突

1. 制度引致的冲突

（1）多边环境协议与 WTO 规则的冲突。有关多边环境协议（MEAs，Multilateral Environmental Agreement）与多边贸易体制的冲突是所有冲突中讨论的中心问题。目前全球约有 200 个 MEAs，其中涉及贸易条款的协定约有 20 个，WTO 非歧视原则要求成员方无论是在给予进出口产品优惠待遇方面，还是在实施贸易限制方面，都应对所有其他成员方的“相同产品”一视同仁③。但在一些多边环境协议如 1987 年《关于消耗臭氧层物质的蒙特利尔议定书》中却规定，即使最终产品中不含有受公约管制的物质，但在生产和加工的过程中使用了这种物质，那么产品的贸易也应受到禁止。例如某些电子元器件的清洗剂中含有受公约管制的物质，

---

① Eliste，P.；Fredriksson，P. G.，“Does Open Trade Result in A Race to the Bottom? Gross-Country Evidence.”Mimeo，Washington，DC：World Bank，1998.

② Shrybman，International Trade and the Environment. The Ecologist，20(1)，1990，pp. 30～34.

③ 赵涯：《贸易与环境：对 WTO 非歧视原则的再思考》，载《国际贸易问题》1997 年第 3 期，第 28 页。

那么电子元器件的贸易将受到影响①。如果该电子元器件的出口国是WTO成员国而非多边环境协定缔约国，而进口国同时是WTO成员和环境协定成员，那么进口国的做法就违背了WTO的基本原则，对出口国构成歧视。由此引起MEAs的合法性以及如何与WTO的协调等问题。

(2)单边环境规则的域外适用引发冲突。当一个国家依据本国制定的环境法律或规则对相关国外产品施加进口限制，这就涉及单边环境规则的域外适用问题。即使这种限制是为了保护整个人类赖以生存的环境、动植物生命或健康或者竭尽耗竭的自然资源，仍然会引起贸易与环境的冲突。因为迄今为止，WTO相关协议没有明确的授权。唯一可以引用的依据是GATT1994第20条，但WTO专家组在处理相关案件中，对第20条的解释是不同的。在美国诉加拿大的金枪鱼案件中，解释否定了域外效力，因而加拿大胜诉。但在1998年的海龟案件中，却模糊地承认了域外效力。虽然这与人类日益提高的环保要求相符，但如果WTO多边体制不出台明确的规则予以认可，此类冲突案件仍然会出现②。

2. 科技进步引致的冲突

(1)生产加工方法引发的争议。生产加工方法(PPMs, Processing & Product Methods)是指国际贸易商品和服务的生产过程和生产方法必须符合特定的环境与社会标准。国际贸易中的同类商品如果生产加工方法不同也会被限制进口。例如美墨的"金枪鱼案"，美国限制进口墨西哥金枪鱼，因为墨西哥使用伤害海豚的拖网捕捞法；按照WTO体制规定，此类商品作为同类商品进口应与其他国一样享有非歧视待遇，否则应为违背WTO规则。但WTO在类似案件(如海龟案)处理中，却等于变相地承认了支持先进生产加工方法的使用。因此这种倾向有利于发达国家以环保为借口限制加工方法落后的发展中国家的产品出口。

(2)科学预防原则与WTO规则冲突。预防原则是指在现阶段没有科学证据证明某些新技术或新产品一定会带来环境破坏，但如果有合理的科学证据预示这种破坏可能发生，人类有责任制定预防措施来避免破坏的出现。在环境保护领域，预防性原则已经得到了各国广泛的认可，然而按照WTO规定，只有在具备确凿的科学证据证明一种作物损害人类健康或环境时才可限制进口，否则被认为是变相的贸易保护。这与环境条约相矛盾，因为依据《卡塔赫纳议定书》引用预防原则就可以限制转基因食品进口。

3. 环境标准差异引致的冲突

(1)环境规则的制定。WTO的《技术性贸易壁垒协议》(Agreement on Tech-

---

① Ole Kristian Fanchald. Environmental Taxies and Trade Discrimination. London-The Hague-Boston: Kluwer Law International, 1998, p40.

② 曲如晓:《贸易与环境的新旧之争》，载《国际贸易问题》2004年第9期，第44～47页。

nical Barriers to Trade，简称 TBT)和《实施卫生与植物卫生措施的协议》(Agreement on the Application of Sanitary and Phytosanitary Measures，简称 SPS)都允许各国采用自己的环境标准，其适用于国际贸易的条件只要符合非歧视原则和为保护环境所必需即可。然而由于环保技术与环境标准方面发达国家高于发展中国家，处于劣势的发展中国家的产品很容易被发达国家的贸易壁垒排斥在外。TBT 和 SPS 都鼓励各国采用国际标准，使得国际标准化机构越来越多地参与到形成和制定保护人类、动植物生命或健康的公共政策中。但这些标准的制定是否透明，是否有发展中国家广泛参与，如何保证标准的公正性等等，都是贸易与环境问题面临的新挑战。

(2)公平贸易与可持续发展。1994 年，可持续发展国际组织(IISD)的温尼伯原则中更关注发展中国家与发达国家之间的不公平性，因为发达国家过去使用资源的方式制约了当代人尤其是发展中国家的当代人的合理选择，因此应承担更多的义务在保护环境方面帮助发展中国家。然而，WTO 坚持公平贸易原则，在环境保护问题上并没有对发展中国家在环保方面的特殊困难给予实际考虑。共同的环保标准要求对于发展中国家实际上是不公平的。这就必然导致 WTO 范围内的贸易不具有可持续性，也无法从根本上解决发达国家与发展中国家贸易与环境的冲突。

二、WTO 有关贸易与环境的相关条款

WTO 框架下贸易与环境虽然存在冲突，但仍为协调二者的关系提供了一个最佳平台。WTO 协定中已有的一些关于环境保护方面的规定，包括《建立世界贸易组织协定》序言、GATT 1994 第 2 条和第 11 条以及第 20 条、《农产品协定》附件 2 第 2 条、《实施卫生与植物卫生措施协定》的序言和第 2 条、《技术性贸易壁垒协定》的序言和第 2 条、《补贴与反补贴措施协定》第 8 条、《服务贸易总协定》第 14 条、《服务贸易与环境决定》、《与贸易有关的知识产权协定》第 27 条、《政府采购协定》第 23 条、《关于贸易与环境的决定》中都涉及环境保护问题。具体规定及解释如下：

(1)GATT 1994 第 20 条规定，在情形相同的国家之间不构成任意或不合理歧视的手段或构成对国际贸易的变相限制的要求前提下，不得阻止成员方采取如下措施……(b)为保护人类、动物或植物的生命或健康所必需的措施……(g)与保护可用尽的自然资源有关的措施，如此类措施与限制国内生产或消费一同实施……GATT 第 2 条规定，成员国可以在不违反国民待遇的前提下，按照自己的环境计划自行决定对进口产品征收以保护环境为目的的环境税费；第 11 条关于禁止数量限制的规定中的三种例外规定也可为保护环境而援引。

(2)《实施卫生与植物卫生措施协定》的序言中重申："不应阻止为保护人类、动

物或植物的生命或健康而采用或实施必需的措施，但这些措施的实施方式不得构成在情形相同的成员间进行任意或不合理歧视的手段，或构成对国际贸易的变相限制。"第 2 条规定，各成员应保证任何卫生与植物卫生措施仅在为保护人类、动物或植物的生命或健康所必需的限度内实施，并根据科学原理，如无充分的科学证据则不再维持。

(3)《技术性贸易壁垒协定》在序言中规定了各国可以在其认为适当程度内采取必要措施，以"保护人类、动物或植物的生命或健康以及保护环境"，只要"其对贸易的限制不超过为实现合法目标所必要的限度"(第 2 条第 2 款)。即在选择旨在实现某一特定环境保护目标的可行措施时，各国应选择对贸易影响较小的那种措施。根据第 2 条第 10 款规定，一成员面临环境保护等紧急问题或面临发生此类问题的威胁，则该成员可采取较为简便的程序以公布或通知其技术法规和标准。

(4)《补贴与反补贴措施协定》第 8 条第 2 款 c 项规定，为促进现有设施(实行新的环境要求时已运行至少 2 年的设施)适应法律和/或法规实行的新的环境要求而提供的援助可以作为不可申诉的补贴。不可申诉的补贴是不能对其采取反补贴措施的"绿灯补贴"。

(5)《农产品协定》附件 2 对某些可以免除削减承诺的国内支持进行了规定。附件 2 第 2 条规定，在符合一定条件的基础上，政府对与环境计划有关的研究以及与环境计划有关的基础实施上提供的服务与支持可免除削减承诺。即把环保补贴列为可允许的补贴。

(6)服务贸易协定关于环境保护的规定。①《服务贸易总协定》(GATS)第 14 条 b 款规定了与 GATT1994 第 20 条(b)款类似的"在情形类似的国家之间不构成任意或不合理的手段或构成对服务贸易的变相限制的前提下，可以实施为保护人类、动物或植物的生命或健康而必需的措施"的例外条款。②《服务贸易与环境决定》承认为保护环境所采取的措施可能会与《服务贸易总协定》相冲突；决定要求贸易与环境委员会审查和报告服务贸易和环境之间的关系，包括可持续发展问题，以确定是否需要修改《服务贸易总协定》的第 14 条。在服务贸易领域的环境保护例外规定与 GATT 1994 第 20 条环境保护例外相类似，但包括的范围没有后者的广，后者还有一项"保护可用尽的自然资源"。与其他货物贸易协定相比有相似之处即要考虑环境保护，但没有后者规定的具体详细。

(7)与贸易有关的知识产权协定涉及环境保护的条款。《与贸易有关的知识产权协定》(TRIPS)第 27 条第 2 款规定："各成员方拒绝对某些发明授予专利权，如在其领土内阻止对这些发明的商业利用是维护公共秩序或道德，包括保护人类、动物或植物的生命或健康或避免对环境造成严重损害所必需的，只要此种拒绝授予并非仅因为此种利用为其法律所禁止。"第 3 款规定："各成员可拒绝对下列内容授予专利权：(a)人类或动物的诊断、治疗和外科手术方法；(b)除微生物外的植物和动物,以及除非生物和微生物外的生产植物和动物的主要生物方法……”其目的是为了鼓励环保技术的开发、转让,这些技术将提高所有国家尤其是新兴工业化国家及发展中国家保护环境的能力。

WTO 的诸边贸易协定以及其他文件中对环境保护的关注,体现了 WTO 对环境问题更加重视,但内容过于抽象。

三、WTO“多哈回合”贸易与环境谈判

WTO 成立以来,在贸易与环境委员会(CTE)的主持下,通过一些特会和常会进一步对贸易环境问题进行探讨。CTE 特会涉及的议题包括:(1)现行 WTO 规则和多边环境协定中所列具体贸易义务之间的关系;(2)多边贸易环境协定秘书处和相关 WTO 委员会之间定期交流信息的程序,以及给予观察员地位的标准;(3)酌情削减或取消环境货物和服务的关税和非关税壁垒。CTE 常会中讨论的议题有:(1)环境措施对市场准入的影响,特别是与发展中国家,尤其是其中的最不发达国家有关的市场准入,以及取消或削减贸易限制和扭曲将使贸易、环境和发展受益的情况;(2)《与贸易有关的知识产权协定》的相关规定;(3)有关环境目的的标签要求。

2001 年 11 月世界贸易组织启动新一轮谈判,即“多哈发展回合”。贸易、环境与可持续发展问题再度被人们期望和关注。“贸易与环境”成为新一轮谈判八项内容的重要议题之一。在 WTO 的“多哈回合”贸易与环境的谈判中,希望通过签订一个“与贸易有关的环境措施协议”,彻底解决贸易与环境问题。

依据多哈会议部长宣言第 31(i)段的规定:WTO 规则与多边环境协议(MEAs)所规定的有关贸易条款之间的关系;谈判的范围将限于现有 WTO 规则对 MEAs 缔约国的适用性问题;谈判不得对非 MEAs 缔约国的 WTO 权利产生歧视。谈判涉及的具体内容包括:(1)多边环境协定中所阐述的“特定贸易责任”与 WTO 规则的关系。(2)多边环境协定秘书处和相关的 WTO 委员会定期交换信息的程序,给予观察员身份的标准。(3)环境产品和服务贸易的自由化。关于环境产品和服务的谈判将主要集中在非农产品市场准入谈判组当中以及服务贸易理事会特别议会中进行。贸易与环境委员会特别会议参与澄清环境产品概念的工作。

然而,“多哈回合”谈判的进展却不乐观。谈判原定于 2004 年结束,但因多次陷入困境而被推迟。2006 年 7 月 24 日,世界贸易组织 6 个主要成员美国、欧盟、日本、澳大利亚、巴西和印度结束为期两天的部长级会议,“多哈回合”终因主要发达国家,特别是欧美在农业补贴和农产品进口关税问题上争吵被迫宣布中止。WTO 框架下贸易环境问题规则的制订也只能期待将来。

第三节　贸易与知识产权保护

一、知识产权概述

(一)知识产权概念

知识产权(Intellectual Property)概念最早由法国人卡普佐夫提出。它是指公民或法人对其在科学、技术、文化、艺术等领域所创造的智力成果享有的专有权。WTO有关文件对知识产权的定义是"思想的所有权,包括文学艺术作品(受版权保护)、发明(受专利保护)、企业驰名商品标记(受商标权保护),以及工业资产的其他成分。"

(二)知识产权的特征

1.无形性

知识产权的客体是基于智力活动而形成的创新成果,是无形财产。知识产权的无形性必须通过一定的物质载体表现出来,才能使人们感受和了解。但知识产权客体的无形性并不表示其载体的无形。例如,无形的著作权通过有形的图书形式表现出来,但购买图书的读者并不拥有该著作的著作权。

2.专有性

知识产权的专有性是指其独占性或垄断性,即除权利人同意或法律规定外,权利人以外的任何人不得享有或使用该项权利。这表明权利人独占专有权利受严格保护,不受他人侵犯。只有通过"强制许可"等法律程序,才能变更权利人的专有权,而除此之外的任何侵犯专有权的行为均构成侵权。

3.时间性

知识产权具有时间性。即只在规定期限内保护,超出有效期限,权利即告终止。法律对各项权利的保护,都规定有一定的有效期,各国法律对保护期限的长短可能一致,也可能不完全相同,只有参加国际协定或进行国际申请时,才对某项权利有统一的保护期限。

4.地域性

知识产权的地域性是指只在所确认和保护的地域内有效,即除签有国际公约或双边互惠协定外,经一国法律所保护的某项权利只在该国范围内发生法律效力。所以知识产权既具有地域性,在一定条件下又具有国际性。

5.可复制性

知识产权的可复制性,是指知识产权可以按照一定的方法施工、生产,例如文学作品可以用印刷、复印、制作光盘等方式复制。物质财产则不具有这样的特点。知识财产如果不可复制就不能成为知识产权的客体。作者的作品如果不复制在有形载体上如纸张、磁带等，就不成为著作权保护的对象。如果专利权保护的技术方案不能被复制在专利产品上，并能被不断地复制，就不能受到知识产权的保护。

二、与贸易有关的知识产权类型、贸易特点及贸易形式

(一)与贸易有关的知识产权类型

与贸易相关的知识产权是指可以通过国际贸易流动或扩散的知识产权，主要包括以下几种类型：

1. 专利(Patent)，即经一国专利机构审查并注册的技术创新或发明

按照有关国际公约，专利权的授予须同时符合三个基本条件：(1)具有新颖性；(2)具有实用性；(3)具有创造性。专利权内容包括：防止对于未经所有权人同意的第三方制造、使用、销售，或为这些目的而进口该产品的行为；防止第三方未经所有权人同意而使用该方法的行为；以及使用、销售或为上述目的进口依该方法直接获得的产品。

各成员可拒绝对某些发明授予专利权，如在其领土内阻止对这些发明的商业利用是维护公共秩序或道德，包括保护人类、动物或植物的生命或健康或避免对环境造成严重损害所必需的。另外，人类或动物的诊断、治疗和外科手术方法，除微生物外的植物和动物，以及除非生物和微生物外的生产植物和动物的主要生物方法，也可拒绝授予专利权。专利的保护期应不少于20年。

2. 版权(Copyright)，亦称著作权，是指作者对其创作的文学、艺术和科学技术作品所享有的一系列专有权利

它表现为：第一，享有著作权的作者可以决定是否对他的作品进行著作权意义上的使用；第二，他可以决定是否就他的作品实施某些涉及他的人格利益的行为；第三，他可以在必要时请求有关的国家机关以强制性的协助来保护或实现他的权利。著作权是一种特殊的民事权利。版权的保护期不得少于50年；表演者和录音制品制作者的权利应至少保护50年；传媒的权利应至少保护20年。

3. 商标(Trade Mark)，商标是以企业的商品或服务与其他企业的商品或服务区分开的标记或标记组合

这些标记包括人名、字母、数字、图案、颜色的组合。注册商标所有人享有专有权。防止任何第三方在贸易活动中未经许可使用与注册商标相同或相近的标记。来标示相同或类似的商品或服务。商标的首次注册及每次续展的期限均不得少于7年。商标的注册应可以无限续展。

4. 地理标志(Geographical Indication),指识别一货物来源于一成员领土或该领土内一地区或地方的标识

一般情况下,这种标识能够证明该产品的质量或者声誉,能带来商业利益,因此享受自动保护。保护期限不受限制。

5. 工业设计(Industrial Design),指对新的或原创性的独立创造的工业设计提供保护

这些工业设计是指与产品外观有关的特征,如形状、装饰、图案及构造等。受保护的工业设计的所有权人有权阻止第三方未经所有权人同意而生产、销售或进口所载或所含设计是一受保护设计的复制品或实质上是复制品的物品,如此类行为为商业目的而采取。可获得的保护期限应至少达到10年。

6. 集成电路设计(IC Design),指集成电路布图设计(拓扑图)及结构设计

WTO各成员方按照《集成电路知识产权条约》、华盛顿条约的有关规定对其提供保护。保护的范围包括:为商业目的进口、销售或分销一受保护的布图设计、含有受保护的布图设计的集成电路、或含有此种集成电路的物品,只要该集成电路仍然包含非法复制的布图设计。布图设计的保护期限不得少于在自提交注册申请之日起或自世界任何地方首次进行商业利用之日起计算10年期限。

7. 未公开的信息,即通常所谓的"商业秘密"(Trade Secret)或"专有技术"(know-how)

按照有关国际公约,应受保护的商业秘密必须同时具备三个条件:(1)尚未公开过;(2)其商业上的价值与保护直接联系在一起;(3)合法控制它们的人已经为保密采取了措施。WTO的《TRIPS协定》中的有关"未披露信息"的条款是国际条约首次规定未公开的信息享有受法律保护的利益。《TRIPS协定》对于未公开信息的保护,基于对这些信息具有的商业价值的认识,认为缺乏法律保护的未公开信息极易被其他人特别是竞争对手所获取而牟取不正当的利益,应当采取合理措施来维护信息的所有人及其经济利益。

(二)国际知识产权贸易特点

国与国之间以无形的知识产权作为交易对象的进出口活动,被称为国际知识产权贸易,也叫做国际技术贸易。它与国际服务贸易一起,构成无形贸易的庞杂体系。作为无形贸易之一,国际知识产权贸易具有与国际服务贸易类似的特征,即贸易标的的非实物形态或无形性,贸易对象的不可储存性,贸易额不为海关统计所反映,贸易可以不跨越国界进行等。具体表现为如下特点:

1. 贸易对象的使用权和所有权相分离

技术接收方往往只能取得技术的使用权,而不能取得技术的所有权,因此技术所有方可以将其拥有的知识产权多次出售或转让,而技术购买方却不得任意转让

或出售其技术。

2. 买卖双方合作时间的持续性

国际货物贸易合同的履约期一般都较短，往往在几个月到一年内完成。而国际知识产权贸易由于涉及技术知识的传授、使用和合作，买卖双方维系的时间较长，往往达几年甚至几十年。

3. 贸易作价通常采用利润分成方式

技术转让费或使用费与该项技术给技术接受方带来的经济利益直接挂钩，而技术产生的成本在多次转让或使用中不会增加。货物贸易的作价原则一般是生产成本加一定的利润。

4. 贸易所涉及的法律具有多重性

除了国际货物贸易必须遵守的货物买卖法和合同法之外，还受工业产权法、专利权法、商标法、反托拉斯法、公平贸易法等法律、法规的约束。

5. 交易过程的复杂性

一般而言，技术贸易比货物贸易更加复杂。由于国际技术转让涉及一种产品全部或部分工艺的国际转让，期间的环节多，包括运输、投资、销售等各环节，因此交易过程更为复杂。

(三)国际知识产权贸易的形式

1. 国际知识产权贸易的基本类型

按照知识产权的类别，可以将国际知识产权贸易分为四种基本类型：

第一种仅涉及纯知识性的技术商品流动，可以称之为信息型国际技术贸易。此类贸易包括四种具体形式：(1)纯粹的技术买卖；(2)许可贸易；(3)对等技术交换；(4)技术咨询。

第二种涉及劳动力或技术人才的流动，可以称之为劳务型国际技术贸易。

第三种伴随着货物尤其是生产设备等技术载体的流动而发生，可以称之为实物性国际技术贸易。

第四种伴随着国际投资的流动而发生，可以称之为资本型国际技术贸易。

现实中的国际知识产权贸易大多同时采取上述基本类型中的两种以上，带有明显的混合性特征。

2. 许可证贸易

许可证贸易(Licensing Trade)又称为许可贸易，是指技术出口方将某项工业产权或专有技术的使用权及相关产品的制造权、销售权通过许可合同有偿转让给进口方的一种交易。在所有的国际技术贸易中许可证贸易是最主要的形式之一。

许可证贸易的标的，一般包括专利、商标及专有技术等知识产权。按照转让权利的范围大小及许可性质，可以将许可证贸易分为普通许可、排他性许可、独占许可、从属许可以及交叉许可等多种类型。

三、WTO 对与贸易有关的知识产权的保护规定

对国际知识产权的保护通常通过各国国内立法和签署国际公约的方式进行。例如,美国依据《1930 年关税法》、《1989 年贸易和竞争法》等对其知识产权进行保护。世界知识产权组织(WIPO)已经达成了《巴黎公约》、《伯尔尼公约》、《罗马条约》和《集成电路知识产权条约》等四大国际公约。而随着知识产权贸易的增长,WTO 将与贸易有关的知识产权从一般性知识产权中提出,单独达成一个协议予以保护。这就是《与贸易(包括假冒品贸易)有关的知识产权方面的协定》,简称《TRIPs 协定》。

1.《TRIPs 协定》的内容与基本原则

《TRIPs 协定》由前言及正文 7 个部分、73 条组成。该协定明确了知识产权国际法律保护的目的和动机,扩大了知识产权保护的范围,加强了相关的保护措施,赋予 WTO 成员以明确的保护知识产权义务。按照该协定,WTO 专门设立了"与贸易有关的知识产权理事会",作为 WTO 的常设机构之一,监督本协定的实施。

《TRIPs 协定》的基本原则主要表现在以下几个方面:

第一,与 WIPO 的四大公约并行的原则。WTO 多边贸易体制坚持《TRIPs 协定》与 WIPO 的四大公约并行运作的体制,以增强对国际知识产权的保护力度。

第二,国民待遇原则。《TRIPs 协定》明确规定,在保护知识产权方面,除了四大公约赋予的例外情况外,各成员方应为其他成员方的国民提供不低于本国国民的待遇。

第三,最惠国待遇原则。与 WIPO 四大公约不同,《TRIPs 协定》规定,在保护知识产权方面,一成员方给予另一成员方国民提供的利益、优惠、特权或豁免,应当同时无条件地给予其他成员方国民。

第四,最低保护标准原则。与知识产权的国际公约一样,《知识产权协定》在实体部分也规定了知识产权保护的最低标准。还规定,各成员应确保本协定的效力,成员可以但并无义务在其法律中实施比协定要求更广泛的保护,只要该保护与协定的规定不相冲突。

第五,平衡保护原则。知识产权保护应当对于技术创新与技术转移作出贡献。知识的生产者与消费者都应当受益,并且应当有助于提升经济和社会福利,有助于社会和经济的发展以及权利和义务的平衡。同时还规定,各成员可以在其国内立法中具体说明在许可证(技术转让)贸易中,哪些情况下构成对知识产权的滥用,从而可能限制竞争。各成员可采取适当措施,制止滥用知识产权的行为。

除了上述几个方面外,《TRIPs 协定》还规定了透明度原则、互惠原则等,并规定受侵害一方有权采取报复措施,即在知识产权保护方面受到损害的一方可以对

货物贸易、服务贸易等领域进行报复。

2.《TRIPs 协定》的特点

第一，全面涵盖了所有知识产权类型，并全方位提高了对各种知识产权的保护力度。这是过去任何国际条约和公约都没有达到的。

第二，对知识产权执法标准及执法程序做出规范，对侵犯知识产权行为的民事责任、刑事责任以及保护知识产权的边境措施、临时措施等都作了明确规定，这些规定超越了以前所有的知识产权国际条约和公约规范的内容。

第三，引入了 WTO 的争端解决机制，用于解决各成员之间产生的知识产权纠纷，将违反协议规定直接与单边及多边贸易制裁挂钩，从而大大增强了这个协议的效力。

第四节　国际农产品贸易

国际农产品贸易是国际货物贸易的重要组成部分。由于农产品的供给关系到一国的国计民生，考虑到政治、经济等多种因素，农业历来受到各国政府的高度重视和干预。农产品贸易一直被视为一个特殊的领域，长期游离于国际多边贸易体系之外。20 世纪 80 年代以来，受世界经济衰退和宏观经济不稳定的影响，世界农产品消费量增长趋缓，与此同时，发达国家的农业生产在技术进步和政府农业支持的推动下持续扩大，农产品大量过剩。国内农业政策支出急剧上升。为了处理过剩的农产品，发达国家使用大量的出口补贴帮助其农产品进入国际市场。结果不仅使国际农产品价格进一步下跌，而且使农产品的贸易摩擦加剧。1994 年 GATT“乌拉圭回合”将农产品贸易纳入国际贸易多边谈判中，经过多轮谈判，最终签署《农业协议》。国际农产品贸易与以前相比开始朝着更加规范化、自由化的方向发展，但它目前仍然是国际贸易谈判中最难达成妥协的部分。

一、国际农产品贸易概况

20 世纪 70 年代中期开始，世界农产品贸易几乎每年都以 200 亿美元到 500 亿美元的速度增长。但是到 80 年代，世界范围的经济衰退以及许多国家的农产品生产过剩导致农产品价格降低，加之非关税壁垒的普遍增加，导致贸易量下降。自世界贸易组织成立以来，对农产品进口关税进行了大幅度削减，消除了很多阻碍农产品自由流动的非关税壁垒障碍，世界农产品出口额不断增长。据 WTO 统计，全球农产品出口额在 1996～2005 年十年间增长了 1.4 倍。但是整体来看，由于农产品领域的贸易保护仍然很严重，农产品贸易自由化的进展远远落后于工业品。上世纪后半叶(1950～2000 年)，制造品的关税从平均 40%降至 4%，而农产品关税仍维持在40%～50%。同期，制造品的贸易额增长了近17倍，而农产品的贸易额增长幅度不足6倍。农产品在世界货物贸易中的比重呈下降趋势。因此，推动农产品贸易自由化的任务仍然十分艰巨。

从进出口国家看，2005年世界农产品的出口额达到7594亿美元，其中70%农产品的出口是由9个主要的WTO成员方完成的。其中欧盟、美国、加拿大、中国和印度不仅是农产品的主要出口方，也是主要的进口方。巴西、澳大利亚、阿根廷和新西兰是传统的农产品出口方。欧盟是世界最大的农产品出口方和进口方。2005年欧盟(25国)出口达到780亿美元。主要出口的农产品包括葡萄酒、预制食品、奶制品、猪肉、食糖等，进口的主要产品包括油菜籽和水产品等。美国一直是世界上最主要的农产品进出口商。农产品进出口额占世界农产品进出口额一直维持在较高的水平，美国农产品出口额占世界农产品出口额的12.5%～15%，农产品进口额占世界农产品进口额的7%～10%。

近10年来世界各类农产品的贸易额占农产品贸易总额的比重逐渐发生变化。贸易量相对较大的产品包括畜牧产品、水产品、粮食、水果、蔬菜、植物油籽和油、食糖、花卉、棉花，其中畜牧产品、水产品和粮食贸易仍占主要地位，在农产品贸易额中占40%左右。

主要农产品贸易中，世界小麦出口由4个国家控制:美国、加拿大、澳大利亚和法国。美国的玉米出口量比其他国家的总和还要多，约占世界出口的60%。法国和阿根廷也是重要的玉米出口国，日本、中国、韩国是比较大的进口国。美国还控制着世界大豆的出口，通常占世界出口总额的50%以上。巴西、阿根廷是世界第二和第三大豆出口国。进口国分别是荷兰、中国、墨西哥、德国和西班牙。美国同样是世界上最大的牛肉和禽肉出口国，其他牛肉出口国有澳大利亚、荷兰、法国、爱尔兰和德国。禽肉出口国有荷兰、巴西和中国。日本是牛肉和禽肉产品的主要进口国。

二、支持国际农产品贸易保护的相关学说

1.国家粮食安全论

该学说认为:农产品的供给关系到一国粮食供给的安全，一国若主要依靠进口粮食维持居民生活，其国家安全就潜伏着很大的危险。由于自然灾害、瘟疫及战争时有发生，导致饥荒在一些国家周期性地发生。一旦遇到不测，发生普遍的短缺，国家间处于自保的目的可能采取出口限制措施，一国从国外进口食品的通道可能被封闭。战争期间在食品的供给上，一国不能依赖敌国或潜在敌国。因此自给自足成为农产品贸易保护的理由，成为依据比较利益原本大多数甚至全部农产品应由进口来满足的国家却维持低效率的国内农业生产的理论依据。

2. 稳定农业——增加农民收入说

该学说认为：农产品生产易受气候条件等不可预测因素的影响，其供给弹性缺乏，价格波动往往大于工业制成品，价格的不稳定导致农民收入的极不稳定，所谓出现"谷贱伤农"现象。农业生产所需的土地、机械设备等投入要素，成本缺乏调整余地。由此也影响着农业生产的稳定和农民收入的稳定。一国出于防止农民大量破产，维持农业人口就业，保护农业生产者的利益等目的，往往采取限制进口或其他手段来稳定农产品价格。

3. 农业比较优势丧失——保护必要说

在一国工业化与经济增长的进程中，农业生产因其固有特点会丧失其比较优势，农业在整个国民经济中所占的份额不断下降，工农业产品"剪刀差"扩大，农产品与制成品相比贸易条件不断恶化，农业处于较弱的竞争状态。一般而言，工业生产多为资本密集型，而农业生产在经济起飞前多为劳动密集型。工业化过程中的资本增长和技术发展使工业生产的机会成本下降，而农业生产的机会成本则会相对上升，其比较优势也就随着工业劳动生产率的提高而逐步丧失。而农业生产又具有土地不可转移性以及战略意义等特点，因此，几乎所有的发达国家都对农产品实行保护。发展中国家也从经济发展初期的歧视农业向经济发达阶段的偏爱农业转变，从对农业征税转向对农业补贴。

三、国际农产品贸易政策与措施

（一）国际农产品贸易政策

国际农产品贸易政策在不同类型的国家之间存在明显的差异。发达市场经济国家普遍实施着工业"反哺"农业的产业政策，在贸易政策上表现为限制进口、鼓励出口。发展中国家针对农业生产的产业政策支持力度普遍较弱，前计划经济国家和一些最不发达国家，出于工业化的压力，曾经普遍实施过以农业补贴工业的政策和出口农产品课税政策。随着前计划经济国家的市场化转型和 WTO《农业协议》的生效，国际农产品贸易政策协调加强，全球农产品贸易政策以及与农产品贸易相关的农业政策出现趋同化迹象，总体趋势是贸易政策朝着更高开放度的方向发展。

1. 发达国家的农产品贸易政策

西方发达国家普遍实施支持农产品贸易政策。这种支持首先表现为实施支持农业生产的产业政策，通过财政政策对农业生产进行或明或暗的补贴，以提高农产品的国际竞争力；其次表现为对国内农产品市场实施严厉的关税壁垒和非关税壁垒。西方发达国家农业的国内支持和补贴额历来很高，其中美国、欧盟及日本的农业补贴约占世界农业补贴总额的 80%，且对部分农产品维持高关税，严重扭曲国际农产品贸易。

美国从1933年推出《农业保护法》开始直接干预和保护农业，到1990年推出《农业、食品、耕地保护及贸易法案》为止，期间国会先后颁布的农业法案多达25个。这些法案的原则之一就是对农业生产实施国家补贴，保护国内农产品市场以稳定农业生产者的收入。而布什政府在2002年5月颁布的《新农业法案》不仅加大了对农业的补贴与投资力度，同时在世界贸易组织的多哈谈判中积极倡导国际农产品贸易的自由化，主张逐步取消出口补贴，以达到促使发展中国家开放农产品市场，促进美国农产品出口的目的。

欧盟自1962年开始实施共同农业政策，至今为止已有四十多年。通过共同农业政策的补贴和价格支持，保证了欧盟农产品市场稳定，大大促进了欧盟农业生产的发展，并为工业的发展提供了雄厚的基础。但共同农业政策也导致欧盟农业开支的过分膨胀和欧盟财政负担过重，连续多年农业方面的开支一直占欧盟年度预算的49%左右。另外共同农业政策也导致欧盟一些农产品过剩。1997年欧盟委员会提出了《2000年议程》(Agenda 2000)，对共同农业政策进行新的改革。目标是建立更加现代和可持续发展的欧盟农业，在保护农村环境的同时，进一步改革农业补贴方式，落实以收入补贴替代价格补贴和出口补贴的原则，整合新成员国，增强欧盟在未来世贸组织多边贸易谈判中的分量。值得注意的是欧盟在贸易谈判中始终是反对取消补贴的一个集团。

2.发展中国家的农业贸易政策

与发达国家对农业实施贸易保护和支持政策相比，发展中国家对农业的支持普遍较差。传统上，发展中国家尤其是那些最不发达国家不仅没有对农业进行补贴和支持，反而对农产品出口课以较高关税。然而，这种现象随着WTO《农业协议》的签署有所改变。大多数发展中国家开始对本国的农业贸易政策进行改革，以更加符合国际农产品贸易规则。政策表现为减少或取消课税；在流通领域减少政府对农业的干预，促使农业部门市场化发展，同时给予农业必要的支持。大多数国家在实行市场化的同时，加强了对农业的公共投入，注重提高农业的生产能力和保护农民的利益，并以"绿箱"政策措施支持农业的发展，取消对农产品的出口限制，重视出口创汇基地的建设等。农产品出口占世界出口量25%的凯恩斯集团中包括澳大利亚、新西兰等农业大国和大部分从事农产品出口的发展中国家。它们因生产效率低和资金缺乏而深受欧美国家出口补贴之苦，在农产品多边贸易谈判中，强烈要求纠正在农产品贸易上的扭曲现象，是农产品贸易自由化的积极倡导者。

(二)农产品进口国的贸易措施

在过去的几十年中，进口国政府主要采取关税、配额以及国营贸易(以世界价格进口而以固定的国内价格销售)等措施限制进口，保持国内农产品价格的稳定。近年来，随着关税壁垒作用日益减弱，限制进口措施越来越多地转向隐蔽性更强的技术性保护手段，如技术标准、卫生和植物检疫规定、质量认证、检验程序、环境保护、国民健康标准等。技术性贸易壁垒成为一种有效的限制农产品进口的措施。根据WTO统计,2002～2005年,WTO成员有关农产品的技术性贸易壁垒(TBT)措施和卫生与植物卫生措施(SPS)通报数量分别为419件和3730件,其中发达国家占40%以上。

1.传统的关税与配额

关税是农业贸易政策的基本形式之一,也是最传统的贸易保护措施。在农产品贸易中使用最多的是从价税。例如,日本对进口牛肉至今仍然保持着38.5%的进口关税;欧盟为了防止进口农产品的冲击,建立了对外共同关税壁垒,实行进口农产品"门槛价格",对进口农产品征收差价税。"乌拉圭回合"《农业协议》对农产品的进口关税进行了约束和限制。

进口配额是指一国政府对某种商品的进口进行数量限制,在规定的期限内,配额以内的货物准予进口,超过配额的货物则不准进口,或加征较高的关税后才准许进口。WTO对各国使用进口配额加以约束,规定在配额必需保留的领域尽量使用关税配额。因此,关税配额已经成为很多国家和地区保护本国敏感农产品的重要工具,欧盟对其敏感产品实行关税配额管理,中国也对少数几种重要的农产品实行关税配额管理。配额数量也就是最低的市场准入量。

2.技术性贸易壁垒

技术性贸易壁垒(TBT)是指各国为保证其进出口商品的质量,或保护人类、动物或植物的生命或健康及保护环境或防止欺诈行为而设立的技术法规、技术标准、合格评定程序等。WTO《实施动植物卫生检疫措施协议》中明确规定成员国(地区)可以采取一定的贸易限制措施以保护居民、动物和植物的生命安全和健康,这种规定就成为农产品进口国使用各种技术性贸易壁垒来限制农产品进口的依据。WTO《技术性贸易壁垒协定》(Agreement on Technical Barriers to Trade)包括了对协调、减少和消除这类壁垒的规定。因为技术性贸易壁垒在某种程度上具有一定合理性,因此发达国家凭借其先进的科学技术,制定了严格苛刻的技术法规、质量认证、检疫程序、食品标签、包装要求和环境标志等,从而强化了对进口农产品贸易的限制。

(三)农产品出口国的贸易措施

农产品出口国普遍使用的鼓励出口、稳定国内农产品价格的措施有以下几种:

1.出口补贴

出口补贴是指出口国为了降低本国出口商品的价格,加强其在国外市场上的竞争力,在出口商品时给予出口企业的现金补贴或税收上的优惠待遇。它是发达国家普遍使用的一种鼓励出口的措施。例如,根据美国在WTO作出的承诺,美国对13类产品组进行出口补贴。2000年以后,美国每年对出口补贴的支付上限为5.94亿美元。接受出口补贴的产品主要有奶制品等。欧盟为实施共同农业政策,长期以来实施农产品出口补贴。在出口补贴支持下，欧盟可以以世界市场价格出口农产品，同时又维持欧盟内部市场的高价，从而达到保护农业的目的。

2. 生产补贴

生产补贴是指政府对农产品生产者进行的财政补贴。政府通过对农业的投入品进行补贴的方式来降低农产品生产的成本。这类补贴包括：良种补贴、农机具补贴以及贴息贷款等。与出口补贴不同，生产补贴不影响国内市场价格，在增加出口的同时不损害本国消费者的利益，但却能降低出口成本，加强出口商品的国际竞争力。

3. 价格支持

价格支持是当前许多国家普遍采用的国内支持的一种政策和措施。基本内容是政府先对一种产品设定一个支持价格，如果市场价格低于支持价格，则政府按照支持价格敞开购买这种商品（或者贷款给农民让他们把这种产品储存起来），从而保证国内市场价格不会降低到支持价格之下。在 WTO《农业协议》中，价格支持措施是作为“黄箱”措施受到限制的。价格支持会对国内生产及国际贸易产生明显的扭曲，因此也是未来多边贸易谈判中要不断削减的内容。目前美国和欧盟也正在进行农业政策改革，逐步削减价格支持。

4. 差额偿付体系

差额偿付体系是由政府保证生产商每年都能获得一个固定的目标价格，但仍然允许市场价格由供需情况决定（政府不会购买粮食也不会鼓励库存）。市场价和目标价之间的任何差额都由政府直接支付给生产商。生产商根据目标价格决定产量，而国内外消费者则根据市场价格做出消费决定。1986 年美国制订了差额偿付体系作为价格支持体系的补充。

四、WTO 体制下国际农产品贸易自由化的进展及成果

（一）《农业协议》的相关规定

《农业协议》的主要目标是使长期以来游离于关贸总协定之外的农产品贸易重新纳入法律框架之内，以纠正国际农产品市场因对农业的高度保护所形成的扭曲，推进全球农产品贸易自由化进程。该协议要求减少并规范农业的国内生产支持、削减对出口的直接补贴、提高市场准入程度、对发展中国家的差别待遇和建立农产品贸易以单一关税制作为调节的约束机制。

WTO《农业协议》共有 21 项条款和 5 个附件。主要内容包括：

(1)减少成员方的国内农业生产支持。《农业协议》将各成员方政府对农产品的各项价格支持和其他补贴分为两大类，即“绿箱补贴”和“黄箱补贴”。前者是指对农业生产的研究、病虫害防治、培训服务、检验服务、基础设施服务、保障食品的公共储存支出、国内食品援助、自然灾害救济、用于环境保护和对贫困地区的援助

等项目，对这些不是用于对生产者直接提供价格支持的支出允许继续存在。后者主要指政府对农产品的直接价格支持、营销贷款、牲畜数量补贴、面积补贴和种子、化肥、灌溉等项目的补贴，须加以控制和减让。

除绿箱补贴外，对农业生产的所有支持统称为“国内综合支持总量”（Aggregate Measurement of Support, AMS），在《农业协议》中规定了它的“最高限量”，发达成员方在1986～1988年基期年份的平均支持水平，应在6年内削减补贴总量的20%，发展中成员方则应在10年内削减13.5%，均按每年等量递减。

（2）逐步削减对农产品的出口补贴。《农业协议》要求缔约方须承诺削减其补贴的农产品出口的数量与预算开支。具体规定是：按1986～1988年基期的平均水平，发达成员方在6年内平均分期削减其出口补贴额36%，受补贴的数量削减21%，发展中成员方则应在10年内分别削减24%和14%。

（3）降低关税水平，提高市场准入程度。①各成员方必须全部取消对农产品进口的各种非关税措施，以1986～1988年为基期，将这些非关税措施按规定的换算公式转化为“等量关税”，然后与原实施的关税税率相加构成“混合关税”（combined tariff）。如果不将非关税措施转化为“混合关税”，则应保证以低的关税水平每年进口一定最低量的农产品。②换算成为“混合关税”后，发达成员方应在1993～1999年的6年内平均削减税率36%，每一单项产品至少削减15%；发展中成员方则应在1995～2005年的10年内平均削减税率24%，每一单项产品至少削减10%，以上减让每年等量实施。最不发达成员方可不削减进口关税。③非关税措施转化为“等量关税”后，对主要农产品规定实行“关税配额”制度，在配额额度内的农产品以低税率进口，配额外的则以关税化税率进口。（4）进一步规定了各成员方的最低市场进入量，发达成员方的初级农产品或加工农产品的最低准入水平不得低于基期国内消费量的4%，发展中成员方规定最初水平为基期国内消费量的1%，进入第5和第6年则增加至2%，至第10年达到4%。

（4对发展中成员的优惠和差别待遇。最大限度改善对发展中成员有特殊利益的农产品市场准入条件，特别是茶叶、咖啡、可可、黄麻、棉花、水果等热带农产品。同时，允许发展中成员方在市场准入、国内支持和出口竞争等领域享有较低减让的灵活性。最不发达成员方则免于减让。

（5）环境与动植物检疫方面的规定。各成员方应以现行的国际标准、准则为依据，有权采取保护人类、动植物生命或健康所必需的措施；但同时应防止以此为藉口而成为歧视性或变相限制国际贸易的壁垒。

（二）“多哈回合”的前景展望

2001年11月WTO“多哈回合”多边贸易谈判开始启动，农业是“多哈回合”8个议题中的首要议题，也是谈判焦点和难度最大的部分。2004年7月达成新一轮农业谈判的框架协议，确了农业谈判的三大内容，即农产品市场准入、国内支持和出口竞争。2005年12月“多哈回合”第六次部长级会议通过《香港宣言》,在农业领域谈判取得了一些进展。主要成果包括:各方承诺在从价关税的基础上按协调方式削减进口关税;发达成员和部分发展中成员同意2008年之前向最不发达国家提供免关税和免配额市场准入;发达国家2006年取消棉花出口补贴;2013年底前取消农产品出口补贴等。

《香港宣言》之后,由于各成员方利益冲突较大,谈判迄今为止没有最后结果。“多哈回合”也因为农产品贸易谈判破裂而中断。2006年7月24日,WTO总干事曾一度宣布无限期推迟“多哈回合”。然而不到半年,各方又为恢复谈判积极努力。2008年7月29日,WTO小型部长会议再次以失败告终。但此次会议在农业谈判上取得了重要进展。

会议上,WTO农业谈判主席、新西兰大使Crawford Falconer提出最新谈判模式草案(福尔克纳方案),该方案包括了削减关税和扭曲贸易补贴的公式及相关条款,代表着香港协议后成员间长期磋商的结果。会议期间WTO总干事拉米汇总各方面的谈判意见,就农产品领域一些未解决的议题提出一系列“参数”,形成了“多哈回合”协议可能达成的“着陆区”(拉米方案)。

1. 对“造成贸易扭曲的国内支持”(Overall Trade Distorting Domestic Support, OTDS)的限制

所谓“造成贸易扭曲的国内支持”是指黄箱(Amber Box)、微量支持(De Minimis)、蓝箱(Blue Box)三者的总和,其中“黄箱”指扭曲生产与贸易的国内支持,正式的称谓是“综合支持总量”(AMS)。“微量支持”指WTO允许的小额黄箱支持,目前的约束上限是发达国家不超过基期农业生产总值的5%,发展中国家不超过10%。“蓝箱”指附有产量等限制条件,从而降低扭曲程度的黄箱支持。如何削减OTDS一直是“多哈回合”最具争议的部分。

香港协议:承诺分段削减OTDS和AMS,但未确定具体公式与数字。

福尔克纳方案:确定1995~2000年为计算OTDS基础水平的基期;发达成员OTDS基础水平超过600亿美元,削减75%或85%;100亿美元~600亿美元,66%或73%;0~100亿美元,50%或60%。这意味着,欧盟将削减75%或85%;美国和日本削减66%或73%;其余发达成员削减50%或60%。

拉米方案:要求美国削减70%,将其“总体贸易扭曲性支持(OTDS)”上限降至大约145亿美元;欧盟削减80%,将OTDS降至220亿欧元。

2. 市场准入问题

(1)总体关税削减。香港协议:承诺在从价关税的基础上按协调方式削减进口关税,但没有确定分段削减关税的具体公式和数字。

福尔克纳方案:发达国家最终约束关税为0~20%,削减50%;20%~50%,削减57%;50%~75%,削减64%;高于75%,削减66%或73%。发展中国家在不同

层级的削减幅度为发达国家的 2/3。

拉米方案：发达国家在最高农产品关税层级上（即最终约束关税高于 75%）削减 70%。

（2）“敏感产品”市场准入的灵活性。香港协议：承诺对“敏感产品”给予免除减让或低减让，但没有确定“敏感产品”的具体选择方式、设定规模和未来自由化的方式。

福尔克纳方案：发达成员 4%或 6%的产品，发展中成员 5.3%或 8%的产品（即比发达成员多 1/3）可能只要削减分段削减公式的 1/3、1/2 或 2/3。对于这些“敏感产品”，WTO 成员应通过关税配额提供更多的市场准入，发达成员提供的新市场准入机会至少应相当于 4%或 6%的当地消费水平。

拉米方案：允许发达国家把 4%的农产品关税税目列为“敏感性”。对于这些产品，发达成员应扩大其进口配额，使外国出口商获得相当于当地消费水平 4%的新市场准入机会。

（3）热带农作物、香蕉和优惠侵蚀。本次会议在更广泛的热带农产品贸易问题上也取得了“新兴共识”，在此共识下，当前进口关税低于 20%的热带作物将获得免征关税的待遇，关税高于 20%的则将在五年内削减关税的 80%。

上述方案的出台，增加了成员方对“多哈回合”的期待。但是从谈判的复杂和艰难程度可以看出，国际农产品领域的贸易自由化还需要一个漫长的过程。

第五节　区域贸易安排对多边贸易体制的挑战

一、经济全球化背景下的区域经济一体化潮流

20 世纪 90 年代以来，在 WTO 的全球贸易自由化目标倡导下，建立 FTA（Free Trade Agreements，自由贸易协定）/RTA（Regional Trade Agreements，区域贸易协定）的国家和地区日益增多。由于 FTA 和 RTA 既不违背 GATT 第 24 条和《服务贸易总协定》（GATS）第 5 条的规定，也完全符合 WTO 一贯奉行的自由贸易原则，因此以它们为主要形式的区域经济一体化显示出强劲的发展势头。据 WTO 统计，截至 2007 年 7 月，全球约 380 个区域贸易协定向 WTO 提交了通知，其中 205 个已经实施。如果将业已实施而尚未提交通知、签订了协议而尚未实施、正在谈判和仍处于提议阶段的也计算在内，到 2010 年 RTA 将达 400 个之多。

在 WTO 的 152（截止 2008 年 5 月乌克兰加入）个成员当中，近 90%隶属于不同程度的区域经济组织。区域集团内部贸易发展速度高于其对外贸易发展速度，区域内贸易额在世界贸易总额中所占比例已达 50%以上。加强区域经济贸易合

作已成为当前世界经济贸易发展的客观趋势，区域自由贸易协定与 WTO 之间形成一种互补、互动关系，它的发展成为经济全球化背景下推动贸易自由化的一种潮流。

二、WTO 多边贸易体制有关区域经济一体化的规定

(一)GATT 第 24 条以"及乌拉圭回合"《关于解释 1994 年 GATT 第 24 条的谅解书》规定

(1)作为 GATT/WTO 最惠国待遇原则的例外，规定关税同盟、自由贸易区及与两者有关的临时协定，同时设置了重要限制：透明度要求，成员签订或加入 RTA 应及时向 WTO 通报，由 WTO 有关理事会进行审议。

(2)合理期限内(一般不超过 10 年)建立自由贸易区，实现区域内众多贸易的自由化。

(3)对非成员的关税及其他限制总体上不能高于签订前的水平(即不得影响非 RTA 成员的待遇)。

(二)1979 年"东京回合"的"授权条款"规定

基于发展中国家的特殊国情，授权发展中国家之间签订 RTA 的权利，并且限制较 GATT 第 24 条更为宽松，不需将这类 RTA 按 GATT 第 24 条的规定来审批，或按 GATT 第 25 条"豁免义务 "程序来审批。

(三)服务总协定(GATS)第 5 条规定

以"经济一体化"的名义允许成员成立或加入以促进服务贸易自由化为目的的 RTA，实质上与 GATT 第 24 条的基本精神是一致的，只是针对的对象不同。在服务贸易领域，几乎没有关税壁垒或数量限制等非关税壁垒措施，因此关税同盟这一概念没有纳入该领域。

总体上，WTO 有关规定的某些措辞的含义模糊不清，在签订 RTA 向 WTO 通报的时间上也没有具体规定，有的 RTA 在生效后才通报，有的尽管事先通报了，由于对有关概念理解不同，WTO 有关机构无法对协定的合法性作出结论，实践中渐渐形成倾向于宽容区域经济组织建立的惯例，这也导致 WTO 对区域经济组织的建立缺乏足够监督。

三、WTO 多边贸易体制的制度困境

2006 年 8 月 WTO 多边贸易体制随着"多哈回合"谈判的停止引起人们越来越多的质疑和思考，也进一步增强了各国对区域经济一体化的诉求。

(一)WTO 多边贸易体制与成员利益结构的冲突存在

对任何体制来说，利益结构与体制本身之间存在着相互影响的复杂关系，利益

结构对体制有制约甚至是决定性的作用。如果体制充分尊重这种利益结构,体制将是有较高效率的,否则体制将因其低效率不可能长期存在,并可能蜕化为一种名义制度,严重的还将迅速解体。

WTO多边贸易体制是契约型的体制。其成员是自愿接受为前提,成员国可以不加入这一体制,也可以在加入后退出。而且退出没有实体条件的约束,只需要符合程序条件——通知WTO总干事。WTO多边贸易体制对成员利益结构影响的幅度由体制带来利益所决定。个体成员的利益得不到满足,它不会自动加入并接受这一体制的约束,即使其已经加入,如果期望或利益不能实现,阻挠或退出也成为可能。迄今为止,虽然尚无退出世界贸易组织的先例,但这种契约机制已经成为对某些国家尤其是发达国家在多边贸易谈判中持续较高要价的条件,"多哈回合"的僵持实际是发达国家不惜谈判破裂而维护自身利益的结果。

(二)WTO成员间利益补偿机制冲突的客观现实

在自由贸易理论中,自由贸易能使所有国家都受益。这种判断与贸易现实存在严重的冲突。现存WTO体制下的自由贸易不能保证所有成员都受益,成员方在多边自由贸易条件下有得有失。WTO在体制中建立了利益补偿机制,然而体制中的贸易保护规则作为利益补偿机制的具体应用在现实中仍然不能真正实现利益共享。不仅如此,允许受损失的国家实行贸易保护,其结果带来了对体制本身的伤害,使体制内既包含贸易自由化规则又包含贸易保护规则。如果世界各国的利益无法整合成完全自由贸易所需的利益结构,以贸易自由化为目标的多边贸易体制就面临着停滞的理论可能。在WTO利益补偿机制无法协调与利益结构的冲突时,多边贸易体制以自身目标折扣及规则内在不一致性为代价,实际意味着世界存在其他机制的可能。

(三)WTO"平衡贸易原则"的运用提供了体制外安排的可能

WTO推行自由贸易,自由贸易的目标是实现资源在世界范围内的合理配置,任何产品都由成本最低且质量最高的生产者生产。但是对于每个成员国,在贸易中追求民族利益的目标是实现贸易平衡,保证本国的利益在贸易中不受损失,却无法顾及资源在世界范围内的合理配置。现实中并非每个产品都会以最小的成本生产出来。WTO多边贸易体制处于两难的困局。

WTO为了减少贸易自由化中的冲突和损失,允许在一国国内产业受到严重冲击时可以实行贸易保护,具体措施为:第一,允许民族国家在贸易侵蚀其产业基础时采用保护措施;第二,在发展中国家明显劣势领域,发达国家与发展中国家实行"非对等互惠";第三,在贸易平衡的前提下,仍应追求低贸易壁垒;第四,对可有可无或不必要的行业内贸易应放松约束。上述"平衡贸易原则"在WTO多边贸易体制下有的已经实现。从理论上说,平衡贸易以民族国家的贸易平衡为目标,不会触及世界的整体利益,但是具体操作中,许多国家可能不仅仅是为平衡贸易差额而实行贸易保护，因此将引起保护主义泛滥和大量的贸易争端。从自由贸易体制过渡到平衡贸易体制实际提供给成员方寻求多边体制外制度安排的可能。

（四）发展中国家阵营改变着 WTO 谈判及决策格局

发展中国家和最不发达国家必须享受世界贸易的优惠待遇，在 WTO 成立时就被纳入世界贸易组织的宗旨中。伯纳德·霍克曼、迈克尔·考斯泰基将对发展中国家和最不发达国家享受的优惠待遇归纳为：承担较低水平义务、更灵活安排实施时间表、发达国家最大努力的承诺、对最不发达国家更优惠待遇及技术援助和培训等。世界贸易组织中发展中成员目前已经占到三分之二，阵容在不断壮大。

多边贸易机制建立在互利共赢或利益交换基础的贸易谈判需要利益集团的妥协，"多哈回合"坎昆会议前后形成的由发展中国家参与的 20 国协调组（G20）、33 国协调组（G33）、非洲及加勒比海及太平洋国家集团（ACP）、最不发达国家集团（LDC）和 90 国集团，严重威胁到长期以来发达国家主宰 WTO 谈判和决策的格局。WTO 内部达成一致的成本提高，"多哈回合"难以突破。主要原因是发达国家协调失效，同时面对发展中阵营，部分发达国不愿放弃其主导地位及战略利益，因此寻求区域或双边自由贸易协定的替代就成为必然。

四、区域贸易安排对 WTO 多边贸易体制的挑战

（一）对最惠国待遇原则的挑战

最惠国待遇原则是多边贸易体制的基石，是 WTO 确立的最为重要的原则，最大限度体现了贸易平等。区域经济一体化是自由贸易与保护主义的结合，即"内部自由，外部保护"，实质上是对自由贸易的扭曲，对 WTO 的非歧视最惠国待遇条款形成重大挑战。

从关税上看，区域经济组织对内减免，对外则维持原各自税率或采取共同关税，这必然产生明显的贸易转移效果，即将可能属于区外成员的贸易机会转移至区内。从非关税措施上看，为解决非成员"搭便车"享受区域内贸易自由化的便利，区域经济组织往往利用"原产地规则"实施贸易保护，对成员的产品实行特别优惠。在反倾销及保障措施的适用上，也内外有别，如欧盟就仅保留对非成员国而排除了成员之间的反倾销措施的适用，这也是典型的违反最惠国待遇原则的贸易保护手段。由于区域贸易组织越来越多，作为最惠国待遇例外的"相对保护"范围不断扩大，又成为普遍适用原则的趋势，而主张"非歧视"的最惠国待遇原则却越来越多地以"例外"形式出现。

（二）对 WTO 争端解决机制的挑战

《关于解释 1994 年 GATT 第 24 条的谅解书》中第 12 条将区域经济一体化过程中的问题纳入了现在的 WTO 争端解决程序来解决。但是，WTO 争端解决机制

并不一定能有效发挥。因为一些一体化程度较高的区域经济组织内部都有一套组织内部的争端解决程序。例如《北美自由贸易协定》第 20 章第 5 条明确规定："……缔约方可自行选择关贸总协定的争端解决机制或本协定的争端解决机制解决。"实践中，这些一体化组织往往先依靠内部争端解决机制，并优先适用。实际上在某种程度上架空了 WTO 争端解决机制。随着区域经济一体化的发展，区域经济组织之间的争端越来越多。但 WTO 争端解决机制(DSU)第 3 条的规定，WTO 争端解决机构只受理 WTO 成员之间的争端，而对区域经济组织之间的争端在管辖上没有条约或协定的依据。

(三)阻碍 WTO 谈判进程

目前，WTO 贸易领域的谈判焦点已转向非关税壁垒、环境保护、投资、劳工标准等领域，这些领域问题复杂、矛盾尖锐。同时由于 WTO 成员众多，发展水平各异，因而矛盾重重。在"多哈回合"谈判中，各类集团间因为农产品补贴问题争吵而不欢而散，协议很难达成。与之相比，区域贸易安排中，成员利益较为一致，协议容易达成。一些未在 WTO 中实现的利益要求能在区域协议中得到体现。目前，区域贸易安排中成员国对贸易自由化的承诺水平一般要超过多边贸易框架下的承诺，一些目前 WTO 仍未包括的领域，如竞争政策、环保标准、投资政策等，可以在区域贸易安排内先行一步，提前实行自由化。因此，在当今贸易自由化道路的选择上，很多国家将目光和行动投向了选择区域贸易安排，使 WTO 谈判的进程更加缓慢和艰难。

五、区域贸易安排的必然性与学术界的不同观点

(一)区域经济一体化制度安排的必然性

21 世纪，区域经济一体化与经济全球化共同成为世界经济发展的两大潮流。实践中协调世界各国之间贸易投资的世界贸易组织与以 FTA 为代表的区域经济一体化组织并存。从理论上讲，WTO 与 FTA 都是通过促进贸易投资自由化来促进经济的增长与发展。区域经济一体化本质上属于各国在 WTO 承诺的基础上进一步互相开放，是最惠国待遇的一种例外。因为区域成员之间互相给予的优惠高于其他域外成员，这就给域内成员之间带来了贸易创造和贸易转移两大效应，大大促进了区域内成员之间的贸易和投资，促进了区域内各国经济的成长和壮大。因此，区域经济一体化成为各国在世界经济多极化发展中的制度安排。

(二)学术界的不同观点

关于区域经济一体化与 WTO 多边贸易体制的关系是相互竞争还是互为补充，在学术界是存在争议的。

主张相互竞争和替代关系的学者，大多从 WTO 多边贸易体制的困境、内在机

制的不完善角度进行探讨，指出区域贸易安排对WTO体制构成挑战的客观现实和内在因素，认为WTO谈判破裂和进展缓慢会加快区域经济一体化的进程，而一旦达成的区域贸易安排能使相关成员某种促进贸易的目标得以实现，那么他们利用WTO框架推动贸易自由化的意愿强度和精力投入会受到削弱。这些学者进一步研究在WTO下的协调方案，提出：明确对区域贸易安排的建立条件、标准的规定，健全对区域贸易安排的监督机制，提高区域贸易安排实施的透明度，规范原产地规则与反倾销措施，完善WTO的争端解决机制（如明确界定WTO争端解决机制与区域贸易安排中的争端解决机构间的法律关系，扩大受案范围，提高WTO争端解决机制裁决的威慑力，建立集体报复制度以弥补当前报复与交叉报复制度的缺憾）等观点。

主张互为补充和促进观点的学者认为，WTO框架毕竟是一种日趋成熟的互动机制，区域经济一体化兴起也会促使与WTO相关的各方行为主体更加积极于利用WTO解决某些FTA或RTA解决不了的问题，比如说知识产权问题、技术标准问题、非关税贸易壁垒等问题。而且，区域贸易安排促成的世界贸易自由化新水平也可能为WTO工作开展提供新起点。这样，区域贸易安排与WTO体制之间最终会形成某种相互共存、相互促进的关系。

【本章参考书目】

1. 赵伟：《国际贸易理论、政策与现实问题》，东北财经大学出版社，2008年。
2. 迈克尔·R. 里德：《国际农产品贸易》（中译本），清华大学出版社，2009年。
3. 陈晓文：《区域经济一体化：贸易与环境》，人民出版社，2009年。

【思考题】

1. 简述传统国际贸易理论的研究思路。
2. 战后有哪些新现象挑战国际贸易理论？
3. 哪些理论的研究反映出国际贸易理论与其他学科理论的融合趋势？
4. 简述贸易与环境冲突的主要领域。
5. 简述WTO关于与贸易有关的知识产权保护的基本原则与特点。
6. 发达国家与发展中国家农产品贸易政策和措施有何不同？改革方向是什么？
7. 农产品贸易谈判的障碍及焦点在哪里？
8. 区域贸易安排对WTO多边贸易体制的挑战表现在哪些方面？